新电商精英系列教程

网店推广

第3版

阿里巴巴商学院　编著

電子工業出版社
Publishing House of Electronics Industry
北京•BEIJING

内 容 简 介

"电商精英系列教程"自2011年问世以来，伴随电子商务大潮在国内的兴起，已经热销100多万册，两次荣获电子工业出版社最佳品牌奖，成为全国范围内颇具影响力的电子商务系列教程，是几代电商人和院校学员学习的"绿色记忆"，中间经过几个版本的更新迭代。2023年，"新电商精英系列教程"第3版问世！

本套丛书均配有PPT课件，由阿里巴巴商学院召集多位优秀电商讲师和电商领域的专家学者编写，丛书包括8本：《网店推广》（第3版）、《电商直播》、《电商运营》（第3版）、《网店美工》（第3版）、《网店客服》（第3版）、《跨境电商物流》、《跨境电商营销》、《跨境电商独立站运营》。

《网店推广》（第3版）全面且深入地介绍了网店推广的知识和技能，从网店推广的基础知识和推广逻辑开始介绍，进而深度阐述了直通车、引力魔方、万相台、淘宝联盟、抖音和京东平台等推广工具的使用规则和应用技巧。本书通过丰富的实战案例，让读者迅速掌握网店推广的相关知识和核心工具的使用，具有很强的可操作性。

本书既可作为各类院校电子商务及相关专业的教材，也可作为网络创业者和电子商务从业人员的参考用书。

图书在版编目（CIP）数据

网店推广 / 阿里巴巴商学院编著. —3版. —北京：电子工业出版社，2023.7
新电商精英系列教程
ISBN 978-7-121-45973-3

Ⅰ. ①网… Ⅱ. ①阿… Ⅲ. ①网店－商业经营－教材 Ⅳ. ①F713.365.2

中国国家版本馆CIP数据核字（2023）第130018号

责任编辑：张彦红　　文字编辑：李利健
印　　刷：三河市良远印务有限公司
装　　订：三河市良远印务有限公司
出版发行：电子工业出版社
　　　　　北京市海淀区万寿路173信箱　　邮编：100036
开　　本：787×980　1/16　印张：24.25　字数：465.6千字
版　　次：2016年10月第1版
　　　　　2023年7月第3版
印　　次：2023年7月第1次印刷
定　　价：79.00元

凡所购买电子工业出版社图书有缺损问题，请向购买书店调换。若书店售缺，请与本社发行部联系，联系及邮购电话：（010）88254888，88258888。

质量投诉请发邮件至zlts@phei.com.cn，盗版侵权举报请发邮件至dbqq@phei.com.cn。

本书咨询联系方式：faq@phei.com.cn。

“新电商精英系列教程”编写委员会

主　　任：章剑林　阿里巴巴商学院 执行院长、教授

副 主 任：范志刚　阿里巴巴商学院 副院长、副教授

委　　员：刘　闯　阿里巴巴商学院 博士、教授

徐瑶之　阿里巴巴商学院 博士、副教授

孙　璐　阿里巴巴商学院 博士、副教授

丁言乔　阿里巴巴商学院 博士、讲师

丛书编写企业专家组成员：

陈　林　　李文渊　　徐鹏飞　　朱华杰

庞欣然　　王晓琳　　杨志远　　李　广

上官洪贵　　王　鹏　　施建亮

组织单位：杭州师范大学阿里巴巴商学院

序

数字经济的崛起与繁荣，赋予了经济社会发展的“新领域、新赛道”和“新动能、新优势”，正在成为引领中国经济增长和社会发展的重要力量。电子商务作为数字经济中极具活力和发展潜力的领域之一，持续推动着数字时代各行业商业模式的创新和转型，2022 年，全国网上零售额 13.79 万亿元，产业电商市场规模达 31.4 万亿元。随着技术和社会媒体的不断发展，电商行业正在经历着新的转型和变革，在这个过程中，越来越强调消费者体验。智能化进程加速、社交电商和直播电商的崛起，以及数字货币和元宇宙的应用成了当前电商行业的最新趋势，进一步推动电子商务成为中国经济社会转型发展的重要一极。

新技术的应用，例如移动互联网、人工智能和区块链等，推动了电商快速发展和营销模式不断创新。同时，这些技术也对整个电商生态系统中的各类参与方提出了更高的要求。从区域发展的角度来看，各大电商龙头企业争夺的“主战场”已经从一二线城市扩展到三四线城市，并向东南亚、非洲和中东等新兴电商市场转移。下沉市场和跨境电商则成为新的风口。从电商平台模式创新的角度来看，传统主流电商平台规则在不断升级，而新涌现的 O2O、社交电商和直播电商等多种新模式更注重消费者个性化需求和购物体验。电商创业者必须具备更前沿化和技术化的知识，以适应以数据驱动、网络协同和客户体验为核心要素的智能商务时代。

在过去三十年中，电商人才培养已经取得了显著的成果。然而，如何更好地培养电商人才以适应行业发展是一个难以回避的问题。一方面，新的电商模式和后发地区的电商升级都面临着电子商务人才短缺的问题。虽然在校电子商务专业的学生掌握了一定的理论知识，但在实际操作和应用层面，他们往往难以满足最前沿的行业技能要求。从业人员在实践中积累的知识往往零散、片段化，缺乏必要的体系和提升。另一方面，国内现有的电商相关专业课程和培训内容难以与时俱进。传统的工业时代教育体系已经不能适应新经济时代对人才巨大且崭新的知识要求。

教育部高等学校电子商务类专业教学指导委员会在过去数年中，在电商人才培养的总体目标、专业素质构成、培训体系设置以及产教融合拓展等方面开展了大量的工作，取得了多项宝贵共识。作为该委员会的一员，笔者参与并见证了国内电子商务人才培养的改革和创新，深知要在互联网发展日新月异的情境下保持相应知识内容体系的适应性，既是一项振奋人心的任务，更是一个非常艰巨的挑战。电子商务创新创业人才的培养，必须一如既往地秉承前沿理念，紧跟行业领域的技术及市场趋势，形成更具时代感的电商创新创业知识体系，为电商行业的发展注入新的活力。

多年来，笔者所在的阿里巴巴商学院一直致力于满足新经济时代不断变化和升级的需求，在电子商务和数字经济领域创新型人才的教育、培训和教材方面做了大量卓有成效的工作，为行业和社会各界输送了成千上万名高素质电子商务人才。这次学院组织召集了三十余位活跃于电商一线的资深创业者和优秀商家，高等院校一线教师，以及教育部高等学校电子商务类专业教学指导委员会专家，对“新电商精英系列教程”进行了新一轮的升级和再版，既考虑到数字经济时代的新变化和新需求，也兼顾到电商新竞争格局中涌现出的新主体和新规则。我们相信，这套教材将成为电子商务人才培养探索的重要里程碑，能够积极促进电子商务行业的发展，同时也将为广大创业者和从业者提供有价值的参考。

章剑林

阿里巴巴商学院执行院长

教育部高等学校电子商务类专业教学指导委员会副主任

2023 年 4 月于杭州

再版前言

“电商精英系列教程”自 2011 年问世以来，伴随电子商务大潮在国内的兴起，已经热销 100 多万册，两次荣获电子工业出版社最佳品牌奖，成为全国范围内颇具影响力的电子商务系列教程，是几代电商人和院校学员学习的“绿色记忆”。

2016 年，电子工业出版社推出丛书升级版“新电商精英系列教程”。2019 年，“新电商精英系列教程”第 2 版问世！2023 年，“新电商精英系列教程”第 3 版（即本套丛书）问世！

丛书为电商创业者、从业者和大中专院校的电商相关专业学生提供了一系列体系化、具有实践性和可操作性的电商知识。这些知识不仅让电商行业人才技能及素质得到了极大提升，更让我们一起见证了电商行业最激动人心的时代！

实践总是超前于理论的发展，系统的学习必须要对来自实践的知识进行梳理与总结。阿里巴巴商学院发起了此轮（第 3 次升级版）修订工作，旨在“培养一批能够适应新技术和新模式快速涌现的电商实操型人才”。我们密切关注新经济趋势，深度调研电商行业人才能力的构成，并严格把关教材内容和作者筛选。历时近六个月，在三十余位活跃于电商一线的资深创业者和优秀商家、高等院校一线教师，以及教育部高等学校电子商务类专业教学指导委员会专家共同努力下，我们完成了这套升级版“新电商精英系列教程”。本次修订体现了以下几个新特点：

第一，升级版教材更符合电商前沿知识体系需求。

在多方专家讨论的基础上，升级版教材新增了跨境电商独立站运营、跨境电商物流、跨境电商营销三个专题，进一步契合全球化电商运营的现实场景，为电商从业人员提供更系统化的基础知识。通过增加这三个专题，读者可以更深入地了解电子商务的最新发展趋势和运营方法，有助于更好地应对市场变化和提高竞争力。

第二，电商“产教”整合实现优质内容发布。

编委会邀请三十余位活跃于电商一线的资深创业者和优秀商家、高等院校一线教师，以及教育部高等学校电子商务类专业教学指导委员会专家共同参与编写，既保证了内容具有指导性和可操作性，也保证了内容的逻辑性和条理性。通过“产教”整合，丛书能够更好地满足电商行业从业者的实际需要，提高读者的学习效果。

第三，全方位优化设计提高电商相关专业学生的学习体验。

编写团队在创作初期便充分考虑如何将升级版教材更广泛地应用到高等院校中电商相关专业的全日制大学生群体及自学人员。在内容上，本书结合高校学生培养特点做了相关设计，如在各章都安排有练习题和答案。这些优化的设计可以帮助读者更深入地理解和掌握电子商务的知识，让学习过程更加轻松、简单和有效。

本书是本轮升级版教材的重要组成部分，全书共分 7 章，其中第 1 章由陈林编写，主要内容是网店推广相关的重要概念和基础知识，以及主流平台的推广营销模型介绍等；第 2~5 章由程晶晶编写，主要介绍淘系平台相关推广工具的逻辑、规则、特点，以及使用过程中的操作、技巧等，包括直通车、引力魔方、万相台、淘宝联盟等内容，另外还介绍了使用这些推广工具的过程中牵涉到的相关数据工具和辅助工具等；第 6 章由何秋鸣编写，主要介绍抖音平台的推广，包括二类电商、巨量引擎的相关基础知识，以及巨量千川的推广逻辑、操作方法、实战技巧和相关工具的使用；第 7 章由林培雨编写，主要介绍京东平台的推广，包括京东平台的流量来源、分发机制，以及京东快车、购物触点、京速推等推广工具的操作方法和实用技巧。此外，范志刚、刘闯等人也为本书做出了贡献。

本书凝聚了诸多优秀商家的智慧与心血，编写工作得到了“政、产、学”各界领导、专家、学者的关心和支持，部分素材、数据来源于行业内权威的研究机构及相关网站信息，在此一并表示感谢。

由于电商行业的发展日新月异，加上编写组人员水平有限，书中难免有不当之处，敬请广大读者批评、指正。

“新电商精英系列教程”编写委员会

目　　录

第1章

网店推广基础知识

1.1 网店推广的概念和作用

网店推广，顾名思义就是通过线上线下推广的手段让商品、店铺、品牌获得流量。所谓流量，可以简单地理解为“消费者的关注”。无论是 PV、UV，还是访问深度、停留时间等一系列数据指标，其背后都是消费者的关注程度。

所以，从某种角度来说，“网店推广”其实就是让商品、店铺、品牌获得更多、更优质的消费者关注，从而带来商品、店铺、品牌在市场中足够的曝光和销售份额。

我们在运用网店推广的各种工具、功能、技巧的过程中，很多时候都会用到各种各样的公式，例如：

长期价值=关系价值×有效关系规模×时间周期

销售额=访客数×转化率×客单价

毛利润=访客数×转化率×客单价×利润率–成本

净利润=访客数×转化率×客单价×利润率–成本–所得税

人均销售额=访客数×转化率×客单价/在职人数

对于这些公式，我们必须深刻认识到，其作用只是用来帮助我们做推广效果、效率、效能的鉴别和参考的。如果把这些公式视为必须遵守的原则或者必须完成的 KPI，那么完全就是本末倒置了。

这些公式并不是与生俱来的真理，仅仅是由于科学技术的发展，在统计方面具备了一定的优势，所以在电商领域中更加容易被准确且方便地计算而已。而且很多时候各大平台的流量分配机制和系统算法的确是围绕这些公式或数据模型在计算，因此，这些公式、模型、指标会显得很重要。但我们必须记住，这些概念本不是网店推广的本质，也不是不言而喻的真理。

不断提高推广的效率、效能、效益才是我们推广人员需要关注的，所有的公式、模型、指标仅仅是用来鉴别效率、效能、效益是否提升或者下滑的参考而已。

过去的网店推广侧重于工具的运用，尤其是对于人为的微操作的技能、技巧，在过去都是推广技能的重中之重。但随着数字技术的发展、大数据智能算法的不断突破，当下各平台的推广工具都趋于智能化和自动化，人力更多的是在推广策略和效果分析层面介入，而非侧重于推广工具的微操作层面。这一点和过去相比是存在很大差异的，并且这种差异是颠覆性的。

网店推广可以简单地理解为“获取流量”，无论是从网店所在的平台还是从整个互联网，甚至从线下获取流量，都存在一定的规则。这个“规则”的制定者往往都是流量的所有者或者是掌握支配地位的“强势”一方。

因此，所谓“规则”，实际上仅仅是掌握流量支配地位者人为设定规则之后的产物，并不是不变的真理。当流量支配方根据市场发展的情况和环境变化的情况对规则进行了调整、修改、优化、升级之后，那些被视为“规律”的东西也就无效了。

流量的支配方其实也在关注流量的效率、效能、效益，因此，他们也是基于这些指标来制定流量分配或者匹配规则，基于这些规则再来设定推广工具的功能、作用，由此延伸出来使用工具的技能、技巧。因此，我们在做网店推广的过程中，与其纠结于工具使用的具体技能、技巧，还不如关注一下流量支配方的策略和意图。

例如：淘系（指阿里巴巴淘宝体系部门和产品，包括天猫、淘宝、聚划算、阿里妈妈等。）平台的用户是基于购物心智来到平台的，因此淘系平台就特别关注商家的商品、店铺、品牌是否能让用户满意，以及运营能力的持续性。从淘系直播间更加侧重于静态指标的这一点就可以看出上述情况。同样是直播间推广，在抖音平台，由于用户是基于对内容的兴趣所产生的购买行为，因此，抖音平台的直播间更加侧重于动态指标。

我们可以简单地理解为，淘系平台的直播间和抖音平台的直播间都会兼顾静态和动态指标，但淘系平台更加侧重于静态指标，抖音平台则更加侧重于动态指标。也就是说，同样是转化率、销售量、销售额、场观（单场观看）时间、互动指标，这些数据有历史积累的数据，也有本场直播的实时数据，对于不同的平台，这两类数据的权重占比也会有所侧重。这些指标并不是什么真理或者本质，仅仅是平台基于各自用户心智、属性、习惯、偏好所做出的人为规则而已。

近些年，由于互联网流量红利的逐步终结，网店推广已经从“粗犷型”的采买流量模式逐步转为“养成心智”的流量质量运营模式。这背后仍旧是效率、效能、效益在起作用，并不是采买模式本身逻辑出现了什么问题，而是相对于流量质量的运营模式而言，采买模式的效率、效能、效益都相对较低，因此被逐步淘汰了而已。

试想一下，一个商家通过大量付费行为从平台购买了源源不断的流量，但大多数流量都流失了，也就是俗称的“烧钱”行为。但对平台而言，有大量这样的商家，那么对于平台的用户来说就意味着无法从平台获得自己喜欢的商品、店铺、品牌，更无法产生有效的购买行为，长此以往会带来平台的用户流失。所以，从平台侧的视角来看，商家通过推广手段所获得流量的效能、效益会直接决定推广效率。

因此，当下做网店推广不能只看展现成本、点击成本，也不能只关注 ROI（Return On Investment，投入产出比），非目标人群的低成本展现或者低成本点击对网店的成长不但不会有正面的帮助，反而会带来负面的影响，甚至会因为追求低成本反而不断投入无意义的人力、物力、财力。即便把 ROI 指标作为考量标准，也会发生因时间轴的长短、成交链路的追溯方法不同等原因导致出现偏差。

网店推广从表面上看是一个流量获取的效率问题，在过去我们更多的是通过提高推广工具的使用技巧来提高效率，而现在必须把转化率、客单价、销售量、销售额、复购率、客户价值等一系列与效能和效益相关的工作都做起来，才能提高效率。所以，现在随着技术的不断突破，智能化和自动化的能力越来越强，推广工具的微操作技能、技巧就不再那么重要了。

我们在学习网店推广的过程中，对于推广工具的学习，侧重点在于了解工具的各项功能以及背后的原理和原则，以此成为推广决策形成和推广结果分析的依据。绝不能用心于微操作带来的所谓的奇迹，因为这些所谓的奇迹往往都只是小概率事件而已。

1.2 付费流量和免费流量的联系与区别

顾名思义，付费流量就是商家通过直接付费的手段获得的流量，而免费流量就是商家没有直接付费的流量。这里要注意的是付费流量与免费流量的界限是“是否直接付费获得”。从某种角度来说，商家通过折扣让利或者免费体验的方式来获得流量也是有成本的，但这种成本的付出对于获取流量而言是一种间接行为。与此同时，绝大多数免费流量的获得都离不开付费流量的加持。比如：淘宝自然搜索的流量往往被视为一个重要的免费流量来源，但根据搜索排名规则，一款商品能获得一定量的自然搜索流量，是需要满足很多搜索权重指标要求的，这些权重指标在达标过程中往往都是需要用付费流量来完成的，这种情况仍旧算是间接付费行为。所以，我们把这些非直接付费获得的流量都视为免费流量。

我们只需要以“是否直接付费”为原则，就能搞清楚付费流量和免费流量的联系和区别了。

为了更好地理解付费流量与免费流量，我们必须搞清楚两者存在的意义和价值。

我们不能简单地把付费流量视为平台用以盈利的手段。通过商家付费购买流量，平台获得广告收入，并且随着流量红利终结，流量的购买成本越来越高，平台的广告费也随之越来越高。这些虽然都是事实，但都仅仅是表面现象。

其实，付费流量是一种公平原则的体现，任何商业行为都逃脱不了的本质就是投入与回报。如果电商行业不需要投入广告费，没有付费流量的存在，那么获取流量的投入就只有时间了。这就意味着“先到者先得”，甚至先到者永远占有流量，这是违背商业法则和商业逻辑的。另外，从经济学的角度来看，当市场中存在资源非稀缺的时候，获得资源的成本就会很低，从而产生足够的利润，利润会吸引更多的人参与，随着参与的人越来越多，非稀缺的资源就会变成稀缺资源。那么，获得资源的代价就会越来越大。这里所谓的资源，其实就是流量和客户。所以，付费流量的产生是必然的，是符合规律的，也是公平原则的体现。

例如：网店上架了一组新品，需要做新品的市场测试。这时商家可以通过参加平台提供的试用活动，或者通过组织老客户优惠购买体验的活动来获得测试结果，但需要付出很长的时间和复杂的活动策划。同样，商家也可以通过付费，比如利用类似淘系万相台的新品快或者引力魔方的投放管家来快速获得测试结果，甚至大家都通过付费方式来完成测试，有的商家可以通过大额投放，短短几天就可以拿到数据结果，而有的则通过延长测试时间，从而减少付费投入的总额来实现。如果再结合人群圈选的范围和投放方式，那么同样通过付费流量，也可以做出完全不一样的测试方案。这所有的一切都是在投入的时间和投入的金钱之间做符合自身情况的平衡选择。

对于任何一个商家和平台来说，付费流量和免费流量都是相辅相成的。我们不能简单地理解为商家通过付费流量的运营，从而获得更多的免费流量，这种理解是片面的、与实际不相符的。

任何一个平台的流量分配和匹配机制的背后都是各项指标权重结合的结果，谁更加符合这些指标权重体系，谁就更容易获得流量。这里的“流量”并不只是指“免费流量”，而是更加侧重于强调获取流量的效率。也就是说，无论是通过付费流量运营还是免费流量运营，我们的目的都是不断提高流量获取的效率。

例如：通过付费推广工具来获得付费流量，这个过程中某一组特定人群的消费者更加符合商家的需求，但整个市场中对这一组特定消费者存在获取需求的商家有很多，这就意味着某一特定人群的消费者被很多商家看中，大家都会通过付费方式来获取这部分流量。这个时候，平台就会依据不同的商家在获取这部分流量之后，给商家和平台所带来的效能和效益来做判断。效能和效益高的，就会获得效率提升，反之则效率降低。

这就是为什么当转化率、销售额、销售量、客单价、复购等指标的达成率提高之后，付费推广的成本降低、人群圈选的效率提升、自然搜索流量变大、首页推荐变多、活动报名通过率提高的本质原因。

免费流量和付费流量的界限是人为区分的，仅仅是为了方便统计和分析而已，并不是流量的本质。流量的背后是用户的行为，从用户视角来看，其行为并不会因为平台和商家侧对免费流量或者付费流量定义的变化而变化，它取决于当时环境下用户的心智和偏好，而平台通过大数据和智能算法，以效率为中间指标，让更容易产生效能和效益的商家获得更多的流量。

因此，免费流量和付费流量是一个不可分割的整体，不能互为因果，也不能互为指标，更不能单方面追求其中一个。在网店推广的过程中，我们应该更加关注流量来源的维度、流量背后消费者的心智、用户的精准度，更加侧重于通过流量效能和效益的发挥所带来的流量获取效率的提升。

1.3 公域流量和私域流量

所谓私域流量，是相对于公域流量而言的，并不是说存在两种流量。我们可以简单地理解为“私域流量”是一种特殊的“公域流量”。如果我们从用户运营视角来看待流量，那么每一个流量的背后其实都是一个个鲜活的人以及这个人的行为。所以，无论是“私域流量”还是“公域流量”，人还是这个人，行为还是这些行为。只是从运营和推广的角度，为了更高效地完成运营和推广所做的人为划分。

“私域流量”和“公域流量”的划分是以“可有效触达”“可主动运营”作为划分依据的。这里要注意的是，“是否付费”并不是“私域流量”和“公域流量”的划分标准，场域、平台、工具也不是划分两种流量的标准。

例如：很多人认为留存在微信的客户是私域流量，认为用微信对客户做信息触达是免费的，但客户是否会接受信息才是关键。也就是说，即便能做到信息触达，但触达有效性低或者不可控的情况下，仍旧不能被称为“私域流量”。

同样，抖音账号聚集了很多粉丝，并且对于账号发布的短视频非常关注，发布的直播也会呈现高参与度，但在抖音平台很难对这些粉丝做主动的运营行为，大多数情况下都是被动等待。这样的流量仍旧不能被称为“私域流量”。

即使消费者成为店铺的会员，仍旧不能完全被定义为“私域”。当我们无法有效地对他们做信息触达或者无法进行主动运营行为的时候，这些消费者的实际场景仍旧是在“公域”。

但是，当我们可以通过推广工具精准地圈选粉丝、会员人群的时候，把信息内容有效地推送到他们面前，并且可进行主动运营行为的时候，那么，即便是在类似首页、官方活动板块之类的公域场景下获得的流量也可以被称为“私域流量”。

“私域流量”的特殊性和人为定义性还体现在“私域”的“公域”特征。例如：同一个人是多个账号、达人、品牌、店铺的粉丝，他是这些账号、达人、品牌、店铺的私域，同时也是公域。

“私域不私，公域不公”是本质，以“有效触达”和“主动运营”为划分依据是我们正确看待“公域流量”和“私域流量”的视角。

1.4　人群标签匹配逻辑基础

随着大数据、智能算法的不断深入，目前主流电商平台都采用了“人群标签”匹配的方式来作为推广和流量分配的底层支撑。“人群标签”也成为运营推广人员必须理解的知识。

大数据、智能算法的确会带来很高的效率，但这种高效率如果对电商不能带来正向的帮助，那也是无济于事的。因此，并不是因为基于大数据、智能算法产生的“人群标签”是高科技的产物而被平台广泛使用，而是“人群标签”可以为电商提高效率。我们甚至可以理解为，因为平台需要提高效率，所以才利用大数据、智能算法产出了“人群标签”。

所谓人群标签，其实是平台的每一个用户在平台的各种行为的记录。这里的“用户”是包含消费者和商家在内的所有人。消费者在平台上的点击、浏览、收藏、关注、加购（即加入购物车）、互动、购买、评价等所有行为都会成为打标签的依据。同时，商家通过运营手段使得消费者在店铺、商品、直播、短视频等载体所形成的行为也会成为打标签的依据。

“人群标签”形成的过程是一个复杂的过程，且结果并不是一成不变的，计算过程也是在不断优化和改进的。各大平台虽然都在使用这种方式，但由于各平台的数据源和算法有差异，因此，同一个人在不同平台也会产生完全不一样的“标签”结果。

当我们理解了“人群标签”的概念之后，就很容易发现所谓的“兴趣电商”“内容电商”“货架电商”等不同形式的电商，不是表面的商品呈现方式以及推荐和交易链路的差异，而是由于平台能获取的行为数据差异、“人群标签”形成的依据差异，“人群标签”性质的不同所产生的差异，都是符合平台高效原则的。

1.5 主流平台的推广营销模型

所谓推广营销模型，其实就是各个平台围绕自身特点，结合商业逻辑所设计的各种推广营销链路，这些营销链路有助于商家在平台上更加高效地经营。各个平台之间存在平台的属性差异，这种差异是由于消费者心智差异所导致的，因此各个平台之间的推广营销模型也会存在很大的差异。

比如说：淘系平台本身就是一个购物平台，所以打开淘宝 App 的消费者都具备基本的购物心智，而抖音本身是泛娱乐平台，电商购物仅仅是其功能之一，所以打开抖音 App 消费者的初始心智并不是购物。因此，淘系的营销逻辑会更加侧重于协助消费者完成购物决策，而抖音的营销逻辑是激发目标消费者的购买欲望和兴趣。

每一个消费者与商品、店铺、品牌、达人都存在各种各样的多重关系，不同平台也会侧重于某一种或者几种关系的建立和维护，这也是导致各个平台之间的推广营销逻辑和链路存在差异的重要原因。

当我们需要建立和运营的是侧重于消费者与商品、店铺、品牌之间关系的时候，如何通过推广工具和引流渠道把商品、店铺、品牌直接推送到消费者面前就变成了我们的重点工作，与此同时，类似淘系这样以购物为主的平台都会围绕商品、店铺、品牌的推广营销直接搭建推广通道，以消费者购买决策和消费者心智为链路形成推广营销的平台逻辑和运营链路。而类似抖音这样的泛娱乐平台，会以平台的达人为信息触点与目标消费者建立连接，商品、店铺、品牌的推广营销都需要借助这个信息触点进行推广和营销。我们可以简单地理解为平台面对的消费者是同一个人，但由于消费者心智的不同，各个平台需要用完全不一样的方式来引导目标人群产生购买欲望和兴趣，并且最终形成购买行为。

这里我们还需要明白一件事情：各个平台所面对的消费者的心智其实是由于平台属性、功能、特点所带来的。也就是说，消费者的心智影响了平台的推广营销逻辑，然而这些心智的产生又受到平台的属性、功能、特点的影响，并且不断强化，两者之间是一种相互影响的关系。

总之，由于消费者心智以及需要侧重处理和维护的关系不同，因此，我们在不同的平台做推广营销的时候必须根据其相应的特点做出不同的营销计划，这样才能更好地发挥推广营销的作用。

1.5.1 淘系平台的 AIPL、FAST、GROW

随着互联网流量红利的逐步终结，“以消费者为中心的精细化运营”是持续增长的唯一手段。依靠简单的“销售额=流量×转化率×客单价”逻辑已很难应对全新的市场和环境变化。但大多数情况下，很多商家还是以一种粗放模式在运营和进行费用投入，或许是大多数人还停留在“红利时代”的幻想中，这是不可取的。我们必须从简单的货品运营转向以消费者心智为核心的人群运营维度。

淘系平台根据平台自身的特点，在遵循商业逻辑和商业法则的基础上提出了 AIPL（认知（Awareness）、兴趣（Interest）、购买（Purchase）和忠诚（Loyalty））、FAST（全网消费人群总量（Fertility）、高价值人群会员总量（Superiority）、人群转化率（Advancing）和会员活跃率（Thriving））、GROW（渗透力（Gain）、复购力（Retain）、价格力（bOOst）和新品力（Widen））的 3 大营销模型，其核心是更好地以消费者为中心进行精细化运营。其中，AIPL 是以人群心智变化和特点为依据的链路，FAST 是关于如何提高人群流转效率的模型，GROW 是利用人群心智变化所带来的红利做品类渗透的模型。因此，AIPL 其实是最根本和最底层的，当下我们在淘系平台做推广营销的时候就必须对 AIPL 有深刻的理解和认知。

AIPL 模型的官方解释是：实现品牌人群资产定量化、链路化运营，是阿里提出的 3 大营销模型中的第一个模型。从官方的定义中，我们需要关注一个关键词“品牌人群资产定量化”，这里强调的是“定量化”，因为“品牌人群资产”并不是什么新鲜的概念，可以简单地理解为一个品牌被多少人认知或者接受，大品牌的知名度肯定比小品牌要大，所以“大品牌”的品牌人群资产比“小品牌”要大，但是“大品牌”也好，“小品牌”也罢，品牌人群资产是多少呢？“大品牌”又比“小品牌”大多少呢？这个量化指标在过去是很难衡量的，一般都是模糊化的。

AIPL 模型就是一个可以把品牌人群资产定量化运营的模型，它是支撑全域营销概念落地的关键一环。AIPL 由以下四个英文单词的首字母组成：

- A（Awareness），品牌认知人群，包括被品牌广告触达和品类词搜索的人；
- I（Interest），品牌兴趣人群，包括广告点击、浏览品牌/店铺主页、参与品牌互动、浏览商品详情页、品牌词搜索、领取试用、订阅/关注/入会、加购收藏的人；
- P（Purchase），品牌购买人群，指购买过品牌商品的人；
- L（Loyalty），品牌忠诚人群，包括复购、评论、分享的人。

根据 AIPL 模型定义的品牌资产数据都可以被存在数据银行中，依靠的是消费者在阿里体系的共同身份，这里就会有两个问题了，一个是“阿里系”包括哪些业务，另一个是“共通身份”是什么意思。

先来说一下阿里系：阿里系是一个庞大的生态圈，除了大家都知道的天猫、淘宝、聚划算、猫超，也就是你打开淘宝 App 能看到的所有内容（包括饿了么、盒马、飞猪），还包括阿里收购或投资的一些媒体或平台，比如优酷、UC 浏览器、高德地图，甚至还包括一些线下资源，比如：互动吧派样机、银泰百货、百联集团、三江购物、大润发等。另外，阿里妈妈还大力合作域外更多的媒体平台，比如：微博、抖音、小红书、B 站等，这些都属于阿里系生态。（注意，生态会随着企业的经营决策而有所变化。）

“共通身份”指的是阿里通过生态内的大数据收获的人群资产数据可以回流到数据银行。

对于所处链路中不同位置的人群，采用对应的内容和渠道，最终目的是累积人群资产，并实现链路高效地流转：让“A 人群”尽快转化成“I 人群”，让“I 人群”尽快转化成“P 人群”，让“P 人群”尽快转化成“L 人群”。试想一下：你拥有数不完的“L”人群，那么也就不用愁没生意了。

一个消费者是如何在 AIPL 中一步步转变过来的呢？

这就需要持续不断地对其进行各种信息内容的覆盖，这种覆盖是通过推广营销行为来完成的。目前，淘系所有的推广工具都可以按照 AIPL 的分人群方式做人群圈选或者定向。

我们在日常的推广过程中，“分人群”推广是一个非常重要的工作，尤其是需要利用各类推广工具的组合方式来提高人群整体的转化效率。

在日常的营销推广过程中，实际落地执行的时候我们需要做的事情如下。

首先，分析当前的“AIPL”人群资产存在什么问题，这里就需要通过数据银行这款工具。比如，相对于竞品，你的“A 人群”存量太少了，或者“I 人群”到“P 人群”转化率太低了，等等，各种各样的情况。这里要注意的是，并不是说“低”就是不好的，“高”就一定是好的，这一步只是分析情况，因为运营策略往往决定了数据的变化，因此分析的结果是否符合运营策略才是重要的。比如：一些大品牌在淘系平台有自营、直营、分销等多种方式，那么当品牌自营的旗舰店人群小于经销商店铺人群的时候，并不代表旗舰店的运营有问题，而是说品牌视角的人群资产总值在提升，只不过这个提升来自众多经销商或者分销而已，这样的结果是否符合品牌的经营策略和推广营销的目的才是重要的。因此千万别轻易下“好坏”的定义。在实际工作中，AIPL 模型的背后还有 DEEPLINK 模型做支撑。DEEPLINK 是一条更加细化的人群行为运营链路，在日常工作中，我们会把 DEEPLINK 链路作为推广营销的一个细节指标，也是更加细分的人群行为标签。关于 DEEPLINK 的细节知识，在“达摩盘”工具解读板块中会有更详细的介绍。

然后，就可以针对链路中的具体问题采用对应的解决方案。这里就会运用到营销、广告投放、活动组织之类的一些细节运营动作。更重要的是，让这些动作变得更加有效。比如说：引力魔方持续投入，但销售额没有明显提升，那么品牌词的搜索量是否有上升，万相台的转化是否被提升了，直通车的转化率是否提高了；与小红书的达人合作，带来了大量的用户互动和热议话题，使得淘宝直播的场观和转化都大大提升，与此同时，参加任何一个官方活动效果提升都很快。其实这一套就是 AIPL 模型的一种运用。只需要通过生意参谋、数据营销、达摩盘等数据工具，就可以分析出相关链路的形成和效果。

过去的网店运营都是围绕“货品”在运营，所以当我们在分析“未购买”“已购买”“复购”这些维度的时候，平台能提供给我们的工具和能力都是围绕“货品”的，比如：收藏、购物车，这些维度能分析出结果其实都是以“货品”为原点的。一个人把商品加入“收藏夹”只能代表他对商品是感兴趣的，但是否购买，我们是无法从“收藏夹”这个维度得到分析结果的，哪怕追踪“收藏夹转化率”这个指标，也不能得到“人”这个维度的分析结果，我们无法了解“新、老、粉、会”的购物路径偏好和习惯，我们也无法去追溯从建立兴趣开始到成交购买，乃至品牌忠实度养成的全过程中运营手段和客户行为的匹配情况。

“购物车”其实也是一样的，没法做出分析。所有的广告投放工具就更没法追溯和分析了。

在过去分析不出结果也无所谓，反正流量多的是。但在如今的整个互联网环境中，红利消失、流量稀缺，当我们需要从围绕“货品”转变到围绕“人”这个维度来运营时发现，其实我们“一无所有”，我们能用的只是一些简单的、碎片化的工具，有些工具虽然看上去很好，但实际上由于完全没有数据支撑，导致根本无法发挥效用。

比如说：会员管理的工具，无论你用哪家的工具，这些工具本身的功能都很齐全，但我们会遇到一个问题，我们无法知晓这个客户为什么不来、为什么来、为什么买、为什么不买，客户是怎么知道我们的，难道仅仅是因为我们在群里做了通知，发了短信吗？大家都在做活动，为什么这个客户会来我们店里购买？为什么那个老客户去了别人家？难道仅仅是因为折扣吗？如果品牌差异不大、折扣几乎相同，为什么还会发生这样的事情呢？

这些问题都是我们很难解决的，这还仅仅在会员维度，如果切换到内容营销的维度，我们遇到的问题会更多，我们甚至无法判断内容信息覆盖到客户之后对他们的购物行为决策究竟能起到怎样的影响，也无法判断内容、活动、促销、IP、营销、广告等诸如此类的东西，对于我们与客户之间的关系成长究竟能起到什么作用。

当所有这一切都一团乱麻的时候，势必会给我们带来很多麻烦，比如：我们不知道哪一条渠道的推广效率高；我们无法鉴别哪一种营销手段更适合新潜客，哪一种营销手段会影响粉丝会员的行为；我们也无法判断粉丝会员对品类的偏好，这样我们拓展品类就会失去方向；我们更无法知道一轮广告覆盖之后，目标客户在生命周期全链路上都发生了哪些变化，甚至会担忧“我辛辛苦苦‘种草’，你却开开心心收割”的事情发生。

AIPL、FAST、GROW 这三大营销模型就是帮助我们解决这些问题的，如果我们把客户分为“兴趣未购买”“兴趣已购买”，以及“潜客”和“新、老、粉、会”，所谓 AIPL 模型，就是把消费者对我们的商品、店铺、品牌的认知程度和行为程度作为划分原则，把目标人群分为“A-I-P-L”四大类。我们在推广过程中，不同心智的人群需要用不同的商品、不同的营销、不同的信息内容予以触达，做到在“对的时间把对的内容推送给对的人”，只有这样才能提高我们在淘系平台的推广营销效率。所谓 FAST，其实就是帮助我们观察和鉴别“A-I-P-L”四类人群之间的流转情况和流失情况，帮助我们找到解决低效的问题。所谓 GROW，其实就是帮助我们发现那些高认知和高复购人群的特点，在顺应消费者偏好的前提下引导其对我们更多的商品形成偏好和购买。

淘系的推广营销模型其实是给了我们一个站在人群心智角度看待推广、营销、运营的全新视角。当我们有这个全新的视角之后，角度和维度不同了，思路就一定会不一样，效率、效用、效能、效果就一定会产生全新的变化。

1.5.2 抖音平台的 FACT

抖音平台是一个偏泛娱乐内容的媒体平台，该平台依托短视频和直播内容来吸引用户。平台的用户在浏览相关内容的时候就会产生各种兴趣偏好、兴趣特征的数据。因此，抖音平台的电商需要紧密结合并充分利用平台用户的泛娱乐心智，以及平台提供的兴趣偏好和兴趣特征的数据来运营。

基于抖音生态的这种泛娱乐属性，以及平台用户心智和平台数据的特点，抖音平台的推广营销模型是一套以内容经营为核心，串联抖音电商的场、货、人经营策略；从短视频、直播为主的内容场，延展到以抖音商城、搜索为主的中心场，并配合营销场的流量放大，让不同场域间的经营高效协同。简单地理解，它就是“内容宽度×转化深度”的生意增长公式。

从电商“卖货”的角度看，在货找人和人找货的过程中，消费者了解商品、店铺、品牌都是通过内容，在主动和被动中不断接受信息内容，然后逐渐形成购物决策的偏好。我们可以理解为，“内容”是连接用户和商品的桥梁。那么，充足、丰富且高质量的内容供给是保障商家生意产出的基本盘。结合抖音平台特点的“抖音电商”，就需要以“内容”为原动力来进行营销推广。

抖音为此也推出了 FACT 的推广营销模式，FACT 也是商家的内容供给阵地，商家可以基于不同的生意目标，灵活分配四大经营阵地的运营资源，以稳定的内容供给实现生意总量高效、持续地增长。

FACT 是以下 4 个英文单词首字母的缩写，同时也是商家需要同步推进的四件事情，彼此之间并没有前因后果或者明显的先后顺序。其中：

- F（Field），是指阵地自营，是商家提升自营内容供给能力的私域阵地，通过自营内容可以保障稳定的日销；
- A（Alliance）是指达人矩阵，是商家快速扩充不同风格内容供给的重要力量，能够帮助商家实现广泛的人群渗透；

- C（Campaign）是指主题活动，商家可以联合平台资源综合运营，打造集中爆发的品牌盛事；
- T（Top-Kol）是指头部大 V，主要包括品牌与明星及头部达人的合作，借助明星和头部达人的庞大粉丝群体和社会影响力，商家可以快速引爆“品宣”（即品牌宣传）和销量。

通过对 FACT 的解释可知，抖音的电商营销推广是侧重于内容宽度和转化深度的。商家通过内容实现商品和用户的有效连接，用户通过消费内容来实现商品消费，即拓展内容的宽度，增加商品与用户的连接机会。商家需要通过内容创造用户兴趣或满足用户消费需求。通过短视频和直播组成的内容场，与抖音商城和搜索组成中心场协同经营，商家可以覆盖“种草”、下单、复购的消费全链路，提升转化效率，持续创造更多的营收和利润。

当然，并不是说每一个商家都需要完整地搭建 FACT 模型，而是需要根据自身的商品、店铺、品牌的实际情况和特点来设计更加高效的模型和链路。

例如：有的标类商品的商家，商品具有足够的价格优势且品牌性相对弱，消费者对品牌心智也不强的情况下，可以弱化 F 和 C 的建设，把重点放在 A 和 T 的维度，在使用付费推广工具的时候侧重于对 A 和 T 的投入，而不是投放给自己。

再如：有些品牌商本身拥有一定体量的分销商和经销商，那么这个时候就需要考虑众多经销商究竟是以 F 的身份出现还是以 A 的身份出现，如果分销商或者经销商的自产内容能力很强，那么他们就是 A，反之则是 F。当分销商和经销商都是 F 的时候，品牌方就需要强化自己的内容产出和布局能力，在使用推广工具的时候就会形成一套完全不一样的推广营销策略。

无论是使用抖+，还是使用千川做付费投流，我们都需要记住 FACT 的模型。在实际操作的过程中，我们面对的往往只是一条具体的短视频、一场具体的直播、一组具体的商品，但这些都是 FACT 过程的一部分，在紧盯投流成本、销售转化率、GMV 等指标的同时，我们必须关注每一次的投流是在做 FACT 的哪一部分，或者是为了形成 FACT 起什么样的作用。只有这样，才能提高我们在抖音的推广营销效率。

总之，在抖音做推广营销的时候，我们必须时刻记住“内容驱动电商”的原则。

1.5.3 京东营销 360：4A 模型和 4E 营销方法论

京东是一个偏向平台自营的电商购物平台，虽然也有商家 POP 店的业态存在，但整个平台总体是一种类似线下商超经营模式的线上购物平台。消费者在京东更加倾向于直接购买精准的目标商品，或者帮助自己在最终形成购物决策的品牌、价格等维度做选择。所以，基于这样的用户心智，京东平台的推广营销模型被称为“京东营销 360：4A 模型和 4E 营销方法论”。

所谓“京东营销 360”，是指一个全时、全维度的营销体系，是以京东营销 4A 模型（认知（Aware）、吸引（Appeal）、行动（Act）、用户（Advocate））和 4E 营销方法论（开发（Evolve）、执行（Execute）、衡量（Evaluate）、改进（Enhance））构成的一个 16 格矩阵，其中包含各种营销、广告、数据产品。

京东营销 360 的 4A 消费者资产管理体系——“数坊”，是以 4A 为模型激活品牌数据价值为核心，通过京东生态大数据将品牌资产以数字化形式呈现，品牌可以通过数坊进行消费者资产实时查看及流转分析，做到消费者洞察、消费者激活及消费者回流，沉淀品牌私有资产，实现品牌营销效果与品牌建设协同增长。

“数坊”还会通过机器学习算法，实现根据营销场景自动化分析和跨品类渗透，找出最优的广告投放模式和人群组合进行流量分配，从而提高品牌商的投放效率，节约成本。

在涉及 4A（认知、吸引、行动、拥护）流程的每个阶段，京东营销 360 都会给予相应的商业产品支持，包括京东展位、京东直投、京东快车、购物触点广告、裂变广告、活动通等，适应全网品牌打造、类目品牌推广、新品上市、拉新（即吸引新的用户）及促销等不同营销场景，并为其定制个性化投放方案。与此同时，京东营销 360 还提供了品牌广告、联合活动、海投计划等营销解决方案，通过跨场景营销商品组合，满足广告主多维度的营销需求。

“4E 营销方法论”全效赋能品牌开发（Evolve）营销策略、执行（Execute）营销计划、衡量（Evaluate）营销效果、改进（Enhance）营销举措，为品牌提供全消费者生命周期、全渠道、全维度的营销解决方案。

总的来说，“京东营销 360”是用“全”来解决当下营销中的“碎”，其全渠道场景化的解决方案更多地是呈现出“全渠道、全场景、全链路”的营销蜕变。

商家在京东做营销推广的时候更加需要这种“场域”的运营，只有抓住这个特点，才能更好地把推广营销工具的作用发挥出来。

本章习题

一、名词解释

（1）淘系平台的营销模型中 AIPL 分别代表什么？

（2）抖音平台的营销模型中 FACT 分别代表什么？

（3）京东平台的营销模型中 4A 分别代表什么？

二、选择题

1. 单选题

（1）人群标签来源于（　　）。

A．商家在平台运营动作的结果　　B．消费者在平台的行为结果

C．平台系统定义的结果　　D．所有平台用户的各种行为结果

（2）以下对私域流量描述正确的是（　　）。

A．私域流量是商家自有的流量，别人无法获得

B．私域流量是商家能主动触达和有效运用的流量

C．私域流量是一种免费流量

D．私域流量与公域流量有非常明确的分界线

（3）网店推广人员需要关注推广的（　　）。

A．投入产出比、预算控制　　B．引入流量的有效性

C．效率、效能、效益　　D．工具使用技巧

2. 多选题

（1）以下对付费流量描述正确的是（　　）。

A．付费流量是一种平台兼顾公平原则的流量机制

B．付费流量相对免费流量而言，是需要商家直接付费的一种流量

C．付费流量越大，生意越好

D．付费流量的持续投放会导致免费流量丧失

（2）以下对人群标签描述正确的是（　　）。

A．人群标签是一组动态数据

B．人群标签同时影响消费者和商家

C．人群标签的依据来源于平台的所有用户

D．人群标签是每一个网店推广人员必须掌握的概念

三、填空题

（1）免费流量和付费流量的界限是（　　）区分的，仅仅是为了方便统计和分析而已，并不是流量的本质。

（2）“京东营销 360”是用“全”来解决当下营销中的“碎”，其全渠道场景化的解决方案更多地是呈现出（　　）的营销蜕变。

（3）各个平台之间存在平台的属性差异，这种属性的差异是由于消费者（　　）差异所导致的。

四、问答题

（1）公域流量和私域流量的关系与区别有哪些？

（2）免费流量和付费流量的关系与区别有哪些？

第 2 章

直通车

2.1 直通车概况

直通车的使用是许多商家开始淘系推广的第一步，因此，我们需要先对商品有一个初步了解，才能更有利于理解推广策略背后的逻辑，知其然也要知其所以然。

2.1.1 什么是直通车

1. 直通车的定义

直通车是按单次点击付费（CPC）的营销推广工具，它是由阿里巴巴旗下阿里妈妈平台推出的一种搜索竞价排名系统。当买家搜索的关键词与商品推广设置的关键词相匹配时，即可获得展现，因此能够将商品精准地展现给有需求的消费者，给商家带来大量的精准流量。

加入直通车对店铺的星级和动态评分没有特殊要求，一般情况下，淘宝店铺开通时间大于 24 小时，商品类目在允许推广的范围内，就可开通直通车推广。

2. 直通车推广位置在哪里

买家在淘宝网及淘宝 App 进行相关的关键词搜索时，如果搜索的关键词与商家所设置商品的推广关键词相匹配，则该商品有机会获得展示。展示无须付费，只有当买家点击进入商品详情页面才会进行相应的扣费。

1）电脑端核心资源位

在电脑端淘宝网的搜索结果页中，左侧主搜索结果的前 1~3 件商品展示位带有标识【广告】和【掌柜热卖】字样的位置为直通车广告的展现位置，如图 2-1 所示。页面右侧和页面底部带有标识【广告】和【掌柜热卖】字样的位置也为直通车广告的展现位置，如图 2-2 所示。

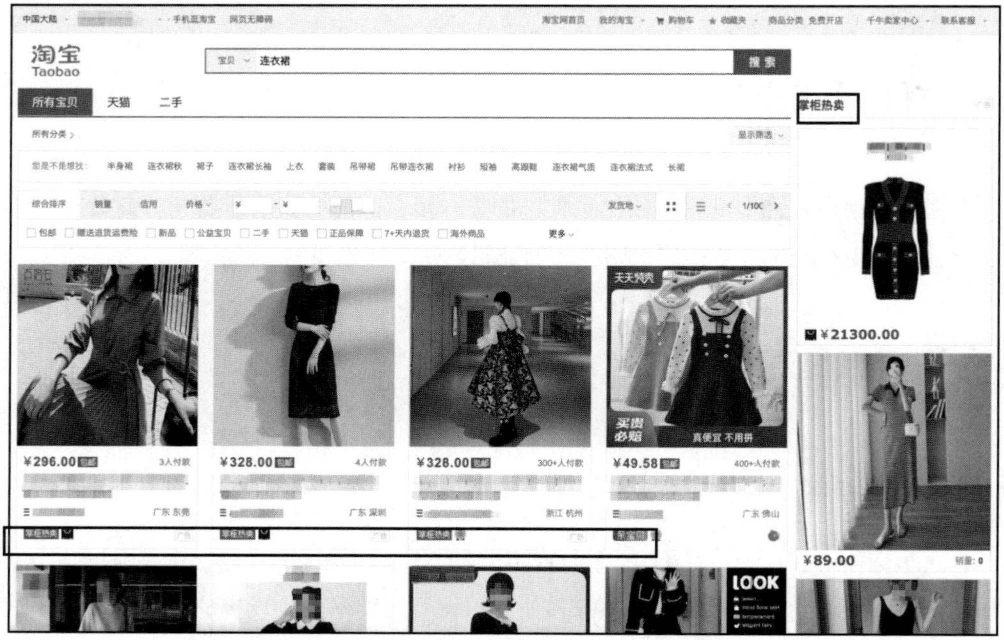

图 2-1　PC 搜索结果页中主搜索结果及右侧直通车展示位

图 2-2　PC 搜索结果页中底部直通车展示位

2）移动端核心资源位

在移动端的淘宝 App 搜索结果页中，每隔 5 件或 10 件商品有 1 个带【广告】字样的展现位为直通车广告展示位。如 1+5+1+5+1+10+1+10+1+⋯，其中“1”即为直通车展示位，示例如图 2-3 所示。这些展示位可能受到淘宝活动的影响，实际广告位会出现上下波动，例如，插入活动信息至搜索结果页等官方活动，具体以搜索结果页的【广告】标识为准。

图 2-3　手淘 App 搜索结果页中直通车展示位

2.1.2 直通车的排名和扣费原理

1. 展现逻辑

直通车系统内会根据设置的推广关键词和商品的匹配程度给出一一对应的质量得分，继而通过此关键词的质量得分和出价的乘积计算出相应的综合得分，最后根据此综合得分确定商品的排名。综合得分=出价×质量得分。

因此，商品的排名受关键词与商品的匹配程度、关键词出价，以及人群特征与商品的匹配程度 3 个方面的影响。下面我们一一进行解释。

1）关键词与商品的匹配程度

关键词与商品的匹配程度就是通过质量得分来判断的，分数越高，说明商品与关键词的匹配程度越高。质量得分分为计算机设备质量得分和移动设备质量得分两种，它是搜索推广中衡量关键词、商品推广信息及淘宝网用户搜索意向三者之间相关性的综合性指标，以 10 分制的形式来呈现。质量得分的影响因子主要有相关度、创意质量和买家反馈 3 个方面。

A）相关度：相关度主要是根据关键词和商品类目、属性、标题等相匹配程度来判断。例如：关键词“黑色雪纺连衣裙”，会通过判断商品的类目是否是连衣裙，属性中是否包含“黑色、雪纺”字样来为关键词的相关性进行打分，满分 5 格。推广关键词的相关性分数一般在 4 格及以上，是基础分，我们一定要得到这个基础分。

B）创意质量：创意质量主要是通过商品的创意图片质量、点击反馈和行业同类商品的情况比较来进行判断，满分也是 5 格。初始推广的时候会给行业平均分，随着时间的积累，则会根据关键词近期点击率和行业同类商品点击率对比进行打分。由于符合相关度商品的数量众多，想要获得更高的质量得分，就需要我们的工作重点在创意质量上（也就是点击率）下功夫。

C）买家反馈：买家反馈主要通过商品的转化率、收藏加购率、DSR（Detail Seller Rating，商家服务评级系统）评分等影响购买体验的因素和行业同类商品的情况比较来进行判断，同样，满分也是 5 格。由于转化率的影响因子较多，因此买家反馈对质量得分的影响比重是三者中最弱的。

2）关键词出价

在关键词与商品匹配程度相同的情况下，关键词设置的出价越高，则排名越靠前。但出价需要商家衡量自己的承受能力和行业平均出价情况，而不是依靠自己的想象力随意出价。

3）人群特征与商品的匹配程度

从 PC 互联网时代转移到移动互联网时代后，由于屏幕缩小，可展示的商品数量有限，但同时个体特征更为明显，因此，每个人在搜索相同关键词的时候，都会看到不同的商品，这被称为“千人千面”。也就是说，符合该搜索人特征的商品才会被展示。系统会为每个人打上几十甚至上百种标签，例如：最基础的年龄、地域、性别等，还有和购物相关的行为、平均月消费频次、月消费金额，以及最近看了什么样的商品、加购了什么商品等。也就是说，根据个体差异，展示和买家相匹配的商品。所以目前在直通车的排序可以理解为商品和买家相匹配后，才会根据综合得分进行相应的排序展示。

2. 扣费原理

直通车按点击扣费，且扣费金额不高于广告主的最终出价。也就是说，如果消费者点击了商品的直通车展示位，系统就会根据商家的出价结合直通车的扣费原理来收取费用，直通车扣费的具体公式如下：

单次点击扣费=（下一名出价×下一名质量得分）/你的质量得分+0.01 元

从扣费公式中可以看出，由于“千人千面”的特点，下一名的商品不固定，且下一名的出价和质量得分也是无法确定的。所以我们无法实际计算出单次的点击扣费，而且每次搜索结果中下一名的商品不同，也导致每次点击扣费的金额不相同。

从公式中可以得出结论，下一名的出价和质量得分无法控制。当我们希望降低单次点击扣费时，需要努力提升自己的质量得分。

2.1.3 直通车的优势

直通车有以下 3 方面的优势。

1. 能获取精准的搜索流量

从消费者在平台上的各类行为看，搜索是非常精准的购物意图的表达。因为淘宝是一个购物平台，消费者在平台上搜索关键词，一般也代表有对应商品的购物需求，所以直通车推广是通过关键词锁定有相关购物需求的买家，并通过人群、时间、地域使投放更精准，获取优质流量。

2. 可控性高

推广所需的花费是商家最重视的部分，在直通车中从每个关键词的出价到每个计划及账户总体的日花费限额都可以由商家进行个性化的设置。需要说明的是，有时也可能因为系统延时，出现花费超过日限额的情况，但只要商家设置了相应的日限额，即使当天不做修改，超过日限额的花费也会在凌晨系统做日结算的时候进行返还。

另外，对于每个推广计划，商家还可以个性化设置推广的时段、推广展示的地域、推广展示的目标人群，以及针对不同人群进行不同的出价等。

因此，直通车的高可控性可以让商家投放的推广费用花费到最精准的买家中，从而提高投入产出比。

3. 实时性高

在直通车后台，系统可以实时反馈账户、计划、关键词的花费、点击量、点击率、转化率等推广数据，这些数据可以驱动商家对推广计划进行实时调整和优化，从而提升运营指标。

在后台操作中，商家可以实时调整出价来改变关键词的排名，从而引入流量，同时控制直通车的花费，因此高实时性让推广优化效果立即可见。

2.2 直通车后台

2.2.1 后台简介

1. 如何进入直通车

在千牛商家中心或者天猫商家中心左侧栏，单击“推广”→“推广中心”→“直通车”→“去投放”，如图 2-4 所示，进入直通车后台（商家在操作直通车之前需要先充值 100 元）。

图 2-4　千牛商家中心进入直通车推广的位置

直通车后台分为首页、推广、报表、账户、工具和妈妈 CLUB 共 6 大模块，其主要架构由推广和报表组成，账户和工具起辅助作用。

2. 后台首页

直通车后台首页的核心区域展现的是当天的实时数据，它可以让商家进入账号后及时了解账户点击、转化及花费等信息，同时通过今日和昨天实时曲线的对比，能一目了然地知道账户的变化，对数据变化的好坏和原因能有一个快速的判断。首页的顶部是各大模块的导航栏，方便商家快速点击进入对应的模块。

直通车后台的首页如图 2-5 所示。

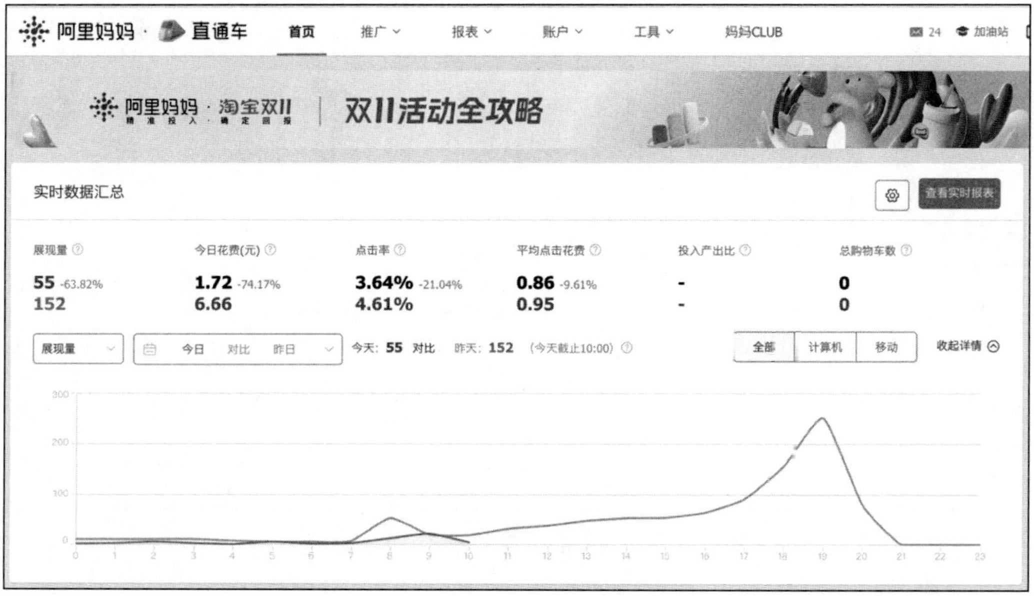

图 2-5　直通车后台首页

直通车首页下方有不同类型的计划组（见图 2-6）和单计划的数据（见图 2-7），可以快速定位问题。

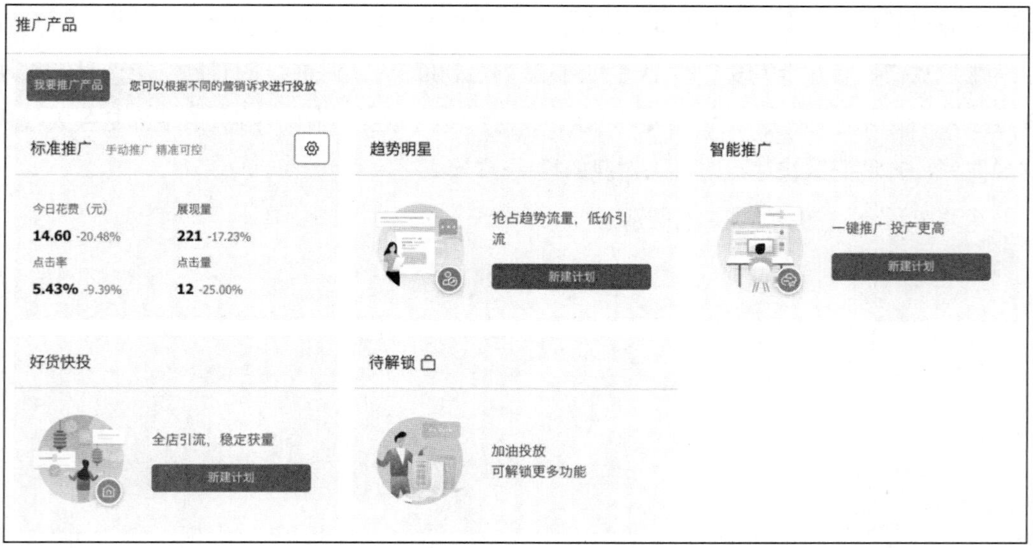

图 2-6　直通车首页不同类型计划组数据

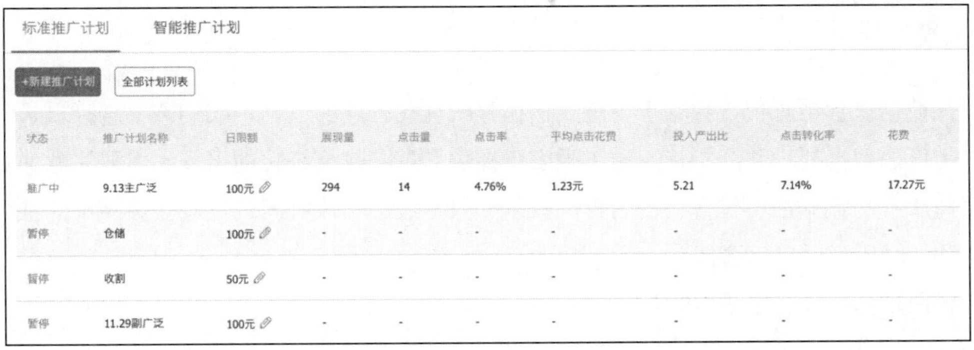

标准推广计划　智能推广计划

+新建推广计划　全部计划列表

状态	推广计划名称	日限额	展现量	点击量	点击率	平均点击花费	投入产出比	点击转化率	花费
推广中	9.13主广泛	100元	294	14	4.76%	1.23元	5.21	7.14%	17.27元
暂停	仓储	100元	-	-	-	-	-	-	-
暂停	收割	50元	-	-	-	-	-	-	-
暂停	11.29副广泛	100元	-	-	-	-	-	-	-

图 2-7　直通车首页单计划数据

3. 推广

直通车内推广计划的类型分为标准推广和智能推广，如图 2-8 所示。

1）标准推广：即全手动设置计划，商家除了可以设置计划的投放时间、地域、日限额，还必须要为每个商品设置相应的关键词、出价及目标投放人群，这样系统才能让您的商品出现在相应的搜索结果中。

2）智能推广：即智能化托管功能，商家只需要进行简单的计划设置，即可开始推广。系统将根据商家选择的商品匹配相应的流量，同时支持单商品智能投放和多商品快捷推广，满足商家不同的营销目标。

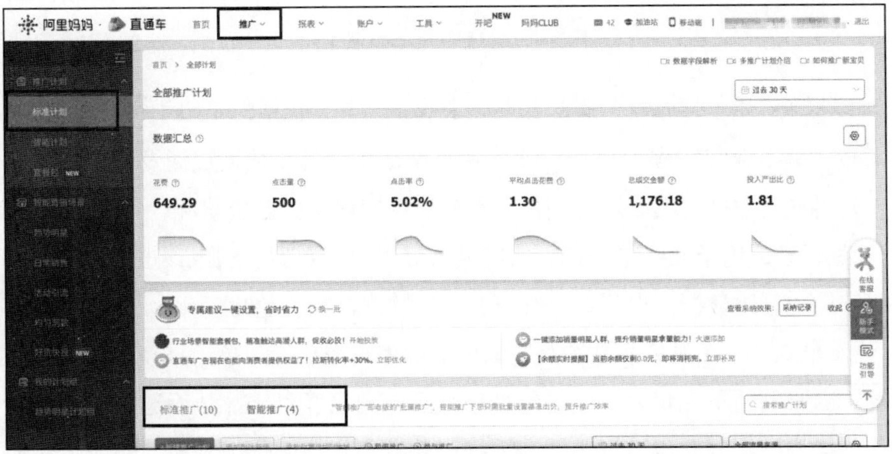

图 2-8　直通车内推广类型

4. 报表功能

在数据化营销时代，数据报表是我们调整或优化推广的依据，我们需要进行日、月、季、年度的数据梳理和分析，直通车报表就提供了各个维度细化的报表。需要注意的是，报表内所有的数据都不包含当日的推广数据，只是过去一段时间或者过去某一天的推广数据总和（时段可以自己选择）。

直通车基础报表如图 2-9 所示，分为以下 8 个维度。

图 2-9　直通车基础报表类型

1）账户报表：用于展示账户每日结算后总体的数据，包括但不限于每日花费、点击量、点击率、转化率、成交金额等数据。该报表数据是经过日终数据过滤及超过费用返还的最终数据。利用账户数据，商家可以快速判断账户近期整体的健康状况。

2）计划报表：用于按照单个计划的维度来展现相关数据。利用该报表，商家可以查看一段时间计划的总体数据，也可以分日查看每日数据，关注趋势变化。

3）单元报表：一个推广商品在直通车内被称为一个单元，单元报表也就是推广商品维度的报表。商家利用单元报表可以进行推广商品间的相互对比，从而选择更受市场认可的商品进行重点推广，同时也可以关注商品推广数据的趋势变化来判断商品的生命周期，有针对性地进行推广策略的调整。

4）关键词报表：该报表展示的是所有计划中单个关键词的推广数据。通过关键词数据对比，商家可以发现点击率、转化率较高的关键词，并以此作为优化的参考依据，同时重点关注花费较多的关键词的相关数据。

5）人群报表：该报表展示的是所有计划中单个人群的推广数据。通过人群点击、转化相关数据，商家可以调整或优化溢价。

6）创意报表：该报表展示的是所有计划中单个创意的推广数据，商家可从创意维度相关的数据判断创意优劣，并不断进行优化。

7）权益报表：该报表展示的是直通车广告投放权益的相关推广数据。

8）地域报表：通过对地域列表的数据分析，商家可以查看商品在各个省份的点击转化等相关数据，也可以通过地域间点击率、转化率、投入产出比等数据比较，指导商家优化地域投放设置。

5. 账户功能

商家在账户功能里主要可以进行“充值”“查询账户明细”（即每日扣费记录）“申请发票”“查询优惠券使用记录”等一些和整个账户相关的辅助功能的操作，如图 2-10 所示。

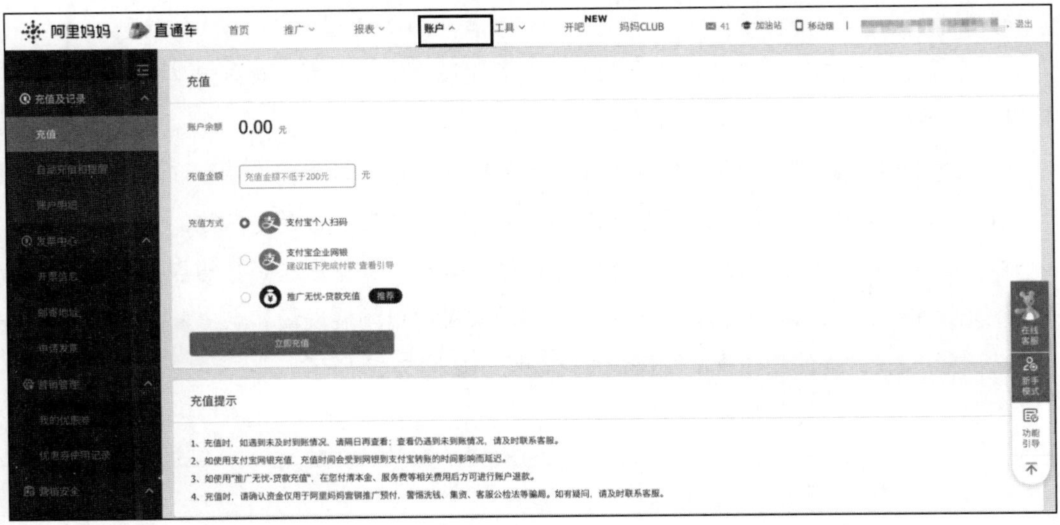

图 2-10　直通车账户相关功能

6. 工具

工具部分可以分为创意工具、洞察工具和出价工具等。可以使用这些工具进行数据分析对比，方便商家快速发现问题。这些工具能够提供相关的优化信息和优化要素，如图 2-11 所示。

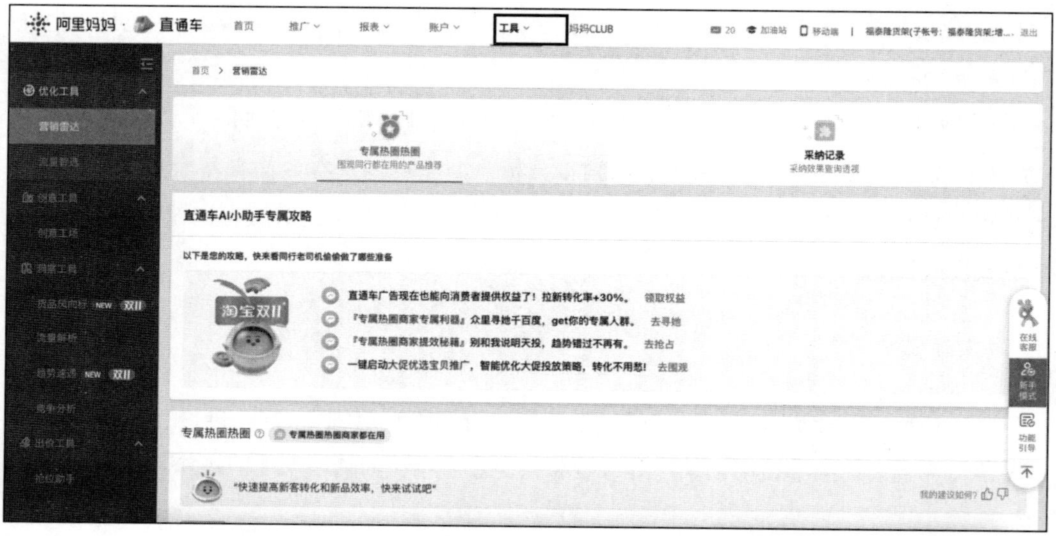

图 2-11　直通车推广辅助工具

在众多的工具中，流量解析工具的使用人群比较广泛，它可以对自定义搜索的关键词提供市场规模、人群、竞价等丰富的信息。

在流量解析工具中，商家首先需要在如图 2-12 所示的方框中输入要查询的关键词。

在第一个板块"市场数据趋势"中可以查看到该关键词的展现指数、点击指数、点击率、点击转化率、竞争指数、市场均价等行业数据，其中展现指数与点击指数以指数化（经过系统算法处理以后的数据）的形式体现关键词市场展现量和点击量的大小。商家可以从中得知关键词的热门程度及流量变化趋势，如图 2-13 所示。

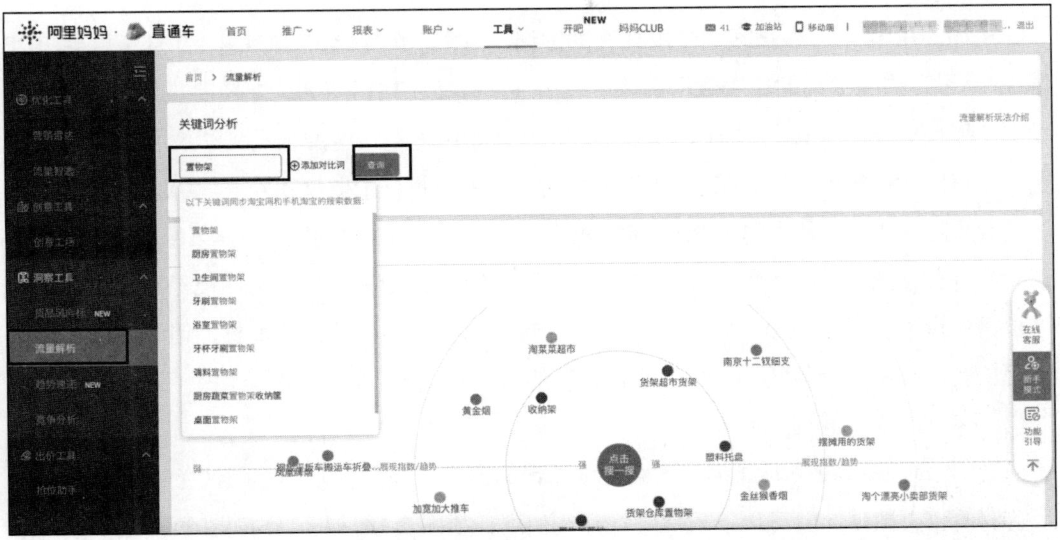

图 2-12　在流量解析工具中进行关键词查询

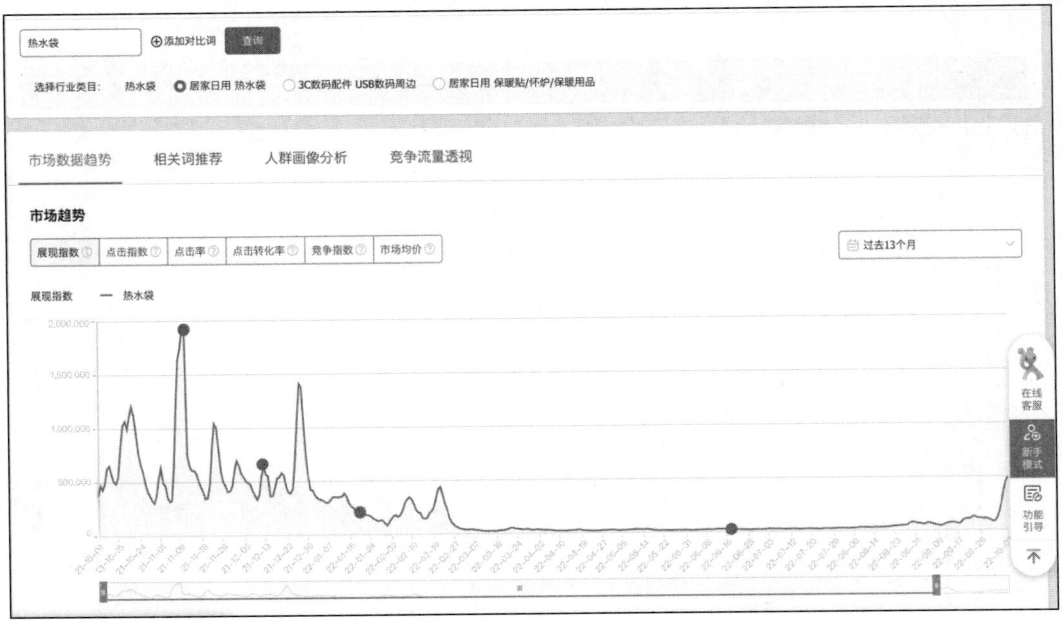

图 2-13　流量解析关键词市场相关数据展示

通过查询关键词在过去 13 个月的展现数据及点击数据，商家可以判断该商品市场的淡旺季，并参考确定推广扩流的时间段。

例如，在图 2-13 中搜索“热水袋”关键词，商家就可以查看 2021 年 10 月 7 日至 2022 年 11 月 6 日该关键词的相关数据，并可以通过下方蓝色按钮拖动选取需要重点查看的时间段。从展现数据看，该关键词在 2021 年 10 月开始展现量快速增长，到 2021 年 12 月底展现量维持在较高水平，而后在 2022 年 1 月到 2 月中旬是一个弱展现阶段，2022 年 2 月中旬后展现量迅速下降，基本趋于 0。因此，对商家来说，商品在 8 月就要上架，9 月开始推广，对商品进行预热及基础销量、评价的积累。等到 10 月流量突增期，商品已经有了较好的权重积累，可以在各个流量渠道快速获取较高的流量。由于流量大量增长，销量也会进入快速增长期，在整个销售旺季，持续维持较高的转化及销售额。从上一年 12 月底到下一年 1 月初，即可逐步降低推广力度，直到 2 月初逐步停止推广。

第二个板块：相关词推荐。该板块可以帮助商家寻找与搜索词相关的关键词，同时展示它们的相关数据，并可以下载后进行筛选使用，如图 2-14 所示。同时在页面底部展现了行业内的热搜词、飙升词和黑马词，这有助于商家快速获取消费者的热点及趋势，从而对相关商品进行推广来获取该部分流量或者进行推广的扩流，如图 2-15 所示。

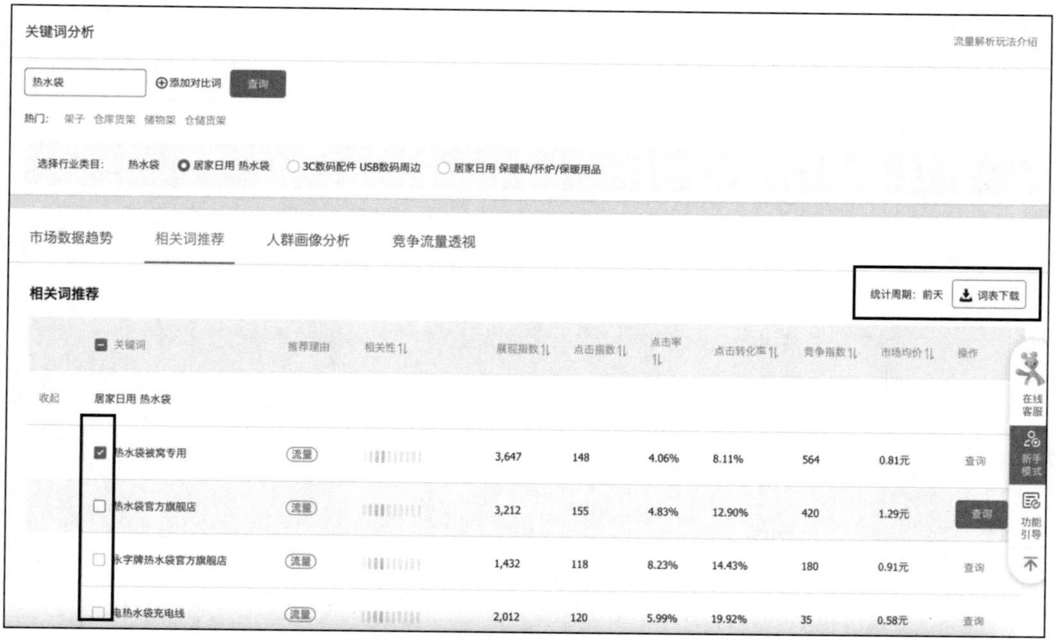

图 2-14　流量解析相关关键词推荐功能

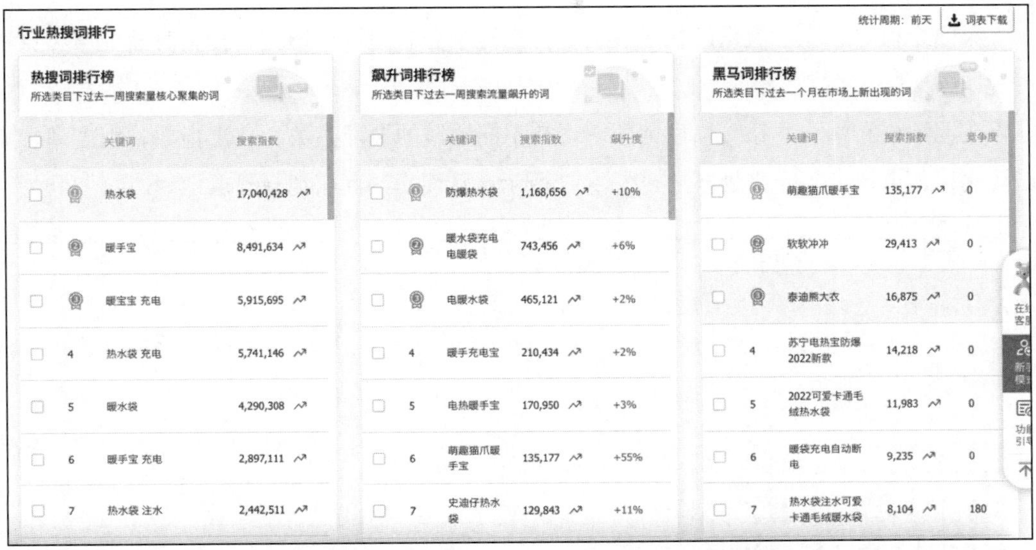

图 2-15　流量解析行业热搜词排行榜功能

第三个板块：人群画像分析。该板块展示了关键词的搜索人群画像，有助于商家了解该部分人群的基础画像，并作为推广圈定人群的参考，如图 2-16 所示。

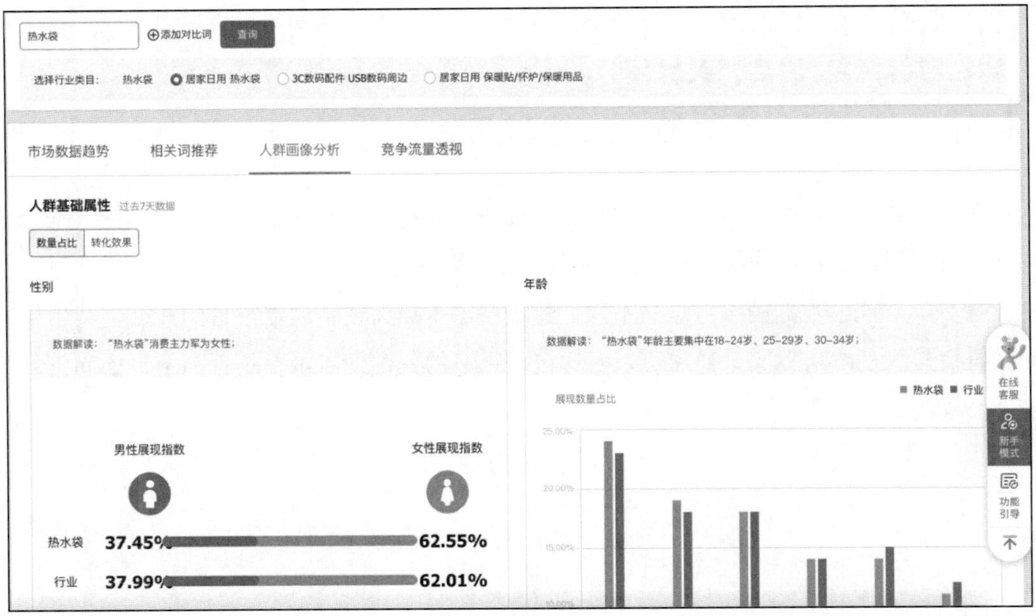

图 2-16　流量解析关键词搜索人群画像

第四个板块：竞争流量透视。该板块分为地域分布、流量透视、搜索时段分布和竞争透视。

在地域分布中，商家可以查询关键词在不同地域的展现指数、点击指数、点击率、点击转化率、市场价等行业数据，如图 2-17 所示，从而指导商家选择投放地域。

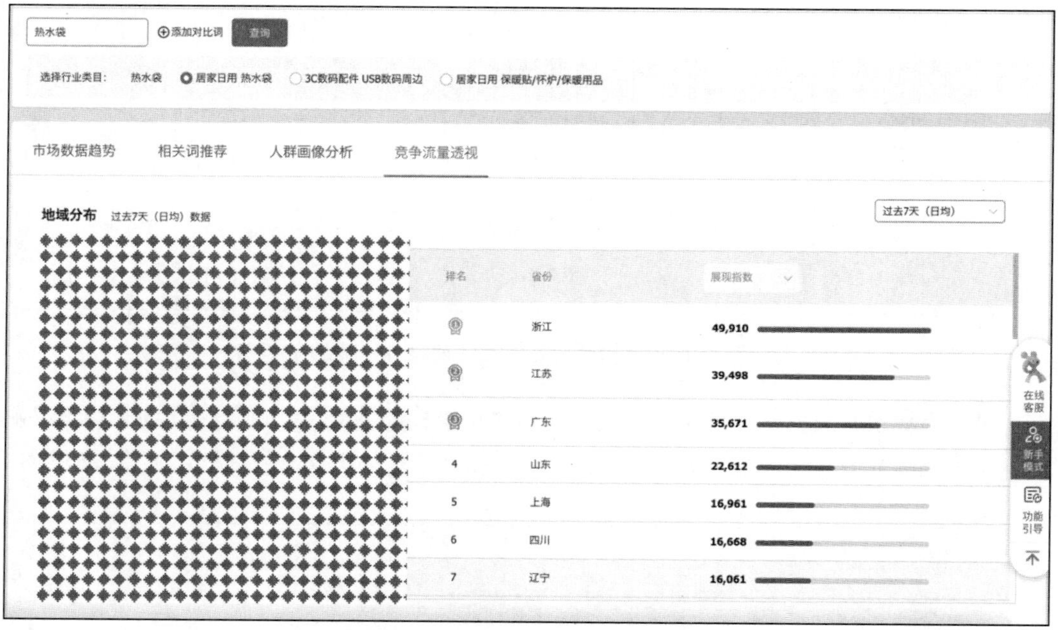

图 2-17 流量解析关键词搜索地域分布

在流量透视中，商家可以查看关键词分别在计算机设备和移动设备上的流量数据。目前大部分关键词流量中均有 95%左右的流量来自移动设备，也就是手机端。由于计算机设备流量少，对整体数据的参考意义不大，建议商家重点关注移动端设备的数据。其中点击率数据有较大的参考意义，商家可以对比自己推广的关键词点击率是否高于市场均值，如图 2-18 所示。

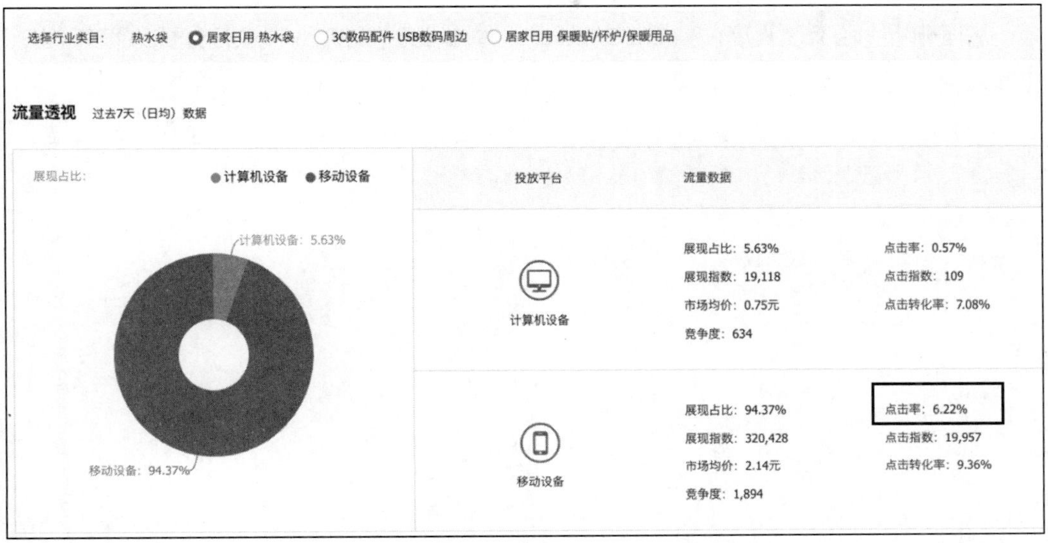

图 2-18　流量解析关键词搜索分设备流量数据

在搜索时段分布中，商家可以查看一天 24 小时搜索流量的分布情况，并以此作为设置推广时段折扣的参考依据。对于大部分关键词来说，晚上 20~22 点是一天的流量高峰期，如图 2-19 所示。

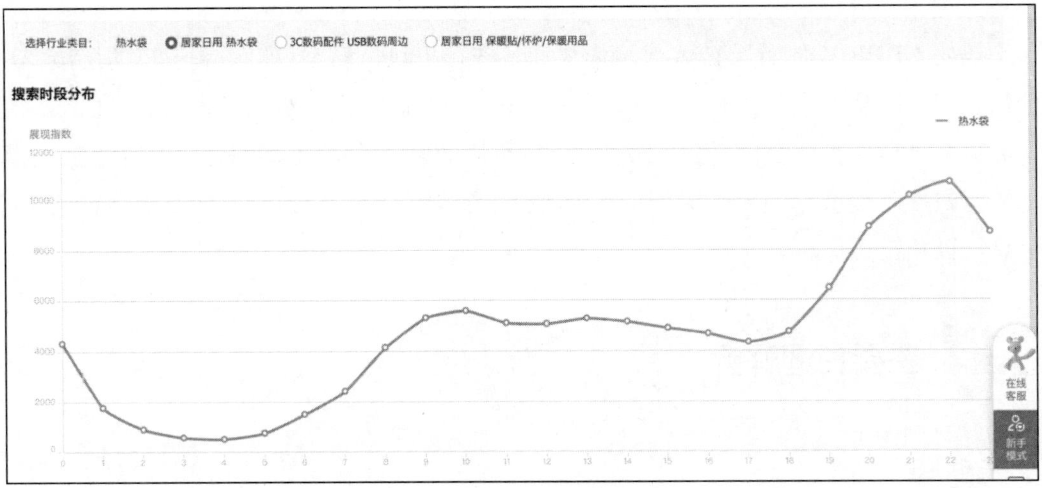

图 2-19　流量解析关键词搜索时段分布

在竞争透视中，商家可以查看不同的价格区间获得的展现量和该区间内的竞争商品数量，从而分析竞争激烈程度，如图 2-20 所示。通过对竞争透视数据进行分析，商家可以选择展现量较大，但竞争稍弱的区间进行参考出价，从而获得性价比更高的流量。

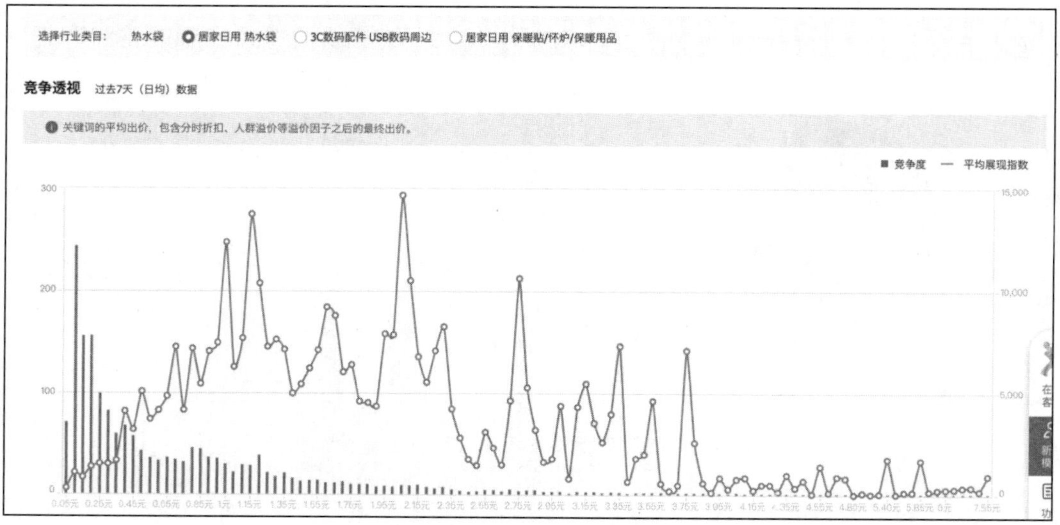

图 2-20 流量解析关键词出价、展现及竞争度关系

7. 妈妈 CLUB

妈妈 CLUB 类似于天猫/淘宝商家中心，在该板块，商家可以看到自己的层级、培训的推荐，以及相关平台推广活动推荐等。在“妈妈 CLUB”板块下，商家可以多关注报名参与平台各类适合自己的挑战活动，按照活动要求达成活动目标，即可获得一定额度的妈妈推广优惠券。由于活动都有一定时间及范围限制，所以商家需要多查看通知等信息，以免错过优惠。

2.2.2 主要名词解析

1. 展现量

展现量指的是推广的商品在淘宝/天猫直通车展示位上被买家看到的次数（去除因消费者快速划过、主图未完全展现等情况产生的曝光）。无论买家是否点击进入商品详情页，只要页面出现了商家推广的商品，就会算一次展现量。

2. 点击量

点击量指的是推广商品在淘宝直通车展示位上被点击的次数。注意，虚假点击会被直通车反作弊体系过滤，因此该数据为反作弊系统过滤后的数据。

3. 点击率

点击率可直观地表示商品的吸引程度，点击率=点击量/展现量。点击率越高，说明对买家的吸引力越大。在同等的展现量下，点击率越高，商家获取的点击量就会越多。点击率是整个直通车优化的核心，其值越高，质量得分越高，花费也会越低，商家在日常的直通车优化过程中一定要重点关注点击率。

4. 平均点击花费

平均点击花费（PPC，Pay Per Click）表示每一次点击产生的平均花费金额。平均点击花费=花费/对应的点击量。在同等预算的情况下，平均点击花费越低，商家获取到的点击量就越多。

5. 投入产出比

投入产出比反映的是淘宝直通车点击花费在所选转化周期内带来支付宝成交金额的比例。投入产出比=总成交金额花费。投入产出比是衡量直通车推广效果的重要指标。投入产出比越高，代表推广效率越高。

通过公式可以发现，想要提高投入产出比，可以提高总成交金额，也可以降低花费，这两方面的优化都可以提升投入产出比。

6. 点击转化率

点击转化率反映的是淘宝直通车点击在所选转化周期内转化支付宝成交的比例。点击转化率=总成交笔数/点击量。对于相同的点击量，点击转化率越高，则商家获得的订单量就越多。

7. 总购物车数

总购物车数表示商品在淘宝直通车展示位被点击后，买家在所选转化周期内，将商品加入购物车的次数。总购物车数=直接购物车数+间接购物车数。

8. 总收藏数

总收藏数表示商品在淘宝直通车展示位被点击后，买家在所选转化周期内，所有发生收藏的次数。总收藏数=收藏宝贝数+收藏店铺数。

2.3 直通车推广实操

通过前文的介绍，我们对直通车的概念有了初步的了解，接下来将会介绍如何进行直通车推广的操作，以及推广中影响推广效果的核心因素。

2.3.1 推广策略及选款

无论在哪个平台或使用哪款营销工具，该部分的理论都是通用的。任何有效的推广都是在商品没有任何质量问题，且有竞争优势的前提下进行的。切忌一上推广就盲目操作，否则浪费了宝贵的推广资金。推广前先问问自己是不是做好了以下准备。

1. 推广前

1）摆正心态，明确推广作用

商家在推广前需要树立良好的心态，对推广的作用有一个清晰的认知。

首先，推广是通过付费方式主动获取平台的公域流量，获取流量后也并不一定会获取成交。消费者仍然会从商品的功能、价格、评价等多维度去考量商品是否满足需求，从而择优购买。所以这就要求商家选择有竞争优势且能吸引人的商品。

其次，推广需要经过一定量的点击积累才会有成交。也就是说，转化本来就是一个概率问题。商家需要先关注点击量的体量和规模，然后关注对比成交笔数及转化率。

2）明确推广目标

在指定推广策略前，首先要明确商家推广的目的。在实际的运作过程中，不同商家对直通车会存在不同的目的。

①对品牌企业来说，直通车的作用主要是使商品在平台上获取大量曝光，抢占竞争市场，并使品牌获取大量用户群，积累品牌资产。

②对大部分店铺来说，直通车的作用主要是帮助店铺引入高质量的流量，提高商品权重，带动店铺销售额的增长。所以，商家会花大量的时间和精力进行不断优化。

③在店铺活动和官方活动中，直通车是商家预热和营销宣传的工具之一。

对于同一个商家来说，直通车在不同阶段起的作用也会有所不同。

①店铺在起步阶段，缺少基础销量，大量投放直通车可以在短期内得到较多的流量，并转化为基础销量。

②在店铺上新阶段，可以通过点击率和转化率等数据找出哪种商品适合重点投放，打造爆品。

③在店铺推爆品的过程中，通过数据的快速积累，提升爆品打造的速度，快速占领市场，同时相关成交数据的增长可以撬动商品在自然搜索渠道获得的流量。

3）常见的推广策略

根据直通车的推广目的不同，推广策略一般分为爆款推广策略、常规推广策略和低价引流策略等。

爆款推广策略更倾向于获取大规模流量，商家对投入产出比的要求可以适当放低，通过商品销量的迅速增长，获取更多的免费流量，以达到打造爆款的目的。

常规推广策略侧重流量与投入产出比的平衡，商家在获取一定流量的基础上，尽可能提高投入产出比，以维持商品的日常销售。

低价引流策略也被称为广撒网策略，适合商品种类较多的店铺。商家利用该策略可推广较多数量的商品，选取较多的关键词，出价较低，以此获得低成本流量。

2. 选择合适的商品推广

1）转化率高的商品

推广的最终目的是希望引入流量并获取成交，那么，转化率高的商品对流量的承接能力较好，且已经经过市场一段时间的验证。在这样的商品上投入费用、获取流量，可以积累更多的成交量，从而打造店铺的爆款商品，并通过商品积累的优秀数据撬动更多的自然流量。

2）有一定竞争优势的商品

有一定竞争优势包含两个方面，一方面是商品本身在外观、功能、价格、品牌等方面在同行中有竞争力，另一方面是商品的图片、短视频、详情页、评价等制作比较精美和完善，并有能力逐步优化。

3）有利润的商品

有利润的商品才能支撑推广的费用。对所有的商家来说，商品的成交都不是可控的，且都有一定的比例，大部分商品都需要几十个买家甚至几百个买家看过后才会成交 1 笔，因此一定量的成交背后需要更多的点击，这些费用是需要商品成交的利润来支撑的。因此，利润越高的商品，能承受的单次点击费用一般也越高，也就越容易获得流量。

3. 推广商品的测试

商家在投放商品前，建议先通过直通车进行商品投放测试，这样可以快速获取商品的点击率与转化率数据。建议采用产品词、产品词+属性词的形式进行测试，如打底裤、打底裤女、打底裤黑色等，测试期的出价可以先按照市场平均出价乘以 0.8 来设置，如果没有点击，再逐步往上提出价。这样做的好处是避免部分商家设置费用太高，商品被点击后迅速花完了钱。

部分商家售卖标品有明确的主推商品，商品的上新更多地受到工厂及品牌的控制，则可以以测图为主，相关内容将在后面的内容中再进行阐述。

当然，商家也可以根据商品在日常销售中的访客数、转化率来选择商品。选择流量获取能力较强、转化率相对较高、有一定利润的商品进行直通车推广。

总之，商家一定要通过数据来进行选款推广，通过推广渠道获取的数据或者商品本身的数据，选择数据相对较好的商品推广才能持续发力，而非根据自己的认知、想象来选择商品推广，其目的是为后期大量推广费进行有效投入。

2.3.2 直通车标准计划

1. 新建计划

1）新建推广计划

进入直通车后台后，单击上方的“推广”→“标准计划”进入页面，单击“新建推广计划”按钮，如图 2-21 所示。

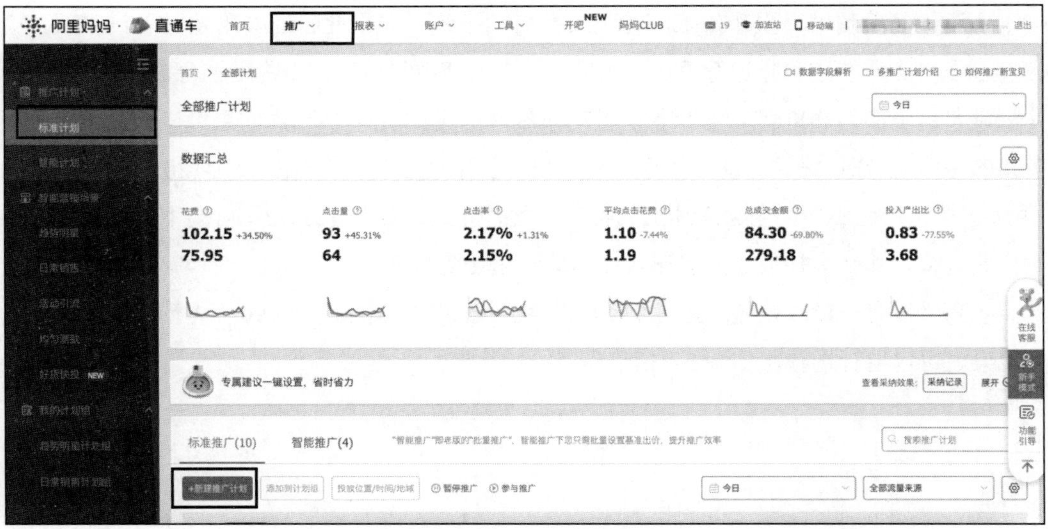

图 2-21　直通车后台—新建推广计划点击位置

2）投放设置

如图 2-22 所示的页面是新建计划页面，在该页面中单击“标准推广”按钮，即可进行相关的投放设置。

①计划名称：商家可以自定义设置计划名称，方便自己查看和区分，后期也可以随时修改。

②日限额：建议设置计划投放日限额，这样就可以有效地控制花费，把费用控制在预算内。

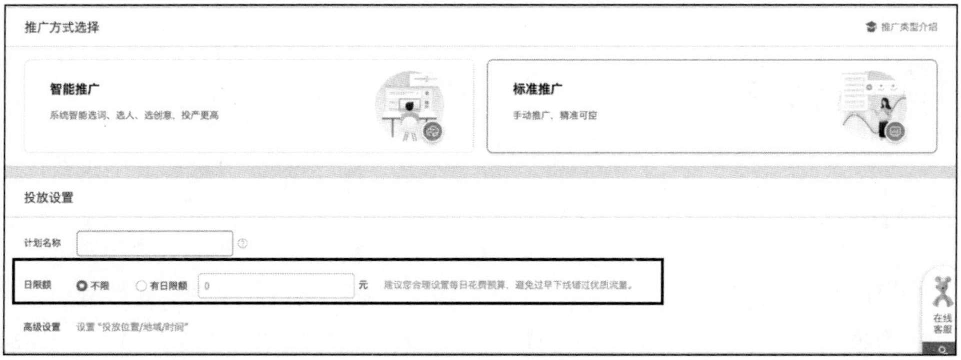

图 2-22　新建计划—投放限额设置

若当天花费超过日限额，推广计划就会自动下线。如果此时的费用超过了日限额，会在晚上十二点系统结算时进行返还，如果当日再次修改日限额，则费用不会被返还。例如：计划设置日限额为 100 元，结果推广计划下线时已经扣费 110 元，如果不修改日限额，则多扣的 10 元会在日终结算的时候返还到账户。但如果后期又修改限额到 120 元，则多扣的 10 元就不会被返还，计划会继续上线推广，此时计划扣费到 123 元又自动下线，而日限额不再做调整，那么多扣的 3 元会在日终结算时返还到账户。

③高级设置—投放位置：建议务必开启“手机淘宝搜索渠道”（90%以上的流量来源），其他渠道可以自行选择，如图 2-23 所示。

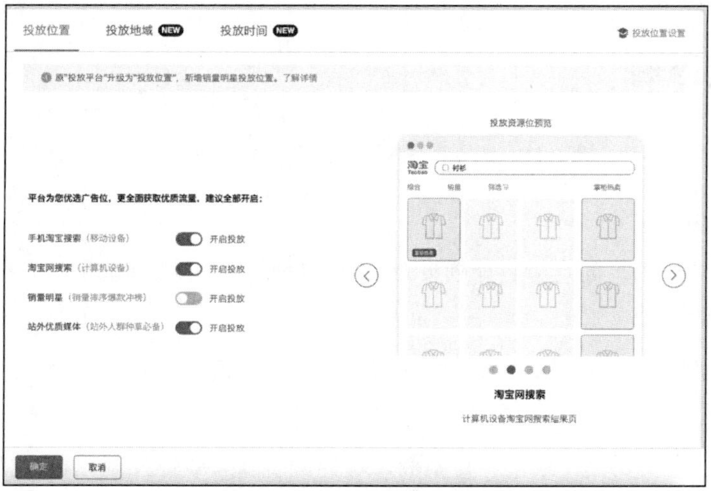

图 2-23　新建计划—投放位置设置

④高级设置—投放地域：建议只要物流可以送达，就可以全国投放，其中港澳台可以选择不投放；新疆、西藏等物流费用较贵的地方也可以根据情况勾选；一些产业集中带，为了避免同行的过度关注，也可以屏蔽具体的城市进行投放，如图 2-24 所示。

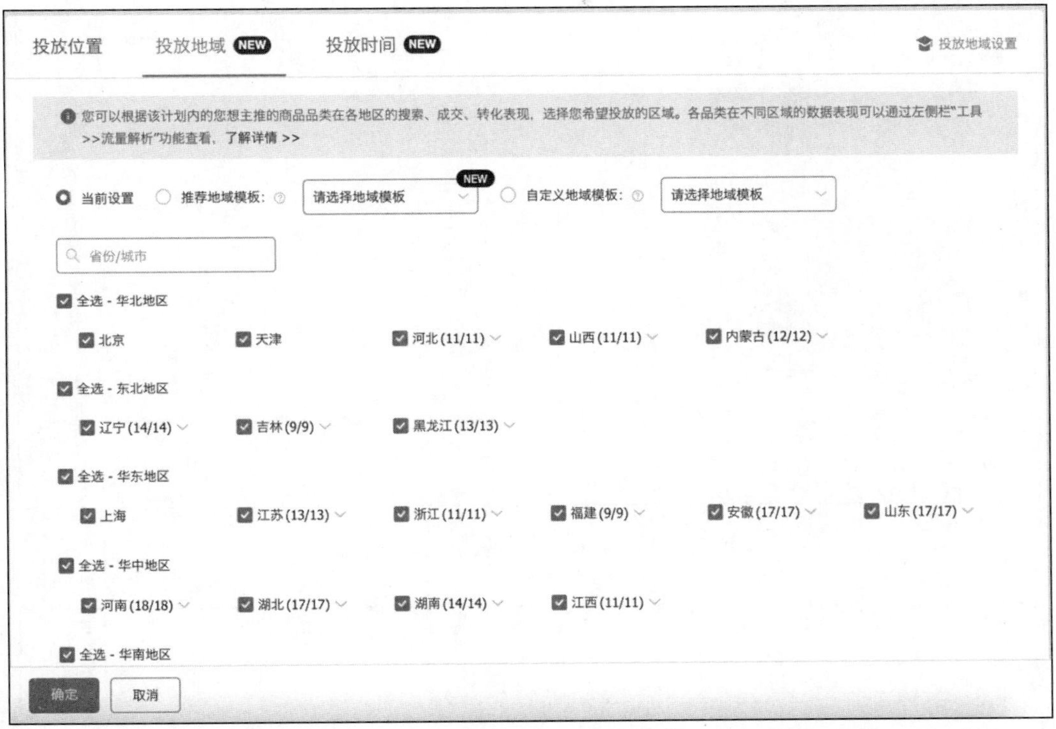

图 2-24　新建计划—投放地域设置

⑤高级设置—投放时段：如果推广资金有限，建议在 0~6 点设置时间折扣，例如 40%，也就是尽量拉长高峰时间的推广在线时长，以避免因商品费用花完后很早就下线了。尽量保证商品 24 小时推广在线。如果需要扩流，可以在买家购物的高峰时段提高时间折扣，以获取更多意向客户的流量，如图 2-25 所示。

3）选择宝贝

“选择宝贝”就是选择你需要推广的商品，可以选择一件，也可以选择多件（最多选择 5 件），如图 2-26 所示。

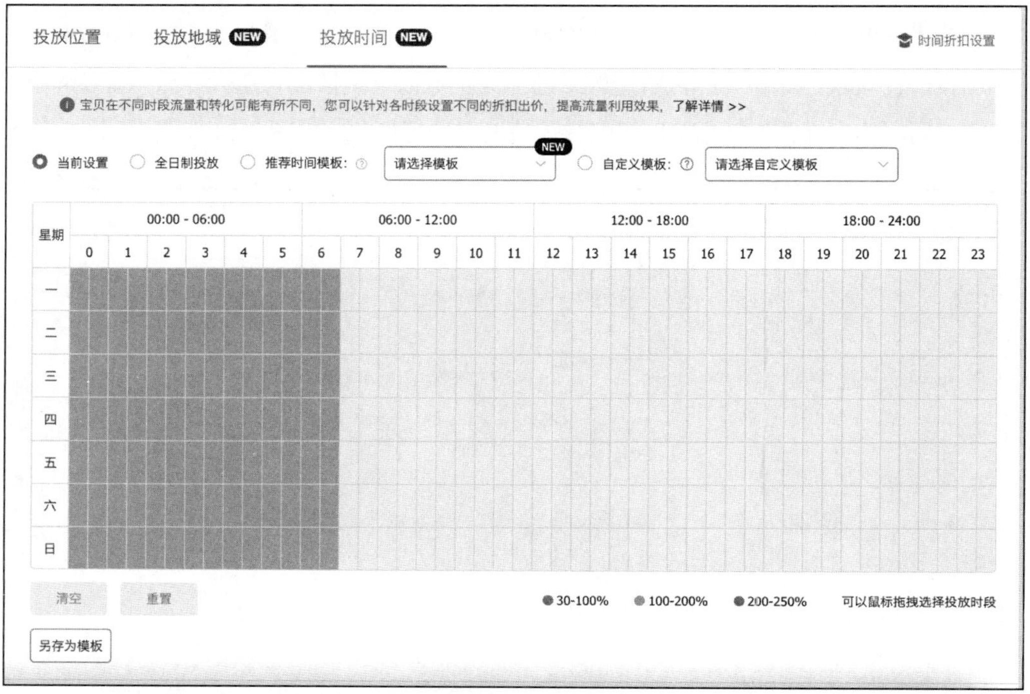

图 2-25　新建计划—投放时段设置

图 2-26　新建计划—添加要推广的商品

4）设置推广方案

在新建推广的页面，完成选择关键词/词包→选择人群→选择是否开启智能创意及智能调价的操作设置后，即可完成一个商品的推广。后期可以在标准计划中对应的计划名称里找到此推广商品针对以上设置进行修改或优化。

词包就是系统打包的多个关键词，从流量获取便捷度上说，词包更容易获取流量，从优化精细度来说，一个个地设立关键词可以更精准地把控流量来源。如图 2-27 所示，左侧是系统推荐的关键词词包，右侧是系统推荐的独立关键词，商家可以按照自己的需求自行开启/关闭和勾选/不勾选选项。

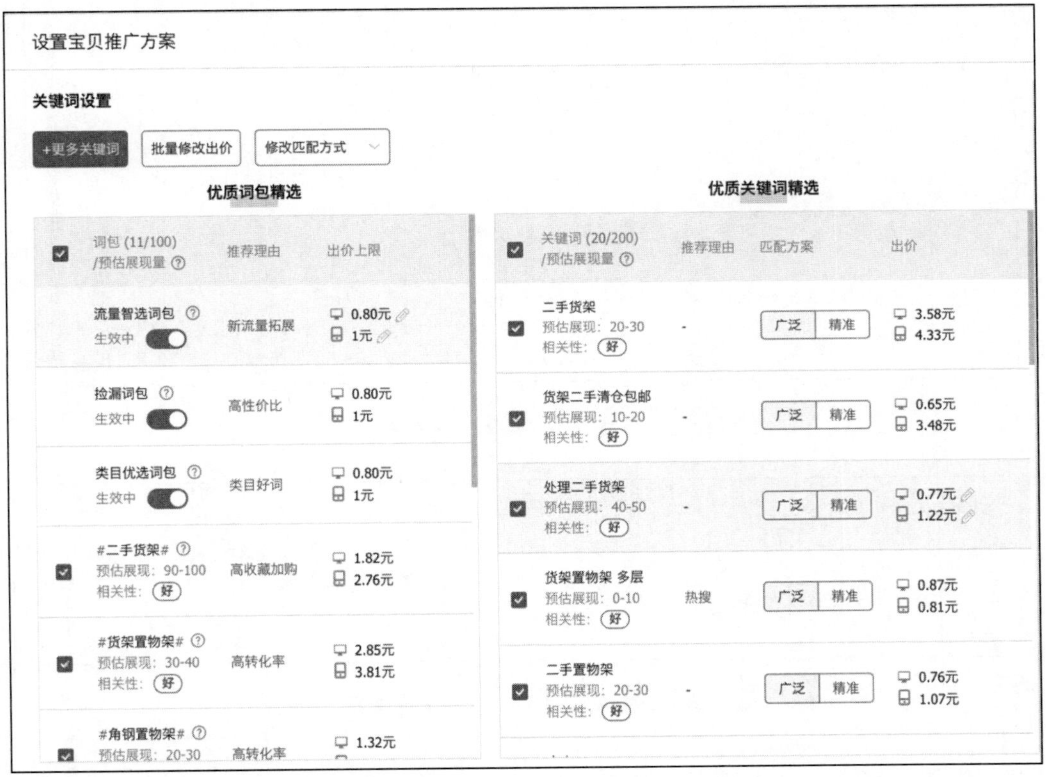

图 2-27　新建计划—关键词设置

商家可以优选与店铺关键词紧密度比较高的人群进行溢价，初始溢价不建议设置得太高，可以考虑设置溢价比例为 30%~50%，单击溢价比例值右边的笔图标，即可调整溢价设置，如图 2-28 所示。有关人群溢价最终出价的计算将在“人群板块”中讲解。

初期对点击扣费不熟悉的商家，建议先关闭智能调价工具，关闭位置如图 2-29 所示。因为新手商家对最终出价的计算不熟悉，一层层溢价后，容易导致最终出价非常高，扣费超出预期。后期商品积累到一定数量的点击量后，再开启智能调价，也会让系统做出更准确的判断。

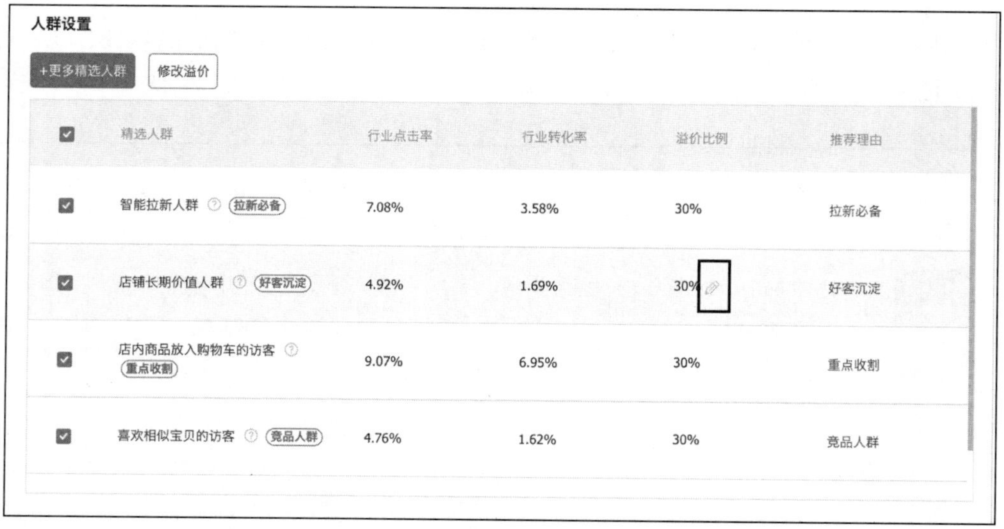

图 2-28　新建计划—人群设置及溢价调整

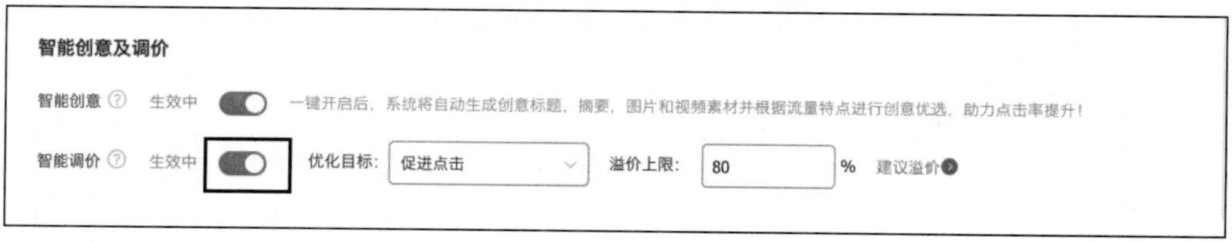

图 2-29　新建计划—智能调价设置

2. 关键词

1）关键词的概念及匹配方式

关键词就是商家为商品设置的需要进行推广的词，当推广词和买家搜索的关键词完全相同时，则有机会展现推广的商品。

如何判断推广词和买家搜索的关键词完全相同（或是同义词，例如：女衬衫和女式衬衫）？以下3种情况也会被判断为同一个关键词。

第一，大写字母和小写字母认为是同一个关键词，例如："长袖T恤"和"长袖t恤"。

第二，有空格和没有空格认为是同一个关键词，例如："长袖T恤"和"长袖T恤"。

第三，前后顺序的改变也认为是同一个关键词，例如："T恤长袖"和"长袖T恤"。

基于上述逻辑，可能会出现商家无法穷尽买家搜索词的情况，而系统所能承载的关键词数量又是有限的。所以每个关键词都会有两种匹配方式，分别是精准匹配和广泛匹配。如果选择精准匹配，则关键词就按照上述完全相同的逻辑进行匹配，在后台显示带鱼尾号，如【长袖 T 恤】。如果选择广泛匹配，则系统会判断买家的搜索词和商家推广的商品是否匹配，如果匹配，则会展现推广的商品，在后台显示的关键词不带括号，如买家搜索“纯棉长袖 T 恤”也会被展现。

一般建议，对于手机壳、汽车专用品这种特殊品类的商品，其所有的关键词都可以用精准匹配，因为其他相关搜索词的买家看到并点击商品后无法使用，也就不会购买，从而浪费推广费用。其他类目商品，如对销售不多、竞争力不强的商品，流量较大的词不建议开广泛匹配。因为这样会快速获取流量，但流量承接能力不强，会导致没有成交，从而影响推广信心。如果商品的流量承接能力增强，可以逐步将关键词的匹配方式调整为广泛匹配，这样关键词就可以获得更多的展现量，从而满足更高的流量需求。

2）关键词的市场容量

每个关键词的市场容量不同，商家可以从关键词的展现量数据来观察。有的关键词搜索的人很多，带来的展现量很大，而有的关键词每日搜索的人很少，基本没有展现量。如图 2-30 所示，“长袖 T 恤”的展现量就会比“纯棉长袖 T 恤”大很多，展现量指数差距是 16 倍，当然“长袖 T 恤”的竞争指数也会高很多，如图 2-31 所示。因此，商家设置关键词的时候，不仅要考虑关键词和商品的相关性，还需要考虑设置的关键词的展现量如何。如果推广的商品都设置非常精准的长尾关键词，就可能导致商品展现很少，点击很少，起不到推广的作用。如果给商品设置热门关键词和宽泛的关键词，就可能导致推广费用瞬间花完，而商品就会下线，且竞争激烈，优势不强的话，就会没有转化效果。选用什么样的关键词没有绝对的对错，但一定要匹配自己的推广预算，在推广目标、推广策略的基础上做筛选和过滤，选择最适合自己商品和最适合自己情况的关键词。

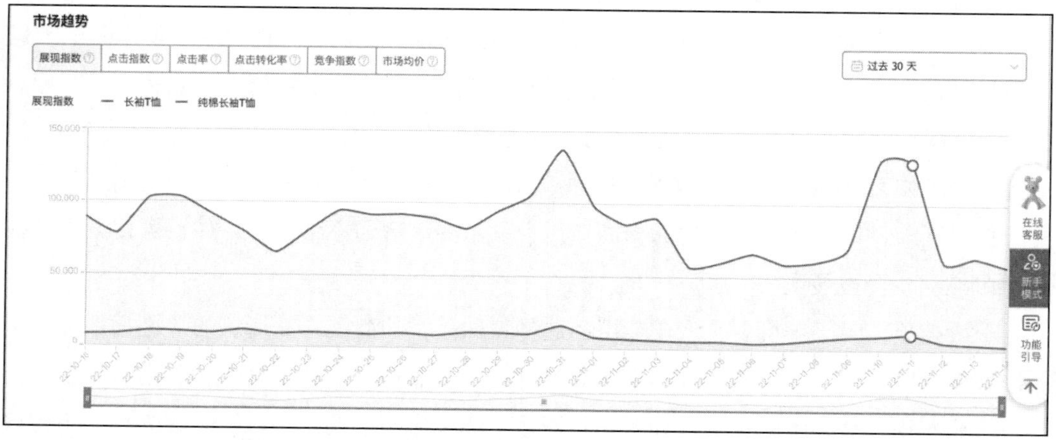

图 2-30　“长袖 T 恤”及“纯棉长袖 T 恤”展现指数对比

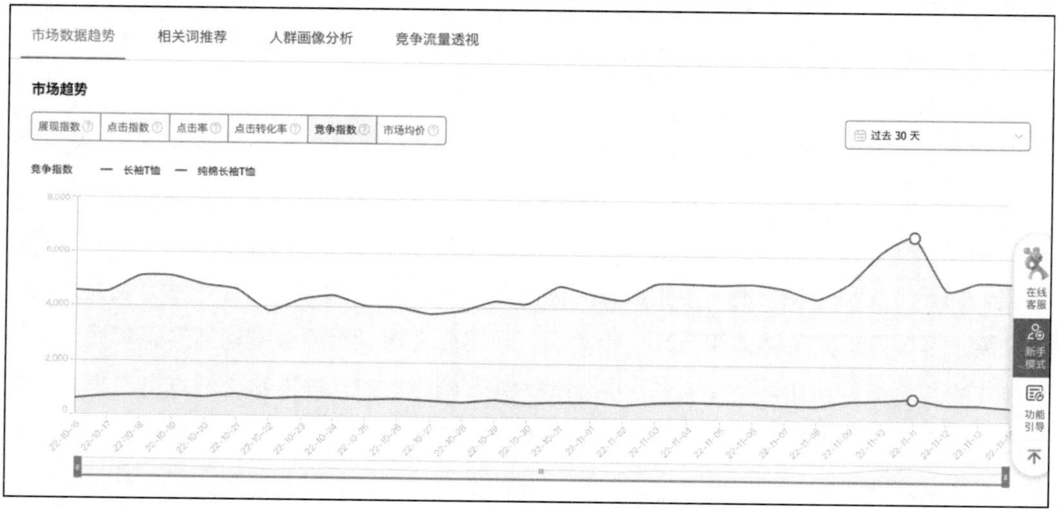

图 2-31　“长袖 T 恤”及“纯棉长袖 T 恤”竞争指数对比

3）如何找词

①系统推荐词。系统推荐词是系统根据商品类目、属性、标题等匹配买家相关搜索词进行展现的，根据商品的特点，一般会有 200~800 个推荐词，如图 2-32 所示。商家首先可以人为判断和商品的相关情况，删除无关词。然后根据推荐词的相关性、预估质量得分、预估展现量、点击率、点击转化率等数据进行选择。

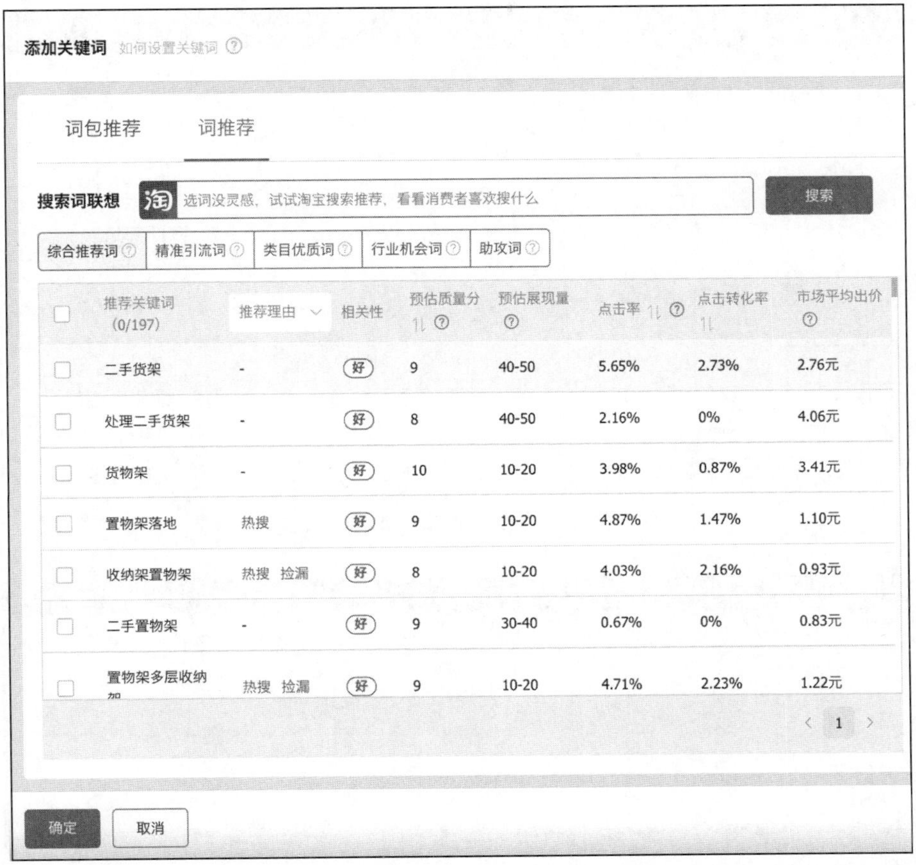

图 2-32 直通车的系统推荐关键词

②生意参谋词。进入生意参谋后台后，单击“市场”→“搜索排行”，此处有根据商品主类目、子类目推荐的买家搜索词排行榜，在这里，商家同样需要根据商品特征、搜索人群、点击率、转化率等数据筛选相关的关键词，如图 2-33 所示。看到数据优质的相关关键词后，还可以单击“搜索分析”按钮进入，寻找和这个词相关的其他搜索词，也就是以这个词为核心词，再做相关词的拓展，如图 2-34 所示。

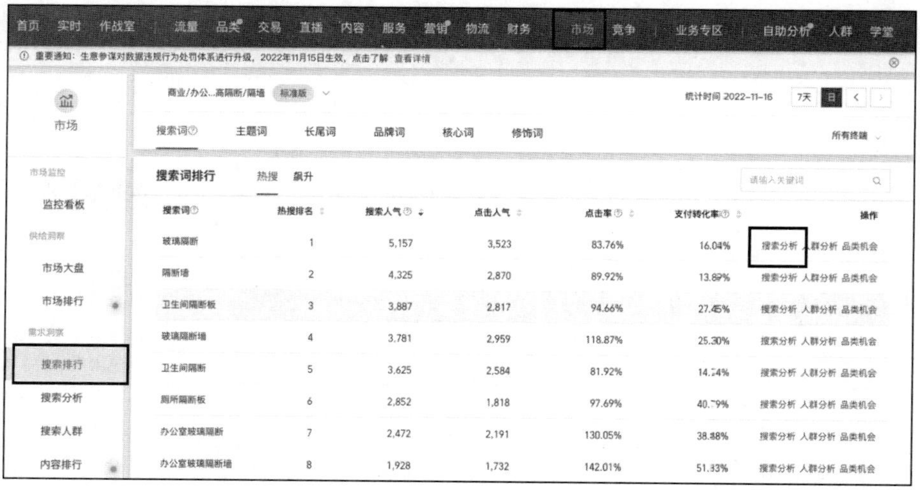

图 2-33 生意参谋类目搜索排行关键词

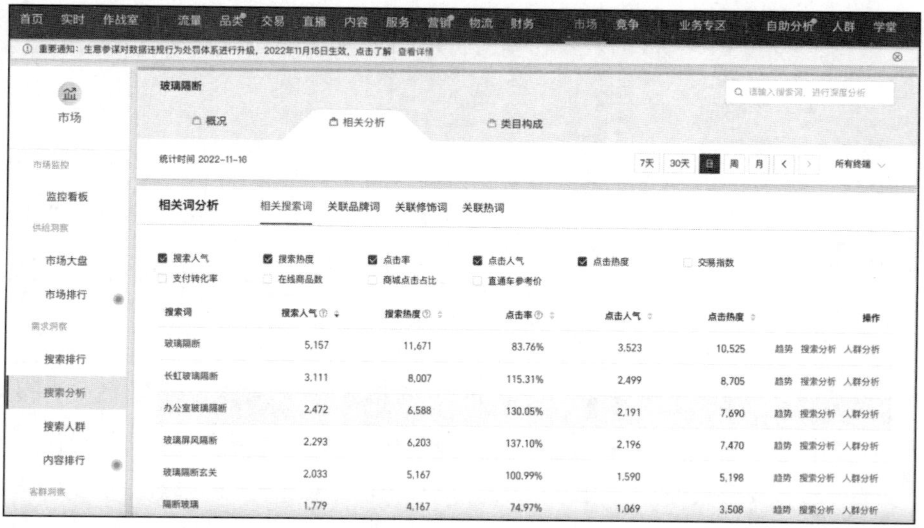

图 2-34 生意参谋市场关键词拓展搜索分析相关词

③淘宝热搜词。搜索关键词时，淘宝会对相关的关键词进行联想展示，联想词根据搜索热度排序。因此，推荐词也很容易被买家点击。商家搜索不同的产品词时，会有不同的联想词出现，在这些相关词中，商家可以选择和自己的商品词相关的词进行推广，而且可以常搜、常关注词表的变化，以此关注市场的变化趋势，对关键词及时进行调整或优化，如图 2-35 所示。

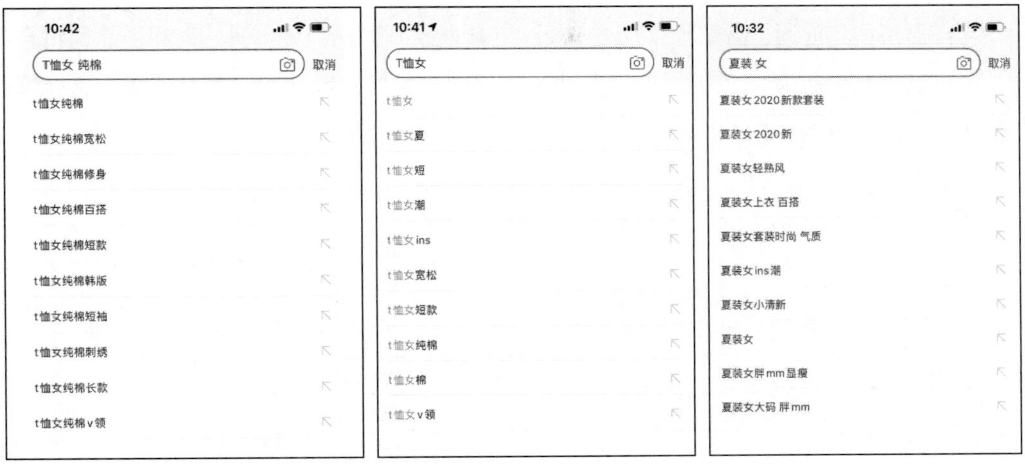

图 2-35　淘宝搜索联想词

④淘宝热门趋势榜。搜索框下方有淘宝推荐的热门趋势榜，单击这里的榜单进去后都是关键词的搜索结果页，这些词是淘宝小二精选推送的，搜索量可能会有爆发式的增长，商家也可以积极关注热门趋势榜，看看是否有和商品相关的词被推荐。对于此类词，商家可以快速加入商品设置的关键词中，以获取更多的机会流量，如图 2-36 所示。

图 2-36　淘宝热门趋势榜

⑤自己拼词、拆词。商家可以通过 Excel 工具把找到的热门词、属性词和产品词组合起来，也可以把长词拆开为各类属性词、特征词，同时做好关键词的归类及收集。这样方便在后期进行组合拼搭。Excel 组词的拼搭方法如图 2-37 所示。

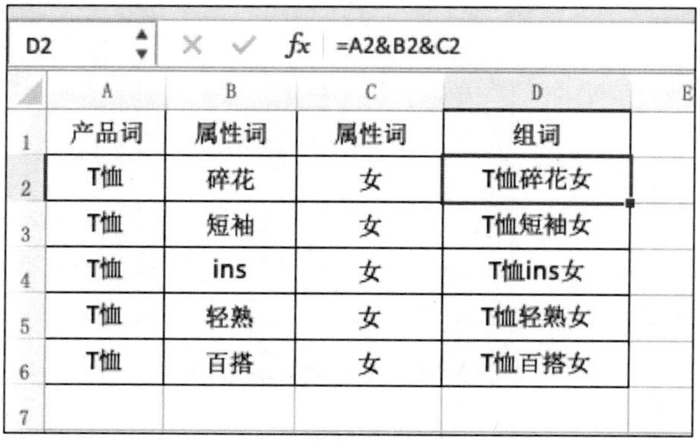

	A	B	C	D
1	产品词	属性词	属性词	组词
2	T恤	碎花	女	T恤碎花女
3	T恤	短袖	女	T恤短袖女
4	T恤	ins	女	T恤ins女
5	T恤	轻熟	女	T恤轻熟女
6	T恤	百搭	女	T恤百搭女

图 2-37　Excel 组词

3. 人群

直通车的关键词是基础，如果直通车流量较少或者推广费用有限，建议商家先调整关键词，用推广费尽可能多地获得流量，而非通过人群去筛选流量。因为搜索这个关键词的人群基本都有一定的购买意向，是比较精准的。直通车流量形成规模后，商家可以通过人群来提升关键词的效率。相当于在关键词基础上再增加一层筛选，搜索了这个词的人群中，选择转化率高、点击率高的进行溢价。

人群设置是针对搜索关键词后符合特定条件的人群进行溢价，让这部分人群在搜索时更容易看见商家的商品。

什么是溢价？假设你的关键词出价为 1 元，人群溢价为 50%，则这部分人群搜索该关键词时，你的出价为 1.5 元。即：特定人群搜索出价=关键词价格×（1+人群溢价）。

直通车自定义的人群分为：宝贝定向人群、店铺定向人群、行业定向人群、基础属性人群和达摩盘人群 5 类，如图 2-38 所示。其中宝贝定向人群、店铺定向人群、行业定向人群都是系统根据一定维度智能圈定的人群。基础属性人群是商家根据人群的各类标签属性圈定的人群，达摩盘人群可以在达摩盘工具中圈定人群，再推送到直通车中，也会有一些系统圈定适合的人群自动推送。

商家在选择人群的时候应重点关注人群和店铺的关系。人群和店铺的关系越紧密，人群体量越小，转化的可能性越高，这种人群出价也要越高。例如：活动期接近爆发，或者推广预算有限，都越需要使用和店铺关系紧密的人群。商家若需要扩大流量，应尽量从与店铺的关系深到与店铺的关系浅逐步扩大。

图 2-38　直通车自定义人群

4. 创意

直通车的点击率与商品的创意图片有很大关系，一张好的创意图片能带来更多的访客，同时点击率的提高也能提高关键词的质量得分，从而降低平均点击单价。创意图片的好坏最终要看点击率的数据，和商家是否喜欢或是否认可没有任何关系。所以，针对创意图片一定要进行测试，无论是标品还是非标品，每件商品都要准备尽量多的图片进行测试。

以下是创意图制作的技巧。

1）模仿

寻找行业或者地域内商家通用的拍摄方法进行模仿，也可以关注直通车推广位置靠前的商品拍摄方法进行模仿。

总之，寻找点击率较高的拍摄手法进行模仿，然后根据自己的商品特点进行优化。例如，不仅可以拍摄商品正面，还可以拍摄商品的侧面、背面、细节等。总之，要把商品的特色呈现在图片上吸引买家。

2）差异化

在模仿拍摄之后，商家可以通过换背景、换色调、换文案等形式积累一批商品图片，这些图片的好坏都可以通过直通车进行测试，通过数据寻找买家更喜欢、更容易点击的图片。其中标品类商家可以重点考虑创意图上文案的优化。之前有相关数据显示创意图上的文案对标品类目的点击率影响在 60%以上，所以文案的内容既要清晰、易懂，又要突出重点，还要直击消费者的内心。商家可以用同样的图片、不同的文案进行测试，最后确定优秀的文案内容，与竞品制造出差异化。

3）考虑竞争环境

由于我们的每张图片都不是孤零零地展现在页面上的，而是上下左右都充满了其他的商品图，所以，有时候会不会被买家点击还需要考虑环境因素。如图 2-39 所示，如果所有的图片都是粉色、紫色系，那么左上角的绿色就会变得格外显眼。所以，这时图片的拍摄构图就变得不那么重要了，绿色一下占据了买家的视觉重心。

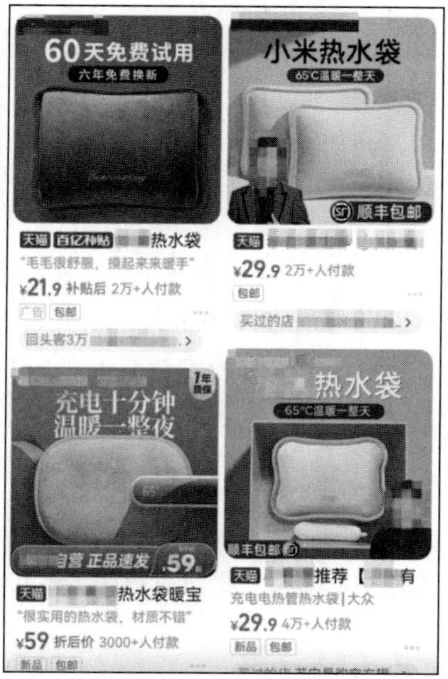

图 2-39　商品图片展示竞争环境

5. 出价

1）出价和扣费的底层逻辑

最终的出价和扣费方式都只有一种，即对每一次的点击进行出价，按照二价计费，最终通过每次点击进行扣费。

2）出价形式

虽然底层逻辑一样，但为了满足不同商家不同的投放需求，直通车分以下几种出价形式。

①手动出价：直接对关键词的每次点击出价。例如：标准计划下每个关键词的设置出价是最精细的设置参数方式。

②智能调价：设置关键词的每次点击出价，然后系统在一定范围内调整出价，获取优质的匹配流量，智能调价分 3 种模式，分别为：标准计划下词包的出价方式（系统按照 0~手动出价的范围进行自动出价）；标准计划下的智能出价（系统按照商家设置溢价的幅度，对手动出价进行一定比例的溢价）；智能计划下的智能调价（系统按照手动出价±30%进行调价）。

3）出价的计算逻辑

直通车在出价过程中存在很多影响价格的因素，下面以计算标准计划下最多溢价生效的因素为例进行说明。

比如，A 商家对某关键词【连衣裙】手动出价为 1 元，智能溢价为 30%，人群“30 岁女”溢价为 40%，抢位助手溢价为 50%，时间折扣为 80%；该词质量得分为 9 分。

假设一个 30 岁的女性消费者 B 搜索了关键词【连衣裙】，且最优质的流量生效智能溢价为 30%，抢位助手先显示抢位成功生效溢价为 50%，那么，A 商家本次面向消费者 B 搜索【连衣裙】的最终出价为 1×(1+30%)×(1+40%)×(1+50%)×80%=2.184（元）。

因此，建议新手商家谨慎设置溢价，以免最终出价超过接受范围。

4）初始出价设置

例如：先通过流量解析查看“保暖内衣”在移动设备端的市场均价情况为 3.69 元（注意，这个是计算了分时折扣、人群溢价等各种溢价之后的结果），如图 2-40 所示。通常情况下，新商品需要出 1.5~2 倍才能有较好的数据。如果预算不足，建议换相对低价的关键词，或者买更多的词，但同时设置出价为市场均价的 80%进行流量捡漏。

图 2-40　“保暖内衣”移动设置市场均价

2.3.3 提高质量得分

通过前文的讲解，我们知道了质量得分对于直通车的关键词推广来说十分重要，质量得分提高，就能以更低的出价获得同样的推广排名。下面介绍如何提高质量得分。

1. 质量得分的产生背景

为什么要有质量得分？买家搜索了关键词之后，是否可以按照商品设置的推广关键词，只按出价排序展现？答案是否定的。

1）对买家来说，搜索了关键词是希望看到喜欢的高质量的商品并进行选购。但如果有商家的推广经费特别充足，商品质量却很一般，出价极高，排名在最前面，那么这样的结果既无法吸引买家，也无法与自然搜索结果中优质的商品形成竞争。因此，若只按出价排名，那么搜索结果中很有可能会看到一些不优质的商品，甚至和搜索词无关的其他类目商品。

为了保证平台展示的商品和买家搜索的关键词相关，就用质量得分来表示买家搜索的该关键词和商家商品的远近关系。

2）对平台来说，就是希望把每一次搜索结果都有效地转化为点击，因为只有买家点击了，平台才会有收入。为了有更高的收入，平台每次都会选择最适合买家的商品展现。因此，平台也是通过质量得分来判断此商品是否受市场欢迎，是否容易被买家点击。

2. 质量得分的影响因素

质量得分是由 1~10 分的自然数字展现的，数字越高，说明质量得分越高，从而可以获得更理想的推广效果。从渠道上分，质量得分分为计算机质量得分和移动质量得分，两个质量得分相互独立，互不影响。每个渠道上影响质量得分的因素相同，都分为相关性、创意质量和买家体验。

1）相关性

相关性是判断设置的关键词与商品类目、属性及文本等信息的相符程度。它受以下 3 方面的影响。

①关键词与商品类目的相关性。

商品发布的类目和关键词优先展示类目要一致，不要错放。当质量得分只有 2 分的时候，商家可以重点考虑类目是否不一致。相关性的判断中，最重要的就是类目一致性。商家可以在“流量解析”→“推广词表下载”→“相关类目下的热门词”中查看与该关键词相关性高的类目，如图 2-41 所示。

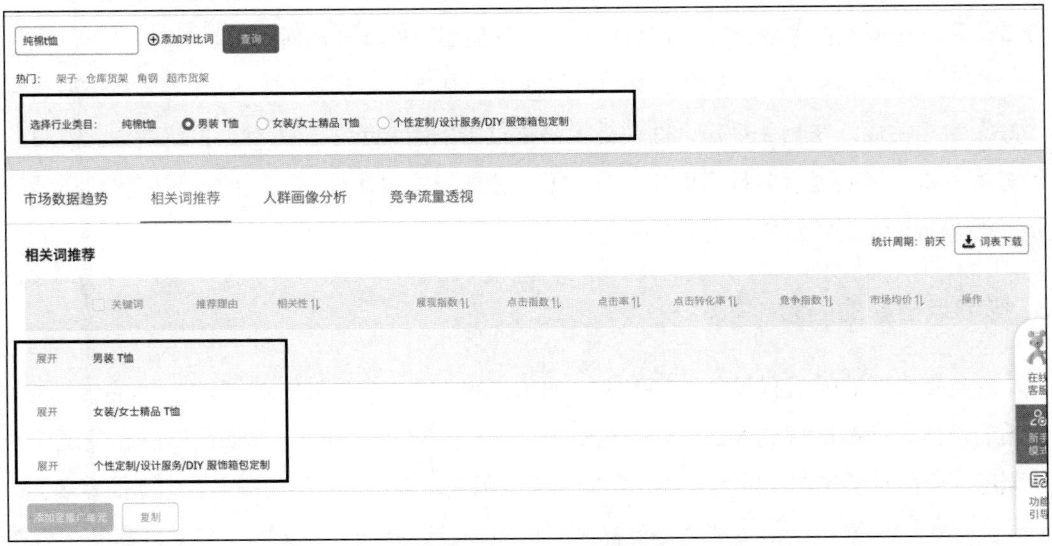

图 2-41　流量解析查看与关键词相关性高的类目

②关键词与商品属性的相关性。

商品发布的属性和关键词优先展示类目要一致，这里要注意的是尽可能填写符合自己商品特征的属性，否则对质量得分会有一定的影响。

③关键词与商品其他信息的相关性，包括宝贝标题、推广创意标题。

目前主要体现在宝贝标题信息和直通车推广内容信息上。如果关键词是在宝贝标题中用到的，特别是在直通车的推广标题中出现过的，那么该关键词与商品的相关度就会提高。因此，部分重要的关键词就一定要添加到标题中。

2）创意质量

推广创意近期点击反馈指的是关键词所在商品的推广创意效果，包括关键词的点击率、图片质量等。商家可以通过多种创意方法不断测试优化推广创意，提升创意的点击率。

3）买家体验

买家体验就是根据买家在店铺的购买体验和账户近期的关键词推广效果给出动态得分，包含直通车转化率、收藏&加入购物车、关联营销、详情页加载速度、好评&差评率、旺旺反应速度等影响购买体验的因素。

当关键词对应的各项分值越大时，代表推广效果越好，但不同行业的关键词的质量得分也是与实际行业类目相关的。我们所看见的质量得分是一个相对值，是根据实际质量得分数值和行业同类商家对比，通过系统排序处理后展示的一个相对得分。

在影响质量得分的 3 大因素中，相关性属于基础分，所有的核心关键词都需要得到“好”的相关性。在相关性符合的基础上，重点影响因素就是点击率，也就是创意质量。买家体验相对影响因素多且不可控，对质量得分的影响占比较小。因此，我们优化质量得分，大部分时候主要就是优化点击率。

3. 影响点击率的因素

影响点击率的因素有很多，有商品自身的原因，例如：商品的创意形式、商品的标题、商品的价格、商品的成交人数、是否包邮等；也有匹配度的问题，例如：商品和关键词的匹配度、商品和买家的匹配度；还有环境的影响因素，例如：商品的排名、竞品的竞争力。

众多影响因素中，最重要的是商品本身的市场及商品创意的影响，也就是商品是否在市场上有需求、受欢迎，在此基础上，创意是否充分表现出商品的利益点，能吸引买家点击。所以，我们需要先进行推广测款，确定款式是有市场的、受欢迎的，再进行测图，用多张图片或者短视频轮流展现来获取展现量，根据点击率数据，选出点击率更高的图片。

其中，创意的投放方式分以下两种。

轮播：会根据流量情况，尽可能平均分配图片的展现次数，通常用在测图时期。

优选：根据展现点击相关数据，保障大部分流量展现到点击率更高的图片上。

4. 提高质量得分的方法

商家想要提高质量得分，最重要的就是要获得更高的点击率。下面介绍几种常见的提高点击率的方法。

1）通过测图，用数据选取点击率高的创意图

建议商家尽量多地制作创意图，对确定推广的商品制作 20 张甚至 50 张创意图片都不为过，在系统中一一进行测试。测试要在其他因素相同的情况下选择轮播的方式进行展现，如图 2-42 所示。一次可以上传 4 个创意图进行测试，当展现量超过一定基数时（如果基数过小，波动较大，置信度低），对比几组创意图的点击率，挑选点击率高的创意图和后面的其他创意图一起测试，直至选到最高点击率的图片作为日常推广使用。

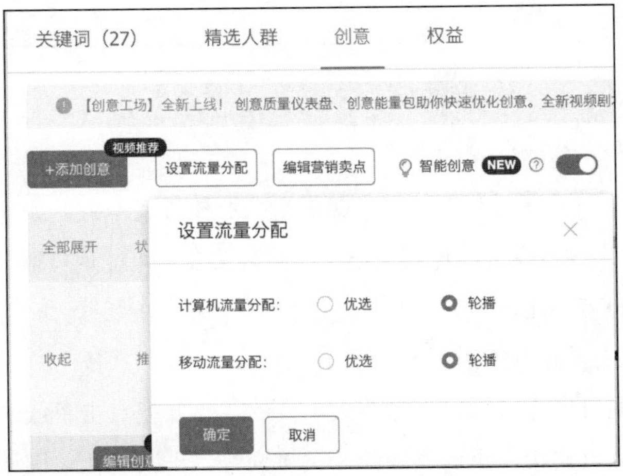

图 2-42　创意图流量分配设置为“轮播”

2）关注创意形式，多尝试使用创意“V 视频”

随着视频内容越来越受欢迎，搜索结果中也开始逐步放大视频内容的权重。商家可以

多尝试视频的创意形式，视频的点击率如果高于图片，可以长期使用创意“V 视频”。创意视频也需要进行多个创意测试，优选最好的，如图 2-43 所示。

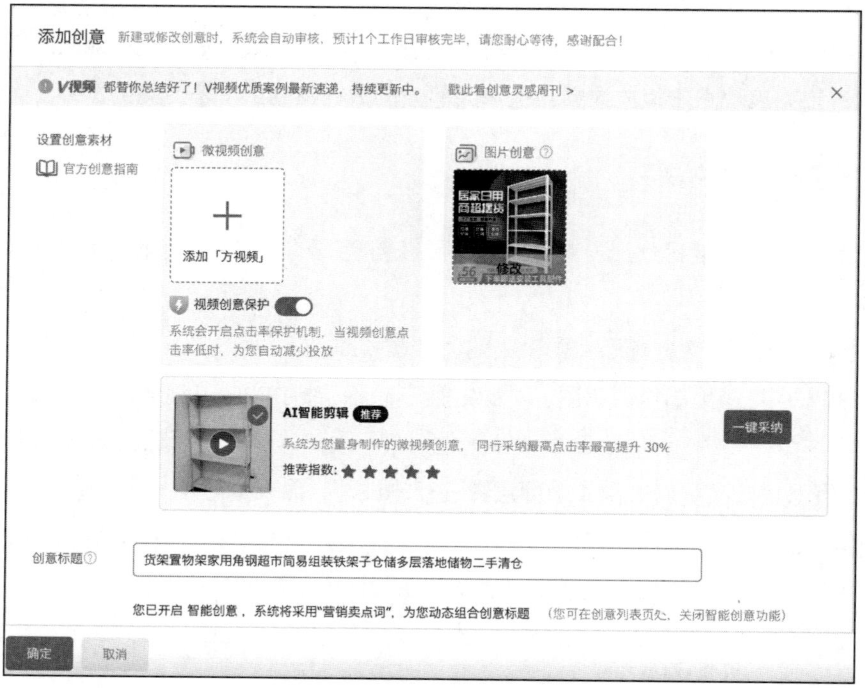

图 2-43 “V 视频”创意设置

3）好的创意标题可以提高点击率

商家应尽可能地利用好的创意标题表现出商品的核心竞争力，如“顺丰包邮”“拍下减 10 元”“聚划算”等均有可能提高点击率，同时又要尽可能地覆盖要推广的关键词，以免影响关键词标题的相关性。

4）优选关键词来提高点击率

商品推广关键词设置完成后，不是一成不变的，需要把点击率低的关键词删除，把点击率高的关键词小幅度提价，重新增加新的关键词等，不断优化关键词、优选创意其实是一个相互影响、不断提升数据的过程。最后把整个推广商品的点击率提升到最优。

5）优化人群来提高点击率

设置商品的购买人群的一个目的就是对流量进行收口，筛选出高点击率和高转化率的人群，提升宝贝推广的整体相关数据。商家关注到人群点击率低于宝贝点击率的数据时，即可对该商品进行降价或者删除，保留人群点击率高于宝贝点击率的人群，也就是这部分人群对商品整体点击率有正向提升作用。

6）理解质量得分权重

质量得分的权重指的是推广单元或者推广计划的平均点击率情况，比如推广单元的点击率高，则此推广单元权重高，添加其他关键词的初始质量得分也会较高，也更容易获取流量。同理，推广计划的点击率高，则此推广计划权重高。其中，质量得分权重主要受到推广单元的权重影响。

因此，可以考虑把点击率高的关键词和点击率高的推广商品放入一个计划进行推广，这样后期加入的关键词初始质量得分高，可以缩短冷启动的时间。同时测试完成的新品放入此计划进行推广，可以更快速地获取流量。

2.3.4 直通车智能推广计划

直通车智能推广计划的前身是直通车批量推广功能。智能推广与标准推广相比，简化了设置的操作，提升了推广效率。

1. 建立智能推广计划

与标准计划相比，新建智能推广计划首先需要选择营销目标，然后系统根据营销目标来判断后期需要设置的相关内容。

1）设置营销目标

①好货快投：定位优质货品，智能学习人群特征，快速获取高转化流量。（系统自动选择优质商品，以转化为目标。）

②日常销售：以提升成交为目标，选取高转化词和人群，辅助最大化转化出价。（手动选择商品，以转化为目标。）

③趋势明星：通过大数据挖掘当下趋势，推荐热度飙升的洼地流量，弯道超车。（选择趋势主题，以趋势主题匹配商品及关键词，以流量为目标。）

④活动引流：活动期快速获取流量，挖掘对活动感兴趣的人群，助力活动期的效果提

升。（手动选择商品，以流量为目标。）

⑤均匀测款：快速起量，把流量均衡地分配给测款宝贝，快速掌握测款数据。（手动选择商品，以多商品均匀分配流量为目标。）

商家一定要清楚推广的目标，不同的推广目标，设置的内容不同，获取的结果也不同，如图 2-44 所示。

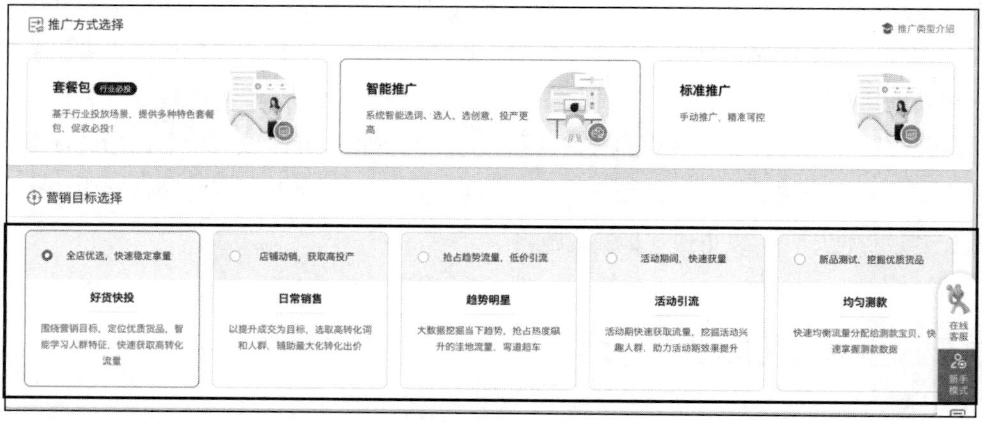

图 2-44　直通车智能计划营销目标

2）设置计划信息

下面以“好货快投”“日常销售”“趋势明星”三大营销目标为例来看设置内容的差异。

①好货快投，其设置页面如图 2-45 所示。

- 计划名称：自己设定计划名称，建议包含营销目标及日期，方便分辨。
- 选品推广优化方向：这个选择会对系统选择哪些商品及后续自动优化的方向产生重要的指示作用。所以需要明确到底是希望货品直接成交，还是希望货品为店铺引入更多的流量、拉新或者“维老”，有了明确的方向后，系统才能找到最匹配的商品来进行推广。
- 预算设置：预算是以周为维度来设置的，说明推广需要一段时间才能产生效果，这个过程中，系统需要通过数据不断地学习、不断对计划进行调整。
- 高级设置：该项设置与标准计划的设置相同。
- 创意设置：需要新建计划完成后进行编辑替换。

- 投放效果预览：根据左侧的选择对推广方向及预算进行设置，会对未来一周的展现量及点击量进行预估。商家可以根据预估继续调整预算，以满足推广预期。

图 2-45　智能计划“好货快投”设置页面

②日常销售，其设置页面如图 2-46 所示。

- 单元选择：选择希望推广的商品，一次最多可以选择 30 件商品，如图 2-47 所示。
- 出价方式，又分 3 项。第一项“控成本”，用于设置控制的目标和目标下相关的成本，系统按照成本自动优化推广策略以达成转化目标，扣费方式还是采用每次点击扣费；第二项“最大化拿量”，用于设置流量的目标以及日或者周预算上限，系统自动推广优先获取满足目标的流量，扣费方式也是采用每次点击扣费；第三项是“智能调价”，用于设置每次点击出价，系统将根据基准出价在±30%之间进行智能调整，最终获取优质匹配流量。
- 限额周期及设置预算：用于设置日预算或者周预算。
- 控成本类型及成本填写：在“控成本”模式下，需要填写相关信息。商家需要告诉系统，要控制的是哪些成本，例如，点击一次不超过 X 元、成交一笔不超过 Y 元，或者收藏加购一次不超过 Z 元。
- 拿量目标：在最大化拿量目标下，需要告诉系统要最大化获取哪种量，是成交、收藏加购，还是商品点击次数？
- 投放设置：计划名称、投放位置/地域等设置同“好货快投”部分。

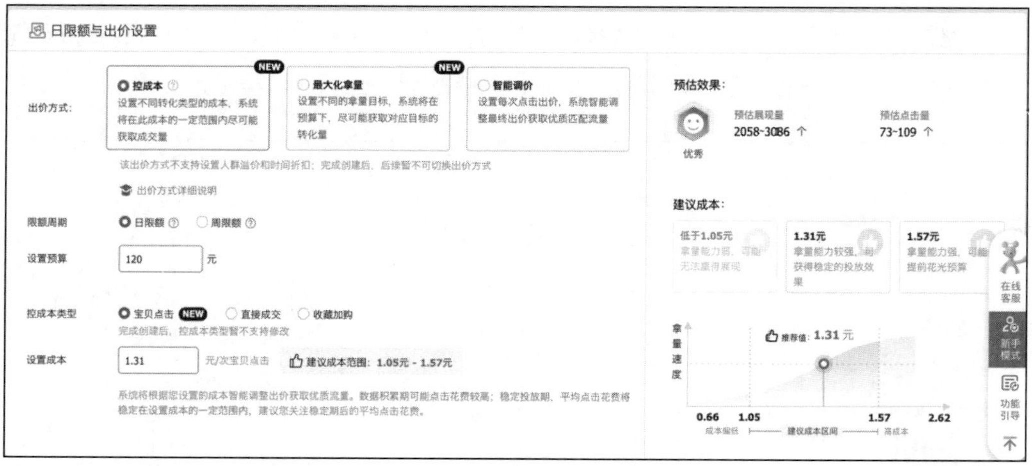

图 2-46 智能计划“日常销售”日限额与出价设置

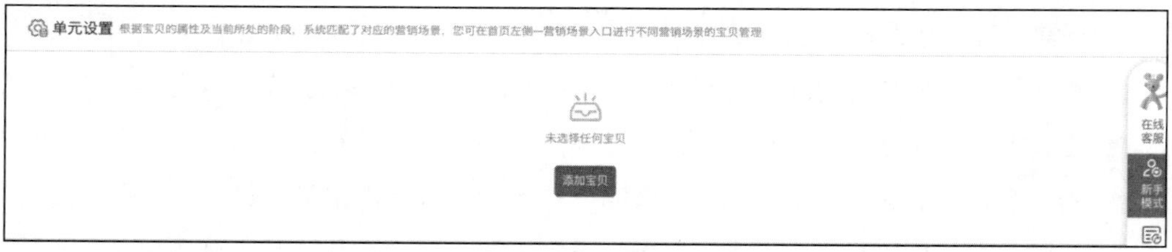

图 2-47 智能计划“日常销售”选择推广的商品

③趋势明星。

趋势主题设置：选择系统显示的对应的趋势主题，可以通过市场空间、市场竞争力来综合筛选匹配商品的趋势流量包。其设置页面如图 2-48、图 2-49 所示。其中，“市场空间”反映预估的市场增长空间，满分是 99999，分数越高，说明增长空间越大。“市场竞争力”反映当前商家的店铺在该主题下的竞争水平，满分是 999，分数越高，说明竞争力越强。对于“昨日平均点击单价”项，出价时建议商家以自己账户的平均点击单价作为参考来设置，以标准计划平均点击单价的 80%进行初始设置。

图 2-48　智能计划“趋势明星”趋势主题选择 1

- 其余日限额、出价设置和投放设置都与“日常销售”中的设置相同。

趋势流量包	市场空间	市场竞争力	可匹配商品数	昨日平均点击单价	操作
置物架	99,999	963	3	2.49元	选择
货架	50,283	932	2	7.30元	选择
架子置物架	26,439	965	1	2.83元	选择
置物架落地	99,999	960	1	1.85元	选择
货架二手清仓包邮	4,317	986	1	4.64元	选择
置物架落地多层	28,590	957	1	1.98元	选择
角钢货架	3,101	979	4	2.90元	已选中
架子	23,504	912	2	2.27元	选择
多层置物架	79,679	900	2	2.18元	选择
角钢	3,830	908	3	2.18元	选择
超市货架	23,007	872	2	4.05元	选择
角铁 查看	6,621	714	1	2.22元	选择

图 2-49　智能计划“趋势明星”趋势主题选择 2

2. 智能计划的特点

智能计划简化了商家的操作，商家只需要告诉系统到底要什么，费用控制到什么程度即可。如关键词选择、人群标签选择与溢价设置、编写创意标题等相对复杂的操作均由系统完成并自动优化，这极大地提高了推广效率。另外，系统还会根据商家需求不断对推广进行调优（调整和优化），大大降低了推广的难度与技巧，从而让每个商家都可以进行推广。

智能推广中还有一个较大的特点，就是系统自主学习，也就是推广前期需要进行一段时间的数据积累，积累起来的这些数据会让系统在后续判断中知道针对不同标签的人群，不同的搜索关键词中哪些是商家最想要的流量，应该如何设置出价最合理。因此，数据积累期可能点击花费较高，到了稳定投放期，平均点击花费就将稳定在设置成本的范围内，建议商家不要一推广就看数据，数据不行就要暂停。这是需要一定时间的，要关注的是稳定期后的推广效果数据。

3. 优化方式

由于智能推广中的很多设置都由系统自动设置和优化，因此很多商家就觉得优化无从入手。下面介绍以下智能推广的优化方式。

1）控制目标调整

在推广过程中，系统的优化主要是围绕核心目标进行的，所以首先要关注核心目标是否正确，商家可以在“控成本”和“最大化拿量”上进行调整尝试，然后关注数据效果差异，择优使用。

2）关键词调优

在智能推广具体的计划中推广商品的下方，商家可以找到潜力关键词点击查看。在这里可以看到，智能推广计划下系统为推广单元设置的核心关键词的近期推广效果。建议按点击量从多到少的顺序查看至少过去 7 天的效果，重点关注点击量较多，但投入产出比很差或者没有投入产出比（或者没有收藏加购）的关键词进行屏蔽。如果类目转换周期长，也可以设置为过去 14 天或者过去 30 天的推广效果数据来进行优化。

3）地域优化

在报表里找到地域报表后，筛选所需要查看的智能计划，可以看到过去筛选时间段内各个城市的推广效果。筛选点击多但投入产出或者收藏加购特别差的城市，在投放地域设置中可以取消该城市的投放。如果未来商品计划要持续扩量，那么不建议限制过多的城市，因为在扩量过程中会面对放开部分城市导致点击率的暴跌，以至于引发后续一系列的不良反应。

4）推广计划独立

考虑到一个推广计划中流量会向目标效果好的商品倾斜，部分商品在同样的价格及推广目标下效果不佳，建议在其他渠道有一定表现的部分商品可以新建推广计划，重新设置不同的出价及推广控制目标后继续观察效果。

2.4 直通车数据优化

2.4.1 直通车数据分析

1. 目的

数据分析是通过在直通车推广过程中获得的数据反馈评估推广效果。商家首先根据数据反馈采取相应的优化措施，然后通过数据反馈衡量调整措施的有效性，最后通过不断地调整和评估，获得更好的推广效果。

2. 原则

在数据分析的过程中，商家要把握以下 3 项基本原则。

1）数据的基数要大

如果数据的基数较小，则无法反映指标的真实情况。例如，展现量为 2 次，点击量为 1 次，这时点击率数据呈现为 50%，我们称之为不置信数据，也就是这个数据不能被相信。许多商家面临一个难题：到底多少展现量得出的数据才可以置信？不同类目不同商品情况都不尽相同，在统计学中有这样的说法：对于绝大多数总体分布来说，样本数大于约 30 个，样本均值抽样分布就非常接近正态分布。因此，展现量至少大于 30 个得出的数据才可以置信。

2）每个阶段要关注的重点数据不同

商家在推广初期要关注点击率，只有解决了点击率的问题才能提高点击量，并且降低平均点击单价。商家解决了点击率和点击量的问题后，应将优化的重心转移到转化率，进而提高投入产出比。

3）分析数据得出结论

商家对数据进行分析之后，总结出结论。商家只有先得出结论，才能有相应的解决方案，才能对数据进行优化。

2.4.2 核心指标的内容及其优化

1. 核心指标

直通车的数据项非常多，不同的数据指标之间也有关联，如：展现量×点击率=点击量。商家在操作过程中需要抓住几项重点数据进行分析和解读。一般来说，商家可以持续跟踪和优化点击量、点击率、平均点击花费和投入产出比 4 大核心指标。核心指标之间数据的关系如图 2-50 所示。

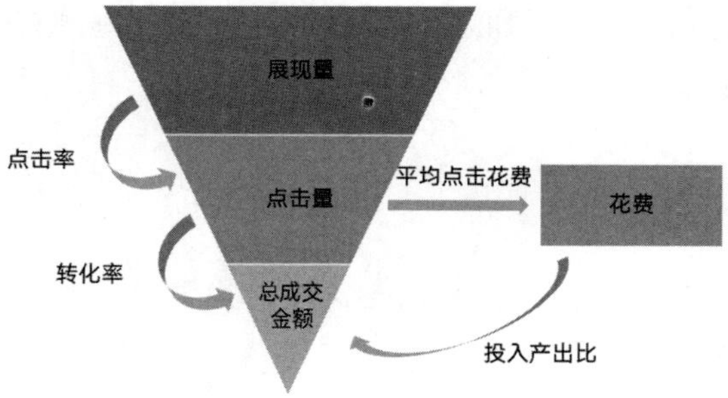

图 2-50　直通车核心数据指标之间的关系

点击量代表流量获取情况，投放直通车广告的主要目的就是获取销售额和订单。商品被更多的人浏览之后，商家才会获得更多的销售机会，从而获得更高的销售额和订单数。

点击率=点击量/展现量，可直观地表示商品的受关注程度，也代表商品流量获取能力。广告素材的质量越高，商品的吸引力越强，点击率就越高，流量的获取能力也就越强，权重越高。

平均点击花费=花费/点击量，即推广单元每一次点击产生的平均花费金额，代表获取每次点击量支付的成本，在有限的预算内，每次点击量支付的成本越低，商家获取的流量就越多。

投入产出比=总成交金额花费，反映淘宝直通车点击花费在所选转化周期内带来支付宝成交金额的比例。投入产出比越高，投入同样的广告预算后，商家获取的销售额就越高。

2. 核心指标的优化

点击率、点击量、平均点击花费与投入产出比之间相互联系。同一关键词如果想获取更多的点击量，则需要更高的排名，从而需要提高出价。当出价提高后，平均点击单价就会提高。当平均点击单价提高后，投入产出比会下降。提高点击率会提高质量得分，降低平均点击单价，这样在同等预算下商家就可以获得更多的点击量，从而提高投入产出比。

1）点击量

当点击量获取不足时，商家可以通过增加关键词、提高出价获取更高排名、增加投放地域和平台、增加投放时段、增加投放预算等形式来提高点击量。

在同等展现量的前提下，点击率越高，点击量越大。提高点击率会提高质量得分，从而使商家在相同预算中获取更多的点击量。

同一款商品可以同时开启的标准计划有关键词推广和定向推广，同时借助智能推广获取标准计划没有覆盖的关键词的流量。

2）点击率

商家可以通过以下几点提高点击率。

①提高商品的竞争力。较强的商品竞争力是推广的核心保障，能起到事半功倍的效果。商家在推广时，应尽可能地优化成本和销售方案。如当供应链的优势较强时，商家直接采取同款价更低的策略；当与同行比成本差不多时，商家可以在商品上或者商品外增加附加价值。例如：比别的商品多了 App 操作功能，或者有“多买多折”，以提高商品的竞争力。

②调整商品的创意图片和标题。调整商品创意图片的颜色、文案、展示环境，优化素材使其与竞争商品形成差异化等形式，提高创意点击率。优化标题，以突出商品卖点及利益点等营销信息，也可以在一定程度上提高点击率。商家采用以上方式时，一定要经过测图，用数据证明新调整的方案更有效。

③优化地域设置。通过直通车地域报表，关闭点击率较差地域的直通车投放。

④通过查看人群标签数据，筛选出点击率高的人群。降低关键词出价，通过对点击率较高的人群进行溢价，进一步提高点击率。删除低于平均点击率的人群，以免增加不必要的溢价花费。

⑤筛选关键词。不同的关键词特性不同，例如：不精准的关键词通常点击率较低。另外，行业热词一般过于宽泛，搜索热词的买家，其需求不明确，点击率一般也偏低。所以当商品推广目的不同时，并不是所有的商品都需要使用热词、宽泛词。如果不寻求商品的大流量，可少用行业热词，多用精准词。同时，需要考虑关键词的竞争环境，有些关键词虽然是精准词，但是由于该词在竞争环境中面对的都是竞争力更强的商品，则可以降低价格或者删除这些关键词不做投放。总之，关键词是需要不断根据数据进行筛选、优化和调整的。

⑥提高关键词排名。关键词排名越高，点击率越高，首位点击率最高。但是提高关键词排名意味着会提高平均点击花费，因此商家需要综合考虑是否可以接受这样的点击价格，以及商品是否对流量有承接能力。在推广初期时，商家如果有能力，可以考虑提高关键词排名，即提高点击率，从而快速提高质量得分。

当商品的单价较高时，可能会出现无论怎么优化，点击率总是低于行业均值的情况，这是由于市场的接受人群较小。可能 100 个搜索买家，只有 10 个买家有消费能力，而刚好喜欢你的商品的买家可能只剩下两个。此时，商家在尽量提高点击率的同时，可以通过优化人群溢价，提高投入产出比。

3）降低平均点击花费

降低平均点击花费有两种方式，即提高质量得分和降低出价。

第一种，通过直通车的扣费公式（实际扣费=下一名出价×下一名质量得分/你的质量得分+ 0.01）可以看出，提高质量得分是降低单次点击扣费最直接的方式，而且是在不影响排名的基础上。其中点击率是影响质量得分最主要的因素，所以降低平均点击花费，也可以理解为需要不断地提高点击率和质量得分。

第二种，出价意味着单次点击扣费的上限，若出价降低，那么平均点击花费也就随之降低。但是降低出价会降低排名，对点击量和点击率都有降低的影响。如果每天直通车的预算在标准投放模式下很早就花完了，可以降低出价，最好能在接近晚上 24 点时花完预算，这样可以在相同的预算下，尽可能地降低平均点击花费，从而获得更多的点击量。

4）提高投入产出比

投入产出比=销售额/推广费用=点击量×转化率×客单价/点击量×平均点击花费

从公式中可以看出，商家想要提高投入产出比，最重要的首先是商品的转化率要有一定的保证，也就是商品对流量具有稳定的承接能力。只有在保证转化率的基础上，提高客单价，同时尽可能地降低平均点击花费，获取更多的点击量。

5）平衡点击量、平均点击花费与投入产出比

点击量与平均点击花费和投入产出比之间存在着千丝万缕的关系。

增加点击量必然会增加花费，不是增加关键词就是增加出价，此时平均点击花费很有可能会上涨，投入产出比也很有可能下降。

那么投入产出比是不是越高越好呢？假设一天就引入 1 次点击，且这 1 次点击一定能转化成交，那么此时投入产出比一定非常优秀。但是只有 1 次点击也无法带来多少成交额，此时推广就变得没有意义。当继续扩大引入 100 次点击的时候，就不可能 100 个都成交，可能只有 5 个成交，此时成交额扩大，投入产出比下降，但比之前的 1 次点击更有推广意义。因此，推广是在一定点击量规模上，去找投入产出比的最优解。

综上所述，在商品推广的不同阶段，商家应当关注的数据指标也是不同的，在商品推广初期与上升期，商家需要更多地关注流量，引入流量是否符合需求，需求点击量越多，平均点击花费就会升高，投入产出比则会下降，与此同时，商品销量的增长会提高搜索权重与产品的整体销售额。商品到了成熟期，有了稳定的免费流量后，商家对付费流量的需求会有一定程度的降低，此时商品也有了稳定的流量承接能力，商家在这个阶段更多地是在稳定流量的基础上追求投入产出比的最大化。

本章习题

一、名词解释

（1）投入产出比

（2）质量得分

（3）关键词

二、选择题

1．单选题

（1）直通车按照以下哪种方式进行扣费？（　　）

A．点击扣费　　B．千次展现付费　　C．成交付费

（2）直通车设置推广计划的日限额必须大于或等于多少元？（　　）

A．15 元　　B．30 元　　C．50 元　　D．100 元

（3）推广商品直通车推广标题和店铺标题的关系说法正确的是？（　　）

A．两个标题必须一模一样

B．直通车的标题必须包含在店铺标题文字中

C．两个标题都要求在 20 个字以内

D．直通车的标题可以和店铺标题不一致

（4）下面哪个指标是质量得分优化的核心指标？（　　）

A．点击量　　B．点击率　　C．平均点击单价　　D．投入产出比

（5）下面哪个智能计划营销目标中的优化方向可以在推广中自动流转？（　　）

A．好货快投　　B．趋势明星　　C．活动引流　　D．均匀测款

2．多选题

（1）影响质量得分的因素有哪些？（　　）

A．相关性　　B．创意质量　　C．买家体验　　D．关键词出价

（2）下面哪些指标可以作为选择推广商品的核心参考数据？（　　）

A．点击率高　　B．转化率高　　C．PPC 低

三、填空题

（1）质量得分的相关性主要包含__________、__________、__________。

（2）创意图的制作技巧主要有__________、__________、__________。

（3）扣费计算公式为：____________________。

四、问答题

（1）直通车的优势有哪些？

（2）假设某商品计划直通车月成交 500 单，成交转化率为 1%，平均点击单价为 0.8 元，预计每天需要投入多少费用？

第3章

引力魔方

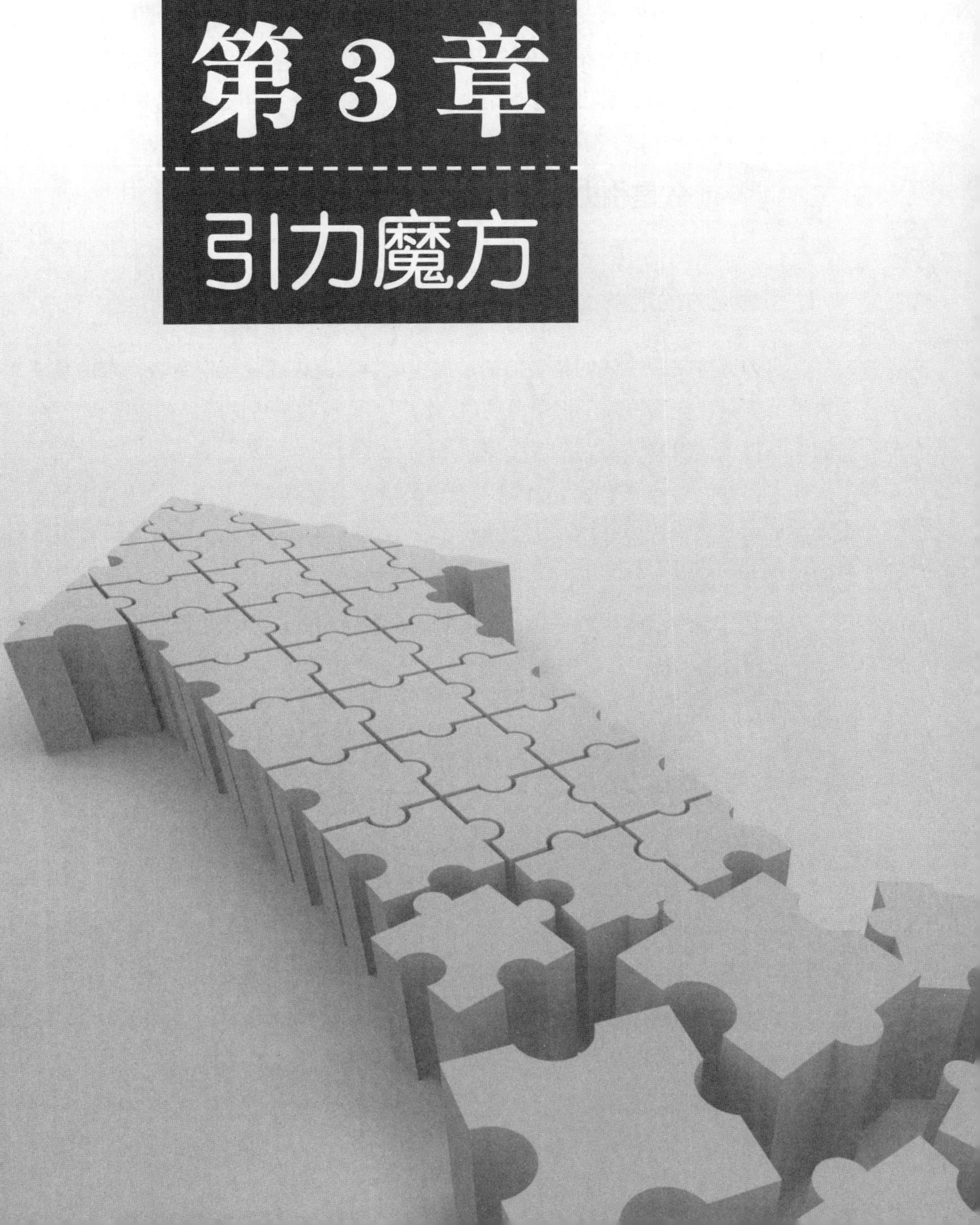

3.1 引力魔方概况

第 2 章中介绍的直通车推广主要覆盖搜索流量，同时推荐流量目前在淘系也具有同样重要的地位，本章将介绍使用引力魔方工具来获取推荐流量。如果说直通车获取的是“人找货”的流量，那么引力魔方就是主动出击，将货品主动展现给合适的买家。

3.1.1 什么是引力魔方

1. 引力魔方的定义

引力魔方是阿里妈妈打造的通过原生的信息流模式唤醒消费者需求的重要的一站式人群经营工具，全面覆盖了消费者购前、购中、购后的消费链路；焦点图锁定了用户“入淘”的第一视觉，覆盖了淘系全域人群。

引力魔方虽然诞生于 2021 年，但它的历史由来已久。开始时，直通车的定向推广和钻石展位的单品推广合并转化为超级推荐，而后超级推荐和超级钻展又一次融合升级，最终诞生了引力魔方。

如何进入引力魔方？与直通车的进入路径相同，在千牛商家中心或者天猫商家中心的左侧栏单击“推广”→“推广中心”→“引力魔方”→“去投放”，如图 3-1 所示，进入引力魔方后台。

2. 引力魔方的核心资源位

引力魔方的资源位分为核心资源位和优质资源位。

1）核心资源位

引力魔方的核心资源位分为焦点图和信息流场景，支持多选，且后台提供了资源位的流量、成本、竞争热度值作为投放的参考。核心资源位均可独立开启或关闭。

将鼠标光标移动到如图 3-2 所示的左侧资源位上，可以在右侧查看资源位的图示。

图 3-1　从千牛商家中心进入引力魔方推广的位置

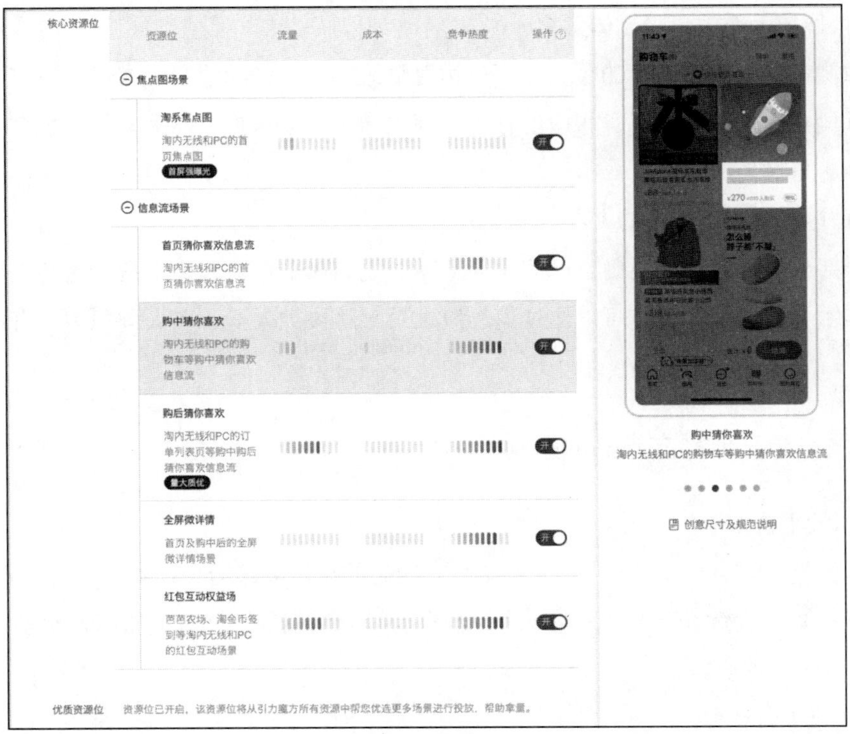

图 3-2　引力魔方的核心资源位

2）优质资源位

系统会从高德、优酷、今日头条等优质资源位中进行投放，以获取更多的流量。注意，优质资源位无法关闭。

3.1.2 引力魔方的优势及与其他推广产品的区别

1. 引力魔方的优势

1）人群运营精细度高、成本低

引力魔方的触达主要是从人群维度进行圈划展现的，标签精细度高，维度多样。其中的点击成本通常较直通车低，相对来说，人群触达的运营成本更低，精细度更高，从而提升了人群运营的效果。

2）人群覆盖面大、曝光体量大

引力魔方每天带给商家的曝光量可以达百亿级，有上亿的消费者在引力魔方的展示渠道中进行浏览、点击、购买等相应的行为，商家通过该渠道推广商品，就有机会进行大量人群的触达与曝光。

3）触达更多渠道独占的人群

由于部分消费者没有明确自己的购物意图，他们在平台上只逛不搜，这类人群较难通过直通车触达，但引力魔方可以通过信息流大量触达该类人群，在人群独占上有明显的优势。

2. 引力魔方与其他推广产品的区别

1）相较于直通车

在用于搜索场景的直通车中，其消费者有明确的搜索关键词（有明确的购物意图），而在用于推荐类信息流场景的引力魔方中，消费者没有明确的购物行为指示，更多地是处于逛一逛、看一看的心态。

2）相较于万相台

相较于万相台（相关内容将在第 4 章介绍），引力魔方更多地从商家的营销诉求出发，给出智能化的整体解决方案。另外，引力魔方的可控性更强，例如：它有更多白盒的人群调控能力，可以针对每个人设置精细化的出价。这有助于商家在人群运营上有更精细化的操控空间。

3.2 引力魔方操作

3.2.1 新建计划

引力魔方将推广设置分了层级：计划组-计划-单元-定向、创意、资源位，一个单元下可以添加多个定向人群，同一个定向人群也可以添加到不同的单元中，彼此存在交错关系。在操作中可能界限并不是特别明显，但是对层级的了解有助于我们理解和分析报表中的数据，从而对计划进行优化。

1. 新建计划组

在新建计划组界面中，商家可以选择标准计划或投放管家两种类型，如图 3-3 所示。

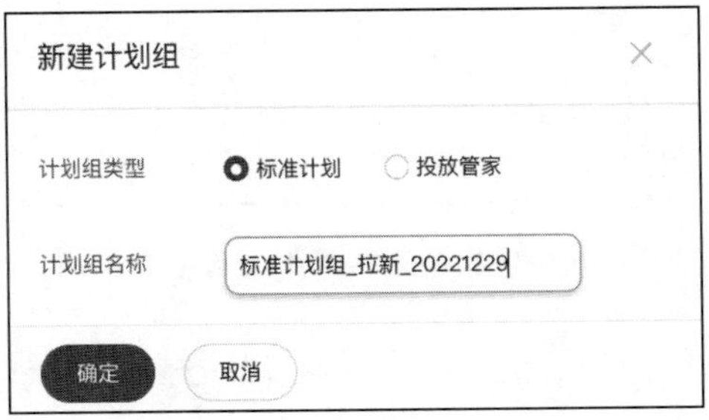

图 3-3 引力魔方—新建计划组

标准计划：即全手动设置或者手动+智能的结合，其调控粒度更细。商家可以自定义投放主体、自定义投放人群、自定义出价等，也可以为不同目标的标准计划建立分组，方便管理和优化。

投放管家：顾名思义，就是系统托管，依托大数据的能力，系统智能调优。适合设置的内容较少、投放能力不强、时间有限的商家。

2. 新建计划

1）新建投放管家计划

①主体选择。其设置页面如图 3-4 所示。

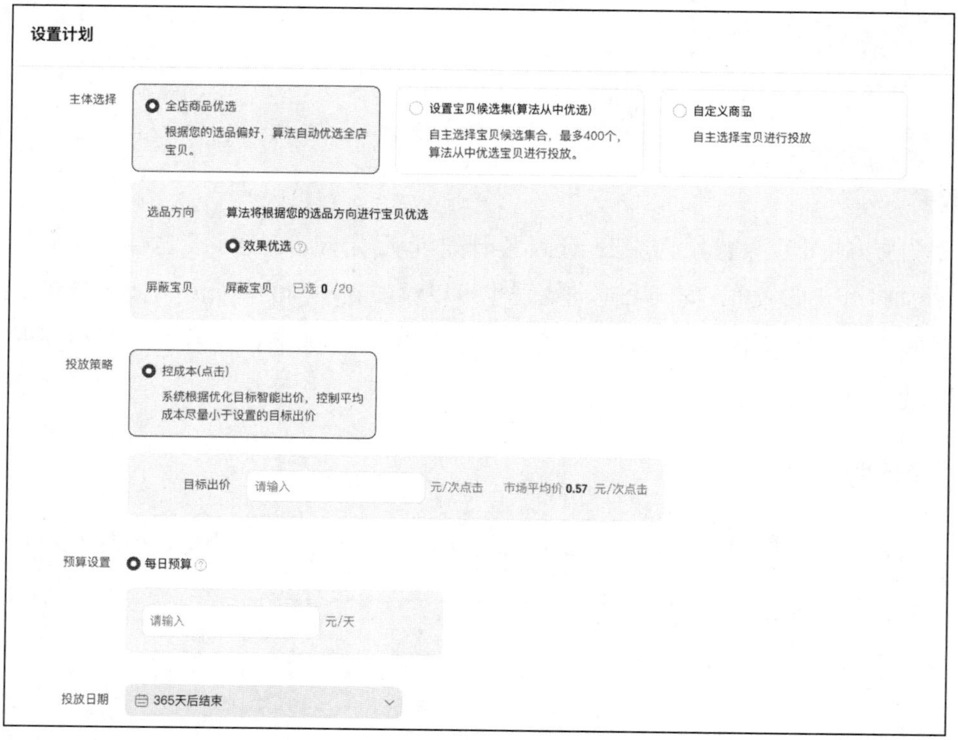

图 3-4 引力魔方—新建投放管家计划

全店商品优选：即系统自动从全店优选符合选品方向的商品。目前仅有效果优选，也就是选择预估效果最好的商品。同时，商家也可以设置不希望推广的商品，即屏蔽宝贝，最多可以屏蔽 20 件商品。

设置宝贝候选集：商家设置一定范围的商品，系统会从中优选商品引入流量。前期系统会为尽量多的宝贝获取到足够置信的展现量，获取投放效果后再进行优选投放。

自定义商品：即完全自主设置需要推广的商品。最多可以选择 20 件商品进行投放。

②投放策略：3 个投放主体均为控成本设置，系统会控制平均点击扣费尽量小于设置的目标出价。

③预算设置：设置每日推广预算金额，最少不能低于 50 元。

④投放日期：设置投放结束时间。

2）新建标准计划

新建标准计划的设置页面如图 3-5 所示。

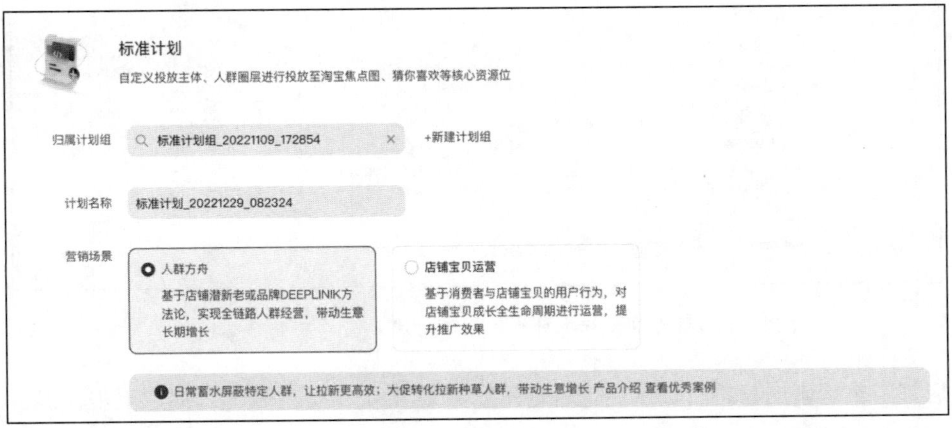

图 3-5　引力魔方—标准计划设置

①计划名称。

主要是帮助商家快速区分不同的计划，可以设置为推广内容+日期+计划类型这些信息来帮助自己区分，从而快速地找到需要优化调整的计划。

②营销场景。

- 人群方舟：主要是从人群角度进行运营，基于人群 AIPL 的理论，进行“拉新”和“收割”。这是平台一直希望倡导的运营角度。
- 店铺宝贝运营：主要从货品本身出发，促进曝光、加购到引导成交。这是一直以来商家的运营角度。

③营销目标。

人群方舟的营销目标包含提升访问新客人数、提升兴趣新客人数、提升首购新客人数和提升复购人数，如图 3-6 所示，正好对应人群资产中的 AIPL（A 为认知人群，只要被广告曝光过的人群就算认知人群；I 为兴趣人群，包含所有的访客及关注、收藏、加购的人群，也就是促进访问新客及促进兴趣新客，用户从千万种商品/店铺中选择你的商品/店铺进行浏览，说明用户产生了兴趣；P 为购买人群，有过一次购买店铺商品的人，也就是促进首购新客；L 为忠诚人群，也就是在店铺有过多次购买行为的人群，即促进复购人群）。

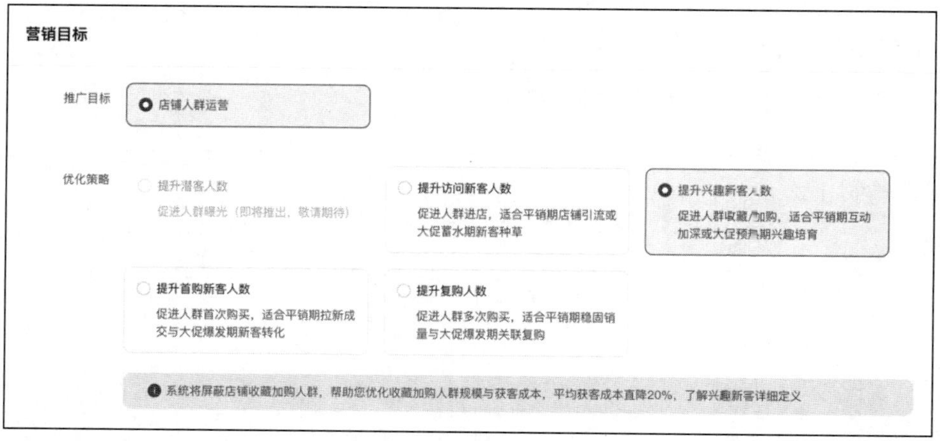

图 3-6　引力魔方标准计划—人群方舟场景—营销目标设置

店铺宝贝运营的营销目标从优化策略角度分为 4 类：促进曝光、促进点击、促进加购和促进成交，如图 3-7 所示。此处可以根据商家的需求选择。大部分商家可能都会直接选择“促进成交”，但其实在不同的时期对商品的推广策略也应有所不同。同时，此处选择的推广目标会影响到下方资源位的可选范围及成本控制的设置内容。其中“促进曝光”的资源位以曝光量最大的位置有机会获取展现，出价为个性化手动出价。

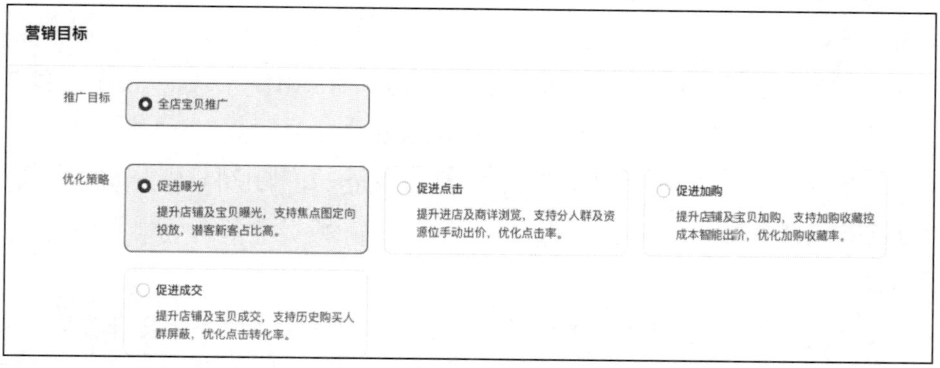

图 3-7　引力魔方标准计划—店铺宝贝运营场景—营销目标设置

在选择促进点击、促进加购及促进成交的优化策略时，所有的核心资源位均可自行开启或关闭。出价方式分为控制目标出价和最大化拿量两种形式。

④投放主体。

不管在“人群方舟”还是在“店铺宝贝运营”营销场景下，在投放主体中，可以为“商品推广”，也可以为“店铺”或“自定义 url”，如图 3-8 所示。

- “商品推广”与投放管家中的“商品选择”类似，可以选择系统从全店商品中优选（其中可以设置屏蔽不希望展现的商品）、系统从指定范围的商品中优选，也可以自定义选择商品进行推广。
- “店铺”指的是推广店铺首页，如果是品牌店铺或者调性比较强的店铺，可以尝试投放店铺首页，使消费者提升对店铺或者品牌的整体印象。其余商家建议选择商品投放，从商品本身入手抓住买家。
- “自定义 url”指的是投放淘积木链接。也就是可以用个性化页面去承接流量，例如，可以给客户打造活动氛围。此处需要注意的是，自定义链接和店铺推广的投放资源位只有首焦资源位。

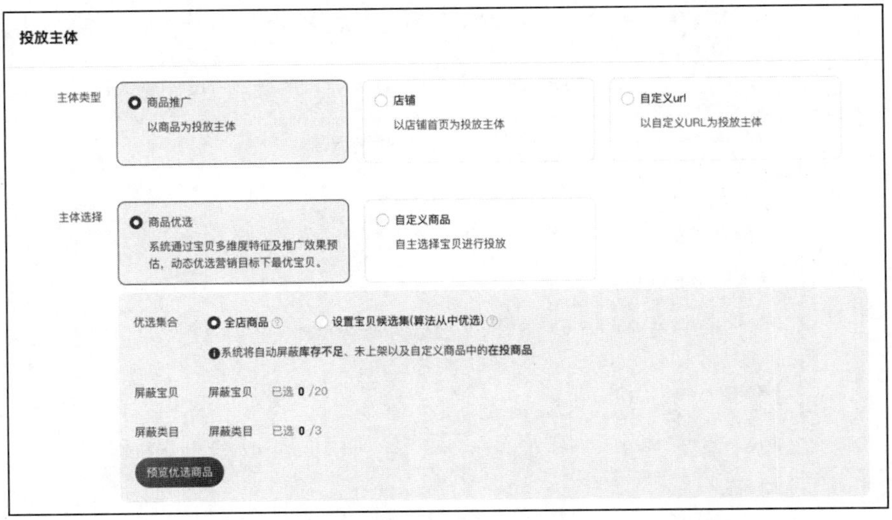

图 3-8 引力魔方标准计划—投放主体设置

⑤定向人群。同样，在“人群方舟”和“店铺宝贝运营”营销场景下，定向人群分两种方式：智能定向和自定义。其设置页面如图 3-9 所示。

- 智能定向：即通过平台大数据的能力，系统实时根据买家的特征计算选择高度匹配人群进行展现，帮助商家高效地达成推广目标。同时商家也可以选择需要屏蔽的人群，例如，部分没有复购的类目可以屏蔽过去一个月已经购买过的人群。

- 自定义：即根据商家的推广目标去圈定人群，以达到营销目的。如何选择呢？商家如果希望对人群有比较精准的把控，那么就需要自行对人群的圈划投放进行设定，此时可以选择自定义。系统根据商家选择的营销目标会有推荐的默认已选择的 10 个人群，对于这些人群，商家可以选择保留，也可以移除。

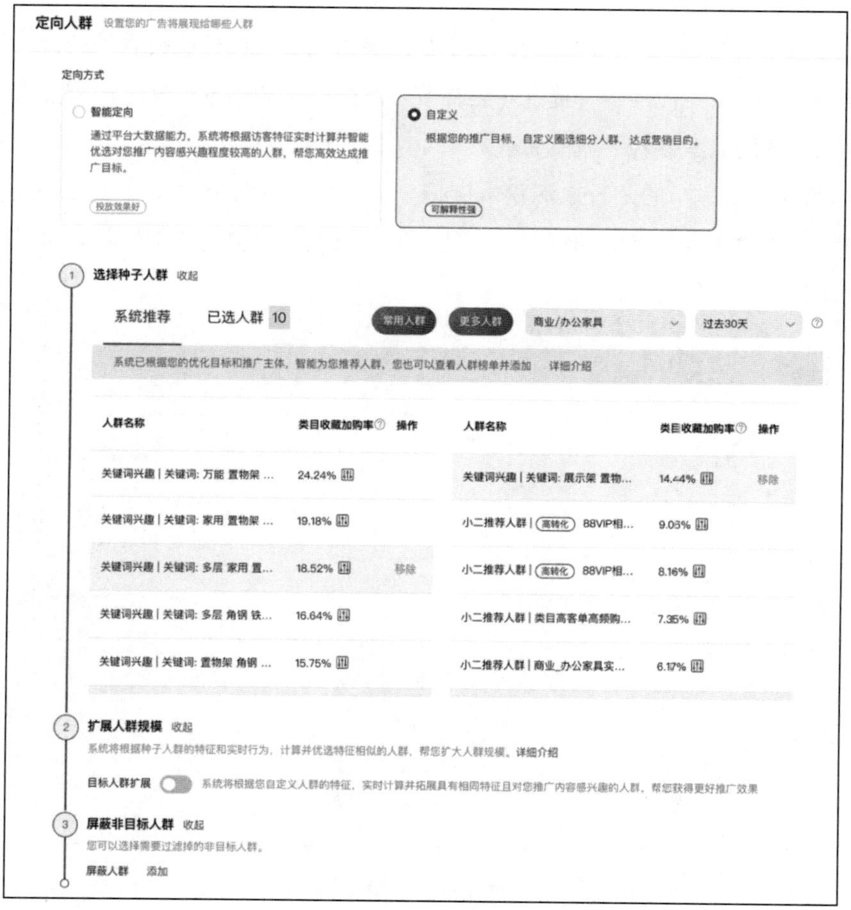

图 3-9 引力魔方标准计划—定向人群设置

自定义人群的逻辑如下。

第一步：圈选种子人群，也就是商家通过各类标签圈选目标人群。通过标签圈选，可以理解为静态人群。

第二步：选择让这些人群动起来，就是开启目标人群扩展，也就是系统根据自定义人群标签，实时计算并拓展具有相同特征且对推广内容感兴趣的人群。也就是在静态人群包的基础上加上实时更新人群包，这样人群就“动”起来了，可以理解为动态人群。大部分情况下，可以开启目标人群拓展，再针对这部分人群设置有区别性的出价。

第三步：在圈选人群的基础上屏蔽一些不需要的人群，比如，过去一周已购买的人群。其中第二步和第三步互不干涉，都可以独立开启或关闭。

⑥资源位。

所有投放的资源位分为核心资源位及优质资源位。其中核心资源位分为焦点图场景和信息流场景，具体的展现位置如图 3-10 所示。

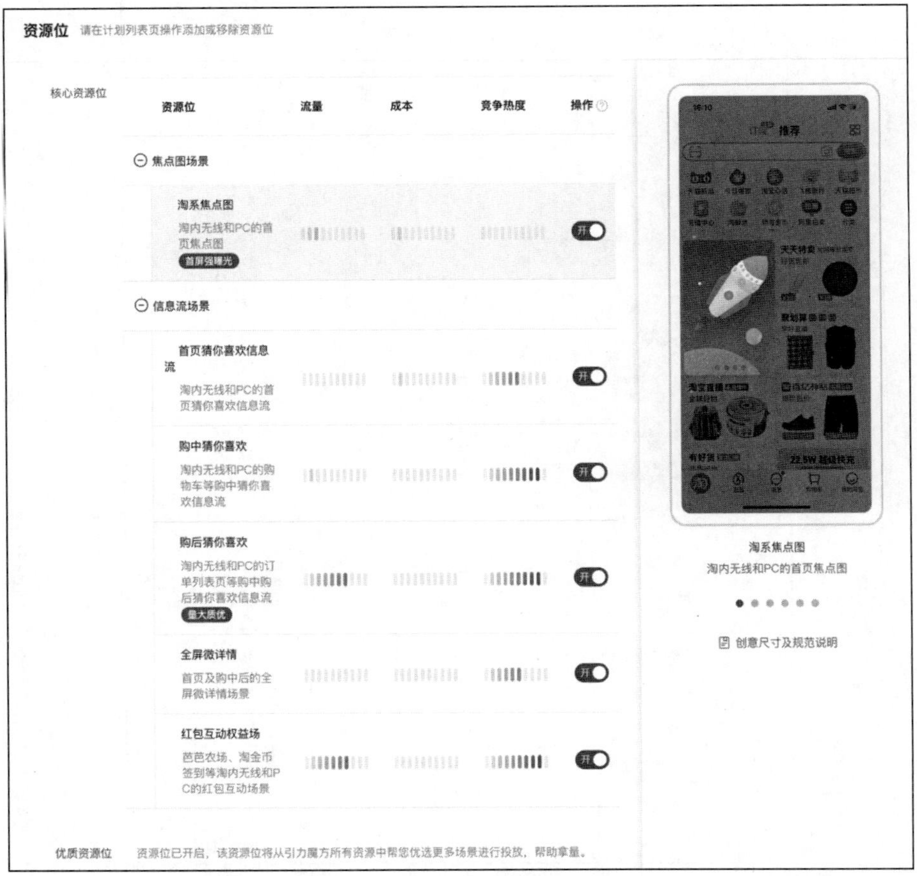

图 3-10　引力魔方标准计划—资源位设置

商家在没有经验且无法确定合适的投放资源位时，可以全部投放，统一溢价，后期根据数据选择投放效果较好的资源位进行溢价（资源位溢价仅在人群方舟的营销目标下自定义出价，才可以使用），对于投放效果差的资源位进行关闭。但资源位关闭后意味着无法从该渠道获取任何流量，会对获取的流量规模有较大影响，所以需要谨慎操作。

注意，核心流量资源位不能随意关闭。

⑦预算与排期。其设置页面如图 3-11 所示。

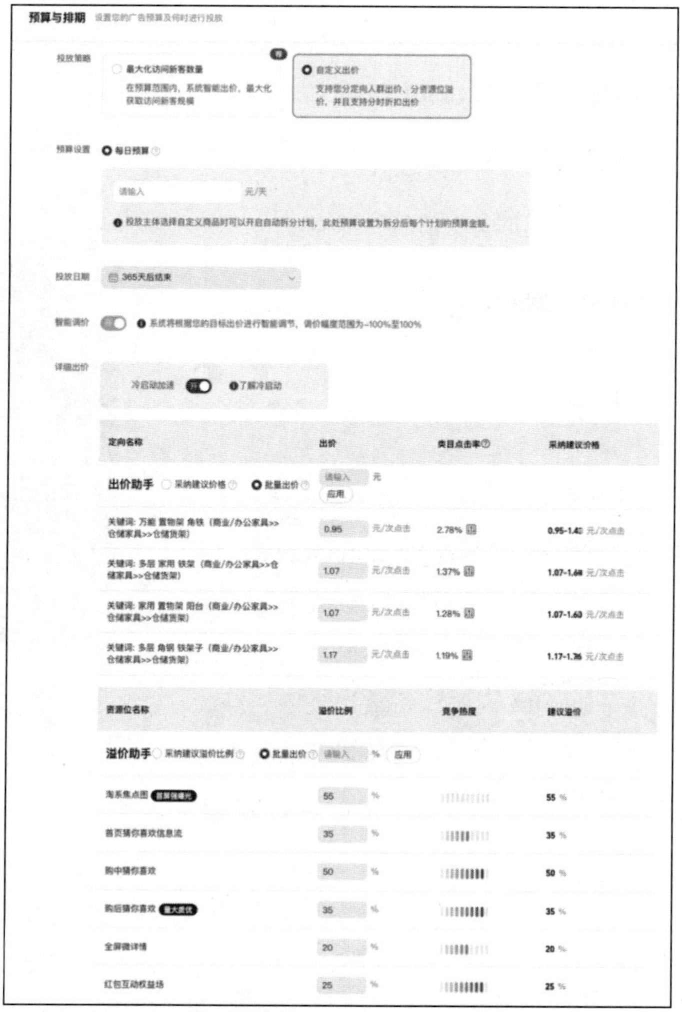

图 3-11　引力魔方标准计划—人群方舟场景—预算与排期设置

在“人群方舟”场景下，有两种投放策略，分别为最大化目标量和自定义出价。其中，最大化目标量是指系统自动进行出价来获取目标客户，它只需要设置每日花费预算即可。自定义出价则是商家对定向人群及资源位进行自定义出价设置，可以单独设置每个定向人群的出价（每次点击出价）及每个资源位的溢价。这也是引力魔方中最细粒度的设置。商家可以根据自己的投放目标，参考系统出价进行设置。

其中，智能调价可以自行选择是否开启，调价范围为-100%~100%，也就是开启智能调价后，出价可以达到原始出价的 1 倍。因此需要注意，有可能点击成本会超过预期。在全自定义出价模式下，建议开启智能调价。

另外，冷启动加速也需要由商家自行选择是否开启。冷启动时期指的是在推广计划建立初期，由于计划的数据量过少，系统预估存在困难，导致计划前期拿量速度缓慢。冷启动加速则是指通过系统优化出价，在快速拿量和成本上限控制下最大化点击数，帮助系统快速累计样本，使点击率预估表现稳定，促使计划拿量稳定。同时在计划管理页面中计划的“健康诊断”下也会显示计划处于“冷启动”或者“冷启动加速”中，如果没有状态显示，则表示已经度过冷启动期。如果冷启动加速超过 4 天，计划仍然没有达到稳定状态，则冷启动失败，需要细化分析创意图的吸引力、人群定向的规模、店铺水平等是否合理，竞争力水平是否能够获取丰富的点击量。关于是否开启冷启动，根据商家自身的需求来定，如果对起量时间有较高要求，则可以开启；如果是刚上的新品，建议开启冷启动，否则拿量会较为困难。

在宝贝运营场景下，不同的优化策略，其投放策略略有不同。其中，促进曝光仅能自定义出价，与人群方舟下的自定义出价相同，最细粒度地对各个定向及资源位进行出价和溢价设置。促进加购及促进成交策略下，可以有两大出价方式：一是控成本，也就是控制商家设置的营销目标，点击一次不超过 X 元、收藏加购一笔不超过 X 元或者成交一笔不超过 X 元；二是最大化目标量，即系统自动出价，商家只需要设置每日花费预算即可。而在促进点击策略下，则是三种出价方式均可选择。

需要注意的是，如果选择的是促进曝光，自定义出价则按照千次展现付费（CPM，Cost Per Mille）进行设置。如果选择促进点击，自定义出价则按照单次点击付费（CPC，Cost Per Click）进行设置。

每日预算、投放日期都和管家计划一样，单商品日预算最低为 50 元/日，投放结束日期由商家自定义。

设置页面如图 3-12 所示。

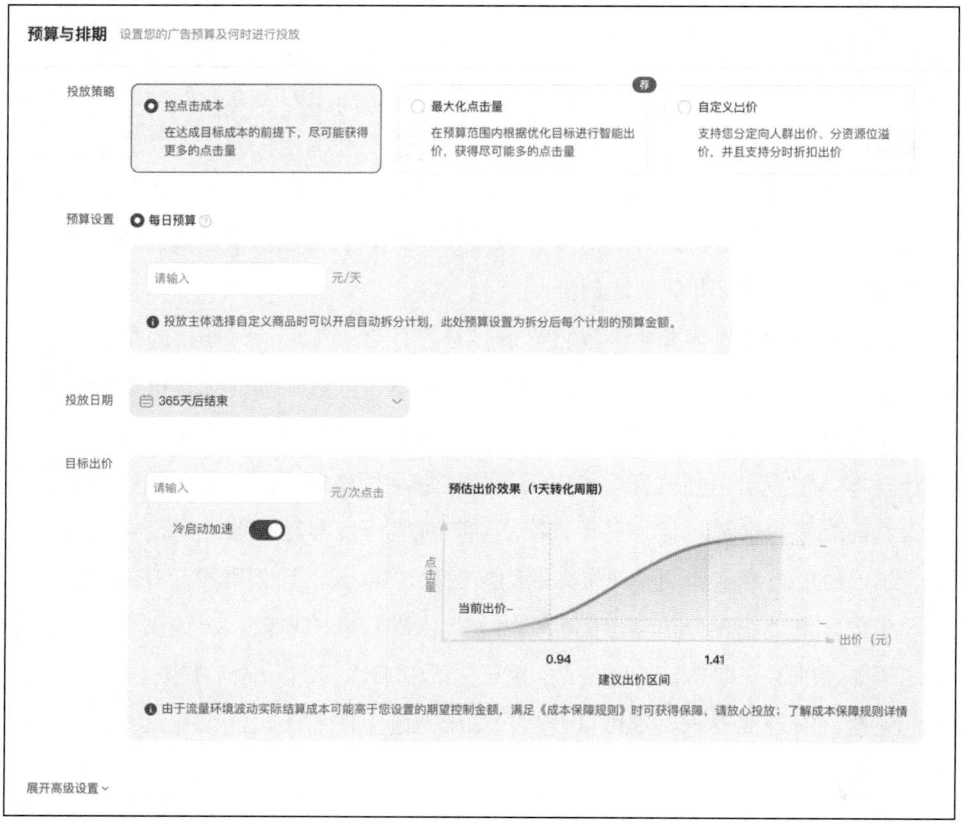

图 3-12 引力魔方标准计划—店铺宝贝运营场景—预算与排期设置

⑧高级设置（投放地域与投放时段）。

- 地域设置在人群方舟及宝贝运营场景下均相同，其设置方法与直通车的设置方法同理，建议只要是发货后可以到达的地方都可投放，以尽量多地获取成交。如果商家进行精准的地域投放，前期起量会更快，但放大流量容易出现瓶颈。
- 投放时段会随着出价模式的变化而变化。在控成本出价及最大化目标量的出价模式下，即系统自动出价的模式下，投放时段控制仅能控制是否进行投放，如图 3-13 所示。

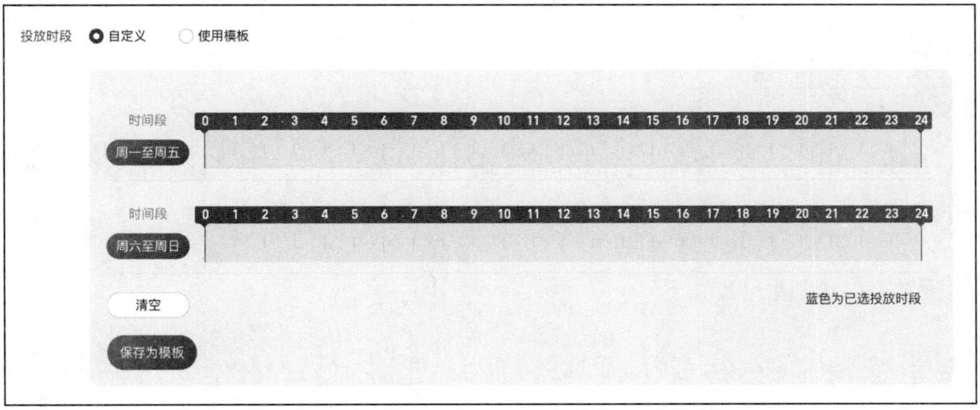

图 3-13　引力魔方标准计划—除自定义出价外—投放时段设置

在“自定义出价”模式下，投放时段的设置与直通车相同，可以设置出价折扣比例，如图 3-14 所示。建议可以对凌晨非高峰时段设置一定比例的折扣，因为这时大部分商家的出价比较低，如果不设置折扣，则考虑排名提前，点击量增长，费用花完后推广计划就会提前下线，也会丧失流量高峰期的点击机会。

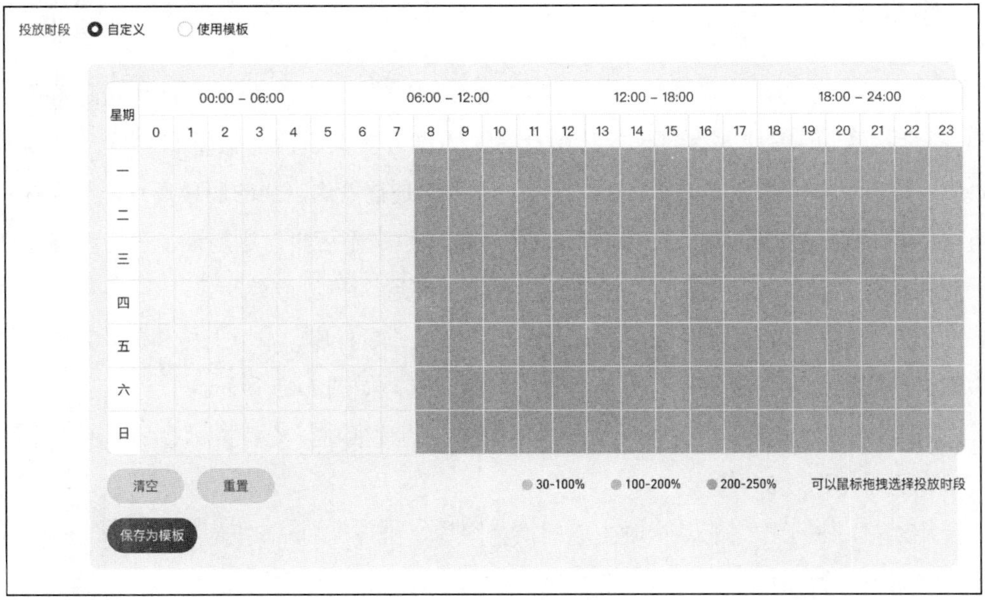

图 3-14　引力魔方标准计划—自定义出价—投放时段设置

3.2.2 创意管理

与直通车相比，引力魔方提供的创意图显得更为重要。因为当买家没有任何行为来表达他的诉求时，从创意上感染、唤醒买家的需求就显得更为重要。

1. 创意添加、编辑

新建计划流程的第二步即为设置创意。也可以进入“计划-*****计划-创意”（注：其中的*符号表示计划名称），单击“添加创意”按钮，可以选择从创意库添加、新增图片创意、新增视频创意。

每个推广主体下都可以添加两类创意，同时添加的创意会保存到创意库中。

1）创意图片

①引力魔方支持的创意图片尺寸。

引力魔方的主要资源位包括手淘焦点图、猜你喜欢信息流等，支持的创意图片尺寸为800像素×800像素、800像素×1200像素、513像素×750像素、750像素×1000像素，图片大小不能超过0.49MB。

建议上传图片的尺寸要覆盖到800像素×1200像素的创意长图尺寸，因为这是首页“猜你喜欢信息流”的图片大小。缺少长图会对引力魔方首页引流的数量和质量产生较大影响。也要覆盖到513像素×750像素的尺寸，因为这是首页焦点图的展现尺寸，该位置有比较可观的曝光量。另外，800像素×800像素的尺寸也必不可少，这是很多引力魔方基础渠道展现的尺寸。这些尺寸的覆盖将获得更多的曝光机会和投放成效。

②图片素材添加路径。添加图片素材渠道有3条：素材库、本地上传和图片在线制作。其中素材库有3类：广告素材、智能素材、淘宝素材，如图3-15所示。

广告素材：展示从各个广告后台进入创意库的图片素材，支持按标签、比例、来源筛选，可以查看单图片的详情。

智能素材：基于图文工具实时生成的推荐图片。

淘宝素材：包括展示来自淘宝图片空间的图片素材和商品主副图。

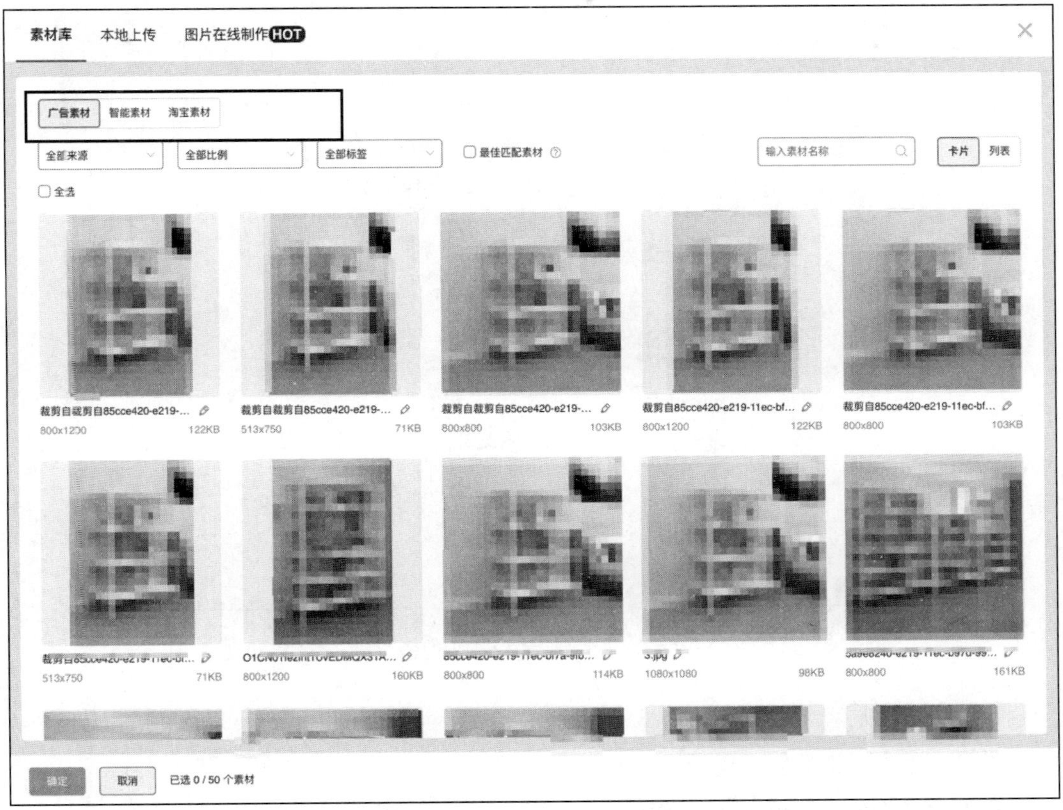

图 3-15　引力魔方—图片素材添加路径

在素材库页面中，选中任意图片，若尺寸符合图片条件，单击“确定”按钮，可直接使用；也可以单击下方详情查看图片的详细信息，包括图片的名称、来源等信息。

如果图片不符合要求，则可用系统自带的剪辑工具进行裁剪，单击图片后选择“智能裁剪工具”，即可进入“智能裁剪”页面，勾选所有需要添加的尺寸进行添加即可，也可以单击“裁剪调整”按钮，单独对每张图进行裁剪，如图 3-16 所示。

另外，首焦资源位的竖版长图还支持添加动效组件。

图片在线制作功能也可以帮助商家快速制作符合要求的图片。

图 3-16　引力魔方—智能裁剪工具

2）创意视频

①引力魔方支持的创意视频尺寸。

- 分辨率≥800 像素×1200 像素，大小不超过 0.49MB，时长为 2~10s。
- 分辨率≥800 像素×800 像素，大小不超过 0.49MB，时长为 2~10s。
- 分辨率≥750 像素×1000 像素，大小不超过 488.28MB，时长为 5~60s。

在视频内容流量越来越多的今天，建议上传至少两种尺寸的创意视频，覆盖引力魔方所有的资源位来获得更多的曝光机会和投放成效。

②创意视频添加路径。

同样分 3 类：广告素材、智能素材、淘宝素材，除了素材库，还可以选择本地上传及创意制作工具，如图 3-17 所示。

广告素材：展示已经从各个广告后台进入创意库的视频素材，支持按标签、比例、来源筛选。

智能素材：算法基于选中的视频，自动生成的推荐封面图。

淘宝素材：展示淘宝短视频和主图视频。

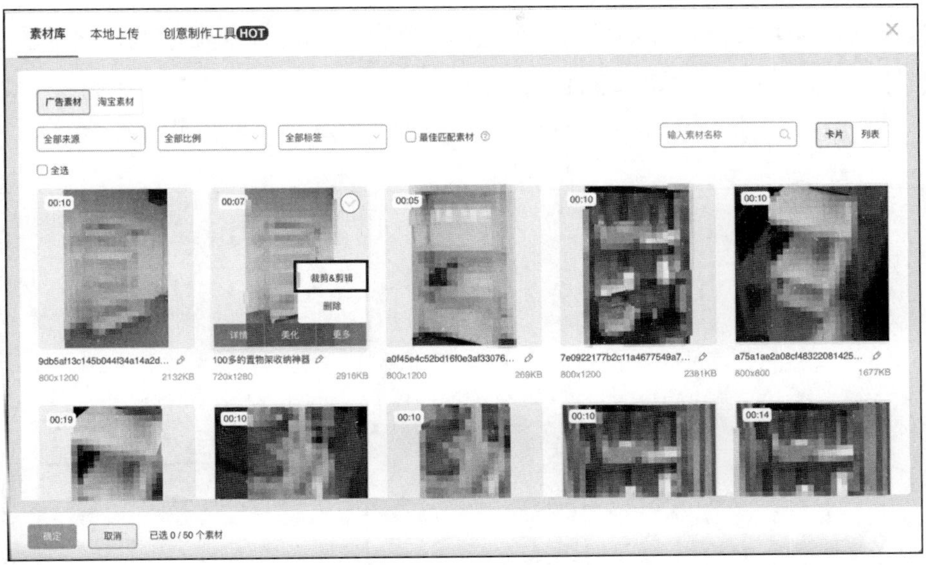

图 3-17　引力魔方—视频素材添加路径

选中任意视频，可预浏览视频内容（将鼠标光标移动到素材上即可），也可以单击“更多”“→裁剪&剪辑”，进行视频尺寸、内容的调整后重新保存新的视频素材。单击“确定”按钮，即可进入第二步进行创意信息的填写，设置投放主体和投放标题，如图 3-18 所示。

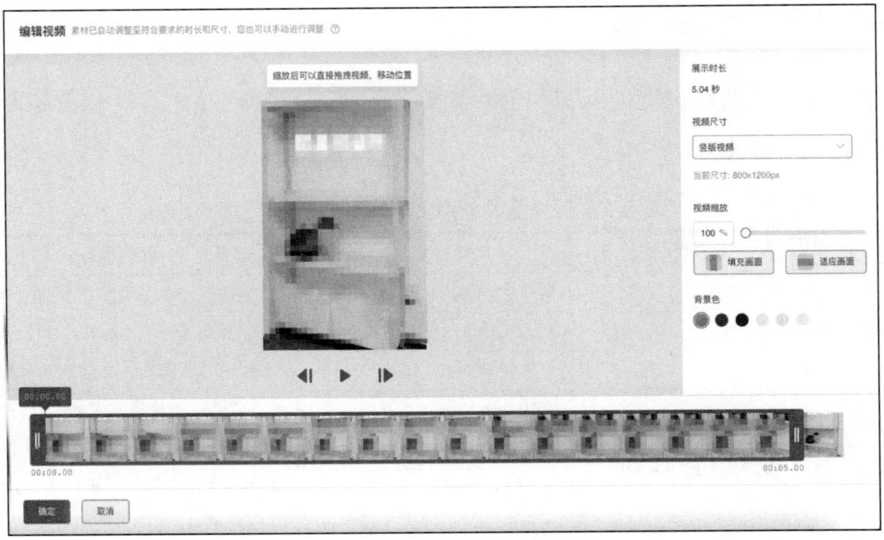

图 3-18　引力魔方—视频素材裁剪和剪辑工具

投放主体设置完成后，系统会自动生成推广标题。单击推广标题会自动展示出更多的系统推荐标题供商家参考或筛选。注意：标题只支持汉字、字母、数字及下画线，最多32个汉字，即64个字符。该部分操作的图片创意设置和视频创意设置相同，如图3-19所示。

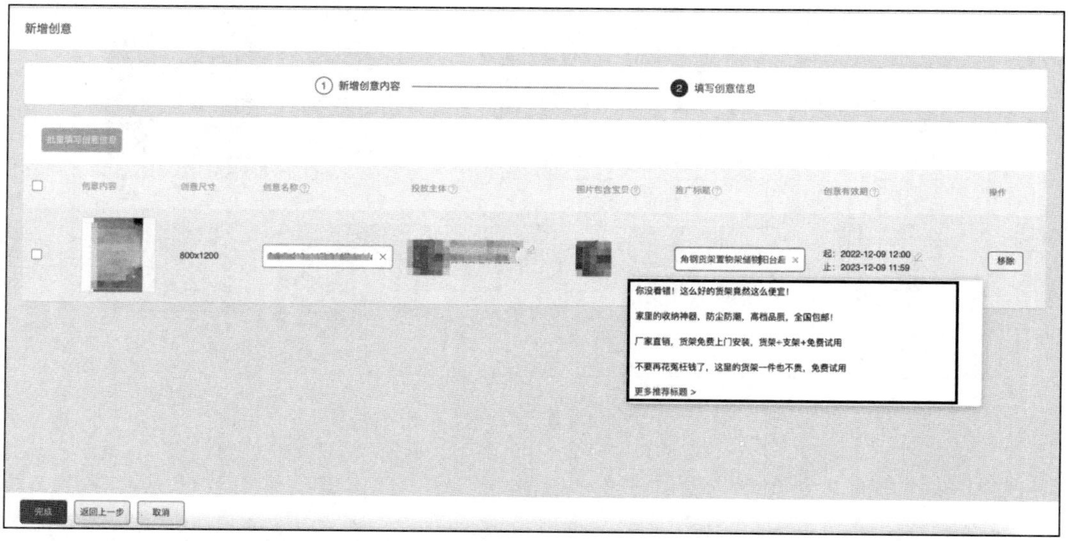

图3-19 引力魔方——智能标题推荐

2. 创意图和创意视频尺寸规则

商家应尽量全面地设置创意图和创意视频的尺寸，这样商品才有机会在各个渠道曝光。所有的尺寸如表3-1所示。

表3-1 引力魔方创意图和创意视频的尺寸

分类	资源位	尺寸（像素）	格式要求
淘系焦点图场景	淘系焦点图	竖版大图 800×1200	【视频】：512像素×750像素（暂不支持），文件小于100MB，时长为3s；800像素×1200像素，文件小于100MB，时长为2~5s；800像素×800像素，文件小于100MB，时长为2~5s。视频格式不限。【图片】：500KB以内，格式为JPG、JPEG、PNG均可。
		竖版长图 513×750	
		竖版视频 800×1200	
淘系信息流场景	微详情（minidetail）	竖版大图 800×1200	
		竖版视频 800×1200	
		方图 800×800	
		方视频 800×800	

续表

分　类	资 源 位	尺寸（像素）	格式要求
	首页猜你喜欢信息流	竖版大图 800×1200	特殊说明：根据规范，部分特殊 App 图片上的 800 像素×1200 像素长图会在上下各自裁剪 27 像素，在这个区域请勿放任何关键信息
		竖版视频 800×1200	
		方图 800×800	
		方视频 800×800	
		竖版长图 513×750	
	购物中/购物后猜你喜欢	竖版大图 800×1200	
		竖版视频 800×1200	
		方图 800×800	
		方视频 800×800	
		竖版长图 513×750	
	红包互动权益场	方图 800×800	
		方视频 800×800	
优质资源位		竖版大图 800×1200	
		竖版长图 513×750	
		竖版视频 800×1200	
		方图 800×800	
		方视频 800×800	

3.2.3 报表查看

由于引力魔方是一站式人群经营的工具，因此结合人群方舟计划，它提供了以人群运营为主的报表，以帮助商家关注人群流转的效率。其他店铺宝贝运营的报表通过自定义报表呈现，可以由商家自主设置关注的相关推广数据。

1. 报表结构

1）报表模板

报表模板分为系统模板与自定义模板，系统模板不可删除，是由官方设置完成的多种常见报表形式。自定义模板由商家自主设置所需展示的数据维度及指标，可保存多个，也可以删除。

2）报表数据筛选

数据报表支持进行具体计划组、具体计划、主体类型的基础维度筛选，也支持创意、定向人群、资源位等高级维度与基础维度交叉筛选，还支持数据指标自定义设置。满足不同商家对数据查看的不同需求。

例如，筛选了如下条件，最终显示的数据为计划X下每个创意的点击量与点击率数据。

基础维度：计划X。

高级维度：创意。

数据指标：点击量、点击率。

2. 店铺人群运营报表

店铺人群运营报表从店铺人群运营的角度呈现报表，与人群方舟营销目标相呼应，也包含提升访问新客人数、提升兴趣新客人数、提升首购新客人数和提升复购人数。不同人群的运营目标下体现相应的结果指标如图3-20所示。

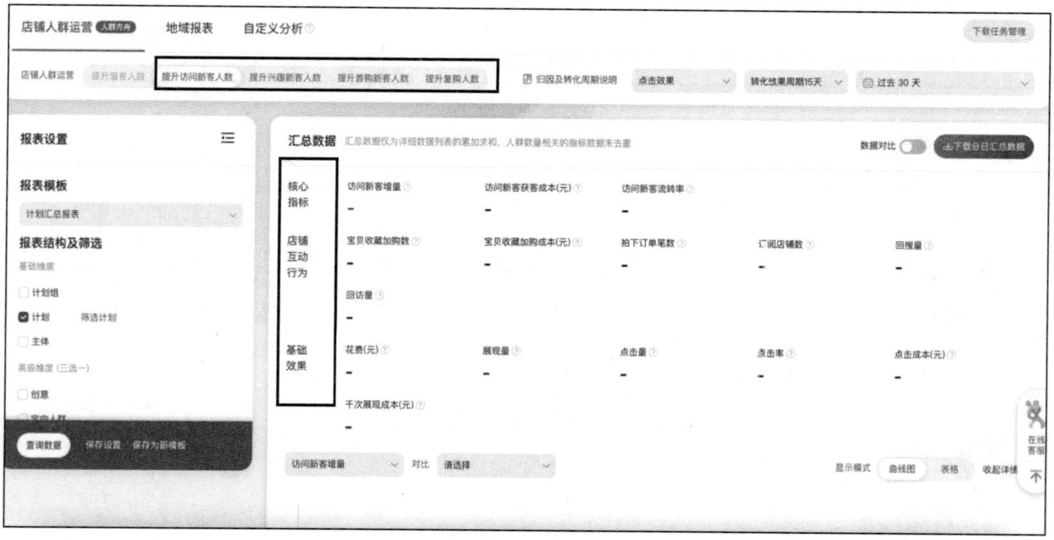

图3-20　引力魔方—店铺人群运营报表

报表的汇总数据包含3个层面，首先是人群运营目标结果数据（核心指标），其次是用户行为的相关数据（店铺互动行为），最后是推广基础数据（基础效果）。其中店铺互动行为和基础效果在任何人群报表中都一样。

店铺潜客定义：过去 15 天被店铺广告或内容渠道（包括有好货、必买清单、生活研究所、微淘、淘抢购）曝光过，或店铺/单品浏览跳失的消费者，排除新客和老客。

访问新客定义：在过去 365 天未成交的消费者中，过去 15 天有过品牌意向搜索、微淘互动、聚划算曝光、进店浏览未跳失的消费者，排除兴趣新客。

兴趣新客定义：在过去 365 天未成交的消费者中，过去 90 天有过商品收藏、加购、店铺收藏，或过去 365 天有过下单未支付的消费者。

首购新客定义：在过去 365 天内，首次产生成交的行为人群，排除复购人群。

复购人群定义：在过去 365 天内，成交次数大于或等于 2 次的消费者。

通过店铺人群运营报表，商家不仅可以关注不同宝贝推广策略的目标是否达成，还可以判断不同商品对不同人群的推广效率。例如，“爆品”做“拉新”、新品做复购。

3. 自定义分析报表

自定义分析报表是通过推广计划、主体等维度去查看推广的效果数据。

汇总数据中包含商品 4 个层面的数据，从曝光到访问、兴趣和成交，分别对应曝光价值、基础效果、成交意向和成交转化，主要展现的是货品维度的数据，如图 3-21 所示。

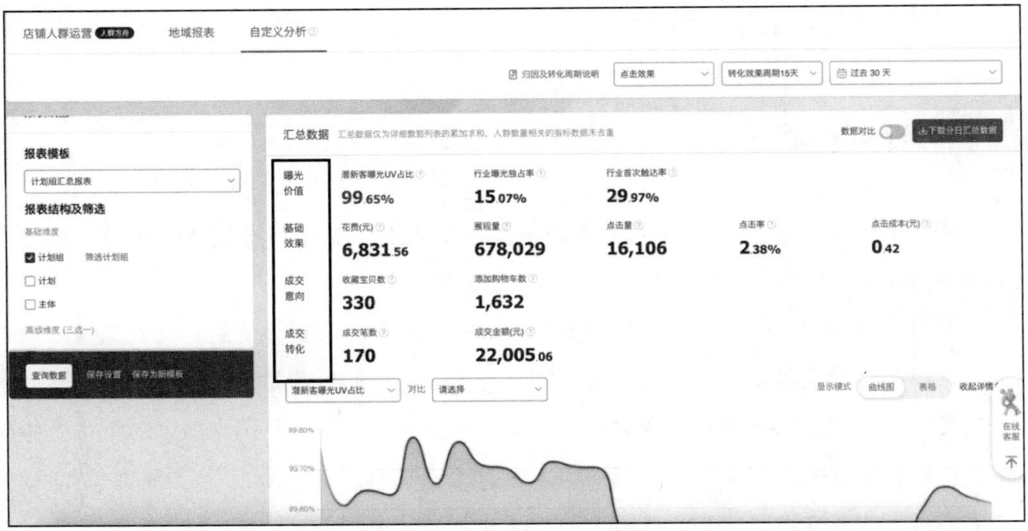

图 3-21　引力魔方—自定义分析报表

4. 地域报表

地域报表支持进行具体省份、具体城市、计划组及计划的基础维度筛选，也支持数据指标自定义设置，以帮助商家优化地域投放设置，如图 3-22 所示。

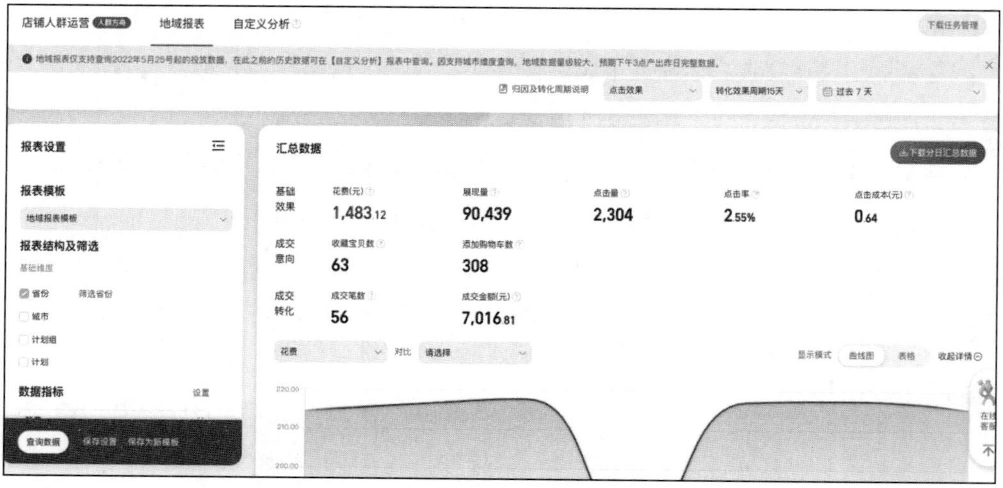

图 3-22　引力魔方—地域报表

3.3　引力魔方推广策略

3.3.1 计划布局

如果说直通车的底层逻辑是关键词的设置，那么引力魔方的底层逻辑就是人群的设置，如何让货品匹配对的人群标签，就是引力魔方的核心。

从平台角度来说，近些年也一直引导商家们的思维从运营货转变到运营人的身上来。可以说，货品运营是从传统思维角度考虑的，与线下生意的运营相似，人群运营是互联网时代的新鲜产物，线上线下都在学习尝试人群运营的方法。因此，引力魔方的策略更倾向于从人群运营角度去搭建。

人群运营的方法论如 AIPL，即 A（认知人群）、I（兴趣人群）、P（购买人群）、L（忠诚人群）。总结起来可以说有两大方向，第一是 A+I 的人群，也就是未购买前要“拉新”，这里的拉新指的是需要让消费者认识商品，对商品感兴趣。第二是 P+L 的人群，也就是要让消费者购买商品，无论是新客购买还是老客购买，目标就是成交。这也是所说的“种草”及“收割”。因此，在人群策略中最明显的两大方向即为“拉新”和“收割”。商家也可以把计划按这两大策略进行划分。

1. “拉新”计划

这里建议以不同类型的“拉新”人群分计划建立。

1）优化策略

现有促进访问新客及促进兴趣新客两种可以选择。建议使用促进兴趣新客，相对来说，它在未来的转化率较高。“大促”（指平台在一些特定的时间周期里举办的特色促销活动）预热期可以增加以促进访问新客计划，扩大“拉新”规模。

2）定向人群

系统根据营销策略会自动为商家推荐 10 个人群，商家可以在此基础上进行增减。这些人群主要可以分为以下方面，如图 3-23 所示。

图 3-23 “拉新”计划定向人群圈选方向

- 关键词兴趣人群：这里使用的关键词可以参考直通车相关的精准关键词，商家可自行增加更多的关键词兴趣人群。该部分人群最精准，建议使用。
- 相似店铺人群：相似店铺人群可以理解为从竞店（即竞争对手的店铺）“拉新”，而喜欢我店铺的人群是与店铺已经产生关系的人群，即对店铺感兴趣的人群。
- 相似宝贝人群：可以理解为从竞品（指竞争对手的商品）“拉新”，而喜欢我宝贝的人群也是店铺的兴趣人群。两大相似人群较为宽泛，建议竞争力较强的商品使用。
- 小二推荐人群：这部分人群建议使用前精挑细选，使用后不断通过数据测试并优化。比如，88VIP 人群，其消费力高，规模较大，对于美妆、家电这类大品牌商的官方旗舰店是可以使用的，或者在大促前夕，商家的 “拉新”活动可以使用。普通商家日常“拉新”就不推荐。同时这部分人群不确定性高，在初始溢价上也建议有区别地设置，后期根据数据再优化。

以上不同类型的人群分计划设立，互不干扰，以便调整或优化。

3）出价

如果直通车已经推广了一段时间，可以选择“控点击成本”出价，出价参考直通车平均点击花费，略低于直通车平均点击花费。也可以参考系统给出的建议出价区间，也应略低于出价区间设置。后期如果发现拿量困难，则可以再逐步提高出价。

4）资源位

建议商家全部开启资源位，数据运转一段时间后可以根据不同资源位的数据表现，对效果较好的资源位进行小幅溢价，例如，20%~50%。

2. “收割”计划

“收割”计划的建立与“拉新”计划的建立相同。

1）优化策略

所有的商家都适合建立促进首购新客人群计划，同时根据类目复购的特点，看是否有需要建立促进复购人群计划。

2）定向人群

“收割”计划人群做的就是店铺相关人群的“收割”，对已经和店铺产生过关系的人群进行“收割”。主要分以下几方面，如图 3-24 所示。

- 店铺人群：店铺中的“种草”人群及兴趣人群，分 4 类已经关联的人群，即喜欢我的店铺、粉丝人群、深度行为人群、领券未使用人群。
- 宝贝人群：喜欢我的宝贝的人群，从店铺中找几个相似子类目及属性的热门商品，把和这些商品有过关联的买家重新定向。此处最多可选择 6 件同类商品。

对于一般商家，“收割”计划可触达人群规模较小，此时可以打开目标人群拓展。

图 3-24　“收割”计划定向人群圈选方向

3）出价

自定义出价同样参考直通车平均点击花费或者系统建议出价，应略低于设置，后期再根据数据进行优化。在出价上，如果选择最大化拿量方式，也就是系统智能出价，那么获取的人群虽较为精准，但点击单价也会较高。

4）资源位

建议所有的资源位都投放，尤其是首焦资源位，该位置强烈建议投放“收割”计划，其触达效率高。对应的图片尺寸是 513 像素×750 像素和 800 像素×1200 像素，建议务必上传这两种尺寸的创意图。

3. 智能计划

商家可以搭建智能定向计划，通过智能定向推广店铺 TOP 商品来补充“拉新”流量（有能力的商家或者品牌类的商家也可以推广店铺）。出价可以选择最大化拿量策略，只通过预算控制费用。所有的“收割”计划都是建立在有一定规模的访问及兴趣新客体量上的，因为这样才有机会做大“收割”量，所以推广中要尽量扩大“拉新”的流量。

3.3.2 人群定向

寻找什么样的人群定向投放是“货找人”流量中的核心要素，因此搞清楚系统的人群分类方式与特点，有助于在后期投放中快速找到目标人群，同时也有利于对人群投放的范围、关系、覆盖量等进行分析和优化。

1. 常用人群

1）关键词兴趣

即基于消费者对关键词关联的商品，近期或实时进行点击浏览、收藏加购等行为的人群，如：“德绒 保暖 内衣”关键词人群，即对“德绒 保暖 内衣”关键词关联的商品有点击浏览、收藏加购行为的人群。该部分人群有明确的行为意向，人群精准，点击及转化的概率更高。

2）店铺相关

此处的人群分为 3 个层级。

- 机会人群：相似店铺人群，可以理解为竞店人群，如果商品、店铺和品牌的竞争力强，建议多使用该人群。
- “种草”人群：喜欢我的店铺、粉丝人群，这两部分人群都是已经和店铺有一定行为反馈的人群，说明对店铺及商品有一定兴趣，适合大部分商家进行投放。
- 兴趣人群：深度行为人群、领券未使用人群，这部分人群对店铺的商品有较高的购买意向，就差一点推动力，商家可以结合商品优惠或者入会服务等提升转化。

3）宝贝相关

宝贝相关人群可以分为以下两类。

- 喜欢我的宝贝人群：该部分人群和喜欢我店铺的人群相似，是对宝贝有浏览、收藏、加购的人群，也适合大部分商家投放“收割”计划。
- 相似宝贝人群：该部分人群和相似店铺人群相似，可理解为竞品人群，如果商品有很强的竞争优势，可以使用该人群投放，因为大部分买家不是买 A 就是买 B，挖竞品的人群对复购周期长的品类尤为重要。

4）人群特征继承

如果原始投放“计划 A”人群定向效果比较好，则可以开启该功能触达原始计划已经曝光/点击的消费者特征（但不包括原始计划的已触达人群），新计划即可缩短冷启动周期，让系统快速找到与“计划 A”曝光/点击行为特征相似的消费者，同时建议开启“目标人群拓展”功能，可以提升投放效果。

5）小二推荐

小二推荐是指小二或者算法通过达摩盘标签圈选出适合该场景该时间段模式下的人群，或者是商家使用需求比较旺盛的人群。由于有算法的支撑，小二推荐人群圈选颗粒度细、挖掘深度深，值得商家好好筛选试用，如图 3-25 所示。

图 3-25　小二推荐

2. 更多人群

1）新建人群

商家可以通过消费者基础属性标签、类目行为标签、渠道行为标签等维度自由圈选组合人群。圈选时，标签内多个选项之间为并集，标签之间为交集。但不推荐使用这部分人群，因为标签维度颗粒粗，人群不精细。

2）保存人群

新建并保存后的人群，以及通过达摩盘和数据银行渠道同步的人群在此处可选择使用。达摩盘和数据银行由于人群标签异常丰富，可以筛选极细化的人群，所以需要有较强的逻辑及分析能力的人使用。因此，适合品牌商及推广投放体量非常大的商家使用，新手商家或投放体量不大的商家使用“常用人群”即可。

3.3.3 出价形式

引力魔方中的出价形式共有 3 种类型，即自定义出价、最大化拿量和控成本出价。

1. 自定义出价

自定义出价是指所有的人群定向和资源位都可以独立出价和溢价，以及进行最细化颗粒的设置。自定义出价适合成熟的推广人员，对推广有精细化把控、强解释性的需求。商家可以通过自定义出价结合智能调价功能，再借助算法的能力识别高价值流量获取。

2. 最大化拿量

每个目标量的获取都存在一个成本，例如，在促进成交目标下，每个流量的获取成本不同，成交可能性也不同，通过流量的获取成本及成交可能性两组数据对比，可以得到每个流量的性价比值。当预算比较少的时候，系统会优先获取高性价比流量，但随着日预算的扩大，就需要逐渐从中性价比流量中获取，甚至从低性价比流量中获取。所以，其实是通过预算的大小去控制筛选流量。此出价方式适合新手商家及寻求量级最大化的商家。

根据以上原理，可以得到两种操作方式：第一，对单计划来说，前期设置尽量从小预算开始，在效果达到预期的基础上，小幅扩大预算，探索高性价比流量的边界。第二，对有多目标量需求的时候，尽量设置多计划小幅预算，而非一个计划大预算的形式，这有利于获取更多的高性价比流量。

3. 控成本出价

“控成本出价”是指商家可以设置计划的预算和预期控制的目标成本。其实是在“最大化拿量”这种出价形式的基础上，再让商家设置目标控制成本价，通过商家的成本价系统筛选出合适的流量。系统同时会根据推广的相关设置，估计计划能获得的相应的目标量。此出价方式适合对成本有较明确要求的商家使用。此方式既不像完全交给系统自由出价那么简单，也不像完全个性化设置每个人群的出价那么复杂。

各出价方式的原理、优势等差异如表 3-2 所示。

表 3-2　不同出价方式的原理及优势比较

出价方式 / 比较事项	最大化拿量	控成本出价	自定义出价
功能原理	根据每个消费者价值的不同，系统进行差异化出价，尽力获取优质流量，获得更多的目标量	根据每个消费者价值的不同，由系统进行差异化出价，其中超过控价成本的流量放弃，低于控价成本的参与竞价。由于系统控制的是全天平均成本在控价成本内，也就是有的高，有的低。而非每一次的出价都在控价成本内	系统直接按照商家对每个人群及资源位的出价设置进行竞价。其中，如果打开智能调价，则系统会根据流量价值上浮或下调出价
可调整因子	预算	预算；总控制成本	预算；每个人群的出价；每个资源位的溢价
功能优势	设置简单；总花费可控；系统优化空间大，投放效果有一定保障	投放成本可控；系统优化空间大，投放效果有一定保障	投放成本可控；人工调优空间大；可以借力算法能力调优

本章习题

一、名词解释

（1）自定义出价

（2）最大化拿量

（3）控成本出价

二、选择题

1. 单选题

（1）引力魔方作为信息流广告，属于以下（　　）类型的流量。

A．搜索流量　　B．分类流量　　C．推荐流量　　D．以上都不是

（2）以下哪个不属于引力魔方的特点？（　　）

A．支持商品、店铺首页、淘积木页面等多种创意形式

B．囊括手淘核心推荐渠道，如：猜你喜欢（首页、购中、购后）、全屏微详情等

C．单一优化策略，突出转化类指标

D．基于阿里巴巴大数据推荐算法，从商品、店铺、类目、内容、粉丝等多维度为商品匹配合适的消费者

（3）在相同出价的情况下，关于促进点击、促进加购和促进成交这三种营销优化策略对应的流量规模大小的关系是（　　）。

A．流量规模：促进点击>促进加购>促进成交

B．流量规模：促进成交>促进加购>促进点击

C．流量规模：促进点击>促进成交>促进加购

D．三种营销优化策略和流量规模没有关系

（4）商家进行商品推广时，想要上传长图形式的创意，应当准备以下哪种尺寸的图片？（　　）

A．800像素×800像素，500KB以内

B．800像素×1000像素，500KB以内

C．800像素×1200像素，500KB以内

D．800像素×1500像素，500KB以内

2. 多选题

（1）大促期间，商家想通过引力魔方进行人群运营，他可以实现什么人群运营的目的？（　　）

A．促进访问新客　　B．促进首购新客　　C．促进老客复购

（2）引力魔方账户报表支持查看多少天转化周期的数据？（　　）

A．1 天　　B．2 天　　C．7 天　　D．30 天

（3）新品开始推广的时候，商家应该重点关注哪个指标？（　　）

A．投入产出比　　B．“拉新”成本　　C．点击量　　D．点击率

三、填空题

（1）引力魔方中有____________、____________、__________3 种出价形式。

（2）投放管家计划中设置每日预算必须大于或等于__________元。

（3）设置以促进兴趣新客为目标的标准计划中，适合添加______________________、______________、______________、______________4 类人群。

四、问答题

（1）引力魔方的核心资源位有哪些？

（2）人群运营报表包含哪几个维度的人群运营结果展现？

第 4 章 万相台

4.1　万相台概况

直通车获取搜索流量，引力魔方获取推荐流量，而万相台最大的特色是智能化。部分商家推广能力不足，但又十分想获取搜索流量和推荐流量，于是万相台应运而生，它通过大数据、算法匹配的优势代替操盘手的功能，帮助商家快速获取流量，这对新手商家来说，其友好度很高。

4.1.1　什么是万相台

1. 万相台的定义

万相台是一款智能化推广工具，其从商家营销角度出发，围绕消费者运营、货品运营、活动场景、内容营销 4 大不同需求，整合了搜索、推荐信息流的各种资源位，通过算法智能推广获取不同渠道匹配人群的流量，从而提高推广效果，降低商家的操作成本。

万相台属于 AI 智能推广，其最大的特点就是具有自我学习能力。也就是说，它能够像人脑一样去分析数据，找到最合适的人群去匹配。因此，前期积累丰富的数据是智能推广效果好的前提。

2. 万相台的展现位置

万相台的展现位置包含直通车的搜索展现位置、引力魔方的推荐展现位置，也包含淘系外各大合作平台，其核心展现位置以搜索结果页、首页猜你喜欢、购中猜你喜欢、购后猜你喜欢为主。

进入万相台的方法与进入直通车和引力魔方的路径相同，在千牛商家中心或者天猫商家中心左侧栏单击“推广”→“推广中心”→“万相台”→“去投放”，即可进入万相台首页，如图 4-1 所示。

图 4-1　从千牛商家中心进入万相台推广的位置

3. 万相台的扣费逻辑

大部分情况下，万相台都是按点击进行扣费的，系统会根据当时竞价的激烈程度及商家选品、商家设置的预算金额、优化目标、创意效果等相关因素，并根据投放数据反馈进行实时竞价及实时优化。其中在内容营销场景中，超级直播、超级短视频是按照观看时长进行扣费的。

4.1.2 万相台的优势

万相台具有以下优势。

1. 智能化

万相台相当于营销领域的自动驾驶技术，它通过智能化实现跨渠道分配预算，算法智能实时竞价，实时优化。

2. 多资源协同

万相台能实现在搜索、信息流等多渠道进行展现，同时在不同渠道实现展现人群的流转与承接。

3. 场景化运营

从商家在运营店铺中对消费者、货品、场景化运营角度出发，满足商家在不同阶段的营销诉求，算法通过智能化能力完成人、货、场的最优配置。

4. 极简操作

万相台可以实现一键完成投放计划的创建，一站式投放淘内所有的渠道，高效地解决投放的人力成本，有效地满足营销需求。

4.2　万相台营销场景

4.2.1　消费者运营—拉新快—计划建立

拉新快是消费者运营的核心场景，万相台的拉新快可以过滤店铺的老客户，快速获取新客户，实现人群“破圈”、高效拉新。

在万相台首页找到“消费者运营”场景，并单击“拉新快”区域的“+新建推广计划”按钮，如图 4-2 所示，即可进行以下设置。

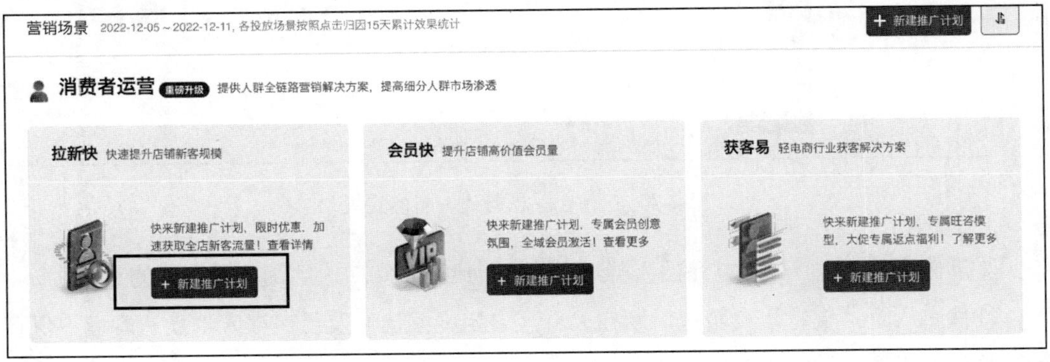

图 4-2　万相台—拉新快—新建推广计划

1. 拉新设置

①新客圈选。

- 全域拉新：即从淘内全渠道寻找高转化可能性的消费者。适合所有类目的商家，拉新效率高，可以在短时间内快速大量拉新。
- 同类目拉新：在商品所在行业类目中寻找高转化可能性的消费者。适合复购频率高的类目，如快消品、食品、服饰等类目，人群质量较高。
- 跨类目拉新：在商品关联的行业类目中寻找高转化可能性的消费者。适合复购频率低的类目，如消费电子、家装、大家电等类目。针对该部分机会人群的探索，建议品牌及竞争力较强的商家使用。

设置页面如图 4-3 所示。

图 4-3　万相台—拉新快—新客定义

②屏蔽人群：设置需要过滤的人群，即近 365/180/90/30/7 天店铺购买人群的其中之一。

③侧重人群：支持平台精选、新建人群（自定义圈选）及已保存人群（达摩盘中保存的人群）的设置，如图 4-4 所示。

图 4-4 万相台—拉新快—侧重人群设置

如果商家设置了侧重人群，系统首先会按照自身筛选的黑盒人群及商家选择的侧重人群一起投放，不会仅投放侧重人群，系统依旧会基于自己的判断去投放。其次，为了保障侧重人群的触达规模，系统可能需要溢价，该部分人群的平均点击花费可能比推广计划的平均值偏高。

在智能化系统中，通常不建议个体商家手动添加人群，应该让系统充分触达后，积累数据不断进行分析和学习，系统需要学习的就是全面的数据，而非自我认识的好坏，这才是智能化的意义。

④新客目标。也就是期望新客最终的行为目标，设置界面如图 4-5 所示。

- 新客访问：点击进店，增大访问量。
- 新客兴趣加深：促进收藏、加购及咨询等。
- 新客成交：促进首次购买。

对于拉新快的设置，更多的建议是以兴趣加深和成交为目标，因为加购物车后整体的转化概率会比较稳定，而进店的转化率明显较低且不稳定。因此，以访问为目标更适合品牌宣传。

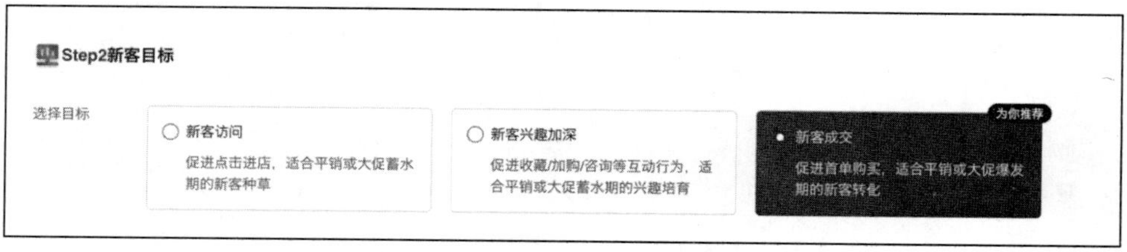

图 4-5　万相台—拉新快—新客目标设置

2. 投放主体和落地页设置

①投放主体：只能是商品，但商家可以选择需要添加的商品或者全店进行推广。

②自定义商品：商家可以个性化地选择商品，可以是由系统智能筛选出访问/兴趣/成交拉新效率较高的超级拉新单品，或者是商家报名首单礼金的商品。对于这两类商品，更推荐商家使用拉新快推广，这样可以提升推广效率。

全店推广时可以设置需要屏蔽的商品，其设置页面如图 4-6 所示。

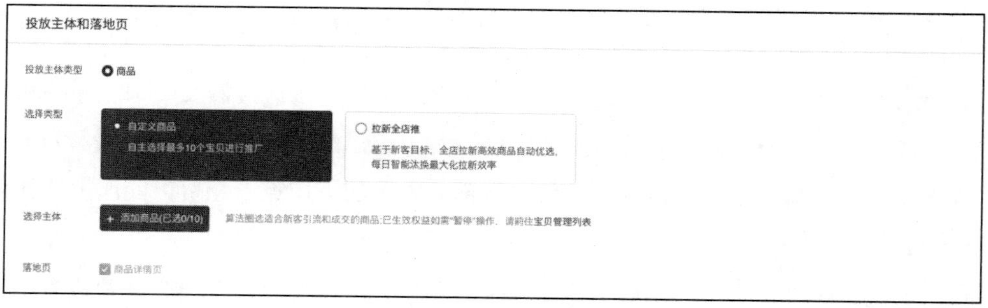

图 4-6　万相台—拉新快—投放主体和落地页设置

3. 预算和排期设置

①推广方式：有持续推广和套餐包两种方式。

套餐包即设置一定的金额在一段时间内持续投放，自定义金额范围为 1000 元~30 万元，需要为 100 的倍数。也就是不规定每天的预算，设置的是自定义一段时间的花费预算。由于套餐包一旦设定，后期无法暂停或编辑计划，可调整性不强，所以一般情况下建议商家选择以持续推广为主。

②日预算：每日预算最低为 100 元。

③投放模式：最大化拿量是系统在预算范围内，最大化根据优化目标获取目标量，出价由系统智能控制。

④投放日期：开始时间默认为当天，结束时间可自定义设置。

⑤地域设置：其设置方法与直通车、引力魔方同理。

设置页面如图 4-7 所示。

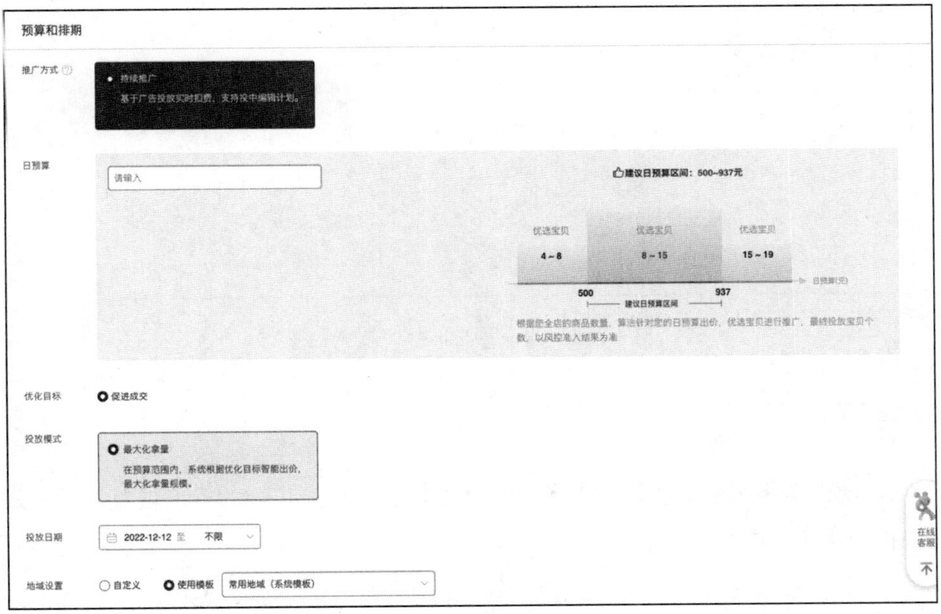

图 4-7 万相台—拉新快—预算和排期设置

4. 创意设置

打底创意：即没有自定义上传图片时使用的图片，打底创意分为智能创意优选、仅投放宝贝主图创意和不设置打底创意。设置页面如图 4-8 所示。

- 智能创意优选：系统会基于商品的主副图等，自动生成适配各资源的创意，并按照 CTR 择优展现。
- 仅投放宝贝主图创意：仅投放宝贝主图，并随宝贝主图更新而自动更新。
- 不设置打底创意：至少上传一个自定义创意图，建议上传图的尺寸尽量多，这样就有机会在不同的渠道展现，更容易获取更多优质的流量。

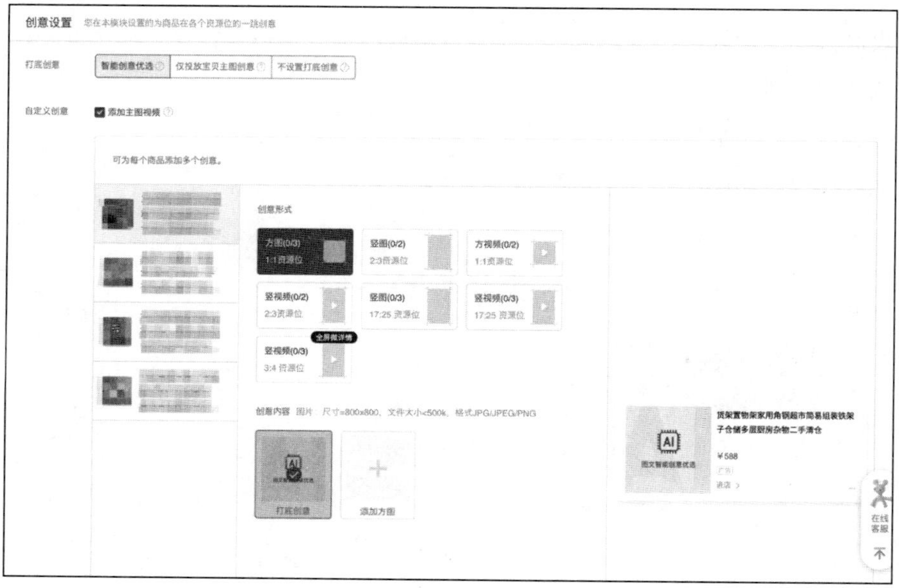

图 4-8　万相台—拉新快—创意设置

5. 预览资源位

预览资源位是指可投放资源位的预览，此处仅展示可能出现的推广位置，不可进行操作，如图 4-9 所示。

图 4-9　万相台—拉新快—预览资源位

4.2.2 消费者运营—会员快—计划建立

会员快主要是帮助商家快速扩大店铺入会的规模，激活会员复购，提升会员的长期价值。在使用会员快之前，建议商家先完成会员权益的设置，推广宝贝绑定了会员权益将会有更好的推广效果。

在万相台首页找到“消费者运营”场景，并单击“会员快”区域的“+新建推广计划”按钮，如图 4-10 所示，即可进行以下设置。

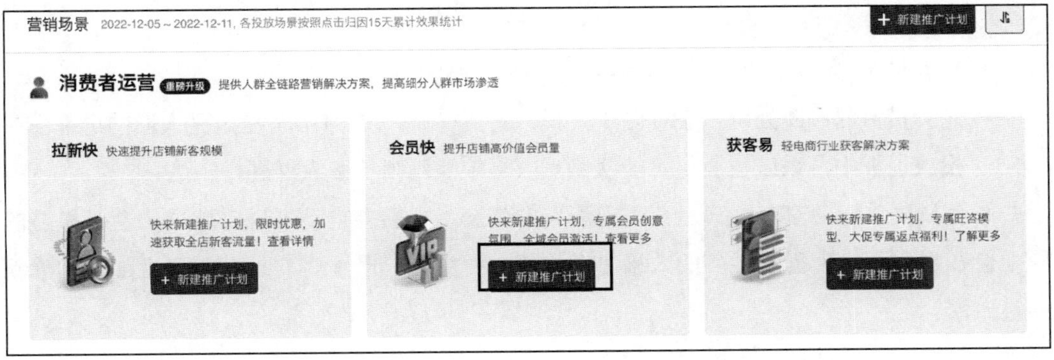

图 4-10　万相台—会员快—新建推广计划

1. 拉新设置

选择计划类型，有以下两种方式可选择，其设置页面如图 4-11 所示。

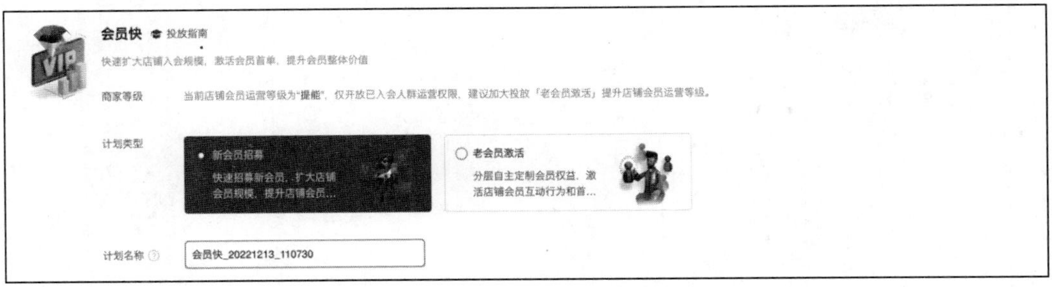

图 4-11　万相台—会员快—计划类型设置

- 新会员招募：对店铺会员运营等级为“优质”的商家和潜力商家开放，并自动屏蔽店铺已有会员。
- 老会员激活：默认推荐“店铺会员&高价值拓展人群”，侧重于投放店铺会员，但仍有可能会投放到店铺非会员。如果要申请开放“仅店铺会员”人群投放权限，则需要满足特定的门槛。

2. 人群设置

人群设置的页面如图 4-12 所示。

①目标会员。

- 新会员招募：默认投放非店铺会员，无须额外设置。
- 老会员激活：此处可以设置侧重人群，支持行业人群、DMP 自定义人群的选择。在投放过程中，系统也会尽可能从侧重人群中找到高效率人群进行触达。

②会员权益：商家在客户运营平台配置的新会员权益会自动展现在此处。会员权益的匹配会在很大程度上提升推广的效果，在投放中，会实时匹配客户运营平台上配置的最新会员专享券。

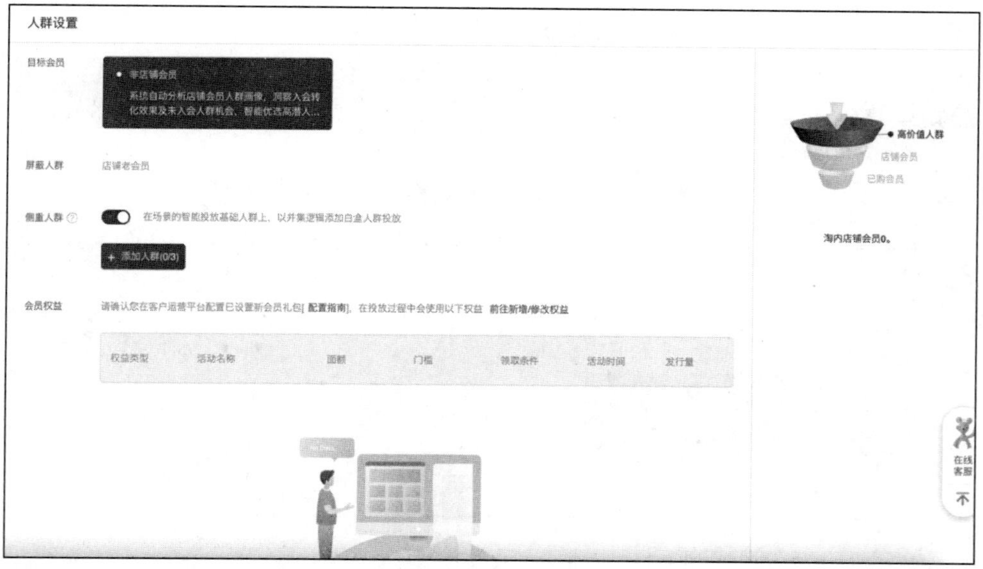

图 4-12　万相台—会员快—人群设置

3. 投放主体和落地页设置

设置页面如图 4-13 所示。

①选择主体：可以自定义添加商品，一个计划最多支持投放 10 件商品。

②落地页：新会员招募场景下会自动生成专属的淘积木落地页，同时支持商家自主编辑。如果商家没有进行特殊编辑，则万相台会展现默认页面（会员卡片+投放商品+连带推荐商品），即右侧展现样式。

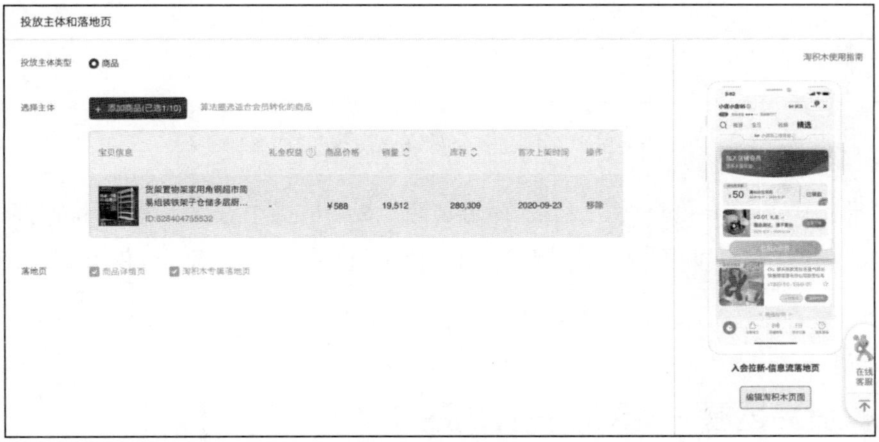

图 4-13　万相台—会员快—投放主体和落地页设置

4. 预算和排期设置

设置页面如图 4-14 所示。

①推广方式：有持续推广和套餐包两种方式。鉴于套餐包的可修改性差，一般建议商家使用持续推广。

②日预算：每日预算最低为 100 元。

③优化目标：新会员招募默认目标为入会量；老会员激活对应目标为促进点击、促进收藏加购、促进成交。

④投放模式：最大化拿量，在预算范围内拿到最多的目标数；控成本投放，系统控制平均成本尽量小于设置的预期价格。

⑤投放时间、地域设置：此处的设置与拉新快相同。

图 4-14 万相台—会员快—预算和排期设置

在会员快场景下，创意设置及预览资源位两个板块的操作与拉新快相同。创意设置可以自定义上传，也可以根据主副图系统自动生成。注意，预览资源位仅供查看，商家无法操作。

4.2.3 货品运营—测款快—计划建立

测款快是万相台针对商家货品运营需求打造的营销诉求之一，目的是帮助商家快速识别市场潜力相对较好的新款商品，降低商家“上新”的风险。

在万相台首页下方找到“货品运营”区域，单击“测款快”模块的“+新建推广计划”按钮，如图 4-15 所示，即可进行以下设置。

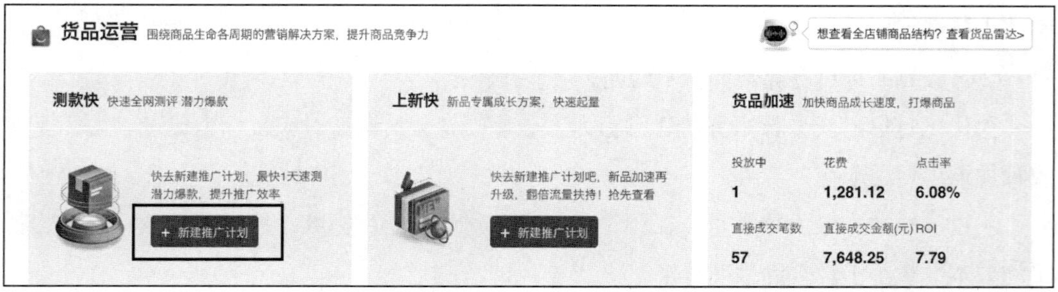

图 4-15 万相台—测款快—新建推广计划

1. 投放主体和落地页设置

设置页面如图 4-16 所示。

①选择投放主体：商品，单计划推广最少 2 件商品，最多 10 件商品。

②落地页：默认商品详情页。

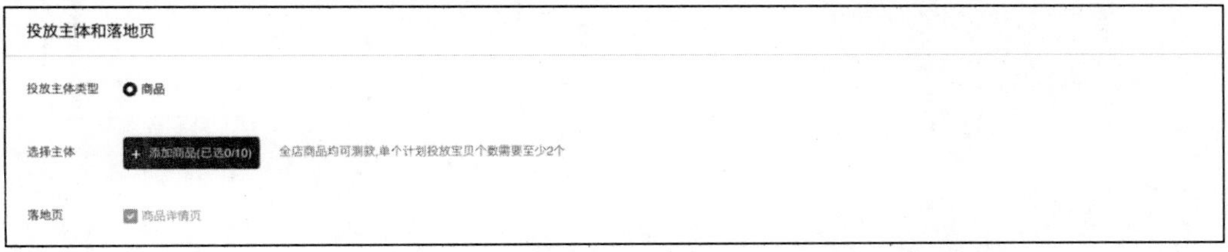

图 4-16　万相台—测款快—投放主体和落地页设置

2. 预算和排期设置

设置页面如图 4-17 所示。

①测款方向。

- 宝贝拿量：也就是商品吸引点击、引入访客的能力。
- 宝贝收藏加购：也就是商品吸引收藏与加购的概率。
- 宝贝成交转化：也就是商品成交转化的能力。

②推广方式：有持续推广和套餐包两种方式。推荐使用持续推广，因为它的操作更灵活。

③日预算：每个宝贝预算不能低于 50 元/日。

④投放模式：默认最大化拿量，优先保障拿量的速度，在投放时间内尽可能地快速获取更多的流量。对测款来说，数据要有一定量的基础上才可以置信，这一点很重要。

⑤投放时间、地域设置：此处设置同“拉新快”。

图 4-17　万相台—测款快—预算和排期设置

在测款快场景下，创意设置及预览资源位的操作与“消费者运营”的“拉新快”“会员快”两大场景相同。

4.2.4 货品运营—上新快—计划建立

上新快是为了满足商家的新品孵化需求，帮助商家识别具有潜力的明星单品，加速新品成长，根据新品的阶段智能分配渠道预算。

在万相台首页下方找到“货品运营”区域，单击“上新快”模块的“+新建推广计划”按钮，如图 4-18 所示，即可进行以下设置。

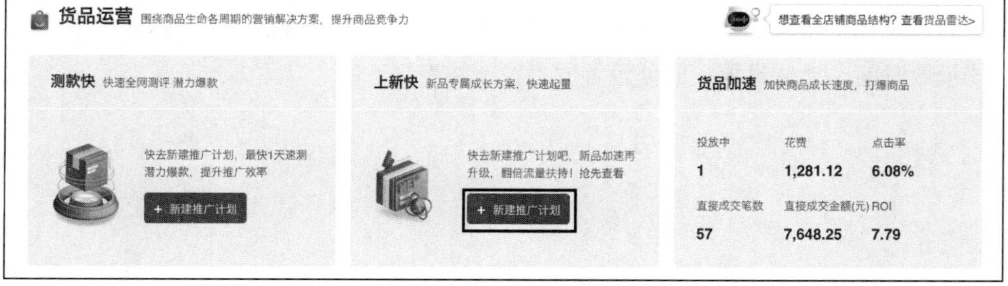

图 4-18　万相台—上新快—新建推广计划

1. 投放主体和落地页设置

设置页面如图 4-19 所示。

①选择主体：满足以下 4 条中任意一条的商品，即可在上新快中投放，每次最多投放 10 件商品。

- 满足天猫行业/淘宝行业规定的新品。
- 打标小黑盒新品标的商品。
- 首次上架 60 天以内且在架状态的商品。
- 针对设置定时上架的全部新品，位于上新快中“定时上架”板块里。

②落地页：默认商品详情页。

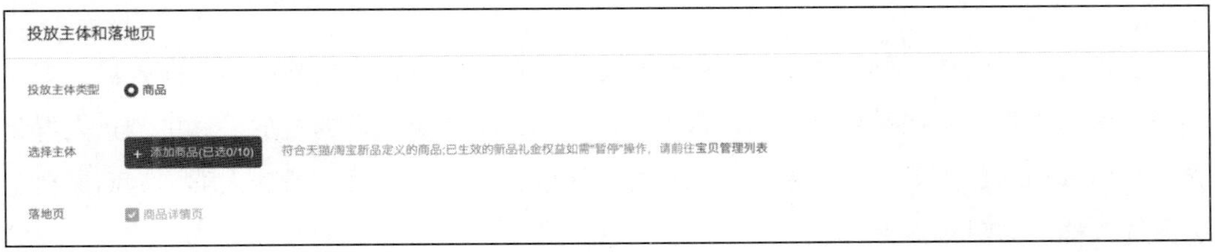

图 4-19　万相台—上新快—投放主体和落地页设置

2. 预算和排期设置

设置页面如图 4-20 所示。

①推广方式：有持续推广和套餐包两种方式。推荐使用持续推广，因为它的操作更灵活。

②日预算：每日不低于 100 元。

③优化目标：分为促进进店、促进收藏加购、促进成交。考虑到新品的成交转化率低，建议商家优先选择促进进店或者促进收藏加购。

④投放模式：如果选择套餐包推广，则默认最大化拿量，优先保障拿量的速度，在投放时间内尽可能快速获取更多的优化目标。在持续推广方式下，可以选择最大化拿量或者控成本投放，选择后者时系统会兼顾拿量和控制成本，并按照预期控制消耗的速度，但由于流量实时变化，实际成本可能超过预期。

⑤投放时间、地域设置：此处设置可以重点以高转化地域为主。

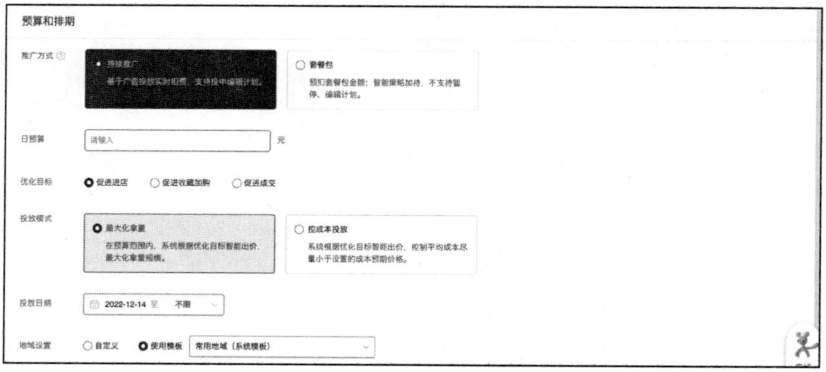

图 4-20　万相台—上新快—预算和排期设置

3. 人群设置

当没有添加侧重人群的时候，系统重点触达品牌潜客及同类目新品高意向人群。如果添加了侧重人群，则在系统重点触达人群的基础上加上侧重人群的投放。其中侧重人群包含平台精选和新建人群，平台精选可以选择“上新快”专属人群；新建人群则为商家自定义圈选人群，如图 4-21 所示。

图 4-21　万相台—上新快—人群设置

在上新快场景下，创意设置及预览资源位两部分的操作也与“拉新快”“会员快”等场景相同。

4.2.5 货品运营—货品加速

货品加速是帮助商家获取全域流量，实现商品类目排名快速提升的工具。它能帮助商家提升货品竞争力，促进营销转化的场景需求，帮助商家解锁独特的流量资源，实现流量飙升，高效成交。页面设置如图 4-22 所示。

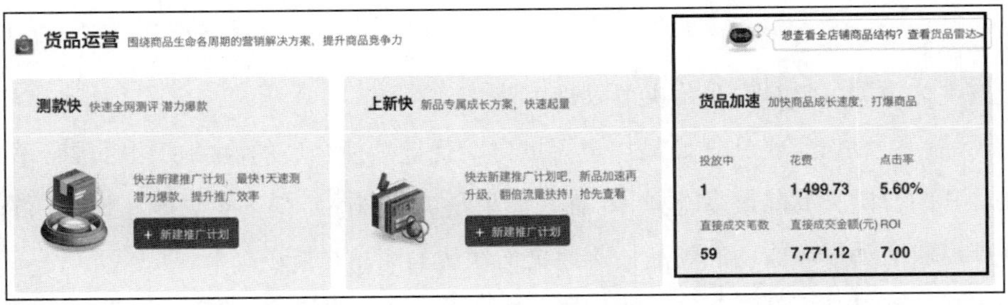

图 4-22　万相台—货品加速投放数据

货品加速的整体投放操作与之前的场景相近，但它拥有如下一些专属资源：

- 特色货品标签。
- 信息流推荐标签。
- 手淘搜索栏销量类目下的第 1~11 个推荐位。

货品加速的商品可由商家自主选择，也可以由系统智能选择全店爆品推广（此选项需要全店爆品超过 3 个才可以选择）。

4.2.6 活动场景—活动加速—计划建立

活动加速是针对大促活动、平台活动、自定义活动的，目的是满足商家在活动营销中的全周期优化，加速活动卡位，赶超竞争对手。

在万相台首页下方找到“活动场景”区域，单击“活动加速”模块的“+新建推广计划”按钮，如图 4-23 所示，即可进行以下设置。

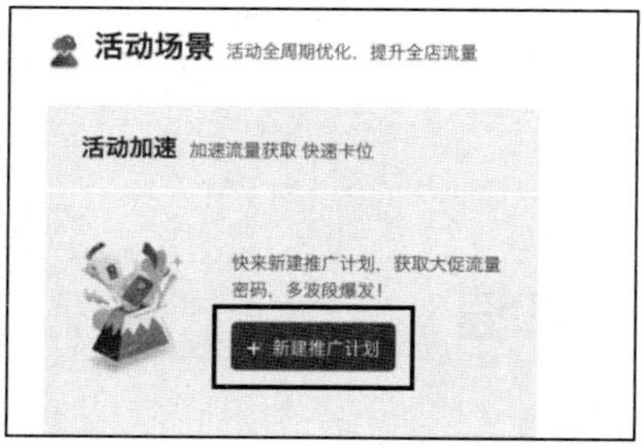

图 4-23　万相台—活动加速—新建推广计划

1. 投放主体和落地页设置

设置页面如图 4-24 所示。

投放主体类型可以是商品，也可以是店铺。

①商品：可以自定义选择商品，也可以自动优选汰换全店的商品，同时屏蔽不想推广的商品。其中自定义商品最多选择 10 件，如果是屏蔽商品，最多也只能选择 10 件。商家可以重点投放活动报名成功的商品。落地页均默认为商品详情页。

②店铺：可以推广有活动氛围的店铺无线首页，也可以自定义活动集合页面推广。

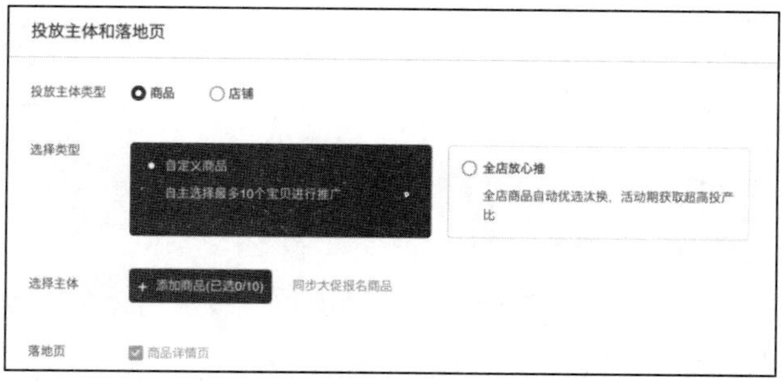

图 4-24　万相台—活动加速—投放主体和落地页设置

2. 预算和排期设置

①推广方式：自定义商品可以选择“持续推广”和“套餐包”。“持续推广”方式使预算更加灵活，也可以随时编辑计划，如图 4-25 所示。选择“套餐包”方式则无法对商品进行编辑，因此更适合有固定预算和节奏的商品推广。注意，全店“放心推”类型下没有套餐包模式。

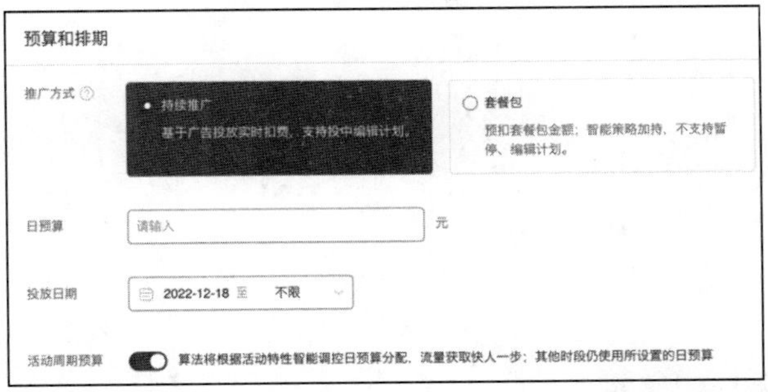

图 4-25　万相台—活动加速—预算和排期设置

②日预算与周期预算：当商家设置完成日预算后，系统会根据活动周期、预算设置和往年活动期流量历史数据自动计算活动期间预算的总额，以及预估预算分配曲线，如图 4-26 所示。实际投放时会动态调整，可能和预估数据有偏差。当然，商家也可以自定义设置活动期内每个阶段的预算，每个阶段内的分日预算由算法动态分配。

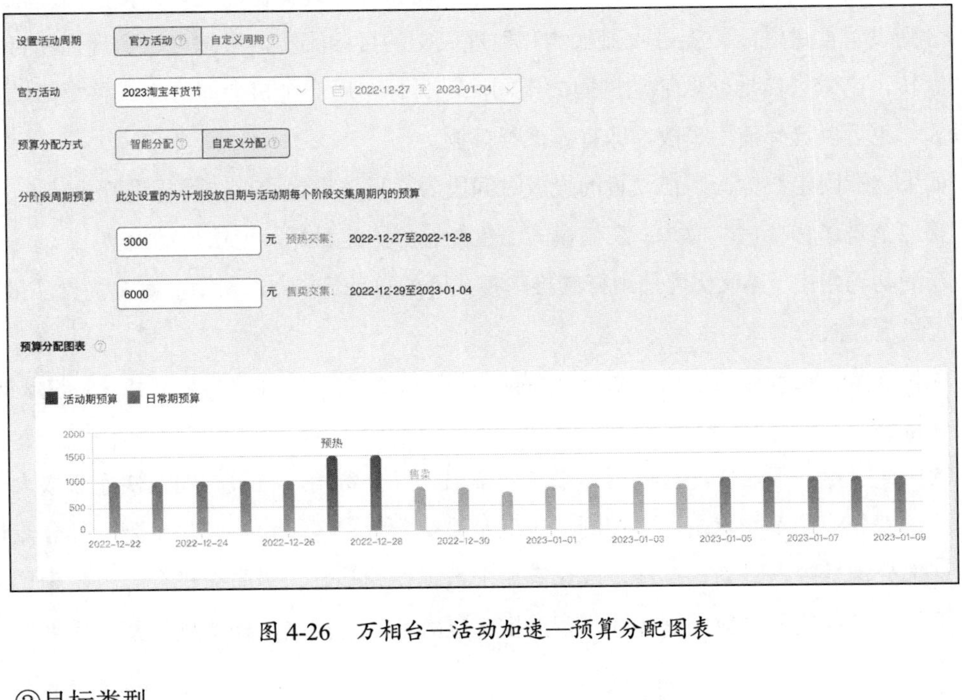

图 4-26　万相台—活动加速—预算分配图表

③目标类型。

设置页面如图 4-27 所示。

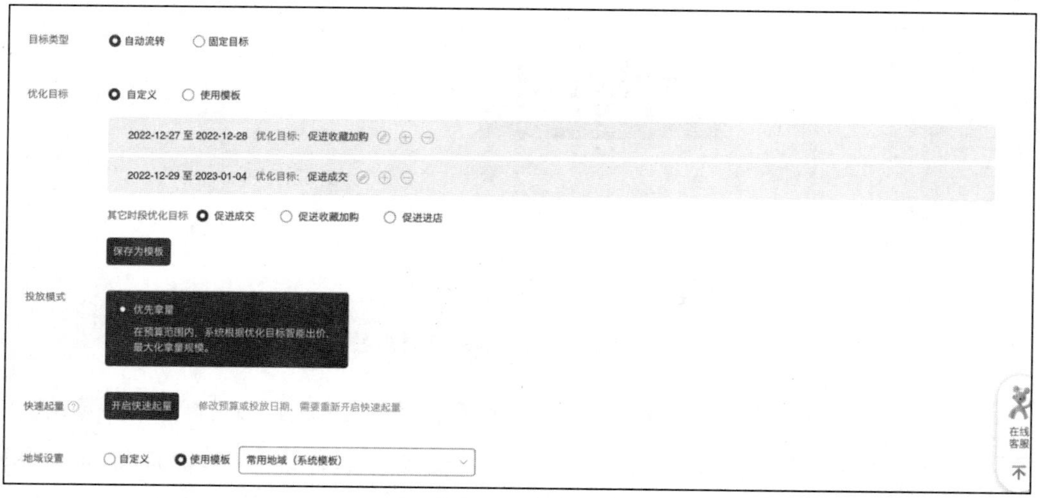

图 4-27 目标类型设置

第一个是“持续推广”模式：在该模式下，商家可以设置自动流转，按照活动推广节奏，分别设置促进进店、促进收藏加购和促进成交的目标流转，系统可以实现优化目标的自动流转，高效智能地获取活动期间的不同流量目标，用一个机会即可完成整个活动周期的投放。也可以选择使用模板，即官方推荐模板。

如果选择固定目标，则在设置的投放时间段内，只按设置的单一目标进行投放。

第二个是“套餐包”模式：在该模式下仅能选择固定目标，无法自动流转。

在活动场景中，建议优先使用持续推广模式下的自动流转，以帮助商家提高推广效率。

④投放模式。

优先拿量：在预算范围内，系统会智能出价，拿到最多的优化目标（点击 /收藏加购/成交）量。

⑤快速起量：开启快速起量后，系统会拿出一部分费用，在短时间内快速获取大量的数据，这部分流量不受点击成本控制，也就是系统不管出多少价格，先拿到一部分流量，通过这部分流量中的曝光、点击、成交等相关数据作为基础，由系统进行分析，为后期推广打下基础，也就是之前提到过的，智能推广以大数据为前提，样本越丰富，后期推广效果越好。

⑥地域设置：在资金有限的前提下，可以适当选择成交概率高、订单量多的地域。如果商品全国热卖，则可以全选地域投放。

3. 人群设置

侧重人群：通过人群设置，商家可以进行特定人群的投放意向的表达，可自行选择“平台精选”、“新建人群”和“已保存人群”。但是每条计划一次最多只能添加 3 个，如图 4-28 所示。

图 4-28　万相台—活动加速—侧重人群添加

4. 创意设置和预览资源位

如果投放主体为商品，则创意设置的操作同“拉新快”“会员快”等场景。

如果投放主体为店铺，则需要商家先上传自定义创意，再进行投放。

4.2.7 内容营销—超级直播

超级直播是万相台内一站式服务淘宝主播和商家的直播营销工具，它可以辅助主播在直播过程中快速提升观看量、增加互动，进而促进转化，实现高效引流的目的。

超级直播主要有两大优势：第一，它打通了全域直播可以推广的流量，包含消费者直播心智最强场景及淘系核心资源位，使商业化推广与自然流量分发协同，促进直播间的推广效果最大化。第二，满足用户开播前、开播中和开播后的全时段种草引流，帮助品牌实现店播（店铺直播的简称）的全场景渗透。

1. 展现位置

超级直播的展现位置除了有万相台的猜你喜欢、首页焦点图、搜索结果页的通用展现位置，还独有强直播心智的资源，如图 4-29 所示，包括：

- 直播间上下切（观看直播过程中上下滑动切换）。
- 淘宝直播—直播广场（直播广场的推广坑位为右侧第一坑）。
- 点淘资源矩阵（包括上下切、开屏、直播广场、任务等）。

图 4-29　超级直播的展现位置

2. 扣费规则

系统会根据商家的投放计划来匹配与营销目标相符合的人群，当流量通过超级直播的渠道进入直播间后，系统会对在直播间停留 3～5s 以上的人群进行计费。同时，超级直播遵循末次渠道归因原则，即转化周期内超级直播广告作为最后一个触点被买家点击后，才会算作超级直播的触达和扣费。

3. 推广入口

1）无线端的入口

①淘宝主播 App：进入正在直播的直播间，在其下方单击“更多”，选择“直播推广”即可。

②千牛超级直播小程序。

2）PC 端的入口

①淘宝直播中控台：单击“直播”→“直播推广”→“超级直播”，如图 4-30 所示。另外，也可以单击“直播”→“直播管理”→“直播间（直播中）”→“直播推广”。

图 4-30　从淘宝直播 PC 中控台进入超级直播

②万相台：单击“推广”→“内容营销”→“超级直播”，如图 4-31 所示。

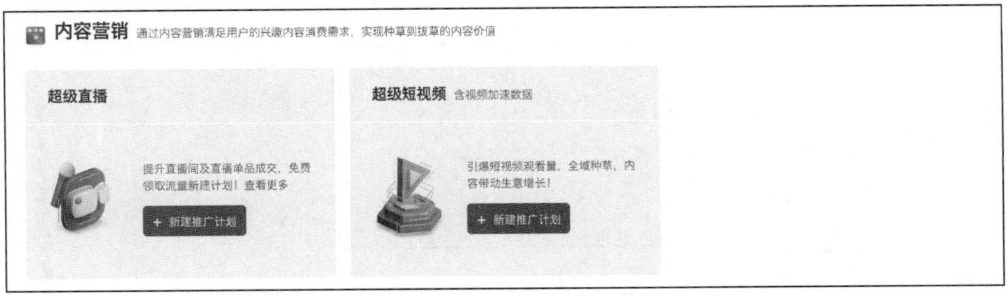

图 4-31　超级直播—新建推广计划

4. 投放主体

投放主体可以是直播间，为直播间的观看人数引流，提升成交；也可以是直播的讲解片段，这样不开播的时候也可以持续以直播形式为商品引流，吸引喜欢直播的买家购买商品，如图 4-32 所示。

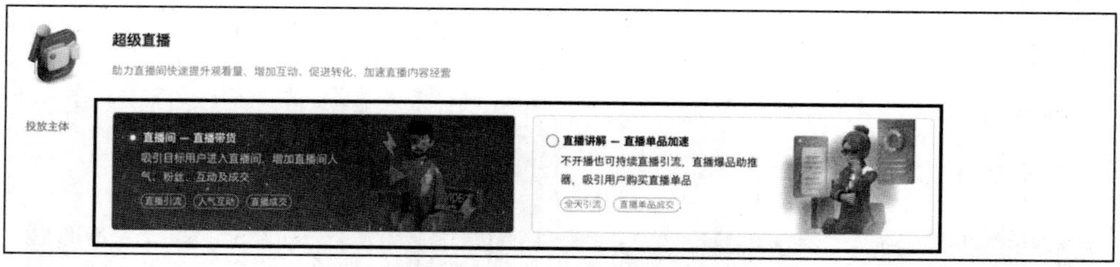

图 4-32　超级直播—投放主体设置

5. 版本

设置页面如图 4-33 所示。

①管家版：管家版以算法智能匹配获取流量，操作简单、易上手，有助于商家提升效率。管家版分为人气版和效果版，适合新手商家使用，其中人气版主要在于最大化地提升场观，效果版的人群更精准，综合优化停留时长、“转粉率”和 ROI。

②专业版：专业版支持多维度的商家自定义设置，包括不同人群的差异化出价、实时调价等，为商家提供精细化运营抓手，适合成长及成熟期的商家。

尊享模式：尊享模式是专业版下的一种投放模式，即以固定的价格购买一个确定的曝光量，不同时期的价格档位都会有差异，适合有明确流量需求的商家，其中主播冲榜包更加侧重效果，而品牌闪耀包更加侧重场观。

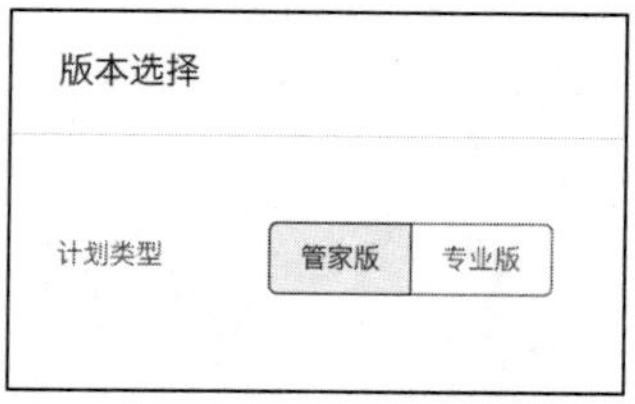

图 4-33　超级直播—版本选择

6. 管家版新建操作

当选择“计划类型”为“管家版”时，商家只需要完成简单的设置，即可开始推广。设置页面如图 4-34 所示。

（1）投放模式

长期投放：有利于算法根据历史投放数据进行优化，能够获得更好的投放效果。选择该项后，在开播后就会进行自动投放，降低了重复操作的成本。

单次投放：适合单场流量的增补，尤其在大促活动前夕，较好的商品机制能有效地承接住流量，此时可以用单次投放做流量的快速补充。

（2）订单类型

订单类型是指告诉系统要什么样的流量，优化方向是什么。它分为人气版和效果版。

人气版：引流成本低，主要目标在于扩大场观。

效果版：精准匹配人群，智能综合优化直播间观看、停留、“增粉”及成交量。

①预计每日直播间观看量：可以根据系统预估数据对预算进行调整。

②预算：如果是长期投放，这里设置的是每日预算；如果是单次投放，这里设置的是单次订单预算。

③投放时段：要限制时段，设置具体的投放时间，而非全天投放。建议投放时间覆盖直播的全部时段。

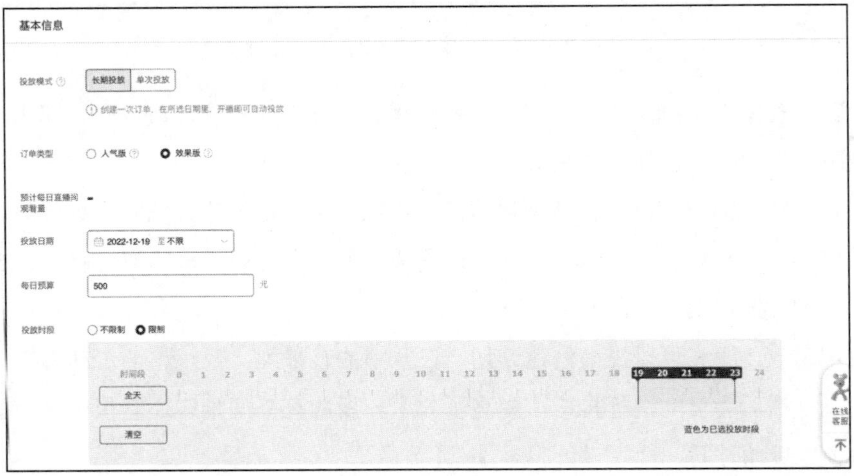

图 4-34　超级直播—管家版—计划新建设置

（3）人群设置

建议使用智能推荐人群，由系统匹配优选人群。其设置页面如图 4-35 所示。

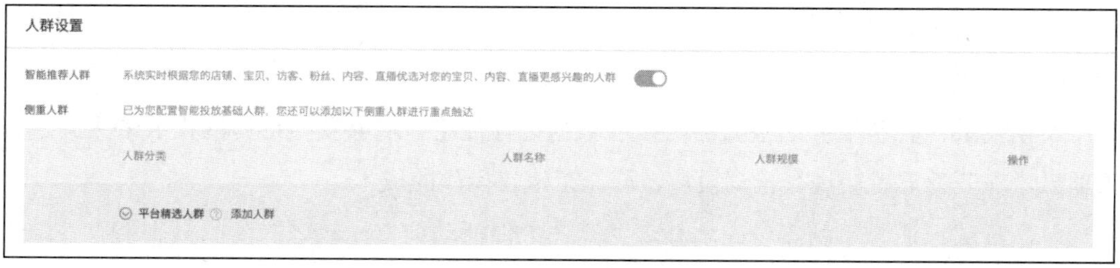

图 4-35　超级直播—管家版—人群设置

7. 专业版新建操作

设置页面如图 4-36 所示。

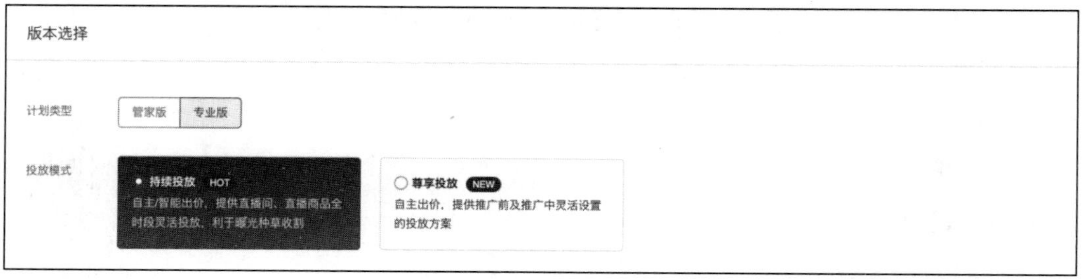

图 4-36　超级直播—专业版—计划新建

当“计划类型”选择“专业版”，“投放模式”选择“持续投放”时，即为自定义模式的专业版。专业版的优势主要在于精细和高效。

首先是精细。商家可以设置精细化的营销目标，主要是细化管家版中的效果，需要明确效果的内容，是粉丝关注量、评论量，还是成交量等。还有人群设置的精细，此处包括智能推荐人群、推荐人群和自定义人群 3 类。

其次是高效。商家可以提前创建计划，在开播的直播间，系统将会自动调取与直播相关的信息，开播后会自动进行推广，提高了效率。新的直播间推广还会保留之前的投放数据，减少了冷启动时间。

1）基本信息设置

设置页面如图 4-37 所示。

图 4-37　超级直播—专业版—基本信息设置

①投放日期：设置投放日期后，直播间在此期间开播后，系统就会自动进行投放。

②投放时段：建议选择“限制”选项，即设置日常开播的时段。

③每日预算：建议日预算 300 元起，这样会有更好的拿量效果。

④优化目标：根据商家自身需求，设置增加观看次数、增加商品点击量、增加粉丝关注量、增加评论量、增加成交量等。

如果商品或者品牌有明显优势，也就是直播间的转化率较高，则可以选择增加观看次数的目标，毕竟增加观看次数的流量价格低、性价比高。直播间的人多了后，链路“加粉”、成交也自然会随之增加。

如果直播间没有明显优势，则建议还是以效果类目标为主。其实就是拿更高的价格去获取更优质的流量，尤其是增加成交量，ROI 最优，场观成本也是最高的。另外，直播间没有人气也是不够的，所以建议效果类目标和增加场观次数目标组合使用。

⑥投放方式：建议新手商家优先选择使用最大化拿量，由系统智能出价，以积累投放数据。若商家已经积累了一些投放数据及经验，则可以选择控成本投放，设置获取目标量的出价。

⑦投放速度：分均匀投放和尽快投放。一般建议选择均匀投放，让推广在投放时间段内保持持续在线投放，持续引流。

⑧更多设置：即地域投放设置，同前期介绍的计划。

2）人群设置

可添加人群分为 3 大块，分别是智能人群、推荐人群和自定义人群。

①智能人群：基于商家的店铺、商品、访客、内容、粉丝等实时计算的转化效率最高的用户，算法人群颗粒度细，数据更丰富，一般建议商家使用智能人群。

②推荐人群：这部分都是直播心智较强的人群，如图 4-38 所示。

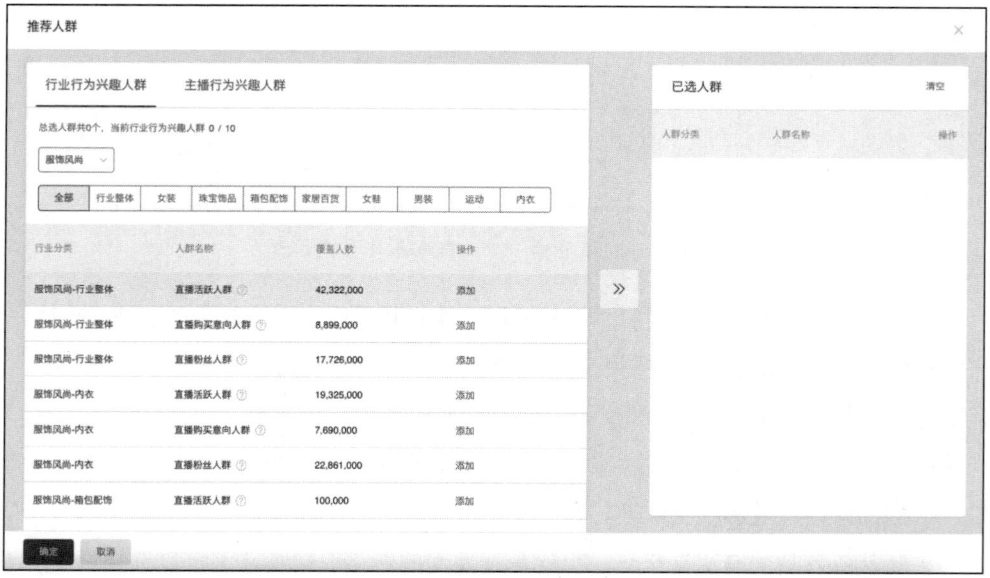

图 4-38　超级直播—专业版—推荐人群添加

行业行为兴趣人群：是基于各个类目直播间推荐的直播活跃人群、高购买意向人群及指定行业的直播间粉丝人群。

主播行为兴趣人群：即主播自己直播间的高兴趣、易转化人群或者相似直播间的活跃人群。

③自定义人群：即达摩盘人群，包括精选人群和自定义人群。具体的人群数量及精准度都取决于圈选的规则。

自定义人群匹配“目标人群扩展”功能，商家可以根据圈选的人群标签，实时计算并拓展具有相同特征的、对推广内容感兴趣的、超级直播渠道可触达的人群，也可根据人群规模来决定是否需要开启扩展目标人群。同时系统会给出推荐和自定义人群可触达的人群规模总和预计。如果未开启智能推荐人群，则需要保证人群覆盖不少于 100 万人，否则可能无法创建计划。

设置页面如图 4-39 所示。

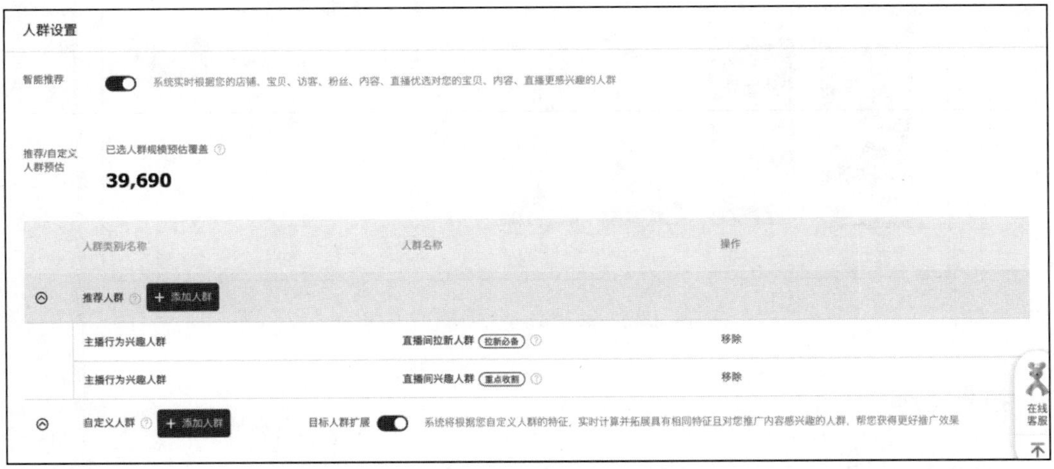

图 4-39　超级直播—专业版—人群设置

3）创意设置及预览资源位

创意可以由系统根据直播间的信息自动生成，也可以由商家自定义上传图片或短视频。

4.2.8　内容营销—超级短视频

超级短视频是万相台内专门为商家提供淘宝短视频推广的一款工具，它覆盖手淘微详情、全屏短视频上下划、猜你喜欢、搜索、点淘等全渠道及优质消费者，帮助商家提供短视频运营抓手，通过视频匹配精准买家，为商品引流并引导成交。

目前短视频是一种深受各类人群接受和喜爱的内容形式，通过短视频可以高效地展示商品的优势，也更容易与买家建立信任，促进商品成交，并且在整个淘系中，短视频的流量也在逐步增长，未来很可能是商品不可或缺的一种展示形式。

1. 展现位置

超级短视频的展现位置除了包含万相台的所有展现位置，还包括沉浸式短视频全场景的展现位置，如图 4-40 所示，包括：猜你喜欢微详情、全屏流短视频、点淘短视频和站外短视频。

图 4-40　超级短视频—展现位置

2. 扣费规则

在促长效转化目标和促深度互动的目标下，按点击扣费，这个点击包含消费者点击进店、进直播间、“转评赞”、关注，也包含消费者加购、收藏、成交等与购物相关的行为。这有助于满足商家通过短视频进行“吸粉”、视频“种草”和“种草”转化的诉求。

在促有效观看的目标下，按视频 3s 以上播放算一次有效播放进行计费，即 CPM 扣费方式（按千次有效播放支付费用）。例如：出价 20 元，即一千次有效播放需要付费 20 元，则一次有效播放付费 0.02 元。有效播放是指观看的视频时长超过 3s，这有助于满足商家提升新客及有效观看量的需求。

3. 推广入口

在万相台首页下方找到“内容营销”板块，并单击“超级短视频”下的“+新建推广计划”按钮，如图 4-41 所示。

图 4-41　超级短视频—新建推广计划

4. 新建计划

1）预算和排期

①推广方式：默认为持续推广。

②日预算：设置每日花费上限，预算最低为 300 元/日。

③优化目标：超级短视频分为促有效观看、促深度互动和促长效转化 3 个营销目标，分别满足通过视频拉新、引流和转化的 3 个需求。

- 促有效观看：按照 3s 及以上的视频观看进行扣费，如果希望提升品牌的知名度，进行新品大规模“宣发”，或者做新类型商品的市场教育，则通过短视频持续“种草”的商家可以选择促有效观看的推广目标，主要是可以满足大流量及爆发性或者持续性的流量需求。
- 促深度互动：按照点击进行扣费，如果商品承接转化能力较好，则可以选择深度互动的推广目标，适合给店铺带来进店及进入直播的流量，为直播间引流。为提高视频“转评赞”的可以选择深度互动的推广目标。
- 促长效转化：按照点击进行扣费，如果商家希望通过视频进行加购、成交，则可以选择促长效转化的推广目标。此目标也是目前适合最多商家的目标，通过短视频直接引导“种草”及“收割”。

④出价方式：分智能出价和手动出价。其中，手动出价能促有效观看，是按千次展现出价（CPM）的；促深度互动、促长效转化是按单次点击出价（CPC）的。需要注意两种出价的区别。选择手动出价时可以按系统建议的出价进行设置。

⑤投放日期：不建议设置太短的投放日期，因为系统的优化和推广效果都是需要积累一段时间才能看出来的。

设置页面如图 4-42 所示。

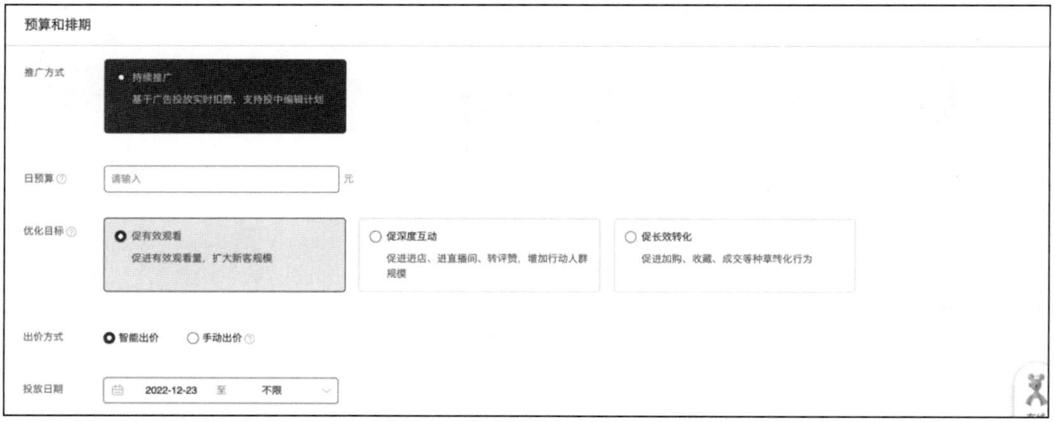

图 4-42　超级短视频—预算和排期设置

2）投放主体

当短视频绑定商品进行投放时，建议商家尽可能多地上传创意视频，视频的创意越多，越容易测试出较优秀的视频。

平台支持以下几种短视频的获取形式。

- 已通过光合平台审核的视频可以直接在超级短视频后台选择使用。
- 本地上传视频：商家可以直接在超级短视频后台上传，或者可以选择在其他广告工具中已经上传的沉淀到素材库的视频，并且提供基本剪辑功能，帮助商家快速生成可推广的素材。需要注意的是，本地上传的视频只能在推广平台使用，不会同步到光合平台，也就是无法在短视频公域流量内获得展现。若想要获得公域流量，必须在光合平台上传视频，建议商家优先把视频上传到光合平台。
- 添加直播切片：商家可以直接选择店铺历史直播内容进行内容剪切、尺寸修改和画面裁剪，以快速生成直播切片短视频进行投放。

设置页面如图 4-43 所示。

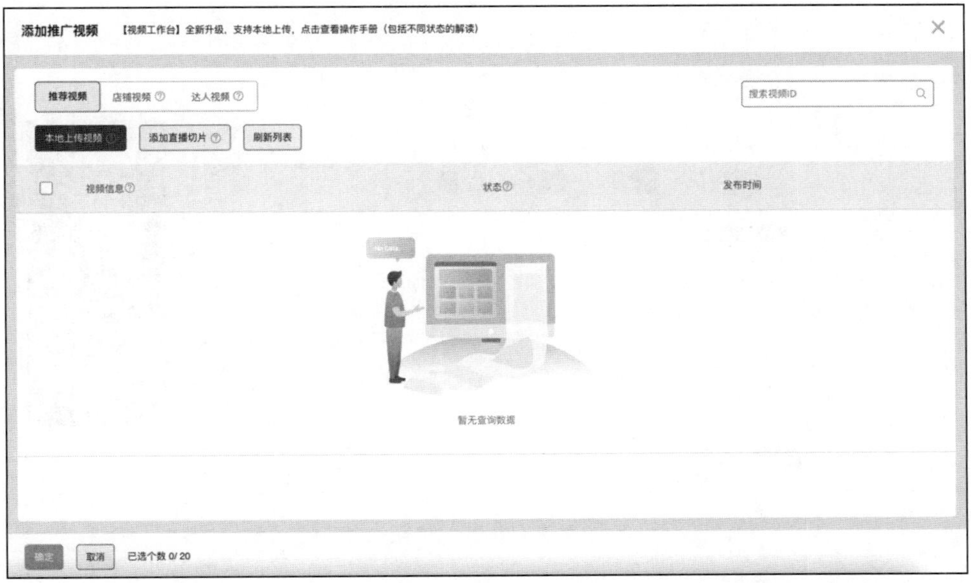

图 4-43　超级短视频—添加推广视频设置

3）人群设置

超级短视频的人群主要分为 3 类：智能人群、推荐人群和自定义人群。

- 智能人群：系统根据商家的品牌、短视频宝贝、短视频内容、访客粉丝等优选出对店铺短视频感兴趣的人群进行投放。为保证拿量能力及投放效果，该人群默认勾选。
- 推荐人群：系统将根据商家视频、店铺及宝贝等特征，实时计算并拓展具有相同特征且对推广内容感兴趣的人群。包含类目短视频兴趣人群、行业短视频兴趣人群、全店短视频兴趣人群。
- 自定义人群：包含平台精选人群及达摩盘已经保存的人群。建议人群规模大于 1000 万人。若人群规模过小，则可能无法得到展现。

4）视频组件设置

每个视频可以匹配一个视频组件，并结合优化目标进行设置。视频在投放过程中也可以修改其组件，如图 4-44 所示。

图 4-44　超级短视频—视频组件设置

4.3　数据报表和推广优化

4.3.1　结案报告

在任何推广工具中，数据报表都是不可或缺的一部分，商家需要通过数据了解推广情况，从而优化策略。下面从 10 个方面介绍万象台报表。

1. 账户总览

账户总览用于展示账户在选择的时间段范围内的总体数据（时段均可自己选择），包含商品推广前链路到后链路的核心数据。其中，分消费者运营、货品运营、活动运营和内容运营 4 大块展示子模块下的消耗及与点击相关的数据，让商家快速明确各个板块的推广状况，也便于查找问题来源。

万相台的效果归因逻辑如下。

末次触点归因：即在转化周期内，只有万相台作为最后一个触点被买家点击的后续行为，才会被记入万相台的推广效果数据中。末次触点归因逻辑与阿里妈妈其他推广商品和生意参谋保持一致，但与阿里妈妈其他推广商品的推广效果互斥。

全渠道归因：即在转化周期内和阿里妈妈的所有渠道一同归因，效果统计不互斥。

2. 批量报表下载

批量报表提供账户整体、分目标、分场景、分计划、分创意、分主题、分计划&主体的细化数据报表下载。其中暂不包含拉新快—超新计划、直播、短视频场景数据。

3. 拉新快结案报告

它展示“拉新快”板块下投放的相关数据，其中会专门展现“拉新快”中新客获取的相关数据，包含曝光新客数、广告引导新客成交人数及拉新成本。同时对拉新快投放人群进行分析，总曝光新客划分为未购新客及已购新客，商家可以关注“拉新”的效率，也可以查看不同人群感兴趣的商品，以便对投放策略进行调整。

4. 会员快结案报告

它展示“会员快”板块下投放的相关数据，其中会专门展现“会员快”中会员“拉新”及激活的相关数据。不过对于该部分数据，建议商家可以查看推广→消费者运营→会员快顶部数据区域，此处把老会员激活和新会员招募两个目标下对应的数据区分得十分清楚。老会员激活要重点关注会员首购率和复购率指标，同时参考同行标杆的数据。新会员招募主要关注入会率和未入会成交率两个核心指标，同时对比同行标杆的数据。

另外，该结案报告中还提供对会员快广告曝光人群进行最长 4 个月的追踪，即关注此部分曝光人群在 4 个月内的入会人数、成交人数等相关数据。

5. 测款快结案报告

它展示“测款快”板块下投放的相关数据，其中会展现整体的成交意向及成交转化的相关数据，在测款目标下，这些核心指标还是要关注每个款式自身，重点可以关注第二个分主体推广详情，通过数据和其他推广商品对比，选出更受市场欢迎的款式。

商品潜力分析：提供商品上架 30 天的表现，对比同期新品、店铺爆品，分析测款商品的发展潜力。

测款宝贝表现：数据从商品第一次添加“测款快”推广开始，提供各项指标在商品所属的子类目中的排名，只有当访客数大于 30 人时，支付转化率才会有排名数据。

6. 上新快结案报告

该报告展示“上新快”板块下投放的相关数据，会展现计划下商品成交的相关核心数据。报告的下方会展示上新快投放商品的相关数据的成长曲线，让商家对投放广告后商品的整体表现数据有感知，同时也可以发现系统对于不同周期的商品投放策略的差异化。该成长曲线会标注出 3 个重要的节点：破 10 单、已“打爆”和最近一次订单。系统通过这三个重要的节点来区分投放策略。该结案报告中的投放周期定义及相关算法投放策略如表 4-1 所示。

表 4-1　上新快结案报告中投放周期定义及算法策略

周　期	定　义	算法策略
冷启动期	首次上架以来累计商品笔数≤10 笔	新品处于冷启动期，系统投放范围由窄到宽，助力商品破 10 单
成长期	首次上架以来累计商品成交笔数>10 且首次上架以来累计商品成交笔数< 商品所在二级类目近 30 天商品成交笔数 Top 5%分位	新品处于成长期，系统将侧重优化广告点击率，加速商品自然流量的增长
“潜爆”期	首次上架以来累计商品成交笔数≥商品所在二级类目近 30 天商品成交笔数 Top 5%分位且最近一次成交在 30 天内	新品处于“潜爆”期，系统根据商品历史购买人群和店铺人群结构，侧重投放高意向商品成交的人群
衰退期	首次上架以来累计商品成交笔数≥商品所在二级类目近 30 天商品成交笔数 Top 5%分位且最近一次成交在 30 天外	新品处于衰退期，最近一次成交发生在 30 天外，建议进行商品重定位

7. 货品加速结案报告

该报告展示“货品加速”板块下投放的相关数据，会展现商品成交相关的核心数据。报告的下方包含商品连带分析，也就是买家点击推广的商品后，又进入店铺浏览了其他商品详情页，这称之为连带商品。通过该报告，商家可以发现适合做关联营销的商品，或者作为“潜爆”商品的培养目标。

8. 活动加速结案报告

该报告展示“活动场景”区域下“活动加速”模块推广效果的汇总，即展现商品预售及成交相关的数据。

该报告中会展示活动期间对于人群投放的流转分析，通过活动投放期间触达的人群进店、收藏和加购、预售成交等人群流转，找到薄弱环节或优势环节，为本次活动分析或者下次活动策略优化提供数据支持。

如果是官方大促活动，只需要在该报告中选择需要查看的活动名称，即可自动跳转对应的结案报告。

9. 超级直播及超级短视频结案报告

超级直播及超级短视频结案报告提供相应的核心数据用于汇总。直播板块包含观看成本、互动率、停留时长、“加粉”成本、进店率等数据，短视频板块包含即时互动及引导进店、引导加购等数据。

10. 人群画像

除了超级直播及超级短视频的报告，其余所有板块的报告均含有人群画像模块。通过用户性别、年龄、居住城市、城市等级、月均消费金额、消费能力等级几个维度透视分析人群和对比人群之间的差异，商家可以做更细化的人群投放。但以目前智能化的能力，建议商家更多地尝试使用智能人群，因为算法 AI 筛选的人群颗粒度明显小于基础标签的颗粒度。由于仅从基础标签筛选人群的颗粒度较粗，所以，如果想手动圈选人群进行精细化运营，则可以使用达摩盘人群。建议分析及逻辑能力较强的商家使用它。

4.3.2 部分名词解释

①拉新成本=消耗/曝光新客数，表示商家引入一个新客户时需要付出的成本。

②活动前后全店 GMV 环比=（所选的活动周期内全店 GMV/活动开始前同期全店 GMV−1）×100%，帮助商家衡量活动期间对比平时的爆发表现。

③活动蓄水人群规模：指在所选转化周期内，广告引导进店买家数、转化周期内收藏

买家数、加购买家数去重求和。

④活动爆发人群规模：在所选转化周期内预售成交买家数、成交买家数去重求和。

⑤观看成本=花费/观看次数，表示直播获客成本。

4.3.3 推广优化因子

在智能推广中很多设置都是交由智能AI完成的，人为可以调整和优化的内容不多。其实，在智能推广中也不建议个体商家进行过多的手动干预。系统有一套自定义分析调整的标准，人为干涉也可能会影响系统本身的模型运转。那么，在智能推广中，可以调整的是哪些因子呢？

1. 商品

商家首先需要确认商品具有承接流量的能力，也就是推广的商品需要先经过测试，再进行推广。具有承接流量的能力需要通过数据进行证明，而非人的主观感受。这个测款可以在直通车测试完成以后在万相台进行扩流推广，也可以在万相台测款快进行测试。总之，只有商品具有优势，才有可能“打爆”，如果商品没有承接流量的能力，那么推广如何优化都没有意义。

2. 目标成本

目标成本就是出价。在智能推广中，商家主要可以控制的是获取目标的成本，当商家对成本没有概念的时候，在前期可以先选择智能出价，当商家对成本获取有一定的目标时，再进行自定义设置，这样能较好地把控成本。推广的最终目标是在投入和产出之间找一个平衡点，商品是来保证产出的，而控成本出价可以有效地控制投入，从而达到平衡。

3. 数据

众所周知，智能化的前提就是拥有大数据，智能和大数据是密不可分的两者，系统智能做出的每一个精准判断与决策都需要通过数据进行分析筛选。因此，在智能化的推广中，商品给予系统的数据越丰富，后续推广做出的决策就会越精准。在推广前期，建议商家用更多的预算让系统先运行几天，当积累到足够的数据后，后续的推广效果也会更好。

本章习题

一、名词解释

（1）拉新成本

（2）活动蓄水人群规模

（3）观看成本

二、选择题

1．单选题

（1）以下哪个不是货品运营的投放场景？（　　）

A．测款快　　B．拉新快　　C．上新快　　D．货品加速

（2）万相台的测款快模块是一个混合型流量的模块，以下哪个说法错误？（　　）

A．测款快包含搜索渠道流量和推荐渠道流量

B．测款快的结果是综合性流量结果

C．使用直通车/引力魔方表现优秀的商品进行综合性流量测试

D．直通车/引力魔方表现都不好的商品可以用测款快进行测试

（3）以下关于万相台扣费逻辑的说法不正确的是？（　　）

A．万相台是算法自动出价的智能投放产品

B．万相台只根据当前的竞价激烈程度，进行实时竞价

C．万相台能够跨渠道智能动态分配预算，并实时优化

D．万相台根据选品、预算设置、优化目标、投放模式、创意设置等，进行实时竞价

（4）万相台通过 Excel 的数据透视表做数据复盘，以下哪些公式是正确的？（　　）

A．转化率=成交量/点击量　　B．ROI=转化率×客单价/平均点击单价

C．ROI=成交额/花费　　D．点击率=点击量/展现量

2．多选题

（1）万相台活动场景下活动加速的主要投放主体是什么？（　　）

A．淘积木页面　　B．店铺

C．单品　　D．短视频

（2）什么时间可以选择活动加速场景投放？（　　）

A．平台大促　　B．IP 活动

C．店铺活动　　D．新品上市

（3）万相台中消费者运营下拉新快对于自定义投放新客可以如何选择？（　　）

A．过滤近 365 天店铺购买人群　　B．过滤近 180 天店铺购买人群

C．过滤近 90 天店铺购买人群　　D．过滤近 15 天店铺购买人群

三、填空题

(1)万相台可以覆盖的广告流量来源包含________、________、________、________4 种类型。

（2）万相台主要解决商家生意经营的________、________、________3 个核心问题。

（3）在会员快—新会员招募场景中，主要关注________、________两个核心指标。

四、问答题

（1）万相台最大的优势是什么？

（2）超级直播的展现位置有哪些？

第 5 章

淘宝联盟

5.1 淘宝联盟概况

5.1.1 付费模式

1. 淘宝联盟及付费模式简介

淘宝联盟是阿里妈妈旗下一种按成交计费的推广工具。整个推广流程是商家在淘宝联盟后台建立推广计划，并设定商品推广的佣金，淘宝客获取个性化推广链接，并分发到其专有渠道帮助商家进行商品推广。此时买家通过该推广链接进入并完成交易后，商家按照之前设置的佣金支付给淘宝客相应的费用，如图 5-1 所示。淘宝客相当于每家店铺聘请的销售员，这些销售员会在店外揽客，并把店铺内的商品推销给顾客，顾客购买后，按销售额获取佣金。需要说明的是，淘宝客没有底薪，只拿提成。

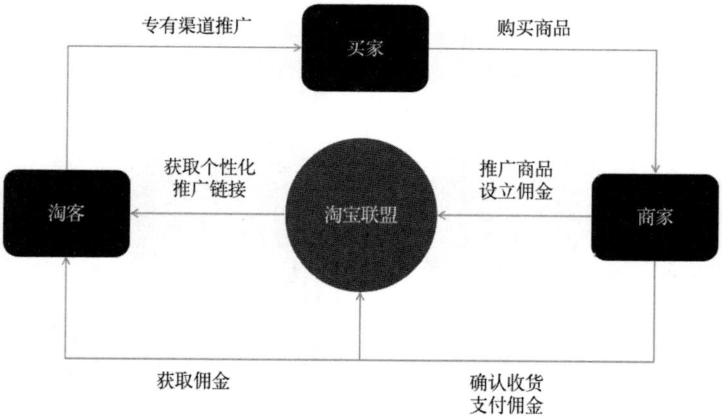

图 5-1　淘宝联盟中淘宝客、商家及买家之间的关系

因此，淘宝联盟的收费模式被称为按成交付费（CPS，Cost Per Sales，也即按销售额付费）。也就是商品完成成交后才需要支付一定的费用，其中展示、推广、点击浏览、收藏加购均不需要付费。对商家来说，淘宝联盟是众多推广工具中风险最小的，也是投入产出比最高的。

2. 展现位置

淘宝客推广展示商品的位置不固定，但主要都是淘宝网以外的地方。常见的推广渠道如下。

- 淘宝客自行搭建的网站或者 App。
- 聊天工具，如 QQ、微信。
- 各大社交平台，如微博、抖音、论坛。

5.1.2 付费规则

1. 佣金计算规则

1）成交计费

在线下，销售员推广所得的收入被称为提成；在线上，淘宝客推广获取的费用被称为佣金。佣金如何计算？

佣金=商品实际成交金额（不含运费）×商家设置的佣金比例

其中，只有确认收货的订单才会扣费，退货退款等维权订单不会被扣费。

2）类目佣金

当商家开通淘宝联盟功能后，默认全店加入推广。如果已为类目设置过佣金，则按照设置的佣金计算。如果没有为类目设置佣金，则会按照类目最低佣金率进行计算。

例如，商家 A 设置店铺类目佣金率为 5%，则店铺中所有的商品通过淘宝客链接成交后都按照成交额的 5%计算佣金。如果商家没有设置类目佣金，且该类目最低佣金率为 1.5%，则店铺中所有的商品通过淘宝客链接成交后都按照成交额的 1.5%计算佣金。

3）同一商品在不同计划中推广佣金率不同

商品成交后不会重复收取佣金，而是根据具体的计划进行佣金结算。例如，当买家点击通用计划的链接并产生成交时，则按通用计划佣金率结算；当买家点击活动计划链接并产生成交时，则按活动计划佣金率结算。

2. 转化周期

买家点击淘宝客推广链接后，系统会持续跟踪 15 天，只要买家在 15 天内在店铺内进行成交，都会按照商家所设置的佣金率进行佣金结算。

例如，买家点击推广链接的时间为 2022 年 12 月 15 日上午 11 点 30 分，则该买家于 2022 年 12 月 15 日上午 11 点 30 分至 2022 年 12 月 30 日上午 11 点 30 分期间（即 15 天内），在被推广商品所在店铺内拍下的所有交易，成交后均按商家设置的佣金率计算佣金。

5.1.3 淘宝联盟的优势

1. 流量渠道多样，触达人群丰富

众所周知，淘宝内的流量有限，竞争激烈，获取流量的成本比较高，获得成交的成本就更高了。淘宝平台外的流量巨大，而淘宝客的触角也深入互联网的各个角落，通过淘宝客，商家可以触达到不同渠道的人群，快速引流，快速积累成交。小到微信好友的一件商品推荐，大到李佳琦直播商品佣金，使用的都是淘宝客的链接。

下面针对站外淘宝客渠道举一些例子。

①导购类网站，如“什么值得买”网站，如图 5-2 所示。

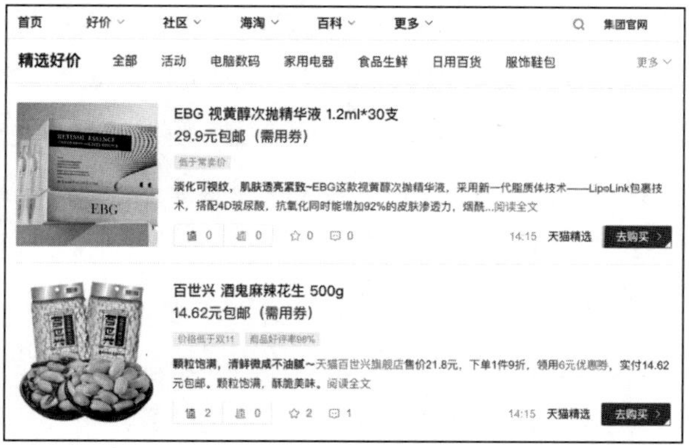

图 5-2 “什么值得买”网站的商品推荐

②返利型 App，如花生日记，如图 5-3 所示。

③活跃在各个渠道的达人，如微博达人、抖音达人等，如图 5-4 所示。

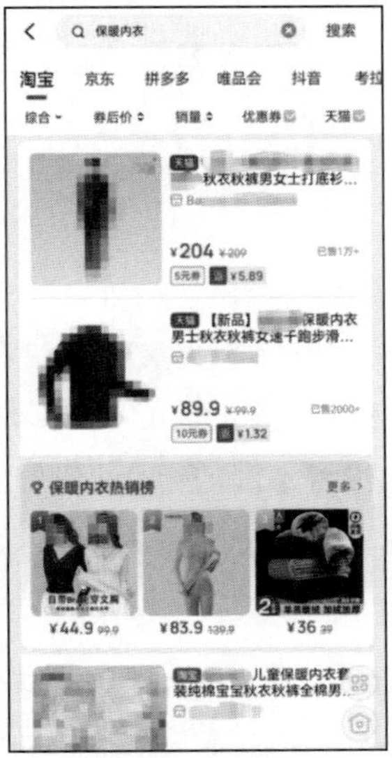

图 5-3　花生日记的商品返利结果

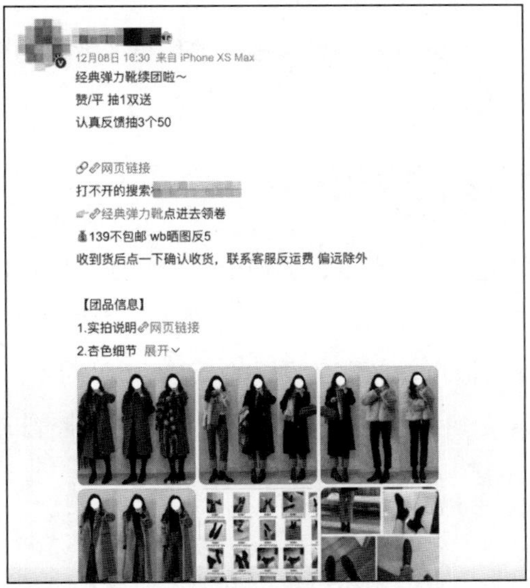

图 5-4　微博达人推荐导购

④专门做群运营的淘宝客，如各种好物推荐群、省钱折扣群，如图 5-5 所示。

图 5-5　淘宝客群私域商品推荐

商品通过这些不同形式的内容展现方式，就可触达到具有不同的关注点、喜好不同的内容形式、散落在不同渠道的人，通过他们感兴趣的内容激发他们购物的需求，引流回淘宝。同时，商家通过针对渠道独有的优惠或者活动形式，承接住大量的流量，商品快速展现突破性的成交。

2. 成交再付费，风险低

淘宝联盟展示、点击、加购全免费，成交后再付费。对商家来说，不存在无效推广和因费用太高导致亏损的情况。也就是要么不成交就不花钱，只要花钱了，就必然成交。所有的佣金是商家可以自定义设置的，还可以针对不同渠道设置不同的佣金，设置比较灵活。该推广工具是淘宝众多推广工具中风险最容易控制的。

3. 易操作，时间成本低

淘宝联盟设置的操作简单，无须长期调整或优化，降低了对推广能力、时间空闲度的门槛，适合大中小所有商家使用，对中小商家更为友好。

5.2 淘宝联盟的基本操作

5.2.1 淘宝联盟后台计划解读

淘宝联盟商家中心是商家建立淘宝客计划、报名淘宝客活动、监测推广数据的后台。后台的各类计划用于帮助商家进行不同淘宝客的管理，以及相应的营销设计。

1. 自主推广

1）通用计划

商家开通淘宝联盟后，也默认开通了通用计划，并且全店商品默认参与通用计划推广，无法关闭。在通用计划中，商家不是针对单件商品设置佣金率，而是按照商品所在类目设置佣金率，如图 5-6 所示。

图 5-6　淘宝联盟—通用计划—类目佣金设置

①计划设置。

我们已经知道，通用计划是默认开通的，商家打开淘宝联盟后台后，首次单击进入“自主推广”→“通用推广”，会弹窗提示商家进行佣金率设置。一般情况下，类目的最低佣金率是 1.5%，不同类目的佣金率可能存在细微差别。设置完成后，也可以单击佣金率旁边的笔图标进行调整，调整后第二天生效，如图 5-7 所示。

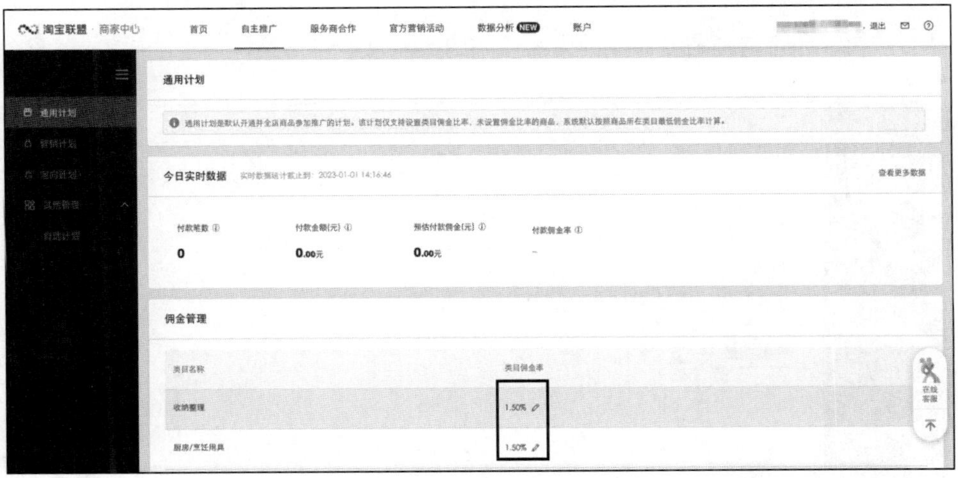

图 5-7　淘宝联盟—通用计划—类目佣金类调整

目前通用计划只能设置类目佣金率，如果商家想要单独推广某些商品，可以选择其他针对单件商品制定的推广计划（如营销计划）。

②佣金率设置。

一般情况下，建议类目佣金率都按照类目佣金范围的最低值进行设置。需要了解的是，不同类目下的最低佣金率不同，商家需要根据系统提示设置最低即可。

佣金设置为最低主要考虑有两方面的原因。

首先，通用计划的佣金率适用于店铺内整个类目的所有商品，而对商家来说并不是所有商品的利润率都相同，也不是所有的商品都适合“打爆”主推，主推商品可以设置高佣金率进行单品推广，其余商品就设置一个较低的佣金率即可。

其次，目前各返利 App 的知名度高，很多买家购物都会在返利 App 上进行主动搜索，而非淘宝客的主动推广。在这种情况下，是买家已经打算购买了，如果再匹配高佣金，就不合适，所以并不需要设置过高的佣金率。

2）营销计划

营销计划是商家在淘宝联盟后台进行单品推广的计划。在该计划下，商家可以自定义设置需要推广的单品，也可以进行优惠券的设置、佣金设置、推广时间管理等。通用计划是兜底推广，营销计划才是商家的推广策略。

①新建计划。

商家打开淘宝联盟后台后，首次单击进入“自主推广”→“营销计划”，单击“添加主推商品”按钮，即可选择需要添加的商品，如图 5-8、图 5-9 所示。

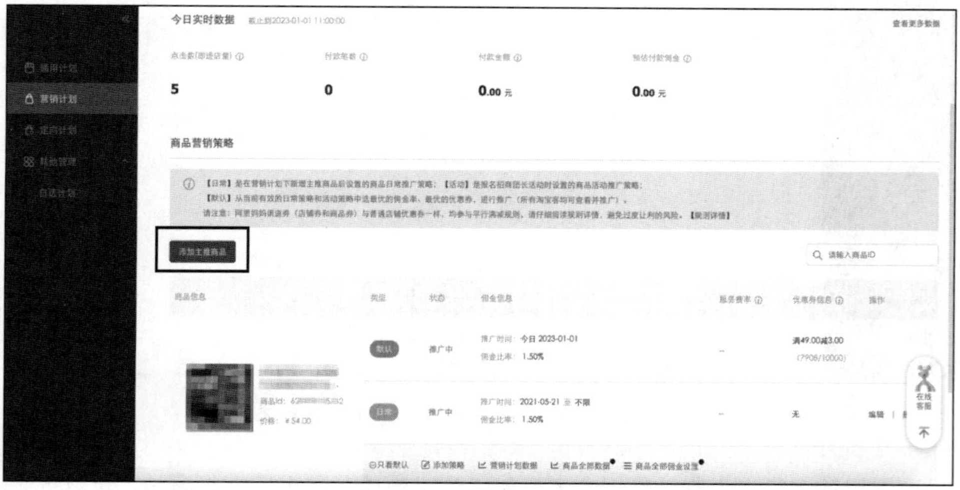

图 5-8　淘宝联盟—营销计划—新建商品推广

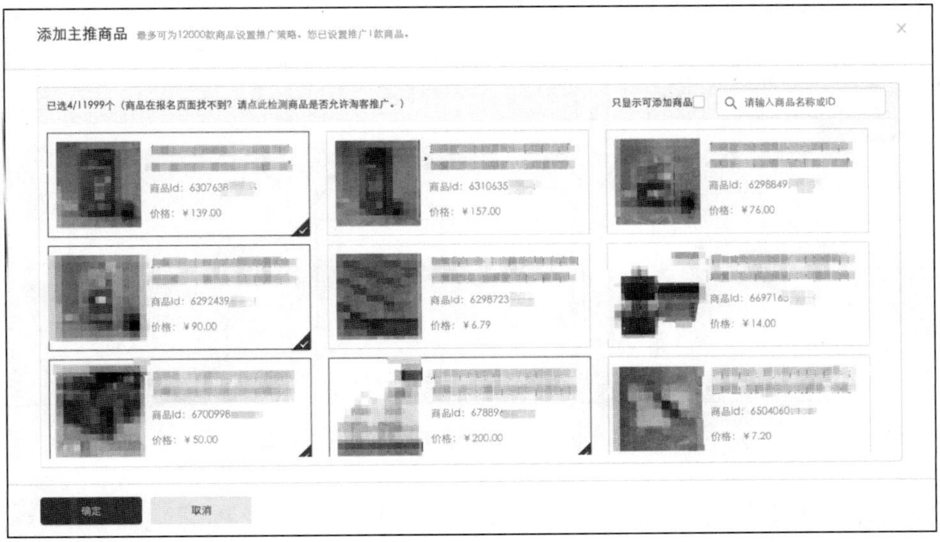

图 5-9　淘宝联盟—营销计—划添加推广商品

在营销计划中，最多可以为 12000 款商品设置推广策略，而且不可重复添加商品。也就是说，已经添加过的商品不能再次选择。

选择需要主推的商品后，商家需要按要求设置推广时间和佣金率。其中高佣金率的推广时间不宜过长，否则可能被“薅羊毛”，一般 7 天左右就能看出推广效果。一般情况下，将营销计划的佣金率控制在 5%～90%之间，不同类目的佣金率可能有细微不同。商家可以参考商品利润率、行业佣金率均值等进行设置。商家设置了相应的策略后，可以在营销计划页面中修改或删除策略，以便及时调整推广节奏。同时营销计划的设置和修改与通用计划一样，当日设置，第二日生效。

②推广计划策略设置。

每件商品可以设置 3 个日常推广策略。如图 5-10 所示，商品在 3 个时间段设置 3 个不同的佣金策略，分别是 2023 年 1 月 4 日到 2023 年 1 月 20 日，佣金率为 15%；2023 年 1 月 21 日到 2023 年 1 月 27 日，佣金率为 30%；2023 年 1 月 28 日到 2023 年 2 月 3 日，佣金率为 15%。从佣金率的变化可以推测，商家推广商品的节奏从积累期到爆发期，再到稳定期，系统会自动根据商家设置的节奏调整佣金率。商家可以提前规划设置佣金策略，不需要手动调整，从而简化了操作。

图 5-10　淘宝联盟—营销计划—推广策略设置

推广计划平台有默认、日常、活动 3 种类型的策略。

- 日常策略：商家在营销计划下自定义设置的推广策略，均显示为日常策略。商家仅需要设置推广日期及佣金。每件商品最多可以添加 3 条日常推广策略。
- 活动策略：报名参加团长招商活动，审核通过后，在活动开始 24 小时前，系统会根据商品在活动中报名设置的推广策略自动生成一条活动策略。
- 默认策略：是系统从处于“推广中”状态的日常及活动策略中，选取最优的佣金率与最优的优惠券自动进行推广。该策略是所有的淘宝客均可以查看并推广的。所以商家需要合理设置推广策略。

3）定向计划

顾名思义，定向计划就是商家针对某类淘宝客设置的推广计划。推广计划都是不公开的，只有通过审核的淘宝客才能看到。一个账户最多可以设置 50 个定向计划，每个计划可以添加 50 个主推商品。计划内需要设置类目佣金及主推商品佣金，主推商品成交按照商品佣金率计算，店铺其他商品成交则按类目佣金率计算。

同时，多个计划在运行中相互不冲突。例如，商家可以为商品 A 设置推广计划 1，佣金率为 10%，邀请淘宝客 X 推广，然后为商品 A 设置推广计划 2，佣金率为 20%，邀请主播 Y 推广。这两个计划虽然推广的都是同一件商品，但是佣金率不同，且互相无法看到其他推广计划的佣金情况。买家从哪个链接进入购买，就计入对应淘宝客的销售佣金，并按相应的设置进行佣金结算。由于不同淘宝客的带货能力不同，渠道的人群价值，以及与店铺商品的匹配程度也不同，所以商家需要判断以上信息后再给出合适的佣金率。例如，李佳琦的带货能力超强，作为头部主播，他的佣金肯定和其他主播带货的佣金有差别。也就是说，定向计划的私密性很强。

①新建计划。

定向计划是淘宝联盟建立计划中操作最复杂的一个计划类型，当然，与直通车、引力魔方等不好进行比较。

在新建计划页面，商家首先需要设置计划名称、选择推广计划类型、主要完成推广设置（包含推广日期、类目推广佣金、主推商品及佣金），以及寄样相关设置，如图 5-11、图 5-12 所示。

图 5-11　淘宝联盟—定向计划类型设置

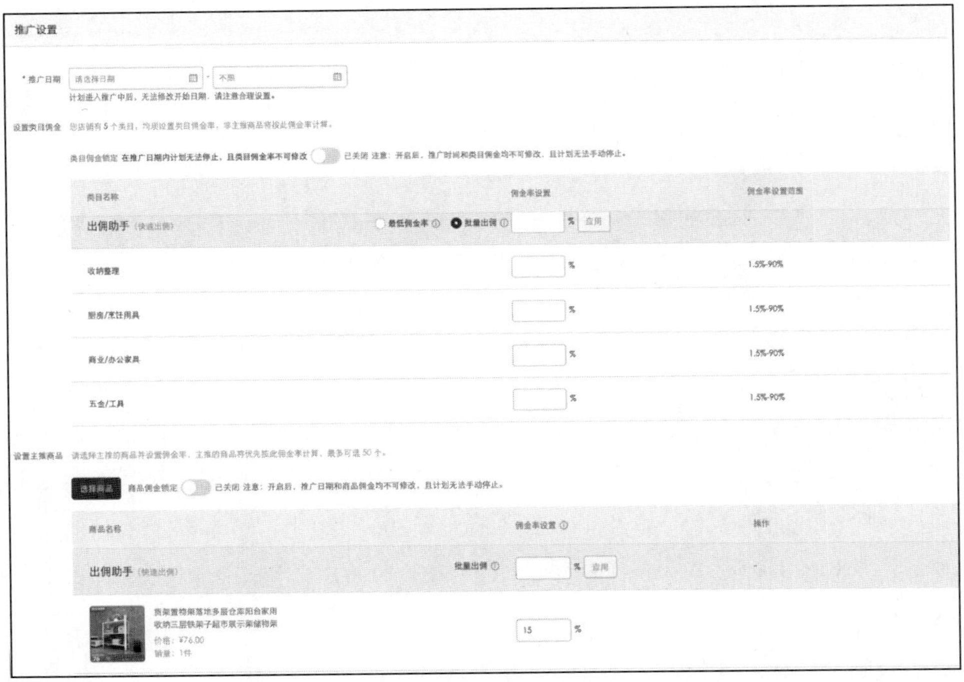

图 5-12　淘宝联盟—定向计划推广设置

一般来说，定向计划的佣金率比通用计划要高。由于店铺中不同商品的竞争力不同，商品的利润率也不同，不可能都成为有爆款潜力的商品或者店铺重点运营的商品。因此，通用计划统一设置佣金率就不合理，这也是建议一般以最低佣金率设置的原因。

计划建立完成后，可以单击页面下方的“邀请淘宝客”按钮，获取邀请链接，并将该链接发送给对应的淘宝客，如图 5-13 所示。后续也可以单击已建立的计划详情修改类目及主推商品的佣金率，修改后也是第二天生效。

图 5-13　淘宝联盟—定向计划—邀请淘宝客链接

②佣金率设置策略。

对刚开始合作、相互没有建立合作默契的淘宝客而言，我们可以建立推广计划进行测试，测试时间短则 3~5 天，长则 7 天，一般不超过 7 天，因为通过 7 天的推广数据基本可以看出一个淘宝客的推广能力。如果确认其推广能力较强，有稳定的合作基础的淘宝客，则可以建立阶梯制的佣金率。如月推广量保证达到 200 件以上，可申请 15%的佣金率；月推广量保证达到 500 件以上，可申请 20%的佣金率；月推广量保证达到 1000 件以上，可申请 30%的佣金率。

如果说阿里妈妈的其他推广工具是人和机器打交道，那么淘宝客其实重要的是人与人打交道。定向计划也是不可或缺的一环。重要的是寻找到有带货能力的淘宝客愿意推广商品，双方沟通相应的佣金率和商家愿意在商品上给的优惠、数量，以及是否需要寄送样品等。一般推广搭配相应个性化的优惠机制，才更容易获得成交。确认相应的信息后，商家建立定向计划并发送给相应的淘宝客，对方申请加入，商家审核通过或者设置免审淘宝客账号后，即可开始推广。

4）自选计划

自选计划是可以理解为公开的定向计划，前面提到了定向计划具有私密性，是针对定向淘宝客设置的。那么自选计划就是公开自动审核的定向计划，也就是需要设置的内容和定向计划一样，包括设置类目佣金率及主推商品的佣金率，所有的淘宝客均可看到和推广。同时会提供推广过自选计划的淘宝客的能力指标，包含该推广者近 90 天整体推广能力的表现，分为流量能力、成交能力、推广单价 3 项指标。

- 流量能力：根据推广者近 90 天为淘宝联盟带来的访客数，评定能力层级。
- 成交能力：根据推广者近 90 天引导的成交笔数，评定能力层级。
- 推广单价：根据推广者近 90 天推广的笔单价（笔单价=引导成交金额/引导成交笔数）统计，评定能力层级。

商家可以根据这些能力指标来判断淘宝客的推广能力，明确是否进行长期合作。同时可以为推广效果好的淘宝客单独提供专属佣金率建立定向合作计划。

2. 服务商合作

前面介绍的几种模式均为商家自主建立推广计划，设置佣金率，吸引淘宝客来报名进行推广合作。自主推广的模式相当于淘宝客找商家，商家处于“守株待兔”的状态，这种情况下往往比较难找到优秀的合作对象。这时可以尝试通过团长活动合作发现优秀的淘宝客。

团长的作用和选品站类似，他们具有一定的招商选品能力，在站外推广领域为商家提供选品优化、流量推送等服务，是以赚取服务费为主的第三方群体。其中需要注意的是，团长活动会“锁佣”，商家需要谨慎报名，中途不能退出。团长服务费是商家通过报名招商团长的活动，来获得团长提供的推广服务，与团长达成招商合作所需支付给团长的服务费用。

在服务商合作板块可以通过以下几种方式去寻找优秀的团长。

1）团长广场

当商家有指定的团长且想要进一步了解团长的信息时，可以在团长广场直接搜索团长，查看详细信息，并可以通过“团长等级”“团长荣誉”“一级行业”“价格区间”“合作状态”筛选团长。筛选后，系统会显示匹配度最高的 40 位团长，并根据团长近 30 天的销量从高到低进行排序，页面如图 5-14 所示。

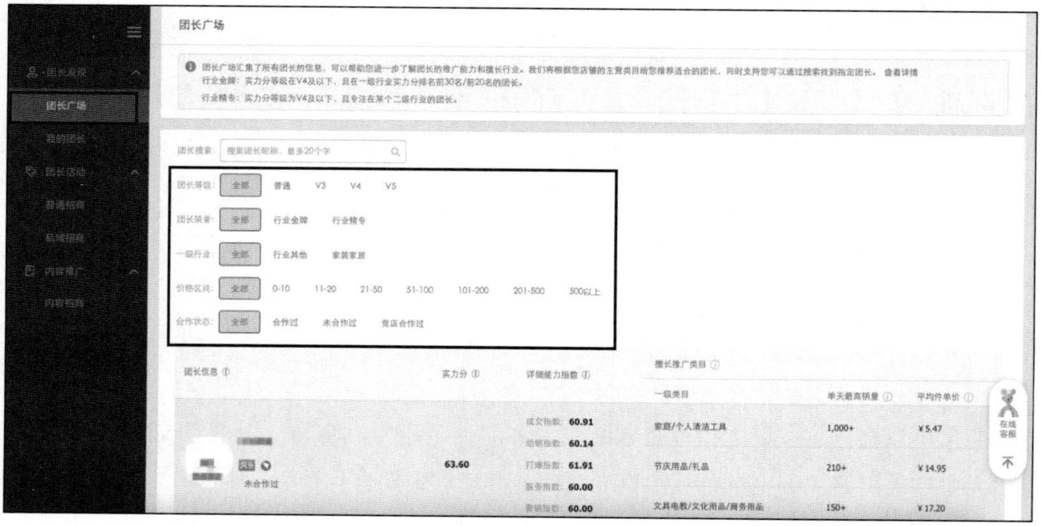

图 5-14　淘宝联盟—团长广场

2）普通招商

在该板块中，所有的团长均可发起招商活动，页面上会显示团长的详细能力及团队信息（包含实力分、能力指数对比、价格区间、类目推广情况等）、活动时间、佣金率及服务费相关要求等。在此处，商家可以重点关注团长的详细能力及团队信息，通过商家历史 90 天推广等整体情况作为选择团长的参考标准，如图 5-15 所示。寻找与自己店铺的类目、客单价、渠道相匹配的团长，要求团队的带货能力越强越好。

①活动报名。

下面以普通招商活动为例进行说明，后续其他招商活动的操作均类似。

商家进入淘宝联盟后，单击“服务商合作”→“普通招商”，在活动列表内查看所有的团长发起的能报名的活动，商家可依据不同的条件筛选活动，包含全部推荐活动、全部服务费范围和全部团长类型。在活动广场中，会展现团长主页、团长发起活动的说明、佣金&服务费要求和发起活动的团长实力分，以帮助商家判断是否报名参加该团长的活动，如图 5-16 所示。

图 5-15　团长服务能力详情

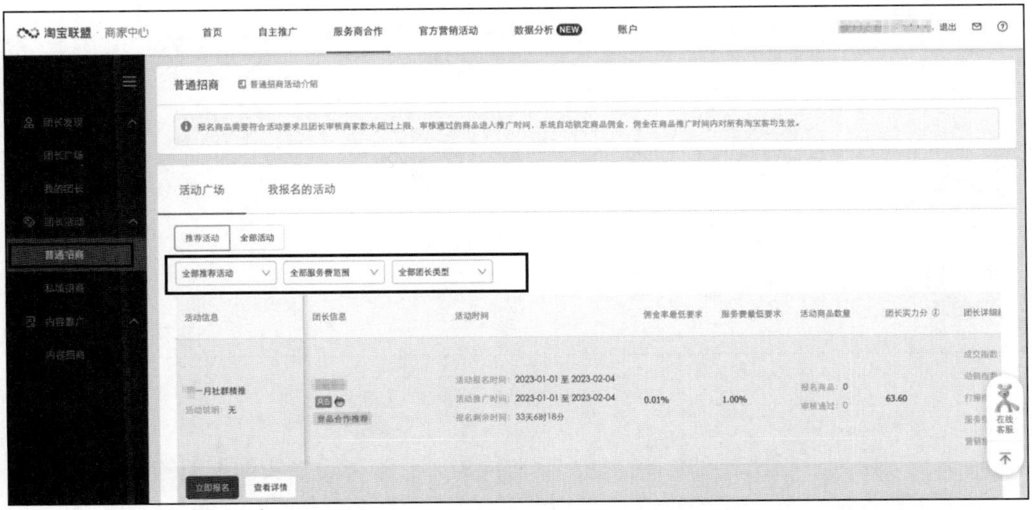

图 5-16　淘宝联盟—普通招商活动报名

如果商家觉得活动条件都符合，那么单击“立即报名”按钮，即可进入报名页面，选择满足条件的想要推广的商品即可，如图 5-17 所示。注意，每件商品最多可以同时报名 100 个活动，单次最多可报名 100 件商品。

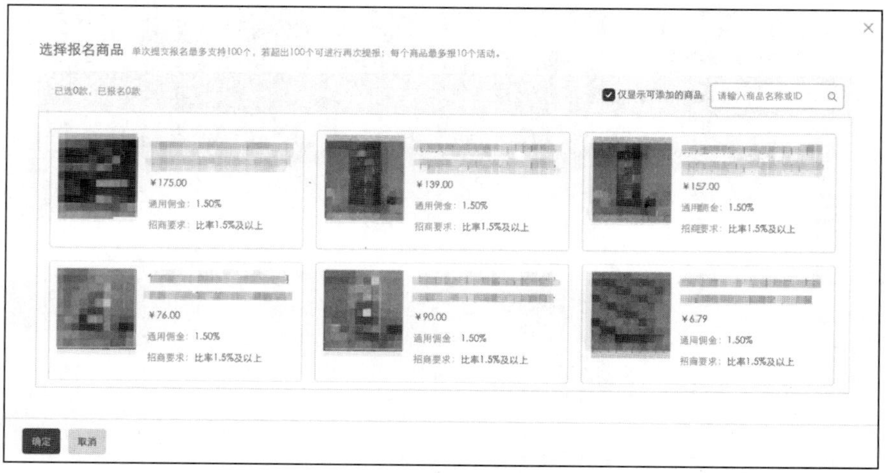

图 5-17　普通招商—选择报名商品

在图 5-17 中，勾选商品，并单击“确认”按钮后，这里需要填写推广策略，包括时间范围的设置、佣金设置、优惠券设置，如图 5-18 所示。

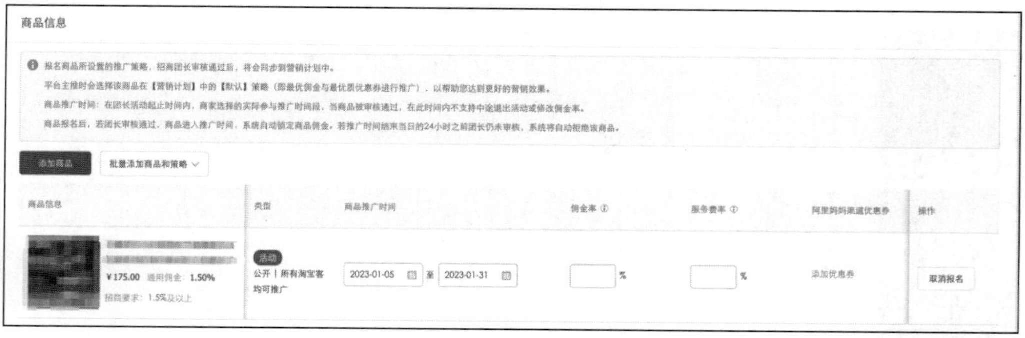

图 5-18　普通招商—商品信息设置

商品推广时间：指团长在招商活动起止时间内，商家可设置实际期望的推广时间段。例如，本次报名的团长招商活动起止时间是 2022 年 12 月 31 日至 2023 年 1 月 31 日，那么商家可以自行选择在这个时间范围内的排期时间。需要注意的是，商家并不需要全程推广，因为团长招商活动的发起者往往会选择一个较长的起止时间，一般都会设置一个月左右，商家只需要设置一个满足自身推广需求的时间即可，一般可以选择 7 天左右。若商品被审核通过，在此时间内将锁定佣金率、服务费率和优惠券，商家就不能再做修改。

下面举例说明。假设商家 A 报名参加某团长活动，商品单价为 30 元，设置佣金率为 30%，服务费率为 10%，同时匹配阿里妈妈渠道优惠券，即满 30 元减 10 元。由此可以计算商家实际可以获得的单品金额=（30–10）×（1–30%–10%）=12（元），该商品实际成本为 15 元，也就是单品销售亏本 3 元。此时商家在报名参加该活动时没有修改默认的推广时间段，则默认到团长活动期结束都是以此优惠券+佣金+服务费来进行结算的，长达一个月的销售亏损，商家只能自己承担，无法中途退出、停止或者修改。

佣金率、服务费率：活动的佣金率必须高于团长要求的通用佣金率，佣金率+服务费率应小于或等于 90%。

阿里妈妈渠道优惠券：如果团长活动要求设置优惠券，那么商家必须与之匹配，否则报名不成功；如果团长活动没要求设置优惠券，商家可自己决定是否要设置。阿里妈妈渠道优惠券是指淘宝客渠道的优惠券。

假设 A 和 B 两个商家都报名参加一个相同的团长招商活动，他们的商品相似，店铺、成交等各方面的因素均比较接近。但是 A 商家使用了一张满 30 减 10 元的阿里妈妈渠道优惠券，而 B 商家没有使用阿里妈妈渠道优惠券。此时，团长一般会选择 A 商家的商品参与活动。因为在后续的淘宝客推广过程中，使用了阿里妈妈渠道优惠券的商品更容易吸引买家，成交率一般也会更好。从总体赚钱的概率大小来说，淘宝客推广 A 商家的商品可以有更多的收入。这种情况下，淘宝客、团长、商家和买家四方都更能实现自己的目标。

单击“提交”按钮即可报名，此时本次团长招商活动状态会显示待审核。一般，团长招商活动有 3 种状态，即待审核、通过、拒绝。

- 待审核：招商团长还未审核商家所报名的商品，商家可以对已报名商品的排期、佣金率、阿里妈妈渠道优惠券等进行修改。
- 通过：招商团长已经通过本次商家所报名的商品，商品的排期、佣金率、阿里妈妈渠道优惠券等均被锁定，商品需要按照报名的排期进行推广，商家不能修改相关报名的活动策略。
- 拒绝：招商团长拒绝本次商家所报名的商品，商品不能参与本次团长招商活动的推广，商家也不能修改本次报名的活动策略。

所有报名的团长活动都会在“我报名的活动”中显示，方便商家管理。由于所有的招商活动都会展示每个团长活动推广的历史数据，可以了解到团长的“打爆”指数、成交指数等相关数据指标，相比于和不了解对方情况下的个体淘宝客沟通，团长活动更适合没有积累很多淘宝客资源的中小商家。

3）私域招商

只有 V3~V5 级别的团长可以在此处设置招商活动，且此区域招商活动针对特定的淘宝客账号可见、可推广的专属招商活动。商家报名此区域活动后，所设置的商品佣金率只有这些特定的淘宝客账号可进行推广。可以理解为此区域的团长及淘宝客都更优秀，因此商家报名也要和团长详细沟通，明确商品的营销策略，确定商品的专享佣金率，确保商品的“打爆”可操作性。商家也可以同时报名多个团长私域招商活动，测试了解不同团长的推广能力和“打爆”能力后，根据自己的情况选择合适的活动报名，并填写对应的推广时间、佣金率、服务费率、阿里妈妈渠道优惠券等信息即可，如图 5-19、图 5-20 所示。

注意：佣金=成交金额×佣金率，即每笔订单按佣金率支付给推广者的佣金。服务费=成交金额×服务费率，即每笔订单除按佣金率支付给推广者佣金外，额外再按服务费率支付给团长的服务费。两笔费率结合优惠券金额，商家需要控制总体费用尽量不超过或不过多超过利润额。一旦活动审核通过，商家将不能修改佣金率，也不能退出活动。

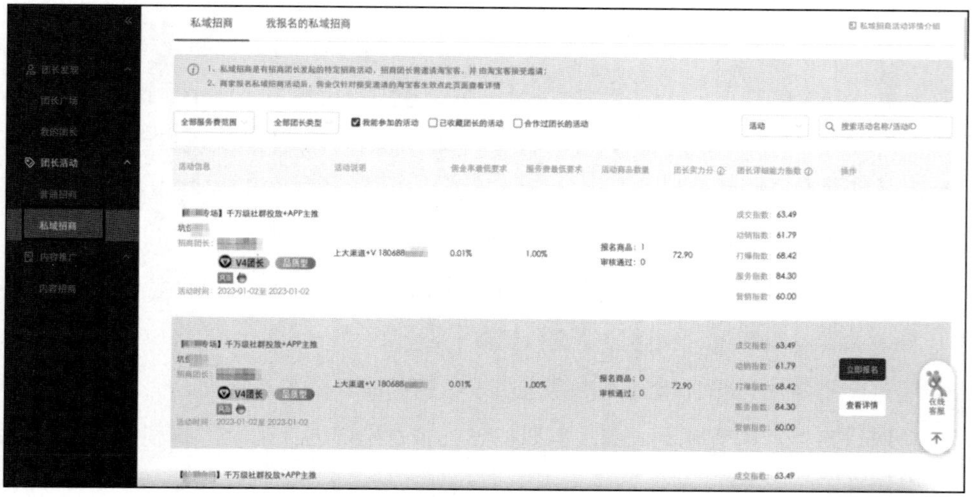

图 5-19　淘宝联盟—私域招商报名

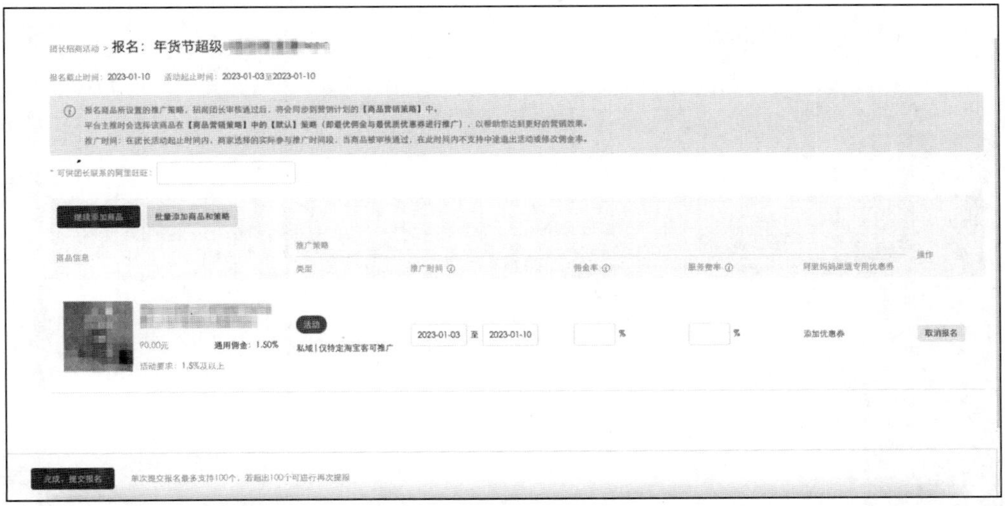

图 5-20　私域招商——商品推广信息设置

4）内容渠道推广

在短视频、直播、图文快速发展的今天，通过内容吸引买家“种草”“收割”是商家不可或缺的推广方式。商品只有在内容库中，才可能在站外内容推广场景中进行推广。站外内容场景指的是图文资讯、短视频、直播类等内容媒体平台，包括但不限于抖音、快手、微博、B 站、小红书、知乎、今日头条、UC 等。

商品进入内容库有以下两种方式。

- 隐藏入库：通过内容招商报名，按照类目要求设置符合要求的佣金率，团长审核通过之后，商品即可马上加入内容库。但这种方式会受到活动时长限制，活动时长一般都是 1 个月。也就是 1 个月后商品掉出内容库，就没有视频了。
- 公开入库：只要商家已经加入淘宝联盟，并在后台设置一定比例的营销计划且在推广中的商品，即可自动加入内容库。这时所有的淘宝客都可以抓取到，而且长期有效。达人机构即可在媒体平台推广。如果仅设置定向计划，是无法加入内容库的。

在不同的媒体平台推广，有不同的佣金率要求，只有设置的佣金率大于或等于媒体平台要求的佣金率，才能在该平台上推广。设置符合要求的营销计划后，商家在第二天即可通过商品 ID 查询商品是否在内容库中，如图 5-21 所示。确认商品在内容库后，即可在各个媒体平台上挂车推广。内容招商是审核通过后马上进入内容库，即时生效。在不同的时间段，淘宝联盟会与不同的媒体合作，不同的合作也会导致佣金率不同，不同媒体的具体门槛也依然可通过内容库查询。

图 5-21　内容库商品是否在库查询

另外，商家也可以通过报名参加内容招商团长的活动，只要团长通过审核，商品就能实时进入内容库开始推广，如图 5-22 所示。

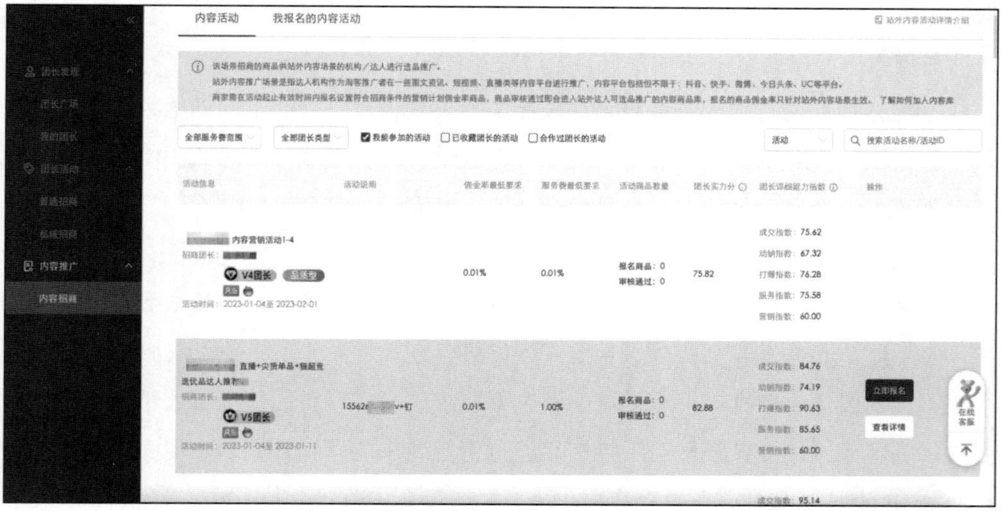

图 5-22　内容招商活动报名

3. 官方营销活动

1）一淘招商

一淘是阿里巴巴旗下的官方营销平台，主打返利模式，商家设置隐私佣金进行返利，一淘的销量计入淘宝、天猫搜索权重，其主要客群的特点是年轻、购买力强，主要分布在二三四线城市。

因此，如果商家想要推广商品，为商品引入更多的流量，那么可报名参加“一淘招商”活动，参与的活动类型如下。

- 品牌活动：单店铺维度（也可同一品牌多店铺）组成的可报名多款商品的活动，一淘首页单场活动展示。
- 主题活动：一淘发起主题，多商家、多品牌参与活动，一淘首页单场活动展示。
- 限时抢购：单品维度分时段展示打造秒杀抢购氛围的活动，一淘 App 首页独立限时抢区块。

报名页面如图 5-23 所示。

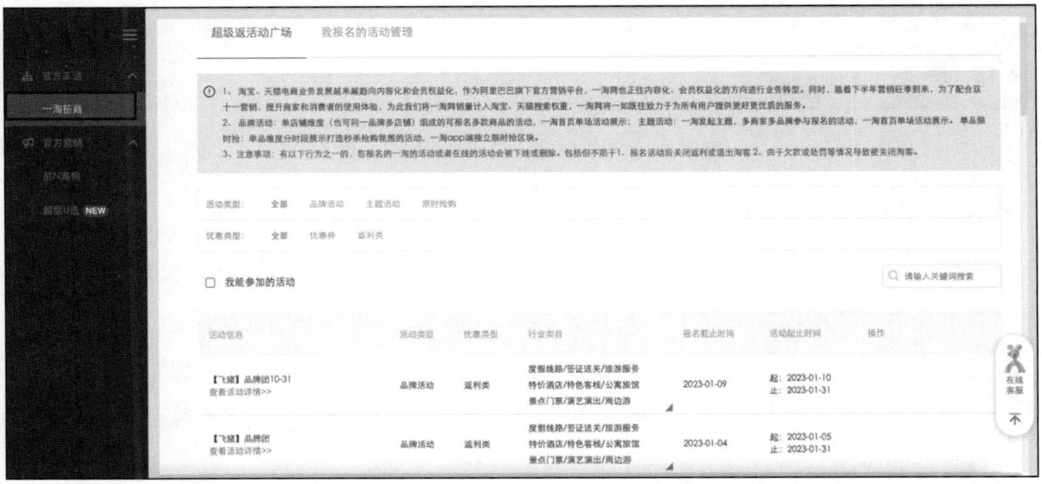

图 5-23　淘宝联盟——一淘招商活动报名

2）前 N 高佣

前 N 高佣是淘宝联盟匹配商家快速“打爆”需求推出的专区，该专区支持商家针对商品设置前 N 件佣金，帮助商家在预算可控的情况下吸引更多的淘宝客推广，从而提升爆发力。例如：前 1000 笔成交佣金为 30%，1000 笔之后成交佣金为 10%。

前 *N* 件佣金的比率必须大于近 7 天公开的佣金的比率。商家报名该专区活动时，除了有团长站外流量推广，还有淘宝联盟 App 和 PUB 后台的专区推荐，可以获得更多的官方流量加持。所以前 *N* 高佣可以说是结合了淘宝客服务商和官方流量。

报名页面如图 5-24 所示。

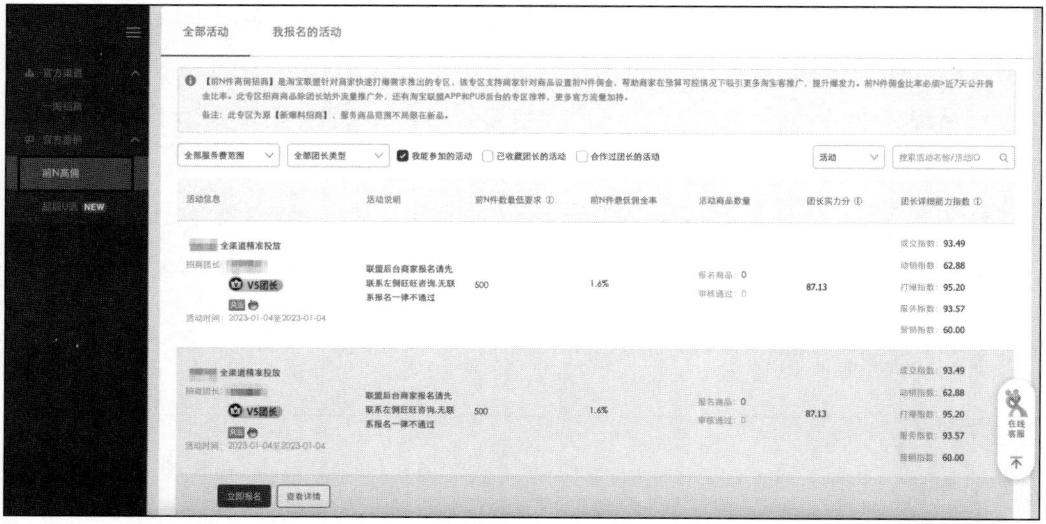

图 5-24　淘宝联盟—前 *N* 高佣活动报名

3）超级 U 选

超级 U 选是淘宝联盟推出的帮助消费者挖掘淘系 30 天内的低价商品，同时帮助商家挖掘站外市场消费者的需求。超级 U 选也分秒杀、高佣、好价等不同的玩法。

商家根据活动时间、门槛、招商服务商选择合适的活动报名。目前超级 U 选在各大导购和代理型头部媒体、核心采集群等都有大量的流量导入，能更好地帮助商品“打爆”。

报名页面如图 5-25 所示。

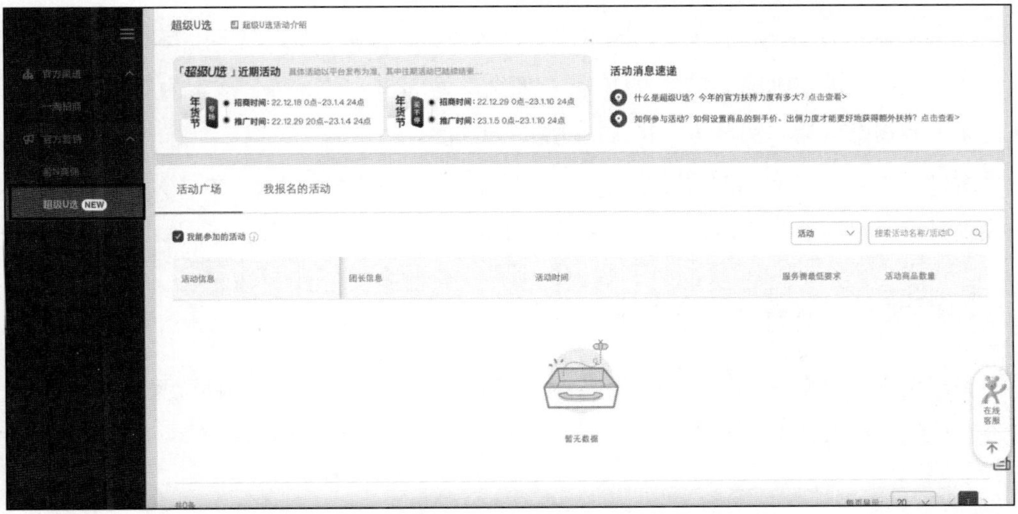

图 5-25 淘宝联盟—超级 U 选活动报名

5.2.2 佣金率设置

1. 根据商品利润率设置佣金率

对中小商家而言，亏损风险是必须考虑的要素，那么商家如何计算支付给淘宝客的佣金，如何确认是否亏损？计算公式如下：

支付佣金=商品实际成交单价×佣金率×淘宝客推广销量

其中，商品实际成交单价是指在淘宝客推广渠道中，买家实际支付单件商品的金额。为了提高淘宝客推广过程中的转化率，商家通常会给通过淘宝客引入的买家发送专属的阿里妈妈渠道优惠券。

例如：A 商品实际成交单价为 5 元，佣金率为 20%，通过淘宝客渠道推广了 1000 单，那么支付佣金为：5×20%×1000=1000（元）。

可以看到，在上述公式中，商品实际成交单价和佣金率均是由商家控制的，那么商家如何控制推广过程中的亏损风险呢？公式如下：

单品亏损金额=商品实际成交单价×（1–佣金率）–商品综合成本

其中，商品的综合成本包含商品拿货价、运费、人工费、其他损耗费等。

例如：B 商品实际成交单价为 20 元，佣金率为 30%，商品综合成本为 15 元，那么此商品单个亏损金额为：20×（1–30%）–15= –1（元）。

所以商家在实际操作淘宝客推广时，需要根据每个商品的实际利润率来设置佣金率，在控制最小风险的情况下，将推广效果做到最好。

2. 根据行业的佣金率设置自身佣金率

商家设置佣金率除了需要考虑商品的利润率，还需要考虑设置的佣金率在整个行业中有没有优势。如果商品佣金率低于同行业，没有优势，那么优秀的淘宝客一般也不愿意推广。

商家只有明白了淘宝客的需求是什么，才能匹配他们的需求，给予相应的东西。淘宝客推广是为了赚钱，假设他们可以获得的流量是固定的，那么他们可以赚到的钱是：流量×转化率×客单价×佣金率。所以他们想要的是佣金率高且容易转化的商品，这两者缺一不可。

在优秀的淘宝客面前也有众多商品竞争，因为他们的流量是有限的，这时候商家设置的佣金率就会影响淘宝客的选择。这也是为什么商家要关注行业佣金率来调整自己商品的佣金率的原因。如果商家设置的佣金率高于行业平均值，那么就会造成不必要的损失；如果商家设置的佣金率低于行业平均值，那么商品在淘宝客推广中并不能够获得足够的优势。作为商家，在进行推广之前，要做到知己知彼。

例如：A 商家和 B 商家卖的是同类商品，它们的最终售价均为 50 元，基础销量等其他条件都差不多，行业佣金率的平均值为 15%。此时，A 商家设置的佣金率为 5%，B 商家设置的佣金率为 20%。哪一家的淘宝客推广效果会更好？

答案是 B 商家的推广效果会更好。因为每推广一件 A 商家的商品，淘宝客获取的佣金为 2.5 元，而每推广一件 B 商家的商品，淘宝客获取的佣金为 10 元，在 A、B 两家店铺商品的其他外部条件都差不多的情况下，淘宝客会选择偏向 B 商家。

商家通过“淘宝联盟—生态伙伴”的后台可以看到行业竞品设置的佣金率，在选品广场页面的搜索栏中输入商品、类目、商品链接，可以看到同行商家设置的佣金率，如图 5-26 所示。

图 5-26　淘宝联盟—生态伙伴页面查询同行佣金率

3. 根据竞店变化及时调整佣金策略

此策略对于行业中腰部以上及品牌商家更适用。如今在各种“红海”的竞争环境中，商家就是不断地在竞争买家，争抢流量，从而提升自身的市场占有率。因此，对竞争对手的研究和跟踪变得十分重要，且要根据竞争对手的变化情况实时调整自身的淘宝客推广策略。

商家可以从生意参谋中市场板块下的市场排名查找竞争对手，如果有开通竞店（即竞争对手的店铺）识别的，可以关注流失竞店。

通过竞店名称或者商家的旺旺号，可以进入淘宝联盟后台查询竞店推广的相关数据及佣金策略。针对推广单计划，单击“查看计划”，商家可以看到竞争对手店铺设置的佣金率，还可以对竞争对手店铺的佣金率做好表格记录，进行必要的统计分析，如图 5-27、图 5-28 所示。

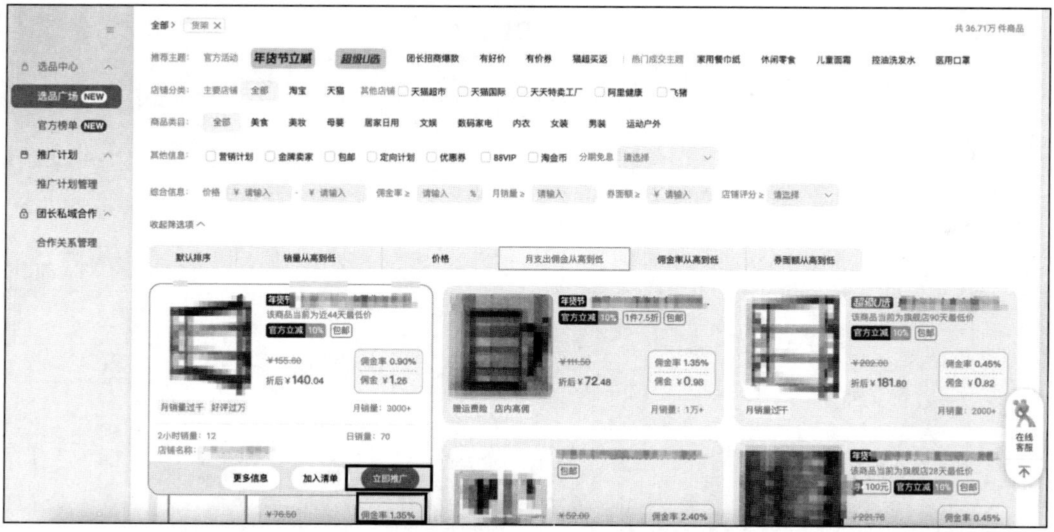

图 5-27　淘宝联盟—生态伙伴页面查询 TOP 成交商品设置

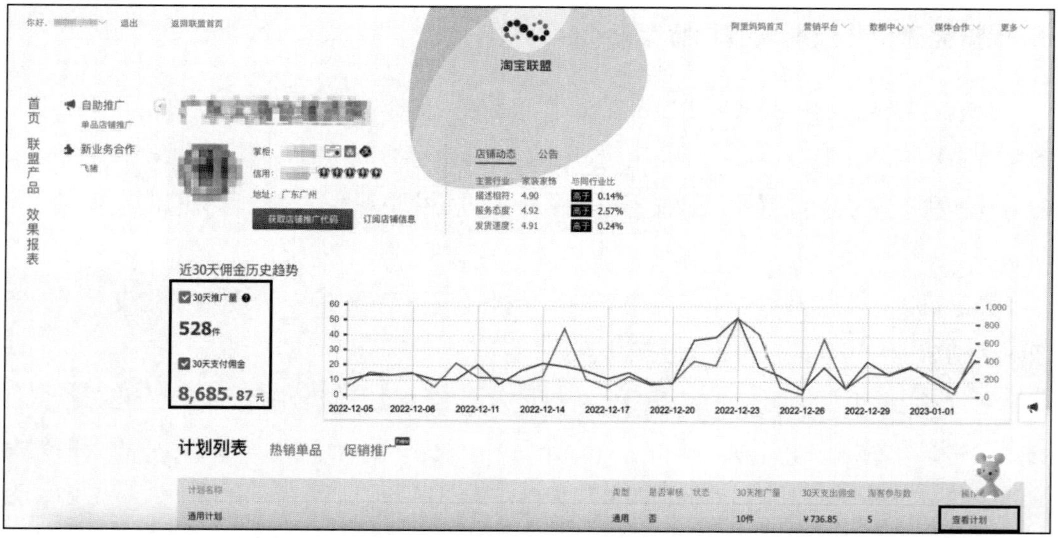

图 5-28　淘宝联盟—生态伙伴页面查询竞店竞品计划数据

5.3 淘宝联盟推广技巧

5.3.1 淘宝客的类型

前面已经介绍了淘宝联盟后台的操作及各个计划的类型。其实不同的计划类型代表不同的淘宝客类型，当商家对淘宝客类型有一个清晰的认识后，在后期推广的时候才能更好地为推广的商品匹配不同类型的推广计划，共同助推。常见的淘宝客类型通常分为以下 4 类。

1. 官方淘宝客

顾名思义，官方淘宝客就是从官方获取流量，主要需要商家在后台进行计划的设置和一淘活动的报名。首先，设置通用计划、营销计划，有机会获取官方一些流量位置的抄底流量。其次，报名一淘的品牌团、限时抢购、超级 U 选等活动中的部分活动可以获取超大流量。这需要商家紧跟淘宝官方的节奏进行推广报名，当有明确的需求和淘宝特殊利益点时，还可以提前和淘宝小二沟通，以便更好地获取流量。最重要的是，一淘的成交是计入权重的，对后续自然流量的撬动也有明显的好处。

如果某款商品非常有优势，商家可以加大前期的推广力度，作为一个主力爆款进行推广引流，通过营销计划、官方营销活动共同助推，在商品后期成交稳定后，可以适当降低推广力度，从而获取更可观的利润。

2. 活动淘宝客

活动淘宝客分以下两部分。

第一部分是淘宝客有自己的独立网站或独立的 App 平台，推广运用的也是平台的私域流量。平台型淘宝客的主要代表就是各大返利网，例如，花生日记、淘粉吧等；还有各种特卖网，例如，折 800、卷皮等。返利网最常见的活动形式是：商品 A 为 139 元，买家通过返利平台链接下单，确认收货之后返还给买家 74 元，相当于返还了 53%。返还的钱是哪里来的？还是从商家给淘宝客的佣金中支出的，比如刚才的商品 A，可能是商家给了淘宝客 63% 的佣金，淘宝客把钱拿出来分给了买家这样一种返利的形式。目前这种形式比较多样，也比较受买家喜爱，而特卖形式是直接给出一个便宜的价格，比如商品 B 的成本价为 38 元，商家就卖 38 元，甚至是 28 元，亏本充销量。但目前商家做这种活动的比较少，这种形式比较适合商品价格比较低的商家或者是商品做清仓处理。

第二部分是淘宝客主要利用无限复制的各类 QQ 群或微信群做各种秒杀、“白菜价”活动，这也被称为社群电商。商家做这种活动比较多，从一开始的低价秒杀，到现在慢慢变为宝妈群、小区群、学生群，人群的质量也在慢慢提升。他们的带货能力很强，体量也很大。

商家若要找到这两部分中优秀的淘宝客作为合作对象，一方面，要多关注一些选品站，多尝试一些合作，通过合作筛选出一些优秀的淘宝客，并不断积累。另一方面，通过站内 V 标团长的招商活动和相关数据筛选优质团长进行合作。

3. 达人淘宝客

达人淘宝客主要在站内和站外渠道通过短视频、直播、图文的形式对商品进行“种草”和“收割”。此类淘宝客的推广渠道分为站内渠道和站外渠道，站内渠道如有好货、必买清单等；站外渠道如微博、抖音、小红书等。在这些渠道中看到的各种“种草”分享、职业团购均为淘宝客推广，站外空间大，达人多。站内达人的合作都是通过热浪引擎工具寻找合作的，站外达人合作则需要商品进入内容库，才可进行站外推广合作，商家也可以通过报名内容招商活动进行合作。

4. 媒体淘宝客

一般情况下，商家与媒体淘宝客不会直接进行沟通。因为媒体淘宝客主要是浏览器、插件、网站、墨迹天气 App 等。例如，在搜狗导航网站上单击天猫网，进入的也是天猫的页面，但是我们仔细查看链接可以发现，链接中有两个 mm 加 3 组数字，这个标志其实就属于淘宝客链接，如图 5-29 所示。买家在 15 天内在天猫网购买商品都会计入淘宝客引入的流量，并按照设定的佣金结算，这就是媒体淘宝客的盈利方式。

图 5-29　导航网站—淘宝客链接识别

5.3.2 如何找到更多的淘宝客

了解了以上不同的淘宝客类型后，商家如何才能找到他们呢？

1. 做好淘宝客计划设置，获取官方淘宝客的流量

获取官方淘宝客的流量是商家要做的最基本的操作，商家只需要按照前文所说的设置好通用计划、营销计划，报名团长招商活动、一淘招商活动、超级 U 选活动等，紧跟淘宝小二的节奏，积极按条件报名即可。商家如果有较大的推广计划和有吸引力的商品，也可以提前和淘宝小二进行沟通。

团长招商活动由淘宝客发布，商家报名参加的所有活动数据都是可视化的，淘宝客的能力也是显而易见的，商家可以筛选历史合作团长、竞品合作团长、热门团长、官方团长、V 标团长等，通过筛选活动推荐类型，寻找能力更强的淘宝客。作为中小商家而言，可以利用淘宝联盟官方平台积累淘宝客资源。

在团长招商活动页面，选择实力分高、成交指数高、“打爆”指数高的一些团长，在页面左侧可以看到团长的旺旺头像，单击团长的旺旺头像可以通过千牛主动进行沟通，或者可以查看团长服务能力详情页中的钉钉联系方式，如图 5-30 所示。由于淘宝客每天的咨

询量非常大，所以商家在沟通过程中，尽量不要发送“在吗”这样的信息，否则可能得不到回应。建议直接将商品+优惠券+佣金率+服务率一起发送给淘宝客，提高沟通效率。通过和这些相对优质的淘宝客进行长时间的合作，商家可以筛选出更符合自身推广思路的淘宝客资源。

图 5-30　团长联系方式位置

2. 参考达人榜单，在站内外平台寻找合作

达人类的合作主要就是通过内容化的形式进行商品推广。这里涉及站内渠道推广及站外渠道推广。

1）站内渠道

站内的推广主要就是通过热浪引擎与达人进行合作，其中优质的达人可以通过热浪引擎的淘榜单寻找，可选择主播或机构进行查看，还有综合推荐、领域主播推荐、跃升主播推荐等分类，商家可以选择需要的领域，如图 5-31 所示，根据主播的粉丝数、服务评分、领域带货能力，或机构的综合分、成交力等维度数据评估和选择合作的主播或想要合作的机构。

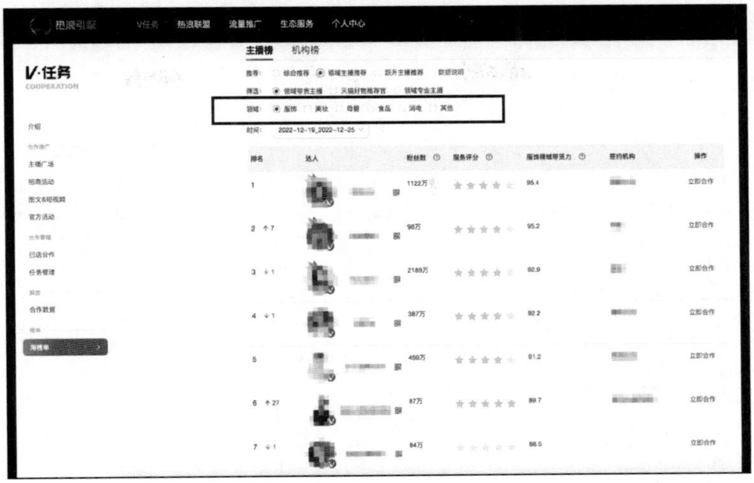

图 5-31　热浪引擎主播榜单查找

2）站外渠道

每个渠道都有自己的特点，商家需要多看、多了解。比如抖音、快手都有自己的达人榜单，小红书也有自己的达人广场。

抖音的达人榜单位于巨量星图，商家可以选择带货榜，再选择行业、日期对抖音短视频及直播的达人进行筛选。同时可以通过近期的 GPM（Gross Per Mille，即直播千次观看成交额）、带货口碑、视频播放量等维度，对该达人进行综合评估和筛选，如图 5-32 所示。

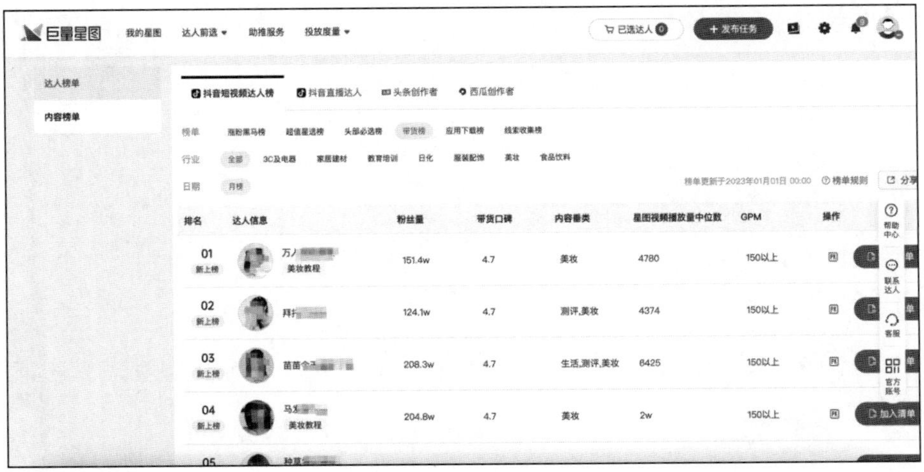

图 5-32　巨量星图达人榜单

快手的达人榜单位于磁力聚星，商家可以选择带货实力榜，再选择行业方向，结合粉丝数、带货表现分等进行评估和筛选，如图5-33所示。

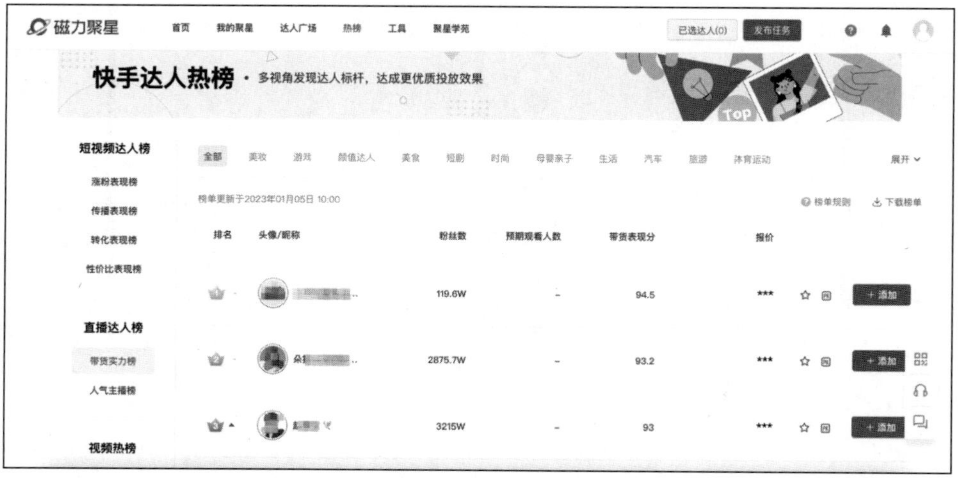

图5-33　磁力聚星快手达人热榜

小红书达人广场位于蒲公英平台的博主广场，商家可以对内容类目、带货类目、博主人设、内容特征、粉丝数据等信息进行筛选，同时根据粉丝数、笔记互动中位数等信息进行评估和筛选，如图5-34所示。

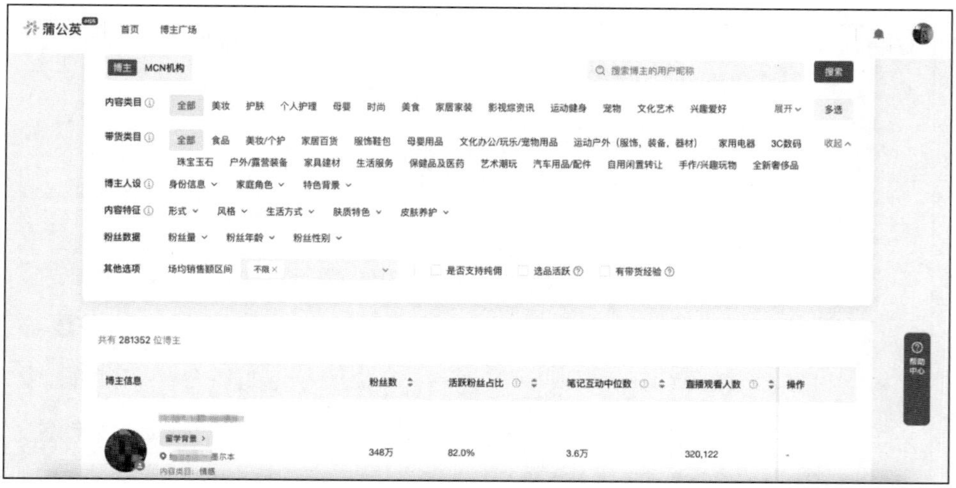

图5-34　蒲公英平台小红书达人广场

其他不同渠道都有自己的一些达人合作平台，与阿里热浪引擎功能类似，商家只要耐心去寻找，都会找到合适的站外渠道合作，也可以尝试借助外部第三方的数据平台查找。

3. 站外平台及社群淘宝客积累

基于返利及导购平台的自带流量，以及社群的无限空间，这两类淘宝客也是商家需要重点关注和拓展的。

1）寻找返利平台报名

一般的返利平台或者导购网站都有自己的活动报名、商务洽谈的地方。名字大同小异，商家只需要在页面上找到相应的位置进行相关咨询即可。那么哪里去找到这些导购或者返利平台呢？由于目前移动端流量基本上占到店铺流量的 95%，所以商家应重点关注怎么去寻找这些 App。第一种方式就是在手机的应用市场寻找购物导购类、购物优惠类中的热门应用，但这种方式只能看到自己品牌的应用市场情况，容易存在偏颇，而且缺乏实际数据，不好判断。第二种方式就是通过易观数据、艾瑞指数等数据分析网站寻找，如图 5-35、图 5-36 所示，都有指标监控 App 的数据。通过筛选返利、导购类 App 查看排名，可以看到排名靠前的优质 App，再下载此类 App 或者登录其 PC 端网页，在页面上找到活动报名、商务洽谈的地方，即可进行咨询，如图 5-37、图 5-38 所示。

图 5-35　易观千帆 App 月 TOP 榜

图 5-36　艾瑞指数月 App 独立设备榜单

图 5-37　什么值得买商业合作位置

2）通过选品站积累联盟淘宝客

选品站是什么？如何理解？选品站可以被理解为买卖房子的中介，在中介网站可以看到同小区同类型房子的挂单价格，也可以看到优秀中介的推荐。选品站也具有一样的功能，在这里，商家可以搜索到同类商品的销售量、阿里妈妈渠道优惠券的金额设置、佣金率及相应的淘宝客推广团队，也可以看到实力淘宝客的榜单。如图 5-39~图 5-41 所示，是淘宝小二推荐的选品站，商家可以重点关注。

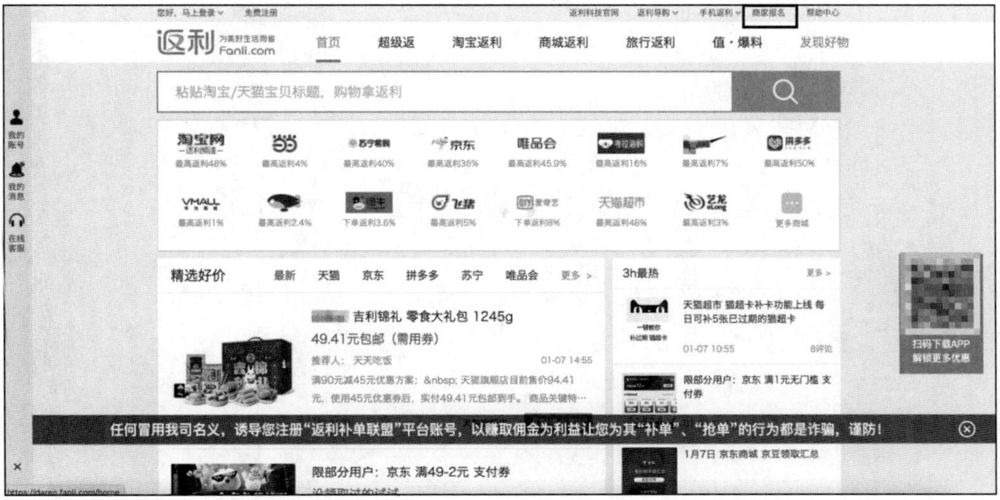

图 5-38 返利网商家报名位置

大淘客	好单库	选单网	实惠猪	组团推	优买吧
好品推	大宝剑	好折宝	懒淘客	抠门兔	淘客助手
轻淘客	喵券快报	淘客基地	找好单	一手单	特价客

图 5-39 小二推荐的选品站

图 5-40 大淘宝客选品站

图 5-41　好单库选品站

单击淘宝客销量较大的同行商家的商品，即可跳转至淘宝客发布页面，在页面中间区域可以看到合作佣金率、阿里妈妈渠道优惠券，在左侧可以看到淘宝客的联系方式，如图 5-42 所示。中小商家可以根据自身的需求，选择较为优质的淘宝客进行沟通，如图 5-43 所示。

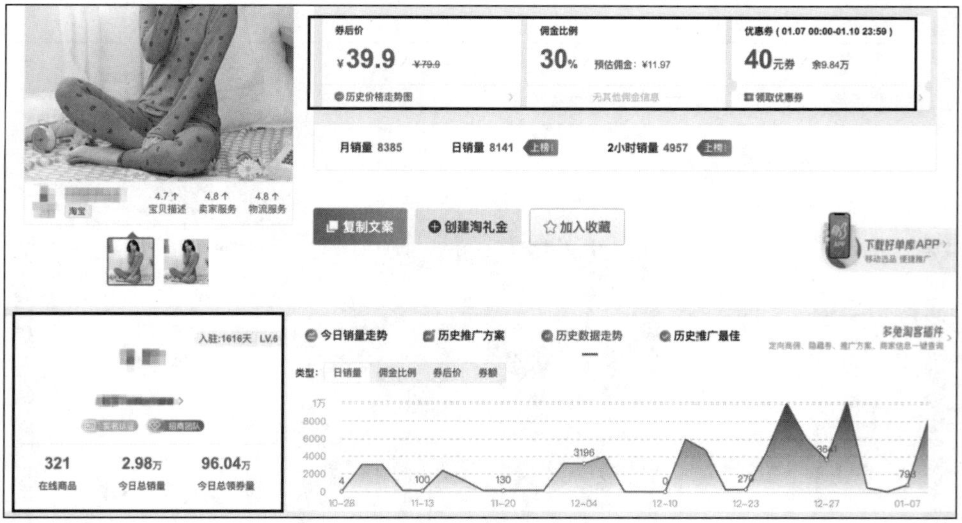

图 5-42　选品库同类商品成交数据及淘宝客带货数据查询

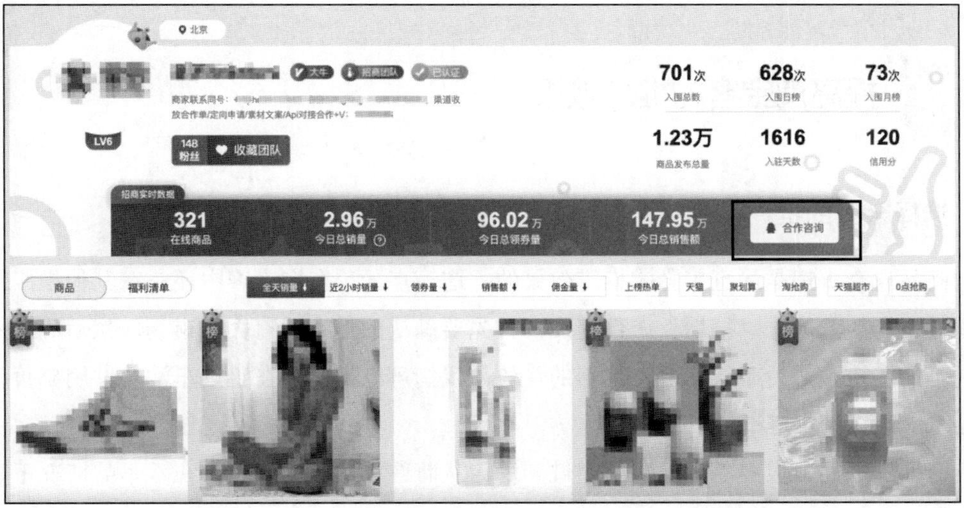

图 5-43　选品库中淘宝客联系方式查找

商家在积累淘宝客资源的过程中，需要不断地与淘宝客进行沟通，并做好维护，增加自身和淘宝客之间的黏性。在维护淘宝客的过程中，需要相互了解合作规划与淘宝客的需求点。

淘宝客不可能只接触一家店铺，在推广某件商品的同时，可能还有上百件其他商品也在进行推广，此时，商家需要在合作过程中充分说明合作的优势，在交涉过程中注重沟通方式，对不善言辞的商家来说，此处需要特别注意，以便自己能通过第三方网站积累淘宝客资源。如果真的遇上转化效果好且出量大的淘宝客，商家一定要做好沟通与维护工作，争取能够与淘宝客进行长期合作。

另外，商家需要抽出一部分时间维系与淘宝客之间的感情，如节日祝福或发送红包，以活跃气氛。总之，商家与淘宝客最好能以朋友的形式相处，在合作时做好准备工作，主动提供素材图片、说明书、商品卖点描述，对于有好货、必买清单的一些淘宝客，可以提供一些质量较高的商品图片、买家秀图片、宣传视频等，帮助淘宝客更高效、更便捷地完成工作。

所以说，淘宝客与其他推广工具的差距较大，其他推广工具都是“人把控机器”，但是淘宝客是“人把控人”，看起来好像更简单了，但对很多商家来说也可能更难。商家一定要了解对方要的是什么，有相应的给予才能愉快合作。

5.3.3 提高淘宝客的推广效果

1. 选择合适的推广商品

商品自身永远是最直接影响推广效果的，这一点无论在淘宝客中还是在其他推广工具中都是一样的，所以“打爆”一件商品，首先要确认的是商品有大的市场，然后确认用户有明确的需求，最后确认商品有足够的优势。我们可以把已经在直通车测款并明确价值的商品拿来进行淘宝客推广。

在推广期间，很容易出现费用超过利润，从而造成亏本的情况。在亏本的情况下，商家就容易以次充好，来减少自己的亏损。这时候通过各种推广渠道累积了足够的销量之后，反而会出现差评多多、无法控制、店铺及商品 DSR 快速下降的局面，从而导致成交率下降、退货率上升，对后续商品的引流及成交无法起到正向作用。所以，商家在推广期间一定要维护商品的质量，不要让推广费用打水漂。

另外，对于中高客单价的商品，也不建议短期给予超大额优惠券来亏本冲销量，这样引入的消费者可能都是贪便宜的人群，虽然短期成交快速，但对于后期店铺的人群非常不利，在站内流量中都会匹配低消费能力的人群，从而导致全店无法成交。后期想要改变店铺适配人群标签就会非常困难，从而容易让店铺走入死局。所以推广前要多思考、多沟通，明确方向后再行动。

2. 选择合适的推广模式

在和淘宝客进行洽谈合作的过程中，商家一般会被要求以券后价+服务费+佣金率的模式进行沟通。

1）券后价

淘宝客使用的阿里妈妈渠道优惠券不会影响到正常搜索进店的买家，中小商家不用担心利用券后价合作模式会造成过多的损失。对淘宝客来说，主推商品结合优惠券的模式会提升转化效果。试想一下，就连李佳琦这样的超头部主播都需要优惠券搭配优质商品才能产生大量的成交。如果没有优惠机制，那么消费者可以直接去平台购买，没有必要在这些渠道内购买。所以设置合适的阿里妈妈渠道优惠券是十分必要的，但金额过小则无法打动消费者，金额过大则可能扰乱店铺的人群标签，且商家损失惨重。因此优惠券金额的多少可以多参考同行设置，略微浮动，设置方法为：商家中心→营销→营销工具→优惠券。

2）服务费

淘宝客在推广过程中一般会收取一定的服务费来平衡自身的开支。因为淘宝客在扩散渠道的过程中，也会有必要的开支，如预约主播秒杀、结合活动平台等，这部分开支依靠佣金收入并不能满足淘宝客自身的利润，所以淘宝客通常会向商家收取一定的服务费。服务费率没有一定的标准，但是和商品客单价及类目相关，10%是比较常见的，具体的可以双方沟通协商。

3）佣金率

佣金和服务费都与淘宝客的直接收入相关联，对于过低的佣金率，淘宝客可能不愿意合作，过高则会导致商家存在较大的亏损风险。商家首先要结合自身商品的成本，同时参考行业同类商品的佣金率，大致设置佣金率的范围，例如：20%～40%，根据不同的商品推广节奏，设置一个相对合理的佣金率。

目前，在淘宝客进阶推广中，商家对需要主力推广的商品，一定要做好全面竞品及推广渠道的分析，同时结合商品在其他推广渠道或在淘宝自然流量渠道的数据，做好目标及策略的制定，以及相关风险的预案，以保证亏损不超预期，且推广花费后能实现相关目标。

本章习题

一、名词解释

（1）CPS

（2）类目佣金率

（3）团长服务费

二、选择题

1．单选题

（1）在下列淘宝联盟计划中，哪个计划是默认必须开通的？（　　）

A．营销计划　　B．定向计划　　C．通用计划　　D. 自选计划

（2）淘宝联盟按照以下哪种方式扣费？（　　）

A．点击扣费　　B．千次展现付费　　C．成交付费

（3）某商品标价为 300 元，佣金比率为 10%，买家通过某淘宝客链接购买实际付款为 280 元，其中包含运费 30 元，则该淘宝客可以获取佣金多少元？（　　）

A．30 元　　B．28 元　　C．25 元　　D. 27 元

（4）营销计划设置完成后多久生效？（　　）

A．马上生效　　B．1 小时　　C．24 小时　　D．次日成效

2．多选题

（1）营销计划中同一件商品可以设置几个不同的推广策略？（　　）

A．1 个　　B．2 个　　C．3 个　　D．4 个

（2）以下时间段内，买家通过淘宝客推广进入商品链接购买，仍然会计算佣金的有哪些？（　　）

A．7 天　　B．14 天　　C．15 天　　D. 30 天

（3）淘宝联盟推广适合在哪些场景下推广使用？（　　）

A．爆款打造　　B．清仓销售　　C．日常销售　　D．新品成交积累

三、填空题

（1）淘宝客所关注的商品推广相关因素有：__________、__________、__________。

（2）淘宝客的类型有__________、__________、__________、__________4 类。

（3）淘宝客站外的推广渠道有（写出 3 类即可）__________、__________、__________。

四、问答题

（1）什么是淘宝联盟推广？

（2）如何计算佣金？

第 6 章

抖音推广

6.1 二类电商与内容电商推广

6.1.1 什么是二类电商

随着直播、短视频的爆火，消费者电商购物的形式不再局限于传统的一类电商，通过二类电商、内容电商进行消费也逐渐成为主流的电商购物形式。

二类电商是相对于一类电商之外的电商形式，大家耳熟能详的淘宝、天猫、京东、拼多多等传统电商平台都属于一类电商。

二类电商与一类电商相比，有以下几个特点。

①商品展现形式不同。二类电商以主打“大爆款”的单件商品展示为主，消费者可以通过“刷”到的广告短视频、文章等页面直接进入商品的购买页面，没有一类电商具有很多商品的店铺概念。

②付款形式不同。二类电商以货到付款的形式为主，针对有庞大消费能力但不擅长使用第三方支付软件的中老年群体有很大的吸引力，因为他们不需要进入店铺，直接在广告页面进行货到付款的操作即可。

③注重高质量的内容。由于消费者无法与商品的竞品进行对比，只能在广告页面的介绍下选择买或者不买，因此高质量的广告内容是促进成交的关键，从而可以带来更高的利润空间。

以往的二类电商主要以电商购物的形式出现，抖音在电商发展初期，抖音二类电商鲁班平台曾风靡一时，不少商家通过鲁班平台获得了抖音二类电商的流量红利，通过二类电商打造的商品销量在 10 万份以上的“大爆款”比比皆是。但由于二类电商存在售后体验较差、货到付款导致消费者舒适性低等问题，抖音将鲁班平台的推广功能融入了巨量千川，以引流电商的形式出现，从常规的二类电商转型成了用户点击商家投放的抖音信息流广告后，直接进入天猫、京东等商品页面。

6.1.2 什么是内容电商

我们从推广的角度去理解内容电商。内容电商的推广相比于传统电商商品的推广是一次难度、复杂度的升级。商家在推广淘宝网、京东网的商品时，侧重于吸引已经对具体某个类目、某个品牌有高意向消费的客户，广告主要以直戳痛点、直接展示卖点的形式展现。而内容电商推广侧重于中低意向客户，甚至无意向的潜在消费者。

在互联网信息碎片化的时代，中低意向消费者对“硬广”广告容易产生心理排斥，而优质的“软广”内容（如小红书软文“种草”、有趣的带货短视频、直击心灵的直播话术等）不仅能让消费者对广告内容更感兴趣，还能对内容所“种草”的商品更加认可。优质的推广内容可以得到更多的兴趣传播，引发兴趣购买，这是内容电商的核心。

1. UGC

UGC（User Generated Content，用户生产内容）指的是个人用户在内容平台上分享自己的原创作品。UGC 涵盖的内容十分广泛，个人的微信朋友圈、贴吧或论坛的帖子、各内容平台下的用户评论等都属于 UGC。UGC 的优点是量大且丰富、超高的互动、自由度高、没有行业门槛限制，缺点也十分明显，即内容过于泛娱乐，缺少专业度和权威性，优质内容比例较低。

2. OGC

OGC（Occupationally Generated Content，职业生产内容）指的是专业从事与内容相关的工作者，如短视频创作公司、新闻媒体从业者、内容营销推广工作者等，这些工作者在某些领域具有权威性，属于该领域的精英，所生产的内容更具有专业性，并且主要以盈利为目的。

3. PGC

PGC（Professionally Generated Content，专业产生内容）的创作主体可以说是 UGC 的升级版，同样和 OGC 一样具有某个领域的专业性，可以是短视频直播网红、小红书和微博平台技术类博主、二创或原创音乐家等，在自己擅长的领域可以创作出高质量的内容，且不以盈利为主要目的，更多地是义务贡献自己所掌握的资讯和知识，如分享美妆教程、专业养宠知识、原创音乐、游戏解析、摄影知识等。由于 PGC 形式缺少专业的团队，个人的力量有限，导致可生产内容的数量十分有限。

UGC、OGC、PGC 是相互关联的，如图 6-1 所示。很多个人创作者刚开始只是出于爱好，在内容平台上发布一些相对简单、缺少专业性的内容，此时的创作者生产的内容就是 UGC，但随着自身不断地学习，某些内容得到了大量的曝光及粉丝的认可，此时的小白创作者逐渐成为该领域的资深专家，所生产的优质内容比例越来越高，此时的创作者生产的内容就是 PGC，当创作者的影响力达到一定程度，会有品牌商找创作者进行商业内容合作时，创作者和品牌商之间共同生产针对该品牌的视频、软文，此时创作者生产的内容就是 OGC。

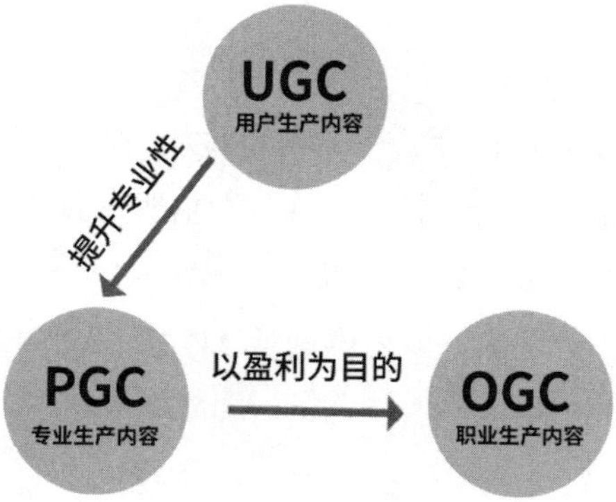

图 6-1　UGC、PGC、OGC 之间的关系

6.1.3 内容推广的优势和劣势分析

1. 内容推广带来的庞大流量

流量为王的互联网时代，优质的内容成为引爆流量的关键。随着手机硬件性能的大幅度提升、网速的大幅度提升、电信网络资费的降低，大众可以通过手机获取的内容更加丰富、快捷，视频网站、短视频平台、直播平台、公众号推文、微博、朋友圈等内容平台已

经成为人们生活中必不可少的一部分。百万次点赞、上亿次播放量，在这个内容为王的时代屡见不鲜，内容推广是撬动互联网庞大流量池的最佳利器之一。

同时，越来越多的消费者开始从短视频、直播、软文等内容渠道购买商品，消费者对内容电商的相关产品信任度越来越高，甚至已经超过了传统电商的产品。明星、网红、各大领域 KOL（关键意见领袖）的加入，也带来了巨大的流量提升。

海量的流量池大幅增加了商家对内容推广的操作空间，同时也为服务于本地、周边的商家提供了高性价比的营销平台。以往一些本地商家只能通过室外广告、传单、老客户口碑传播等效率较低的方式推广，如今很多本地商家通过短视频等内容渠道打造的网红店、网红打卡地层出不穷。探店类、知识付费类、户外类、露营旅游类、好物推荐类等新兴的内容模式也通过短视频、软文获得了大量的受众，促进了很多新兴行业的发展。

2. 内容带来的体验升级

相比于传统的插播视频广告、电商店铺图片类广告、"牛皮癣"广告，优质内容下的"软广"极大地增加了用户对有广告内容的观看留存率、停留时长、完播率。如美妆护肤"种草"类，内容创作者通过亲身体验，并且常以朋友、闺蜜的口吻向观众"种草"，让内容拥有很强的亲和力的同时又不乏专业性；探店类短视频，从个人消费者角度展现从入店到参观店铺的特色，再到享受商家服务，最后做出总结，非常完整地展示了作为个人真实的消费过程，内容有趣的同时也加强了观众对内容的信任度；剧情类短视频广告，有趣、有内涵、搞笑、有悬念、有反转等小剧场式的短视频，是短视频平台最容易成为热门话题的内容之一，在剧情类短视频中适当植入相关品牌、商品，一旦视频成为热门话题，就可以给广告带来巨量的观看流量。

在传统的电商平台，主流的付费推广模式有 CPC（按点击次数付费，消费者每点击一次商家的广告后，商家就支付平台一次广告费用）、CPM（按每千次展现次数付费，商家的广告每展现给消费者一千次，就支付平台一次费用）等形式，优质广告展示位较少导致了激烈的竞价排名，尤其对于新产品，需要花极高的成本来获得优质的展示位，且由于销量、评价口碑基础差，使其推广见效也较慢。而内容推广往往是辅助性、即时性、分段性的，单次推广操作的时间短且见效快。

下面以抖音短视频广告推广为例进行说明。抖音短视频广告有以下几类推广形式。

①快速积累点赞和评论量。除了视频本身的质量，点赞和评论也能影响消费者对视频的兴趣，新发布的视频没有点赞和评论，会影响视频的互动率。用推广工具，如 DOU+，可以快速积累视频基础的点赞和评论量，从而辅助性地提升视频的质量。

②给视频或账号快速打标签。抖音对内容的算法是基于大数据按兴趣推荐的，尤其对于新号没有足够的数据量支持下，创作者的视频内容会推送给不相关的兴趣人群，通过 DOU+筛选兴趣人群精准地推广，快速给账号和视频打上相关标签，从而实现更精准的推送。

③测试、分析数据，使推广效益最大化。通过 DOU+的精准投放，快速测试短视频流量的转化、成交转化等数据，如本地商家推广后带来的客流量变化、好物推荐类视频带来的成交转化率等，从而分析并制定合理的推广计划，达到效益最大化。

④为直播间引流。商家正在直播时，除了用巨量千川推广工具能直接给直播间引流，还可以通过 Dou+推广和本次直播相关的内容短视频进行推广，向直播间引流。

抖音直播的推广则更能体现内容推广的即时性、分段性。传统的电商平台推广往往采用的是长时间持续性的方式，而抖音直播的推广则仅需要针对本次直播进行即时性的推广，且需要根据直播的节奏进行分段式推广，如主播状态和直播间的热度达到巅峰，此时直播的转化是最高的，商家需要迅速加大推广力度，以便带来更多的成交。同理，在某个直播时段中若直播间承载不了很大的流量，就需要调整推广力度，减少推广费用，以避免亏损。巨量千川推广计划启动时，各项推广反馈的数据非常及时，见效很快。因此，在一场几小时的直播中，巨量千川推广的调整频率很高，需要根据直播间的情况进行分段式推广，从而达到更高的投入产出比。

3. 与爆款在同一起跑线上

传统的营销推广模式只能通过单一的图文和商品介绍视频来向消费者展示，导致消费者的信任度低，缺少向消费者展示的渠道，因此对小品牌和冷门商品有极高的消费者教育成本。而内容推广给予了小品牌、冷门商品更多推广的机会，甚至可以随时和爆款在同一起跑线上。

下面从消费者心理角度来分析内容推广带来的机会。

1）消费者的恐惧心理

电商产品在营销推广中有很关键的一个要素是直戳消费者的“痛点”，也就是利用消费者的恐惧心理来营销。面对有毒害污染、害怕衰老、肥胖、人身安全等问题，商家会通过各种方式引燃并放大消费者的恐惧心理，以此增加商品的吸引力。

举例说明，卖空气净化器的商家会展现出有雾霾后，每年的呼吸道疾病、肺癌明显增加的数据来增加消费者的购买欲望。通过内容推广来利用恐惧心理具有巨大的优势，如卖空气净化器的商家通过制作短视频，用专业设备测试某地室内的空气质量很差，长期处于这样的室内很容易引发相关疾病这样的内容来引燃消费者对环境污染的恐惧心理，在使用空气净化器测试空气质量后，发现不仅达标，还达到了优秀的标准，通过专业的内容制作提升了消费者的信任度。

在很多常见的消费类目中，如服装、家用电器、居家日用等，很多消费者仅从商品的图文很难判断商品的好坏，因而为了避免麻烦，往往会选择大品牌，而内容电商以一种非常贴近消费者的形式，通过短视频和直播，全方位展示并测评商品的各种优点，比传统的图文更具有说服性。因此，不仅仅是大品牌，小品牌也可以通过内容电商来取得消费者更高的信任度。

2）消费者的从众心理

在经济学里，从众心理也被称为羊群效应，指的是“羊”的物种特征，即只要领头羊做出了某个行为动作，其他的羊就会纷纷效仿。同样，在现实生活中，消费者往往也喜欢去人多的饭店用餐；在电商平台中，人们也喜欢购买销量多的商品。

通过内容推广，即使是一些冷门的品牌商品，也可以让短视频快速拥有大量的互动，让直播间快速积累人气，同时主播也可以通过话术来告知观众商品的性价比很高，已经有了大量的订单，从而充分利用消费者的从众心理吸引观众下单。

3）消费者对权威认可的心理

权威效应指的是大众容易被权威所左右，更相信有专业、有威望、受人尊敬、有名气的人，它体现在内容电商上时，很多明星、名人、行业专家开设内容账号、做带货直播，其权威效应、名人效应增加了消费者对所售商品的信任度。从推广的角度来说，利用权威效应、名人效应，能快速吸引粉丝和相关的受众。

以往大品牌常常用高价聘请明星做代言，而小品牌并没有足够的经济实力找名人代言，但是在内容平台上，存在庞大的网红、名人等 KOL 群体。因此，不论是大品牌还是小品牌，都可以在内容平台上找到性价比更高的 KOL 进行合作推广。

4）锚定效益

锚定效益指的是商家设置锚点，给推广的商品设置一个参照物，从而放大自己商品的价值，让顾客认为自己不是要占便宜，而是有一种占了便宜的感觉。

在内容电商的营销推广中，商家会向观众展示原价和现价的对比，在某个特殊时间节点（如中秋节）设置折扣来展现商品的优惠力度，也会对商品进行不同平台之间的对比，如抖音直播时向观众展现其他平台同款商品的价格进行参照，直播活动价远低于其他平台。

通过设置低性价比的商品对比来提升主推商品的吸引力，如某品牌洗面奶小支体验装30ml售价为80元，而大支正装100ml售价为120元，从消费者角度看，100ml含量比30ml多出了三倍多，而价格只贵了50%，在巨大的反差对比下，消费者会觉得大支正装很划算，其实这个小支装洗面奶并不是商家真正想要销售的，而是商家为了销售大支正装设定的价格锚定物。

在短视频带货和直播带货中，商家和主播会通过折扣、满减的形式来增加客单价。100ml正装1支售价为120元，如买2支，优惠后售价为199元，再送价值80元的30ml体验装5支，商家和主播会着重介绍按照单买价格计算，2支正装加5支体验装总价达到了640元，锚定了一个高额的总价来体现买2支的性价比，增加购买2支的消费者比例。

另外，一些小品牌和冷门商品也可以将电商平台上的爆款、大品牌进行锚定，推广的商品在同样的功效、分量、品质下，可以作为大品牌的高性价比“平替”。

5）稀缺心理、饥饿营销

稀缺效益是饥饿营销的核心，“物以稀为贵”的心理会明显提高购买欲望，在内容电商中，饥饿营销常常用于直播带货，在直播带货初期，很多商家和主播以远低于传统电商平台的价格销售，因此经过多年的发展，在消费者心里留下了直播间购买商品会比传统电商平台更实惠的印象，实际上传统电商平台的综合利润并不算高。由于一直以亏损形式进行直播不可持续发展，所以在没有巨大的价格差的优势下，商家就会利用消费者的稀缺心理来进行饥饿营销。

以直播为主要销售渠道的店铺，绝大部分订单来自直播的过程中。因此，为了体现主推商品的稀缺性，商家会对主推商品的库存根据在线观众人数并配合主播话术进行实时调整，主播会先对主推商品进行预热介绍，并着重说明价格很实惠，库存很少，如在线人数有1000人，主播会提醒观众有1000人等着抢这款商品，但是库存只有100件，需要大家拼手速下单，同时后台上架商品进行抢购，经过一段时间后，库存售空或者后台人为清空库存，从而营造商品稀缺的现象。商家通过合理安排时间段，在整场直播中重复上述操作，以达到主推商品高转化的目的。

在饥饿营销的实际操作中，精细化的推广配合是极为重要的，“人多货少”是利用稀缺心理的关键，而人多是需要直播推广引流来促成的。在主播开始预热主推款时，加大推广工具的力度，让直播间迅速积累观众，是达到营销目的关键之一。

内容电商更侧重营销推广技巧，内容推广给大品牌增加了销售渠道，给小品牌和冷门商品提供了更有效的提升信任度的方式，降低了消费者的教育成本，拉近了和大品牌的起跑线。

4. 精细化推广带来更高的营销门槛

传统电商店铺（如天猫、京东店铺）商品的推广技术要求体现在主图、详情页、关键词精准度、平台付费推广工具、平台大促活动上。而内容的营销推广涉及的维度相对更多，给商家带来了更高的营销门槛。

1）高制作成本

通过短视频带货，商家不仅需要制作商品的详情图片介绍，还需要拍摄剪辑优质的内容视频，优质的视频内容需要专业的分镜脚本、台词文案、演员化妆、摄影打光、后期制作等。同样，通过直播带货，需要配置主播、跟播、运营、专业的直播设备、专业的直播间灯光、优质的直播场景等，极大地增加了商家营销和推广的制作成本。

2）技术专业度高要求

想让短视频成为“热门”，创作者的内容创新能力十分重要，短视频的营销推广不仅需要持续频繁地输出内容视频，还需要保持每个视频内容的优质及创新特点。因此，很多可以持续性输出优质内容的创作者背后都有完善的制作团队，这无疑增加了大量的人力成本。

3）推广不确定因素多，精准度要求高

内容电商平台的流量组成和传统电商平台有很大的不同，传统电商平台主要是已经有消费意向的人群，而内容电商平台除了有购买需求的消费者，主要以泛娱乐的流量为主，并且其中包含了大量的潜在消费人群。因此，商家在推广引流时对人群的筛选需要十分精准，在庞大的流量池里找到受众人群的不确定因素有很多。

6.1.4 内容推广趋势

1. 内容电商兴起带来巨大的推广人才缺口

传统的电商推广工具，如淘宝直通车、钻展、京东快车等经过了多年发展，人才市场上已经有了大量的技术人才，即使有很多同样属性的新平台新工具的出现，传统电商推广的底层逻辑也是大同小异的，不需要再经过系统性的学习，但内容电商的推广，如抖音的巨量千川，其底层逻辑与传统的电商推广有着本质的不同。在人才市场上，技术过硬的千川优化师（也称投手）寥寥可数。各大招聘网站上，很多公司都在招聘投手，薪资水平一个比一个高，平均工资高于很多传统的行业。如图 6-2 所示，截至 2022 年 11 月 17 日，来自职友集的数据中，杭州信息流广告优化师的工资为 1 万元~1.5 万元，占比达 51.4%。

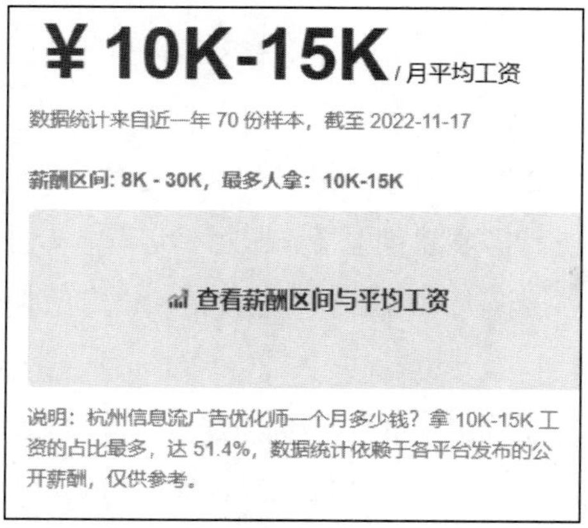

图 6-2 职友集杭州信息流广告优化师月均工资

2. 内容监管、竞争不断增加

企业（品牌）对广告的投入越来越偏向“软广”，争相开始进行图文、短视频、长视频广告植入，爆发式的增长也给各类低俗、侵权、劣质的内容提供了存活的土壤，如可疑炫富、涉嫌传销等。为了避免大量低劣内容破坏内容生态，监管部门开始介入，内容平台也进行了算法优化和筛选，在激烈的“赛马”竞争下，更优质的内容才可以获得更大的曝光。

平台要求内容不能违反广告法，不能过于低俗，采用的图片、字体、音频需要有版权授权，画质不能太差，内容不能过度炒作、不能存在不良风俗和危险行为等，严格执行机器筛选+人工筛选的双重监管规范，杜绝了低劣内容的同时，在一定程度上也加大了内容的创作难度，很多没有足够经验的创作者很容易无意间发布违规内容，轻则导致内容被删除，重则可能被封号。

内容优质、合规是推广的前提条件，当商家想要对创作的广告内容进行付费推广时，平台会对推广的短视频和直播内容额外增加审核，且带货内容审核机制相对泛娱乐内容更加严格。

3. 去中心化下的推广新思路

随着优质内容层出不穷，大众对内容的品质要求越来越高，热点的迭代也越来越快，但用户依旧能在抖音平台“刷”到感兴趣、有新鲜感的视频，除了精准的带人群兴趣标签的算法机制，还有其去中心化的模式。

很多传统的电商平台、内容平台流量中心化的现象比较普遍。也就是说，某家店铺的商品销量很高，某个 KOL 的粉丝有很多，那么平台就会向他们倾斜更多的流量支持，这类模式的优势是可以让更有实力的商家承接平台更大的流量，有利于服务、售后、品质的稳定，但是一定程度上限制了小商家的发展。

抖音平台具有去中心化的机制，给予了中小创作者、商家更多的机会。很多没有粉丝的新账号在发布了优质的内容视频后，也能迅速得到平台的推送。而一些有百万名粉丝的账号，如果不能持续输出优质的内容，并且发布的视频内容缺少创新性，这些内容视频也无法得到平台的推送。去中心化的机制让很多中小创作者、商家有了弯道超车的机会，也让平台的内容时刻保持创新的活力。

6.1.5 抖音推广中的行业“黑话”

和“互联网黑话”一样，抖音电商的快速发展也创造出了各式各样的“黑话”，同行之间相互交流、工作汇报、培训教程等都会用到各类行业术语。因此，商家想要快速理解其含义，就需要了解各式各样的具有行业特色的“黑话”。

FEED 流：也称信息流，是信息的一种展现形式，FEED 流主要有 3 种常见的展现形式：文字流、图片流和视频流，通常以无限连续形式、通过用户滑动屏幕翻看、带标题标签的卡片形式展现。很多社交和资讯、娱乐 App 中都使用了 FEED 流，如：各类短视频平台、微博、微信的朋友圈、各类新闻 App 推荐页等。

PV（Page View，页面浏览量）：指的是直播短视频的访客浏览量，同一个访客重复浏览内容也计入 PV。

UV（Unique Visitor，访客访问量）、UV 价值：指的是直播短视频的访客数量；UV 价值=GMV/UV，意思是平均每个访客可以带来的成交。

GMV（Gross Merchandise Volume，商品交易总额）：包含成交销售额、下单未付款金额、退款退货金额。

LTV（Life Time Value，客户的终生价值）：指的是用户终生在商家购买的商品价值。

GPM（Gold Per Mille，千次观看成交）：抖音直播常用的数据指标，指的是直播间千次观看产生的成交。GPM=（GMV/PV）×1000，在抖音中主要的意思是进入直播间 1000 人所产生的成交金额。

CPC（Cost Per Click，按单次点击付费）：CPC = 总费用/点击次数，客户点击广告进入后即产生费用。

CPM（Cost Per Mille，按千次展现付费）：CPM=总费用/展示×1000，广告内容每展现 1000 次所产生的费用。

OCPM（Optimization Cost Per Mille，千次展现自动出价）：在抖音千川工具中，可以理解为 CPM 千次展现费用的系统以转化为目标去优化的出价形式，商家在千川工具中设置 ROI 目标、成交目标等，千川推广系统依旧按照 CPM 计价，但是系统会根据商家设置的目标去优化流量。

CTR（Click Through Rate，点击率）：CTR=（点击量/展示量次数）×100%，在抖音中指用户“刷”到直播间后进入直播间的点击率、商品点击率等。

CVR（Conversion Rate，转化率）：CVR=（转化量/点击量）×100%，在抖音中指直播短视频商品的成交转化率。

ATV（Average Transaction Value，客单价）：ATV=成交金额/成交客户数。

ROI（Return Of Investment，投入产出比）：ROI=成交金额/广告花费。

ACU（Average Concurrent Users，平均在线用户数）：在抖音中，通常指一场直播中直播间平均在线人数。

PCU（Peak Concurrent Users，最高同时在线人数）：在抖音中，通常指一场直播中，直播间最高同时在线人数。

OPH（Orders Per Hours，单位时间产生的订单量）。

抖音徕卡定向：指的是千川工具推广设置中，使用人群行为+兴趣的定向。

三屏共振：三屏通常指直播间、短视频、付费推广。三屏共振的意思是，直播间主播发挥好、场景搭配优秀、商品有竞争力，短视频内容优质、引流能力强，付费工具推广引流数据好，三屏相辅相成，从而达到更好的直播效果。

连爆/瞬爆：连爆指的是直播期间发布的多条短视频大量曝光，从而连带直播间流量暴涨，反之亦然；瞬爆指的是在某个时间节点瞬间引入大量流量，如给直播间和短视频同时投入多条计划广告、在流量数据较好的时间点定时发布大量短视频去批量获得流量池的流量。

憋单/放单：憋单指的是直播间向观众预告展示超低价送福利商品，如某大牌蓝牙耳机 9.9 元，但是暂时不上架或者库存设置为 0，不断吸引观众停留在直播间，从而积累大量的直播间人气；放单通常指的是福利品憋单一段时间后，上架或者补一定库存，让观众可以抢购。

养号：通常指新的内容平台账号通过发布垂直内容、观看点赞和评论相关内容，以及用推广工具引入关联性强的观众等操作，让新的抖音号可以被平台打上想要的垂直内容的标签。

起号：通常指的是抖音短视频、直播从 0 开始到成型的过程。

打标签：指通过垂直的内容、推广，将短视频、直播间平台分为相关的内容标签，从而使账号发布的短视频、直播可以被平台引流兴趣度更高、更精准的流量。

做 IP、人设：主播或者内容创作者在平台上建立自己的 IP、人设，如搞笑、技术流、舞蹈达人、原创音乐创作者等人设 IP。

流量池和流量池等级：通常指抖音短视频的播放量档位，如视频的基础流量池第一档为 200~500 次播放量，如内容被系统判定为优质内容，则会被逐步推荐到播放体量更大的流量池。

完播率：完播率=完整观看视频的用户数/观看视频用户总数×100%。

停留时长：通常指观众在直播间观看停留的平均时长。

直播切片：指的是直播过程中各种精彩的片段，经过剪辑加工后制作成短视频，优质的直播切片通过发布带货短视频，进行二次营销。

SKU（Stock Keeping Unit，库存进出计量的基本单元）：在电商中，指的是单位商品的简称。

DSR（Detail Seller Rating，商家服务评级）：店铺的综合评分，通常有商品描述符合度、商家服务态度、物流发货速度。

口碑分：抖音带货口碑分指的是商家带货商品的综合优质指标，基于 DSR、售后、投诉等多维度计算，反映该商品的优质程度。

矩阵：通过创建多个账号，来增加个人 IP、品牌的影响力，打造账号矩阵，从而获得更多、更全面的流量。

6.2 抖音巨量引擎

6.2.1 抖音广告推广平台——巨量引擎

巨量引擎是抖音集团旗下综合性的营销推广平台，它整合了抖音集团旗下所有平台的营销推广，包含抖音短视频、西瓜视频、今日头条、皮皮虾、懂车帝、剪映、番茄小说、住小帮、穿山甲、Faceu 激萌、轻颜相机、幸福里等。巨量引擎旗下的推广工具包含 DOU+、巨量千川 PC 版、小店随心推等。

DOU+是为创作者提供的抖音短视频、抖音直播进行引流的推广工具，用于非带货直播间、未挂商品的短视频的推广；巨量千川 PC 版和小店随心推是直播、图文短视频带货推广工具。

6.2.2 抖音带货推广工具——巨量千川

巨量千川是巨量引擎旗下的内容电商推广工具，主要分为 PC 端版本和移动端的小店随心推，其中 PC 端版本又分为极速版和专业版。

1. 小店随心推

商家用抖音手机 App 即可操作“小店随心推”，在挂有商品链接下的短视频（如图 6-3、图 6-4 所示），以及正在直播带货的直播间（如图 6-5 所示），原 DOU+推广会变更为小店随心推的入口。它适合新手、零基础的商家作为入门的推广工具，以自动智能推广为主，可以设置金额让系统智能推荐全托管自动推广，也可选择相应的定向人群进行更精准的推广（如图 6-4、图 6-6 所示）。

短视频小店随心推有商品购买、粉丝提升、点赞和评论 3 个优化目标，投放时长范围为 2~24 小时，大多数商家以商品购买为主要优化目标，目的则是最大化 ROI，有些商家想要兼顾成交和视频热度、“增粉”，则可以选择粉丝提升、点赞和评论。

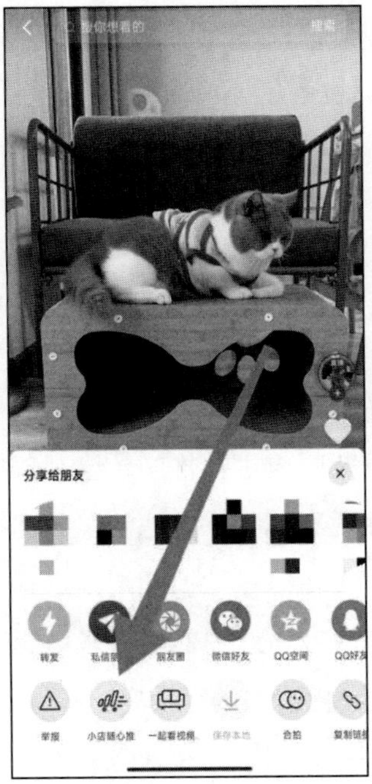

图 6-3　小店随心推短视频入口

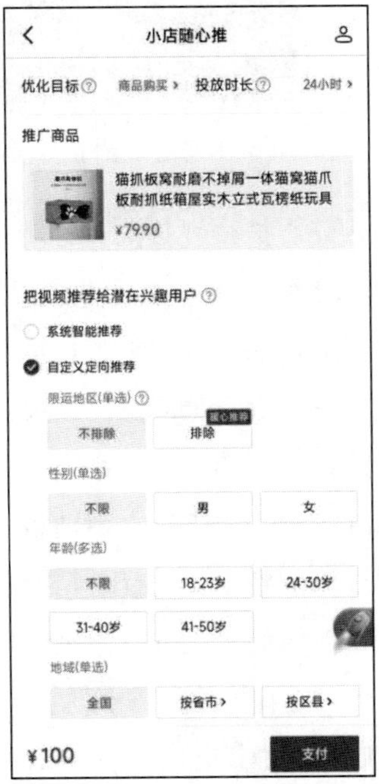

图 6-4　小店随心推短视频推广页面

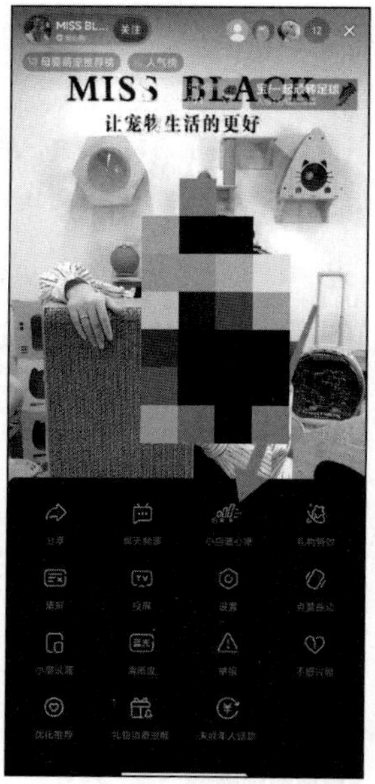

图 6-5　小店随心推直播间入口　　图 6-6　小店随心推直播间推广页面

短视频小店随心推将视频推荐给潜在的兴趣用户，有系统智能推荐、自定义定向推荐和达人相似粉丝推荐 3 个模块。系统智能推荐也就是全部由推广工具根据智能算法将视频推荐给潜在的观众，系统会根据数据情况实时调整推广的人群，当商家不清楚视频内容的受众人群或者受众人群十分广泛时，可以选用系统智能推荐。自定义定向有性别、年龄、地域、人群兴趣标签筛选选项，系统在筛选的人群范围内进行推广，当视频有清晰的受众人群时，可以选用它，如年轻女装销售视频筛选性别和年龄、本地的美食商家筛选具体的地域，并且可以精确到市县进行更精准的推广。达人相似粉丝推荐则是选择多个有一定粉丝量的账号，根据他们的人群标签进行推广，视频内容与选择的达人有强相关性，如宠物用品的视频内容可选择宠物科普类达人、宠物用品带货达人进行推广。

直播间小店随心推优化目标有成交（下单且付款成功）、下单（包含下单未付款和下单已付款）、商品点击、进入直播间、粉丝提升、评论。其中“成交”和“下单”在业内也被称为深层投放，商品点击和进入直播间被称为浅层投放。

直播间吸引观众的类型有系统智能推荐、自定义观众类型、达人相似观众，直播间小店随心推可自主筛选的人群类型相对较少，主要以系统智能算法推广为主。

直播间加热的方式有直接加热直播间和选择视频加热直播间。商家如果投放直接加热直播间，那么被投放的观众在“刷”抖音时，会直接“刷”到正在直播的画面，观众可以看到并进入直播间。如果投放选择视频加热直播间，那么被投放的观众在“刷”抖音时，会看到带有直播入口的视频内容。当视频内容比较优质，也很吸引人，并且和直播内容有强相关性时，可以选择投放视频向直播间引流。

2. 巨量千川 PC 端极速版、专业版、FeedsLive

巨量千川 PC 端分为极速版和专业版（如图 6-7 所示）。极速版以系统自动计算推广为主，可以给视频或者直播间引流，商家可以快速、简单地设置推广预算等，系统会智能调控投放节奏，探索并建立匹配的人群等。极速版更适合新手商家推广。

图 6-7　巨量千川计划设置入口

专业版的推广定向更精细化，除了一些常规的定向人群，还有十分精细化的兴趣定向人群，需要商家利用人工筛选对应的人群进行推广覆盖。另外，专业推广还可以批量设置多条不同定向的计划。

FeedsLive 品牌推广往往是大体量规模商家品牌使用的流量补充推广工具，与巨量千川 PC 端小店随心推 OCPM（Optimized Cost per Mille，系统智能优化的千次展现价格）方式不同。FeedsLive 品牌推广只按照 CPM 保量收费，可以快速跑动推广计划，引入大量的流量，但是由于无法设置优化直播间成交、ROI 等深层目标，所以无法保证实际的转化效果。FeedsLive 品牌推广不适合中小商家。

3. 通投广告与搜索广告

通投广告不限制广告的投放场景，包括但不限于信息流场景、搜索场景等，匹配的用户在“刷”短视频、抖音直播间、抖音商城，或者在抖音搜索相关的内容等场景时会看到广告视频或直播间。通投广告投放的覆盖面广，可以为商家带来更大的流量。

对于搜索广告，只有用户在抖音首页、抖音商城等搜索渠道搜索匹配的关键词的场景下才会推送广告。搜索广告覆盖的人群兴趣度更高，可以带来更精准、更容易成交的流量。

4. 短视频/图文商品托管、直播间成本稳投与专业推广快速推

在巨量千川的推广预期中，直播间成本稳投（如图 6-8 所示）、专业推广快速推的模式（如图 6-9、图 6-10 所示），以及短视频/图文商品托管（如图 6-11 所示），均属于极速推广的方式，但它们在主要的优化预期目标方式上有所不同，短视频/图文商品托管、直播间成本稳投主要以商品成交、整体的 ROI 为优化目标，专业推广极速推广的优化目标除了商品成交和 ROI，还有商品点击、点赞和评论、“增粉”、下单和进入直播间。

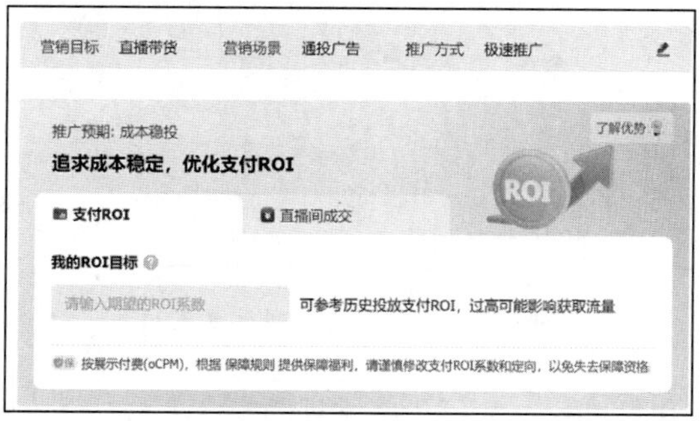

图 6-8 巨量千川直播带货成本稳投

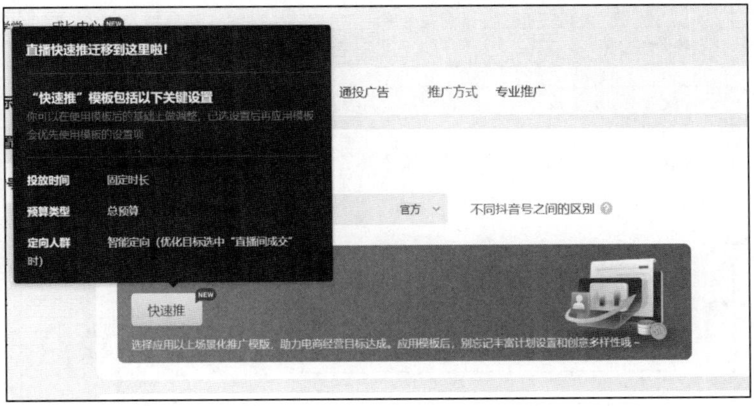

图 6-9　巨量千川直播带货专业推广快速推

图 6-10　巨量千川短视频/图文快速推优化目标

图 6-11　巨量千川短视频/图文商品托管

商家在进行投放推广时，最关注的点往往是成交和 ROI，巨量千川短视频/图文商品托管、直播间成本稳投不仅可以让商家更方便地设置相关的优化目标，还可以增加更全面的定向和商品智能创意，在功能上更加完善。

5. 投放方式简介

极速推广和专业推广都有控成本投放和放量投放两种方式。控成本投放（如图 6-12 所示）优先控制成本达标，最大限度地使用广告预算。放量投放（如图 6-13 所示）则优先完成投放目标，投放过程中的成本会有浮动。

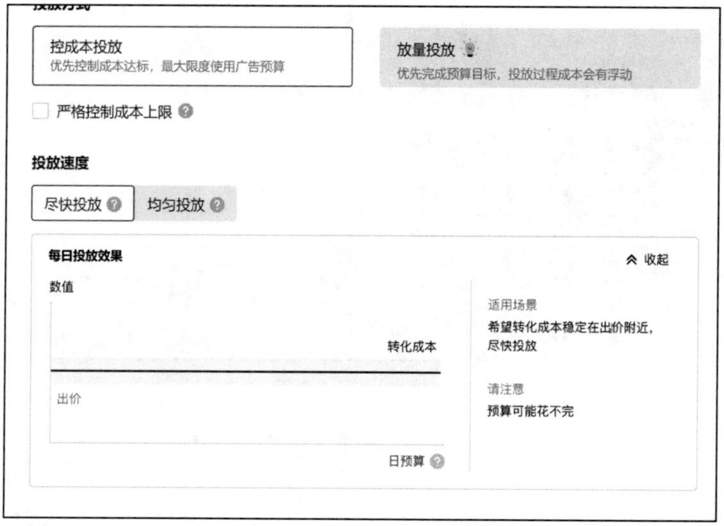

图 6-12　控成本投放模式

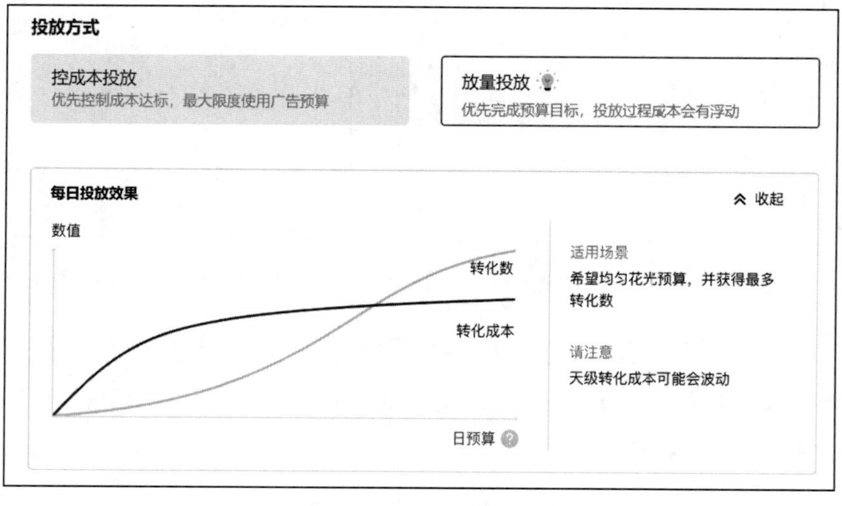

图 6-13　放量投放模式

在控成本投放模式下，商家需要设置转化出价，如 xx 元/成交、xx 元/点击、ROI 数值，系统根据商家设置的出价，在控制成本的前提下去花费预算，使转化成本稳定在出价金额附近。如果商家出价过低，则可能会导致流量竞争力低、引流慢、预算无法花完；如果出价过高，单次引流成本高且流量竞争力强，则可能会导致预算迅速消耗完。控成本投放中的投放速度分尽快投放和均匀投放，尽快投放模式下如遇合适的流量，预算集中投放，在投放的有效时间内，一旦可以匹配到满足商家出价的流量，就尽快进行引流来花费预算，引入的流量波动幅度比均匀投放大；而均匀投放则是全天预算平滑投放，引入的流量波动幅度较平缓。

在放量投放模式下，在指定的时间段内，系统以优先花光预算为主，可以快速且均匀跑量，并且尽可能优化转化目标。在该模式下，商家无法设置转化出价、目标 ROI，且转化的成本波动范围可能会较大。例如，商家如果在 18 点开播，需要在开播后一小时内尽可能积累大量的人气来增加活跃度，则可以设置在 18 点至 19 点的固定时间段进行放量投放，快速花光预算，从而引入大量的流量，为开播起个好头。

6. 巨量千川定向简介

巨量千川的定向可简单分为 3 类：基础定向、行为兴趣定向、DMP 人群管理。

基础定向（如图 6-14 所示）类似于抖音小店随心推，分为地域、性别、年龄、抖音达人、网络、平台等。行为兴趣意向则是行为兴趣定向的设置入口。

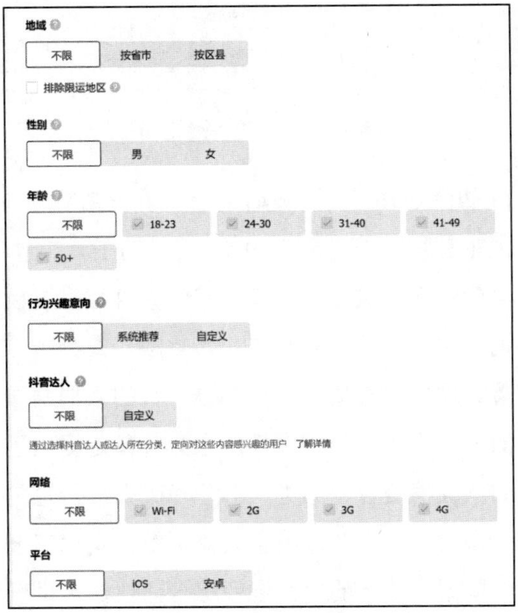

图 6-14　基础定向内容

行为兴趣定向（如图 6-15 所示）在业内也被称为徕卡定向。行为是指用户在一定时间内在平台的一些场景发生过的互动行为，场景分为 App 推广互动行为、咨询互动行为和电商互动行为。兴趣是指根据用户可能存在的兴趣寻找转化人群。行为兴趣定向是指根据系统设置的类目词、关键词去匹配相关的人群，类目词以行业大类作为区分，分为游戏、餐饮美食、生活服务、家居家装、商务服务、家电数码、教育、美妆护肤护理、旅游、母婴、应用软件、日用百货、宠物生活、手机电脑、服饰鞋帽箱包、新闻资讯、小说动漫阅读、交通、运动户外、金融等。关键词是大类下具体的商品、品牌、服务等，如美妆类目下的面膜、洗发水、瘦身等。

图 6-15　行为兴趣定向

DPM 人群管理定向（如图 6-16 所示）是针对有人群营销需求的广告主提供各维度受众的电商属性画像、电商属性人群包和运算能力的人群定向工具，包含人群洞察、标签广场、粉丝人群、人群列表。其中，人群洞察是推广账户的人群数据看板，支持广告账户、广告计划、直播间多样化查询，也支持展示、点击、转化漏斗式分析，还支持披露品类人群词云，以及披露性别、年龄、地域分布情况，从多维丰富的人群画像维度辅助广告主洞悉目标人群，从而做出恰当的人群决策。标签广场的官方解释是提供了丰富的电商标签，包含平台推荐的标签人群，如八大消费者、品类人群、基础人群，也包含私域人群，如广告账户人群、直播间人群，商家可以自由圈选组合人群标签，实现精准用户触达。粉丝人群的官方解释是分析基于交易数据对粉丝的价值进行综合评估，可供查看千川账户绑定官方抖音号以及自运营抖音号的粉丝数据，圈定不同类型的粉丝人群，对比查看人群增长趋势、转化效果及粉丝画像，帮助商家了解粉丝价值及粉丝群体现状，辅助商家更好地针对粉丝人群进行策略调整，从而更好地激活粉丝价值。人群列表的官方解释是统一管理各平台沉淀的人群标签，可以实现以目标人群包作为种子包，扩大对相似人群的圈选，提高人群覆盖数，同时也可以快捷地推送人群包至计划创编界面，来提升投放效果。

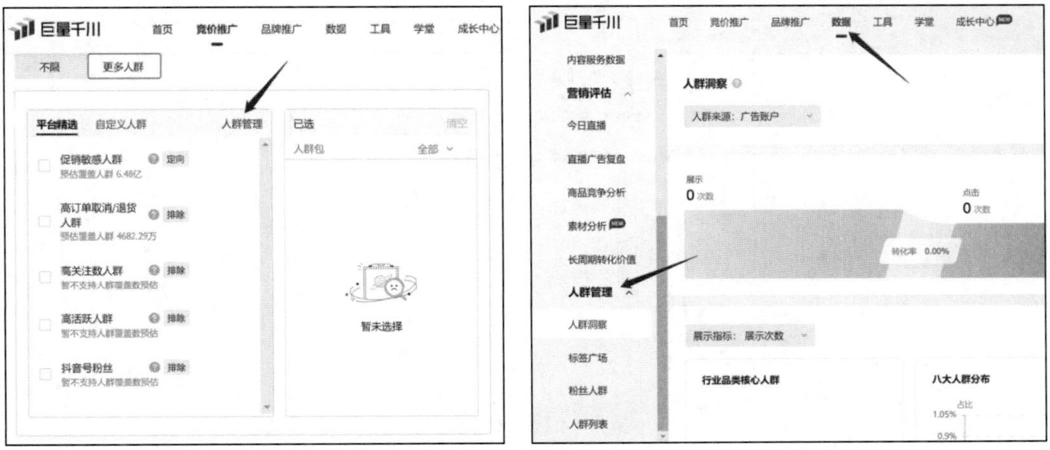

图 6-16　DPM 人群管理的两个入口

7. 千川商品推广创意

千川商品推广创意是指千川广告向推送用户展示的画面形式，分为直播间画面（如图 6-17 所示）和视频。直播间画面指的是直接推送当前实时播放的画面，通过直播间的画面，用户可以看到直播间实时的主播介绍、营销场景、直播主题、优惠福利、商品展示等，并且直接点击就可以进入直播间。直播间画面对直播间的“人”“货”“场”要求更高，更适合持续保持优质的画面和热度的直播间。

视频指的是商家筛选与直播内容关联性强的优质短视频进行投放，可多个短视频一起投放，被推送的用户看到短视频后可以从短视频界面进入直播间，通过筛选并测试商家日积月累生产的大量短视频，可以得到一些给直播间带来巨大流量的短视频，这类优质且和直播间关联性强的短视频可以持续性地作为投流素材，为多场直播带来效益，一些平播直播间（平播指按照顺序介绍当场直播的商品，只注重商品的功能讲解，不注重直播的促销活动和留人的直播话术）、直播间实时画面吸引度较弱的情况下，投放短视频素材可以带来更稳定的流量。

直播和上传的短视频可以设置创意分类和创意标签，做好创意内容的行业分类，手动补充内容的标签信息，如打上与直播间有关联的当下热点标签，有助于商家找到更适合的流量。

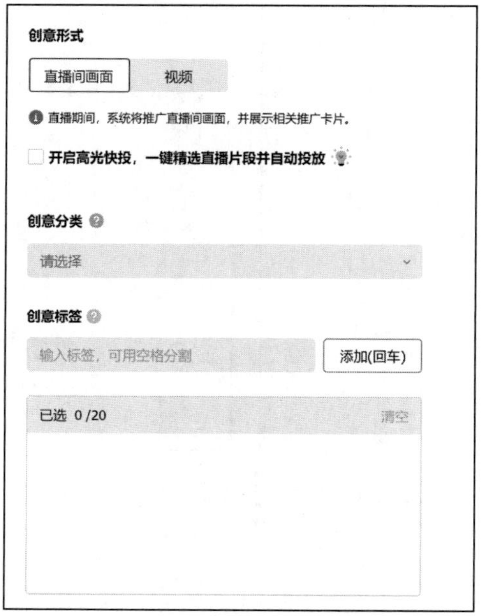

图 6-17　直播间商品推广创意

6.2.3 推广工具的选择与配合

1. 如何选择适用的推广工具

抖音的算法十分强大，推广工具的智能推荐算法（也被称为建模、打标）会自动寻找匹配的人群进行引流，选择合适的推广方案和推广工具，能帮助系统快速找到与账号匹配的精准人群。小店随心推、千川 PC 端极速版和专业版、商品托管、快速推等众多推广功能模块对新手商家来说可能很难选择。这些功能模块都有其适用的场景，商家要根据实际情况灵活选择，也可按照如下分类进行参考。

①按照带货性质区分，可分以下两类。

未挂商品购物车，如娱乐类、“增粉”类、知识付费类等非带货的短视频和直播，均适合用 DOU+作为引流工具。

挂有商品购物车的带货类短视频直播间，适合用小店随心推、千川进行投放。

②按照商品受众规模区分。

各商品行业的受众差别巨大，从受众覆盖面广的大宗商品到小众商品，商家可以灵活调整工具的选择与使用。

对于受众广的商品，如家庭清洁百货、大米和粮油等各类人群都有消费需求的大宗商品，更适合以千川的智能推荐为主，也就是千川的极速推广模式。由于商品涉及的受众人群十分广泛，因此不建议定向设置过多，定向设置与行业大类相关的即可。

对于小众商品，例如，艺术香薰蜡烛、现代艺术夜灯摆件、COSPLAY 服装、某些动漫影视作品周边等，这类商品有着鲜明的受众人群。因此需要商家定向设置更精细化，建议使用专业版通过精准的行为兴趣定向，以及 DMP 人群包让系统更快地找到匹配的人群进行推广。

③按照带货账号阶段区分。

新账号新户阶段缺少数据量，为了让账号快速打上标签，可以使用千川专业版快速建立人群模型，避免出现新号新户引流不精准的问题。

账号成型阶段，已经有了精准的标签和人群模型，这时使用极速版和小店随心推，相对于设置了较多的定向专业版更容易起量，且引入的流量同样精准。

④按照带货账号体量区分。

一个直播间的销售体量越大，对应的数据也就越多，千川推广系统在拥有庞大数据量的情况下引流的智能算法是强于人工的。因此，更推荐以千川 PC 极速版为主，其他为辅。

小规模体量的商家则更应该关注如何获得更高的 ROI，根据自身商品的情况选择工具。在很多情况下，可以采用低预算多计划的模式进行推广测试，如小店随心推的预算起步价只有 100 元，千川 PC 版的预算起步价最少为 300 元，当需要测试的短视频素材比较多时，可以采用小店随心推进行投放，筛选数据较好的短视频素材和计划。

⑤按照带货账号类型区分。

抖音平台的带货账号类型有大 V 明星带货、垂直领域网红带货、品牌或个体户自有店铺账号带货、个人用户好物分享带货等，可以大致分为达人带货和品牌方自有店铺带货。

自带流量且影响力极大的大 V 明星无论用哪种推广工具，都可以带来很不错的效果，即使是新手小白，也能投放出盈利的 ROI。

一些建立起 IP 的垂直领域网红，如美妆博主带货自用好物、农村田野生活达人带货特产食品等，他们的受众人群以对自己的专业认可的粉丝群体为主，且账号的标签人群模型相对于纯带货账号更泛娱乐，而千川的模型以电商消费人群为主，使用千川推广可能并不会带来特别高的收益。因此，使用 DOU+在日常的短视频直播中“增粉”、带货预告可能效益会更大。而在这些网红达人逐渐转型为带货达人后，则可以使用千川去推广。

品牌或个体户自有账号带货，以及个人用户好物分享带货，则根据实际情况去选择对应的千川工具。

2. 推广功能之间的配合操作

在抖音推广工具的实际应用中，多个推广功能相互配合使用是常用的应用手段，成熟的商家在做一场直播时，很多时候是多个模块一起创建计划，同步推广。

①通投广告+搜索广告。

通投广告和搜索广告对应的流量池是不同的，当商家期望通过拓展流量池来引入更多的流量时，可以同时投放通投广告计划和搜索广告计划。

②极速推广+专业推广。

极速推广（简称极速推）相对于专业推广来说，计划更容易实现，因此当直播间需要引入一波极速流量时，如开播的时候，为能够承接得住大流量的主推品引流时，可以使用极速推进行定时定点的快速引流。同时专业推广引流可以覆盖正常直播，持续、稳定地为直播间带来更精准的流量。

③短视频素材引流+直播间直投引流。

同时投放与直播间相关的短视频和直播间也是现在常见的投放手段。由于主播的状态无法持续覆盖整场直播，同时直播间的福利活动也不能保证时时在线，因此直播间在不同时段的进入率、转化率的差异是比较大的。通过投放优质的短视频素材可以稳定持续地带来高转化意向的客户，这部分流量在直播间的氛围一般时也更容易承接住，短视频素材引流配合直播间直投在一定程度上提升了推广的效果，稳住了直播间的流量进入。

④小店随心推+千川 PC 端。

小店随心推的设置比较简单，相对于千川 PC 端来说起量更快。当直播间某些时段需要引入更多的流量，尤其是创建推广计划的时间比较紧迫时（例如，快到“爆款”的讲解环节），小店随心推和千川 PC 端可以混合投放。

6.3　玩转巨量千川

6.3.1 理解巨量千川投放的底层逻辑

1. 兴趣电商流量

传统电商的广告投放要求越精准越好，如卖女裤的商家设置“长裤女冬季加绒显瘦时尚休闲”的长尾关键词，以匹配尽量精准的客户群体。而抖音电商是兴趣平台，因此，千川的投放逻辑是找到匹配的兴趣群体进行推送，如同样是“显瘦时尚白领风女裤”商品，以千川的投放逻辑分析该商品的兴趣人群，是要找到爱美、年轻的城市女性人群，在匹配人群时，除了设置符合人群的年龄、城市基本定向，还可以考虑以下人群匹配思路。

①该人群可能感兴趣的商品种类。

对“显瘦时尚白领风女裤”感兴趣的年轻爱美城市女性可能还对名牌口红和护肤品、女性健身和日常护理等感兴趣。因此，在设置兴趣关键词时，可以加入其他与兴趣相关的行业、商品、品牌等。

②该人群可能感兴趣的达人类型。

在千川的投放过程中经常会选择以达人相似进行投放，在投放达人时，除了找带同类型货品的达人，也可以根据自身商品的兴趣人群去拓展，如销售当下流行公仔盲盒的商家，分析受众人群的兴趣偏好，以喜欢可爱软萌事物的年轻女性为主，这类兴趣人群在一些网红宠物达人中也很常见，因此也可以从宠物达人进行拓展匹配。

2. 千川账户的建模

为什么一定要建立好账户的模型？千川账户从新号到成熟的账号是一个逐步探索、学习的建模过程，健康的千川账号一定是越跑越精准、转化越高、投入产出比越高的。

千川作为高智能的投放工具，系统的自动投放操作占比远大于人工操作，不论是专业版还是极速版，本质上都是人工圈选出一个流量池范围后，让系统在这个流量池范围内自动探索投放，并根据被投放用户的行为进行分析，如被投放的用户长时间观看了视频或直播、对内容进行了互动、下单或者成交等都会被匹配为兴趣用户，并且被匹配的用户本身就拥有各种兴趣标签，系统也会根据兴趣标签去探索更多相似的用户。

如何在前期快速建立起相对精准的账户模型？

①搜索计划投放。搜索计划是用户在平台主动搜索相关的关键词，证明该用户对这个关键词下的内容具有高兴趣度。

②垂直短视频素材投放。优质且垂直的短视频素材能快速筛选出精准兴趣人群的同时，还能带来高转化。

③达人相似投放。找到合适的达人进行投放，圈定多个达人的粉丝流量池进行投放探索。商家可选择拥有较大体量的同行账号、粉丝人群匹配较高的网红等。

④行为兴趣人群包定向投放。设置行为、兴趣、人群包相关定向，也就是对自身商品设置兴趣人群比较集中的建模包，用于快速建模，让系统在圈定的范围内进行探索投放。

3. 千川计划的跑量与竞争

①千川出价 ECPM 机制。

ECPM=出价×预估点击率×预估转化率×1000。简单地说，ECPM 就是系统根据大数据和当前流量池竞争情况对商家设置的出价、创意、素材内容等进行预估，从而给出数值，同时根据竞争对手的数值来判定推广计划是否可以竞价成功、曝光成功，以及曝光的展位。数值越大，获得展现的机会越大，推广计划就越容易实现；反之，若数值过小，也就是出价太低，计划就有可能无法实现。

商家在设置出价时，经常以成交、下单等目标进行投放，也就是 OCPM 的形式，即以“Optimization”追求转化的形式进行出价，ECPM 是一条计划的综合分数，包含外部流量环境、计划自身质量等因素，OCPM 可以理解为在一定范围内自动调整 ECPM 出价的形式，从而尽可能地达到商家设定的优化目标。

②计划之间的竞争。

商家设定的计划不仅会与其他商家的计划进行竞争，自身内部的计划也会相互竞争。千川是在计划圈定范围的流量池内进行探索投放，因此两条或者多条流量池有大量重合的计划，如定向设置完全相同的计划、多条优化目标相同的计划同时进行投放，会出现相互竞争的情况。

6.3.2 巨量千川的定向设置

1. 基础定向

基础定向分为地域（如图 6-18 所示）、性别和年龄（如图 6-19 所示）。若要做好基础定向，需要商家充分了解自己的客户群体画像。对于已经经营过一段时间的商家，可以在巨量千川→数据→人群管理中看到账号的人群画像，包含性别分布、年龄分布、地域分布等，人群管理的数据基于全部流量的情况，包括自然流+竞价推广广告。商家应洞察不同视角下的人群画像分布，对自己的客户群体的基础属性有大致了解。

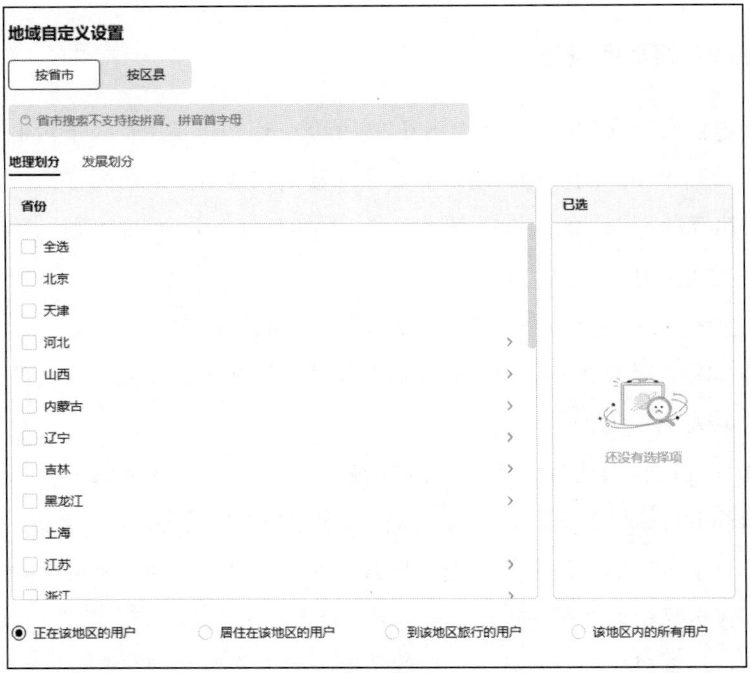

图 6-18　地域定向

设置地域定向时，商家需要考虑商品以及服务和地区的相关匹配度，考虑的因素有送达便利度、退货比例、商品是否具有地域属性等。比如，某个省份的退货比例高或者某些地区快递停运，就可以剔除。如果商家是做本地服务的，那么可以只筛选该地区以及周边区域。如果商家是做羽绒服的，那么一些热带、接近热带的区域可以剔除。

区域的筛选可以精确到区县，支持按一二三四线城市划分选择，并且支持选择正在该地区的用户、居住在该地区的用户、到该地区旅行的用户、该地区的所有用户（即包含前 3 类），商家根据商品的地域属性进行选择即可。

对于性别和年龄的定向设置，商家根据商品适用的性别、年龄段进行筛选即可。

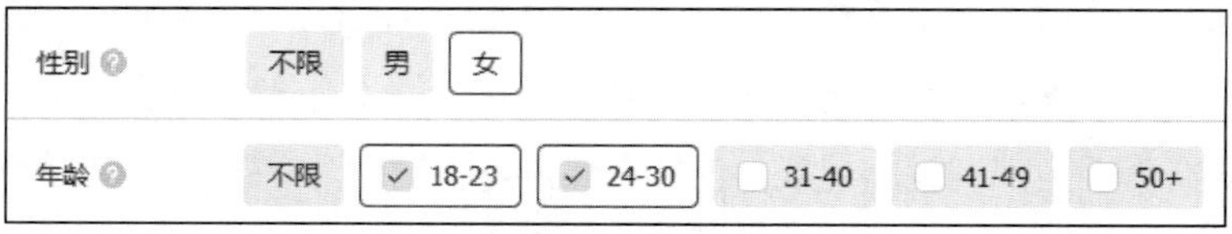

图 6-19　性别和年龄定向

2. 行为兴趣意向的定向设置

在行为兴趣意向的定向设置中（如图 6-20 所示），行为是指用户在平台上真实发生的行为，兴趣是系统基于用户的行为、用户的账号标签属性推断出来的。行为的场景分为电商互动行为、资讯互动行为、App 推广互动行为，时间分为 7 天内、15 天内、30 天内、60 天内、90 天内、180 天内、365 天内。

- 电商互动行为是指点击、下单、购买过某类商品的行为。
- 资讯互动行为是指用户在一定时间内与相关的短视频、图文，以及直播有过点赞、评论、转发的行为。
- App 推广互动行为是指用户在一定时间内点击并下载过 App 的行为。

行为定向基于目标已经发生的行为，从而去圈选高意向的客户。比如某个用户在 30 天内发生过点击、下单、购买沙发的行为，那么根据该用户的行为判断很可能是正在装修的客户，家具、家电等和装修有关的商家就可以在行为中定向该用户。

兴趣定向是根据以往的用户行为、标签等判定用户是否是潜在人群。比如某个用户非常喜欢摄影，经常“刷”和摄影有关的图文短视频，那么这个用户就会被打上摄影的兴趣标签；经常“刷”和装修有关的视频直播的用户就会被打上装修居家的兴趣标签。

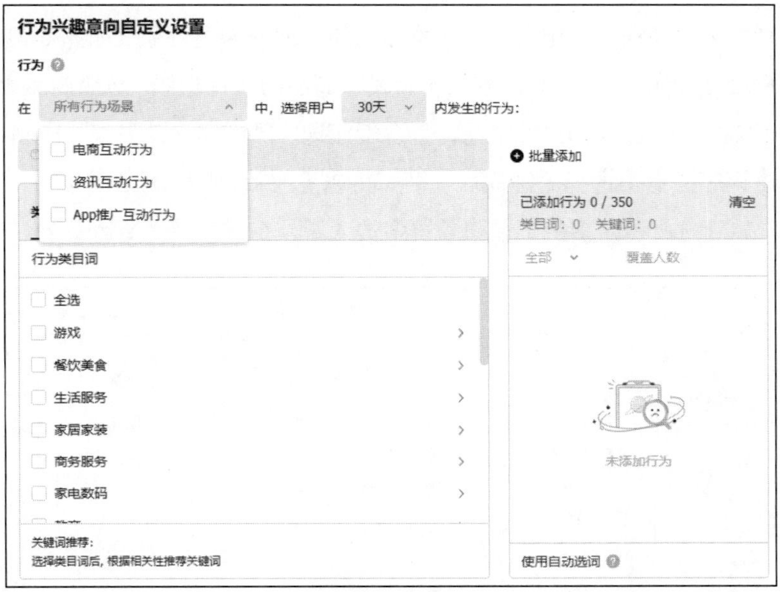

图 6-20 行为兴趣定向设置

行为和兴趣在定向设置中虽然属于“并集”关系，但行为和兴趣的同类定向人群属性还是有区别的。

以摄影为例，A 用户是从事摄影的个人工作者，B 用户是爱好摄影的学生党，摄影都在 A 和 B 的标签中，但由于 A 是摄影从业者，经常会购买与摄影有关的商品，如相机、镜头、存储卡、过滤镜等，B 由于是普通学生，经济实力很有限，更多的时候只是在平台上观看相关的摄影内容。因此，对于行为定向中的 A 和兴趣定向中的 B 而言，A 成交的可能是明显高于 B 的。

再以装修为例，C 是家装设计师，D 是正在装修的用户，家装装修、室内设计、家居建材都是 C 和 D 的兴趣标签，但是 C 在平台上以学习观摩为主，而 D 才是行业的消费者。

通过上述两个示例可知，商家在设置行为兴趣定向时，应以“电商互动行为”的场景为主，在该场景内要尽可能圈选更多的人群。通过对比，兴趣人群相对于行为人群会更加广泛，前者包含了潜在消费者、泛娱乐流量用户等。

用户行为天数的定向与商品的属性相关。

- 快消品：如纸巾、洗衣液、垃圾袋、美妆护肤等可以选择较短的天数。
- 客单价高、决策时间长：如大型家具家电、手机数码等可以选择较长的天数。

行为和兴趣定向是通过关键词进行人群圈选的。词分为类目词（如图 6-21 所示）和关键词（如图 6-22 所示），类目词与商家在抖店发布商品的类目相似，按照商品所属行业去选择大类或者子类目。关键词则比较宽泛，包含行业词、品牌词、效果词、产品词、人群词、场景词、口语词等。点击选择关键词后，商家可以看到该词所覆盖的人数，在人群精准的前提下，通常建议选择尽量多的词，覆盖更多的人数，这样系统才更容易做广告推送。

图 6-21　类目词添加

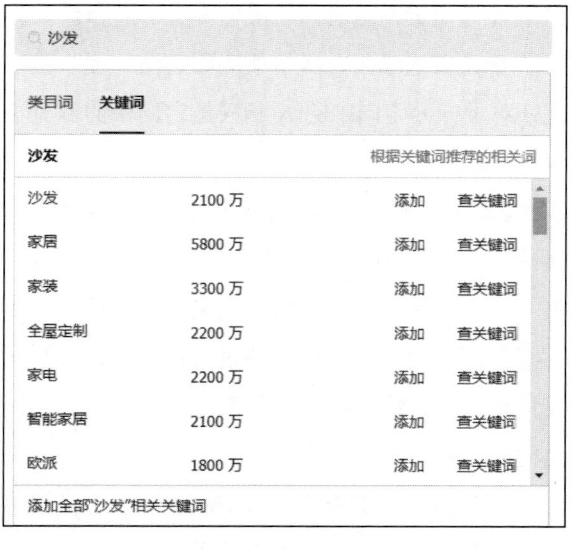

图 6-22　关键词查询

设置关键词时，千川提供了非常方便且强大的联想功能，当商家输入某个关键词进行查询时，系统就会自动联想匹配相关的关键词进行选择，且匹配出的关键词还可以继续点击，联想更多相关的关键词。

行为和兴趣定向中往往以“大行为小兴趣”作为选词思路，大行为指的是在电商互动行为场景中，词要尽量宽泛，以行业大词为主，可以不用添加低覆盖人群的小词，从而圈选出尽量多的有电商互动行为的用户。小兴趣指的是词要尽量精准，可以添加大量精准的小关键词，尽可能筛除一些泛娱乐、不精准的用户。

同样的关键词，其行为和兴趣覆盖的人群差距巨大。以装修相关的行业为例（如图 6-23 所示），在搜索装修的关键词时，在行为栏中可以看到装修、家装的覆盖人群为千万级的体量，而在兴趣栏中的体量达到了十亿级，以此可以说明对装修或家装的兴趣标签人群有很大一部分是泛娱乐流量群体，喜欢看他人分享的装修视频，而不会产生实际的消费行为。

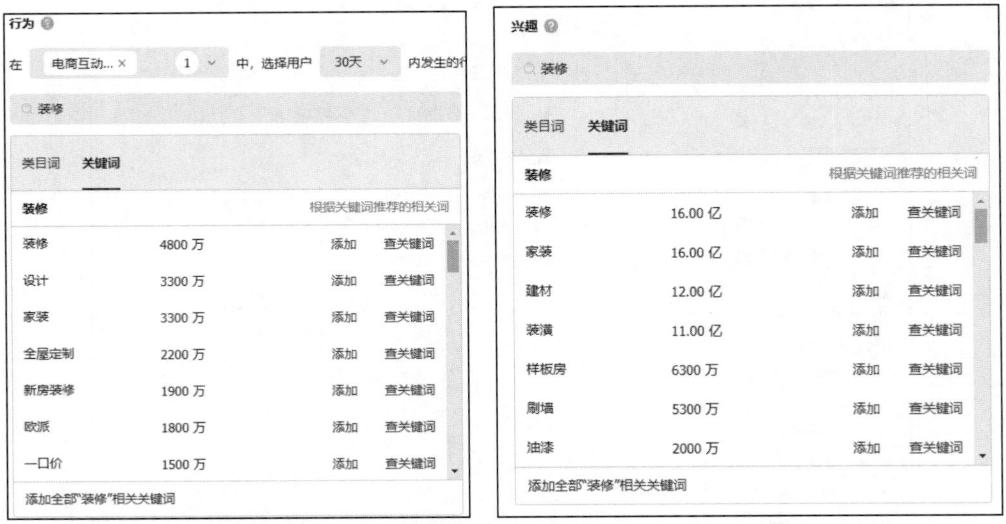

图 6-23　装修相关的行为和兴趣关键词对比

下面以销售各类零食的商家的行为、兴趣选词为例进行分析。

①行为选词（选择在最近 30 天内有过电商互动行为的场景）。

行业大词：休闲食品、饮料冲调、美食、地方特产、零食等。

人群词：大学生、白领等。

场景词：追剧、煲剧、综艺等。

效果词：好吃、美味、解馋等。

②兴趣选词。

精准产品词：松露巧克力、威化饼干、酸奶、夹心蛋卷、坚果、腰果、葡萄干等。

品牌词：三只松鼠、良品铺子、来伊份等。

3. 达人相似定向

达人相似定向是指选择受众人群相似的达人进行定向投放，如图 6-24 所示，可选择与达人产生关注、视频互动、直播互动、商品互动的用户。销售常规商品的商家通常只选择直播互动和商品互动行为，就可筛选出能给直播间增加热度和产生成交的人群。

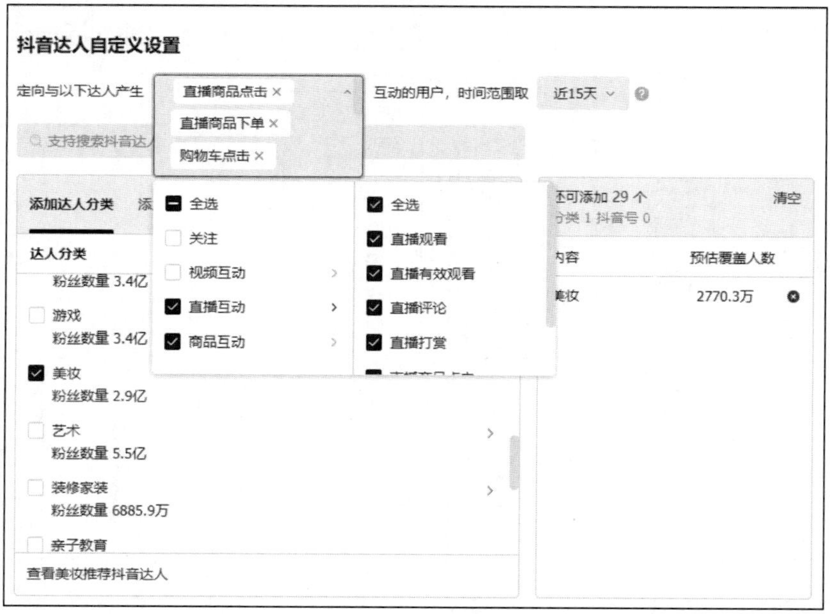

图 6-24　抖音达人自定义设置

商家在选择合适的兴趣达人、符合客单价区间的达人、与类目相匹配的达人来圈定合适的人群时，可以使用商家账号登录巨量百应工具筛选多个维度的达人，如图 6-25 所示，在选择对应的类目后，根据自身要求筛选适合的条件，如销售额、观看人数、粉丝画像等，系统就会显示符合条件的达人。

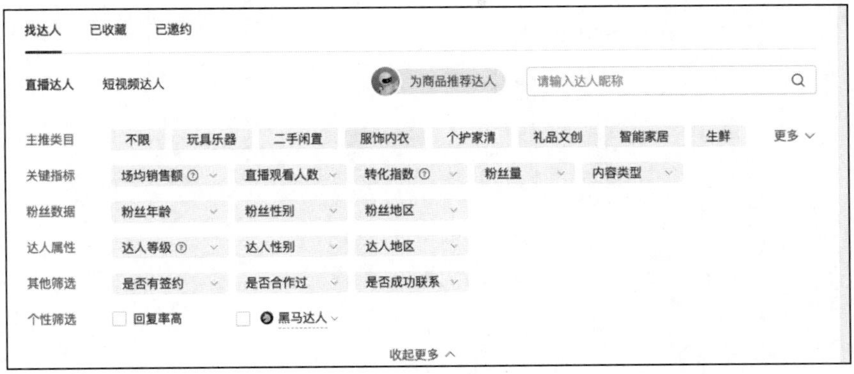

图 6-25　巨量百应达人筛选

筛选出符合条件的达人后，点击达人主页，就可以查看达人的详细带货数据，如图 6-26 所示。通过分析达人粉丝人群画像、粉丝特征、直播带货数据分析、销售榜单数据、直播风格等，就可以将匹配的达人放进达人相似库里。通过巨量百应工具，商家可以持续不断地寻找与商品匹配度高的达人。

图 6-26　达人详细特征数据

4. DMP 人群管理定向

在更多人群的定向中，可选择平台精选人群以及自定义圈选的人群进行定向或者排除。商家可以在人群管理的标签广场中圈选想要定向或者排除的人群，推送至千川账户后，即可在“自定义人群”（如图 6-27 所示）中找到对应的人群。

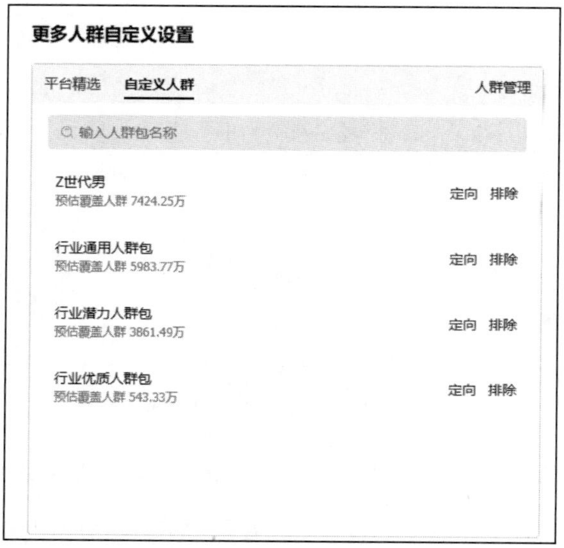

图 6-27 自定义人群

1）标签广场中常用人群分类

①八大消费者（如图 6-28 所示）：抖音将所有的消费者分成 8 类，即小镇青年（四线及以下城市青年群体）、小镇中老年（四线及以下城市中老年群体）、Z 世代（三线及以上城市年轻群体）、精致妈妈（三线及以上城市精致妈妈）、新锐白领（三线及以上城市青年白领）、资深中产（三线及以上城市中年白领）、都市蓝领（三线及以上城市蓝领群体）和都市银发（三线及以上城市中老年群体）。

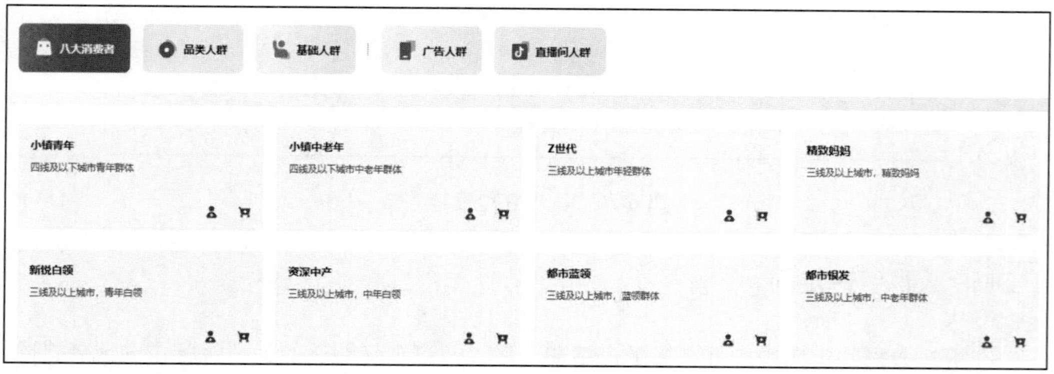

图 6-28 8 类消费者

②品类人群（如图 6-29 所示）：包含行业品类偏好及行业购买力特征。

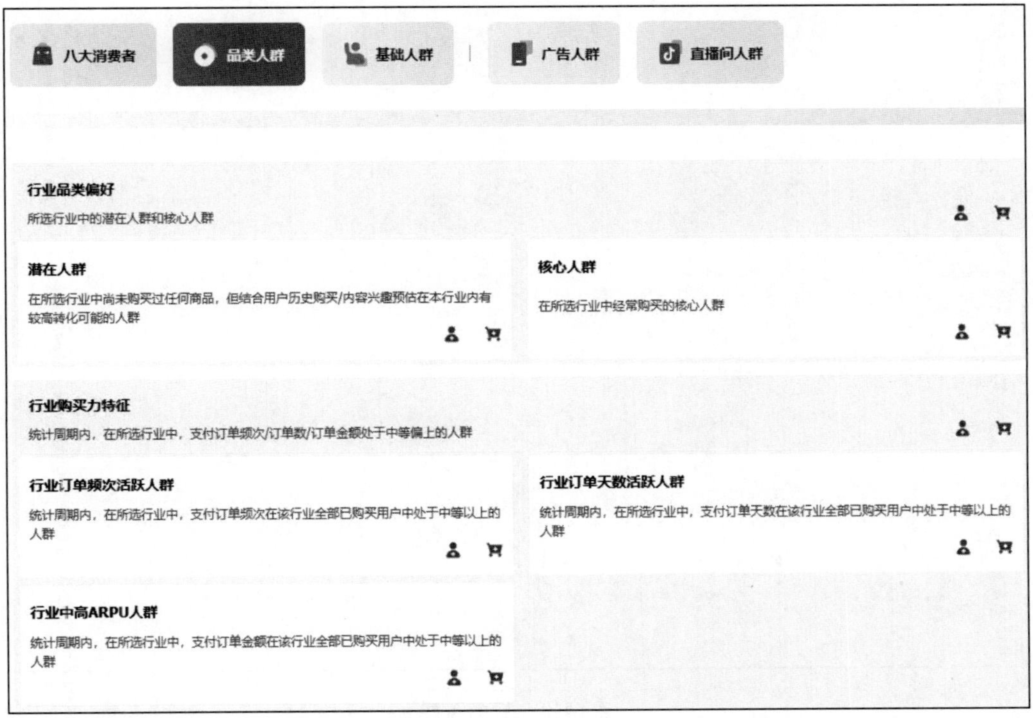

图 6-29　品类人群

③基础人群（如图 6-30 所示）：分为基础属性、地域特征、消费特征、活跃特征和行为特征，其中包含千川基础定向的年龄、地域、性别等，还提供了职业、人生阶段、小区等级、手机价格、消费能力等更丰富的人群特征。

④广告人群和直播间人群：属于商家自身广告账户和直播间的私域人群，可以圈选在一定时间内通过广告账户和直播间有过展现、点击、下单、转化过的人群。

2）人群的圈选

①直接加入自定义人群：单击“加到我的人群”图标（如图 6-31 所示）后，可以将该人群推送到人群列表中。

②圈选人群：选择多个想要圈选的人群，单击“加到圈选池”图标（如图 6-32 所示）后，可以在圈选池中进行一系列人群的交集、并集、排除设置操作。

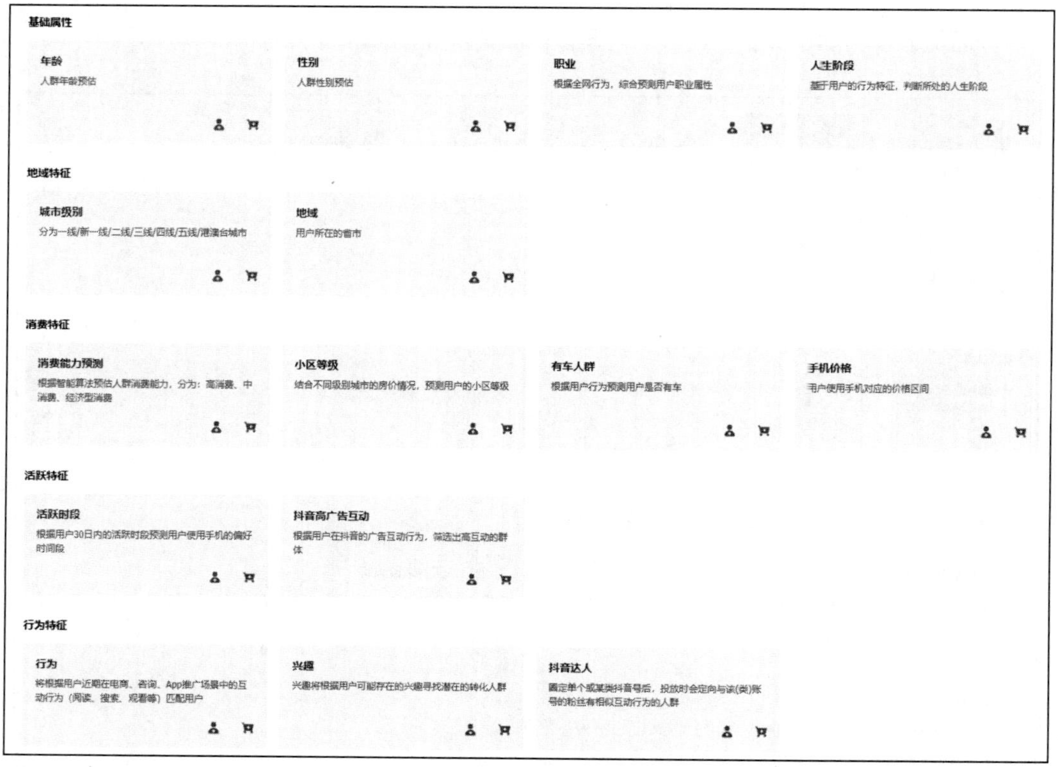

图 6-30　基础人群

图 6-31　加到我的人群

图 6-32　加到圈选池

③圈选池（如图 6-33 所示）：在圈选池中可以看到刚刚加入的人群，通过交集或并集筛选同时符合特征的人群。商家也可以直接在圈选池中补充人群（如图 6-34 所示）。

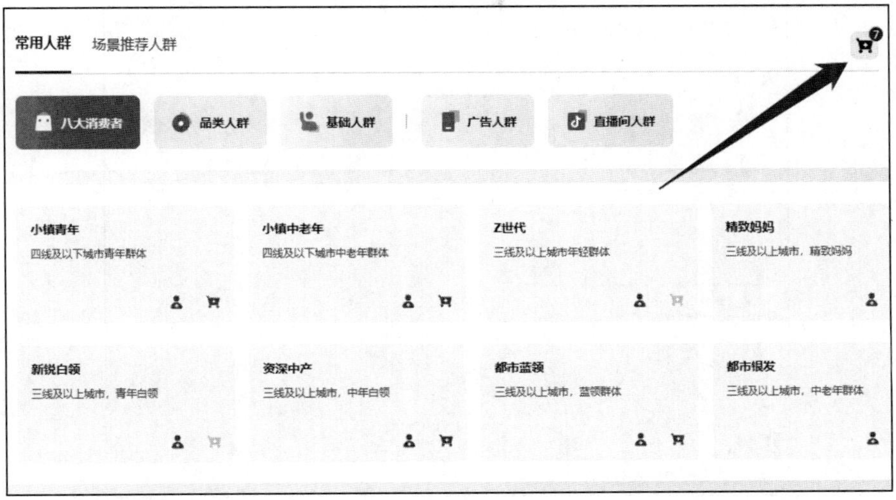

图 6-33　圈选池入口

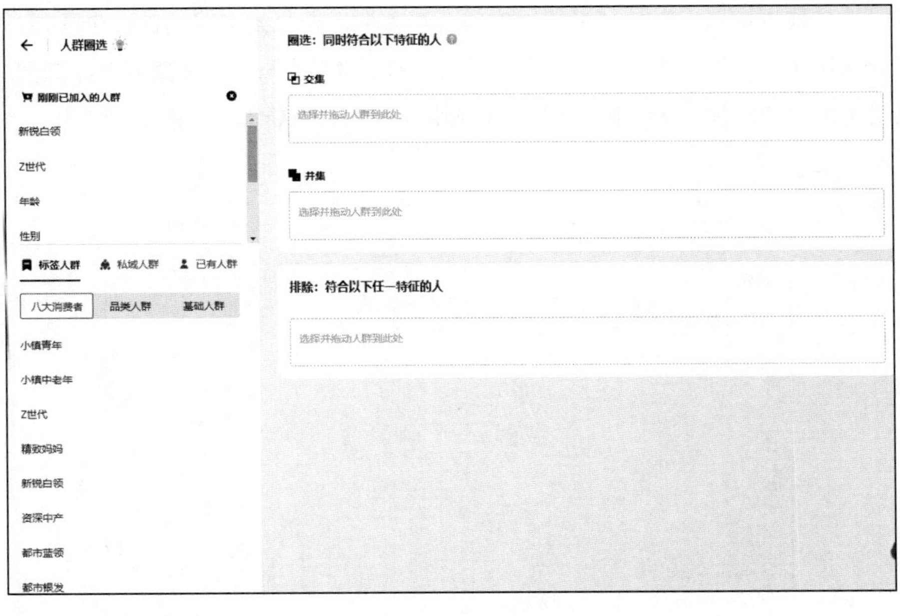

图 6-34　圈选池页面

3）人群圈选相关设置的案例

①筛选三线城市以上的年轻女性群体，在交集中筛选 Z 世代、性别为“女”、年龄为“18~30 岁”，如图 6-35 所示。

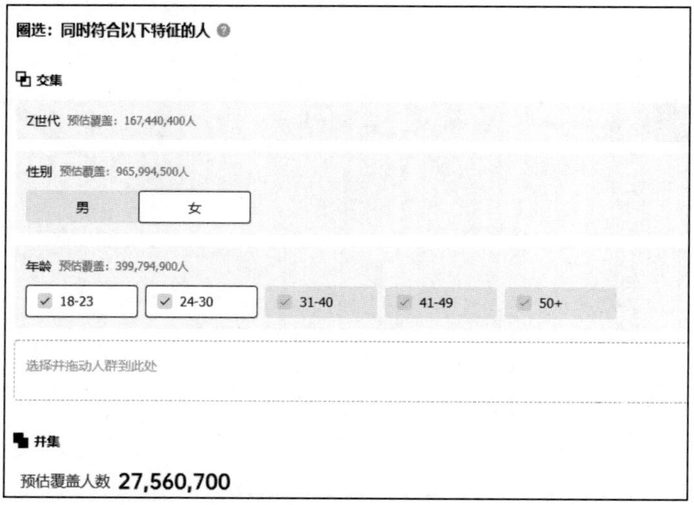

图 6-35 筛选三线城市以上的年轻女性群体

②筛选三线城市以上有较高消费能力的有车人群，在交集中筛选住在中高档豪华小区且有车的人群，在并集中筛选符合三线城市以上的中青年人群，在交集和并集之间取交集，则可以筛选出新锐白领、资深中产、都市蓝领中住在中高档豪华小区的有车人群，如图 6-36 所示。

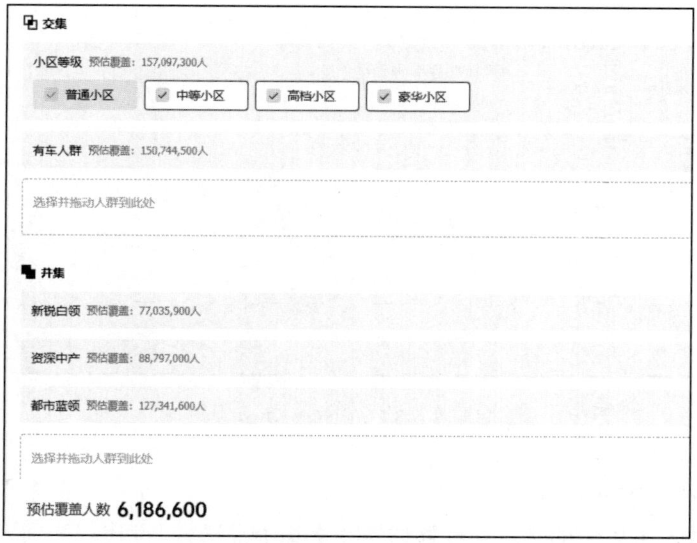

图 6-36 筛选三线城市以上有较高消费能力的有车人群

4）人群列表

圈选好人群后单击“保存”按钮，设置人群名称和分组，则可以在人群列表中查看已经圈选的各种人群包，如图 6-37 所示。单击“推送”按钮，即可推送到千川账户的自定义人群包中，单击“扩展”按钮，可以以该人群包作为种子包，扩大对相似人群的圈选，从而提高人群覆盖面。

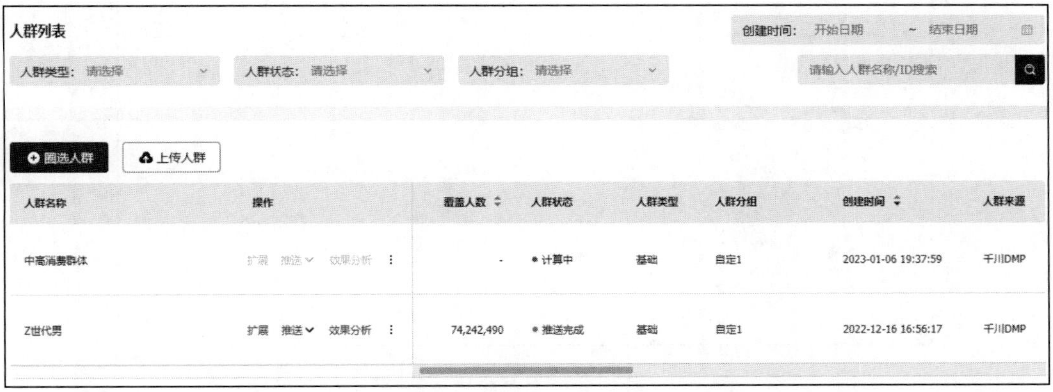

图 6-37　人群列表

6.3.3 巨量千川的计划搭建

1. 计划创建的相关设置

千川计划设置好优化目标和定向后，填写计划名称和广告组，即可发布计划，发布的计划在“竞价推广”中可查看，如图 6-38 所示。直播带货、短视频/图文带货，以及通投广告和搜索广告分别对应不同的页面，商家需要在对应的页面下查看对应的计划。

在“竞价推广”计划页面中可以查看一定时间内计划的数据概况，单击“筛选”按钮可以查看更多关于基础效果、成交转化、互动效果的详细数据（如图 6-39 所示）。

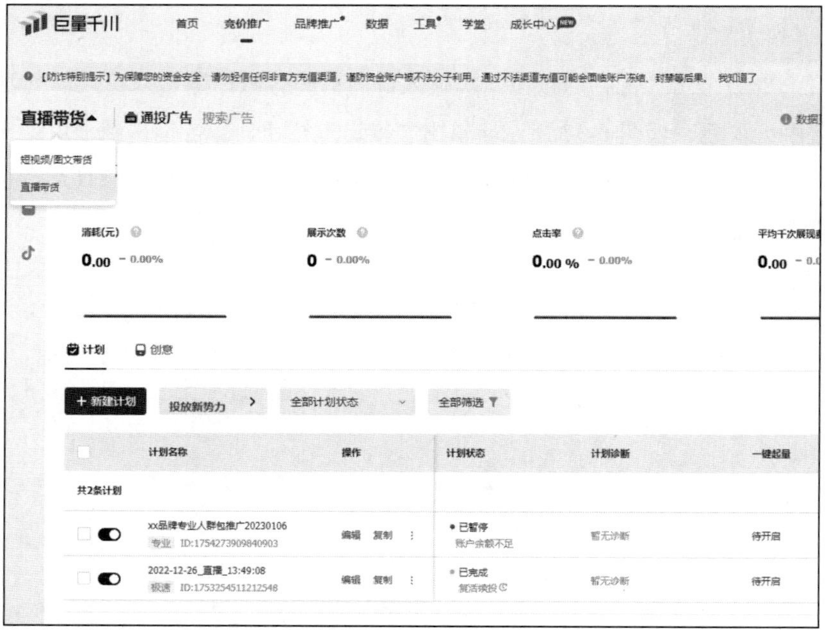

图 6-38　千川计划页面

图 6-39　数据概况

在“计划”列表中，可以单选或多选创建好的计划，进行部分内容的批量修改，也可以单击“编辑”按钮进入千川计划创建界面进行修改（如图 6-40 所示）。注意，商家只可修改出价、预算、时长、定向、计划信息，无法修改优化目标和投放方式。

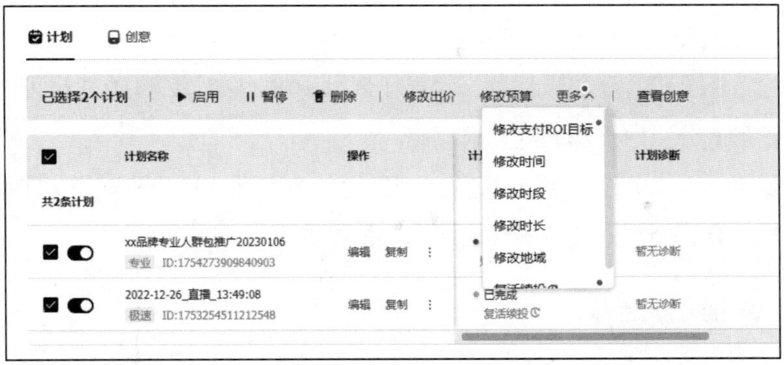

图 6-40　计划列表

2. 广告组

千川推广通常需要创建多条计划，很多商家的计划数量可以达到上百条，因此做好计划的分类管理十分重要。千川的广告组（如图 6-41 所示）是对计划进行分类管理的实用功能，一个广告组可以添加多条需要统一管理的计划，在广告组中可以一键开启/关闭组内所有的计划，并且可以通过设置广告组整体的预算来避免该组下多条计划同时启动推广时带来的资金损失。

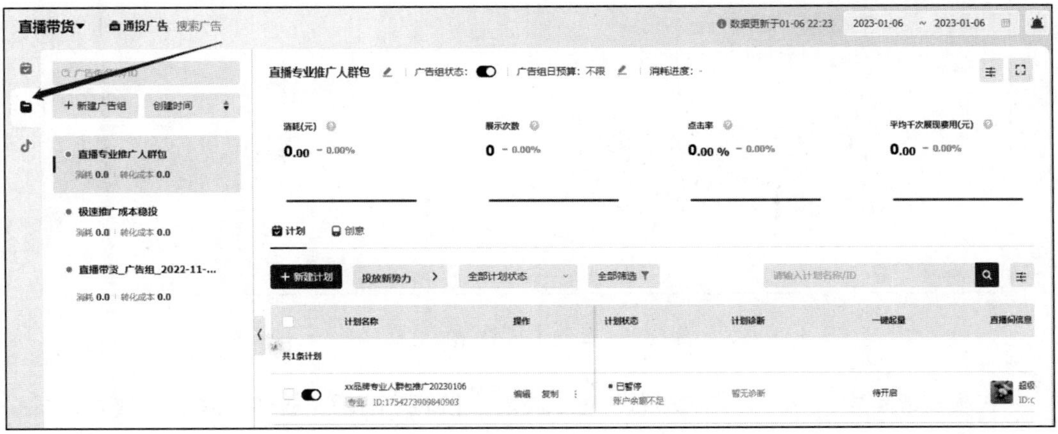

图 6-41　千川广告组页面

做好广告的分类能更好地分配预算、明确计划用途、方便数据分析、培养计划的模型权重。常见的广告组可以有以下几种类型。

- 以推广方式分组：极速推广组和专业计划组。
- 以优化目标分组：浅层计划组、深层计划组，核心的成交和 ROI 也可以单独建组。
- 以创意形式分组：直播间组和视频组。
- 以主要定向方式分组：行为兴趣定向组、达人相似组、通投不限组、DMP 人群包组。
- 按照投放方式分组：控成本投放组、放量投放组。

3. 巨量千川数据模块简介

千川的数据模块分为数据概览、竞价推广的数据分析、品牌推广的数据分析、营销推广的数据评估和 DMP 人群管理，如图 6-42 所示。

图 6-42　巨量千川数据功能模块

在数据概览中，通过“实时概览”可以查看直播间的消耗、成交、ROI 等实时数据；通过“人群效果”可以查看自定义人群包的消耗情况、八大人群占比、电商品类分布。

“竞价数据”从账户维度提供投后展现、转化、互动的多维度数据分析，通过它可查看整体数据，以及直播和图文短视频单独的数据。

“营销评估”从投中盯盘到投后复盘，多维综合评估投放价值。在“今日直播”模块中，基于全部流量的情况（包括自然+广告），分析抖音号及直播间在竞价推广中的整体数据表现；在“直播广告复盘”中可以复盘抖音号或直播间在竞价推广中的整体效果；“商品竞争分析”是基于商家的商品在竞价推广—短视频营销中的数据表现，洞察商品的投放效果与创意参考；“素材分析”基于素材在竞价广告中的表现进行数据效果的披露；“长周期转化价值”是通过披露广告长效转化价值来帮助商家从长远规划经营的效果评估工具。

6.3.4 巨量千川的实用辅助工具

巨量千川提供了创意工具、投放工具、优化工具和账户工具，在巨量千川首页单击“工具”选项卡，即可看到这些工具，如图 6-43 所示。

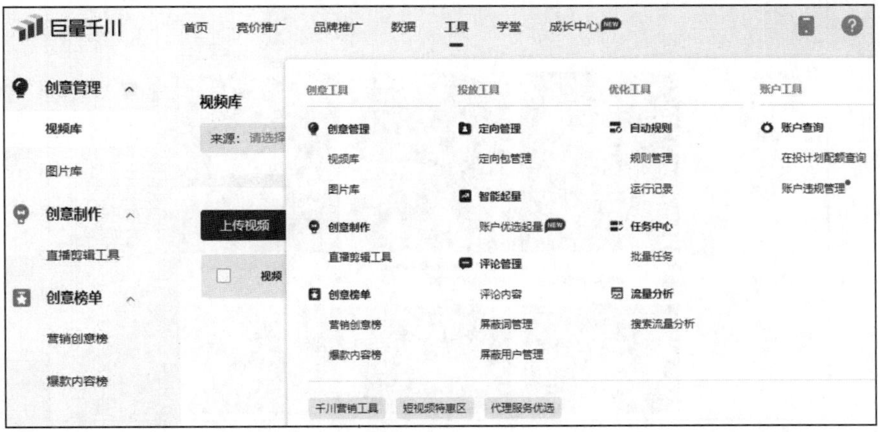

图 6-43　千川工具

1. 创意工具

巨量千川的创意工具分为创意管理、创意制作和创意榜单。其中，创意管理是商家创意视频和图片的存储管理库，用于千川推广的创意设置调用。创意制作是在直播中或直播结束后，智能剪辑出精彩的直播片段，并提供素材加工功能。在创意工具中有丰富的投放素材，商家可以直接添加到“视频库”投放，或下载后进行二次创作应用。

创意榜单（如图 6-44 所示）是十分实用的素材灵感获取工具，在创意榜单中，商家可以根据需求筛选视频或者直播的商品类目、推广目标、视频类型。其中，在推广目标中，短视频带货可以筛选关注人、点赞和评论、商品购买；直播带货中可以筛选直播间的商品点击、直播间成交、直播间下单、直播间的粉丝、进入直播间、直播间评论，在筛选出相关视频的直播内容后，还可以按照视频的播放量、点击率、点击转化率、曝光转化率、播放完成率、成交订单金额、热度飙升进行排序。通过同行的优质视频内容，商家可以按照需求进行参考，跟拍、模仿或优化视频直播素材，如筛选出最近 7 天内带来成交金额较多的短视频并进行模仿拍摄，视频内容制作完成后迅速作为千川的短视频素材进行推广，可能会带来非常不错的数据效果。

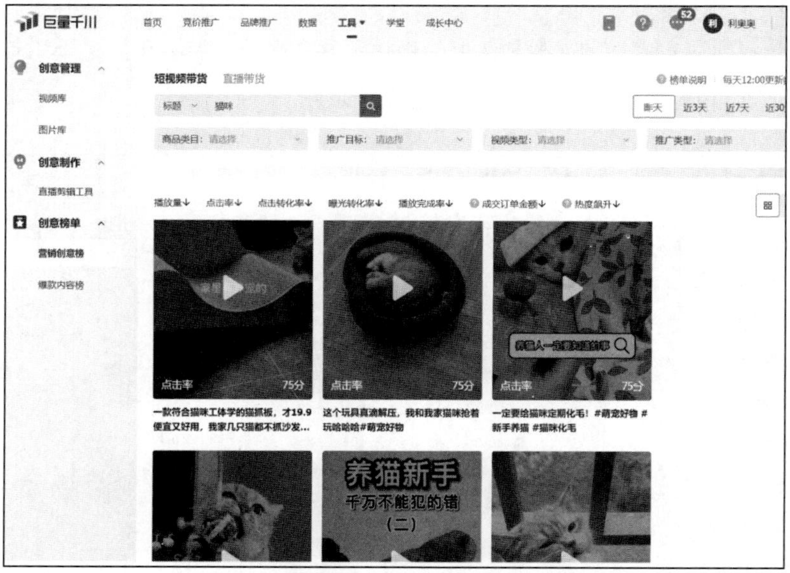

图 6-44　巨量千川创意榜单

2. 投放工具和优化工具

1）投放工具简介

投放工具分为定向管理、智能起量、评论管理。定向管理的主要功能是将已经创建好的定向包进行复制、编辑、删除或计划关联；智能起量是对千川的智能起量计划进行编辑管理和数据分析；评论管理是用户互动和广告计划的管理工具，商家可以筛选广告计划、时间、状态、评论层级、大致评论内容、是否已回复等互动评论，对恶意评论和用户进行隐藏屏蔽。

2）优化工具简介

优化工具分为规则管理工具、流量分析工具等。其中，规则管理工具是商家在预算控制、计划启停等方面有自动化需求时使用，该工具可以让商家在某些场景下（如预算即将撞线、成本超出）设置一定的规则或条件，当场景被触发时，系统按照该场景下的规则设置自动完成修改预算、暂停计划、开启计划、发送通知的操作；流量分析工具可以筛选出对应的类目，以便商家了解近期用户的热搜词、飙升词等，并对某个关键词进行精准搜索或者匹配分析，查询关键词的搜索指数，帮助商家加强对电商搜索大盘的流量感知。

6.3.5 巨量算数

巨量算数是抖音官方推广营销常用的搜索引擎。以今日头条、抖音、西瓜视频等内容场景的数据作为基础，对内容进行实时的数据分析和整理、热点抓取，其核心功能包含算数指数、算数榜单、行业指南、创作指南等，满足商家、广告主、营销从业者、创作者等对内容数据的洞察需求。

1. 算数指数

算数指数（如图 6-45 所示）提供了洞察热词、达人、视频、话题的热度、变化趋势与相关热点内容查询功能。实时展示了 24 小时内抖音热度较高的事件，并进行热度实时排序，商家通过点击事件名称可以进行热点分析。

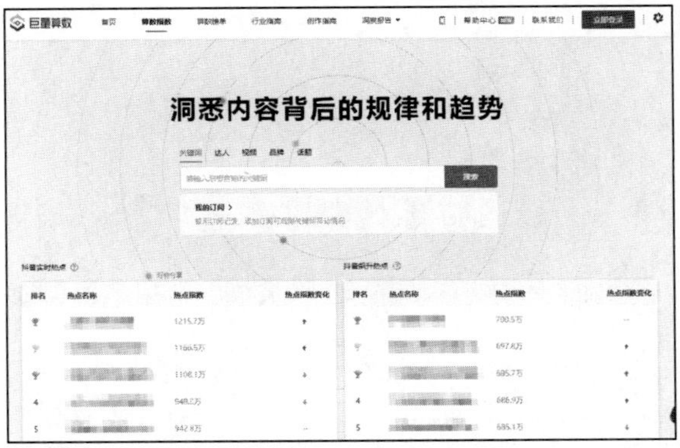

图 6-45　算数指数

通过搜索关键词、达人、视频、品牌、话题，用户可以查看搜索内容背后的数据变化规律或趋势。如搜索网红零食，查看关键词指数、关联词分析和人群画像，可以对行业的营销推广起到辅助作用。

在关键词指数中（如图 6-46 所示），用户可以查看到关键词的搜索指数、综合指数，也可以看到在一定时间内关键词搜索的趋势变化，还可以查看某个波峰内容的热点信息。搜索指数衡量关键词在平台的搜索热度，由搜索量数据加权计算得到；综合指数衡量关键词在平台上的综合热度，通过相关内容量、用户观看、搜索等行为数据加权计算得到。

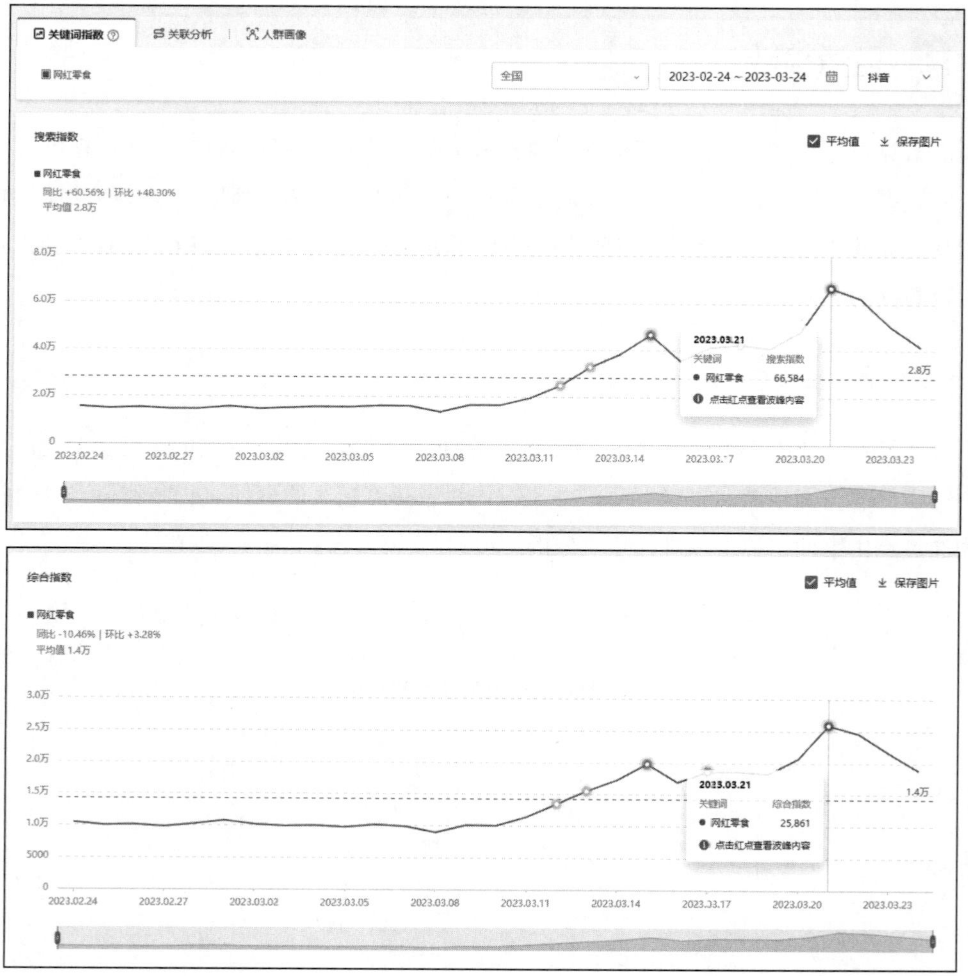

图 6-46　关键词指数

在关联词分析中（如图 6-47 所示），用户可以查看与该关键词相关的其他关键词。内容关联词的关联度为某关键词和其他关键词在文章、视频共同出现的次数与两个关键词分别出现次数之和的比值；搜索关联词的关联度为搜索场景下某关键词和另一关键词共同出现的次数与两个关键词分别出现次数之和的比值。

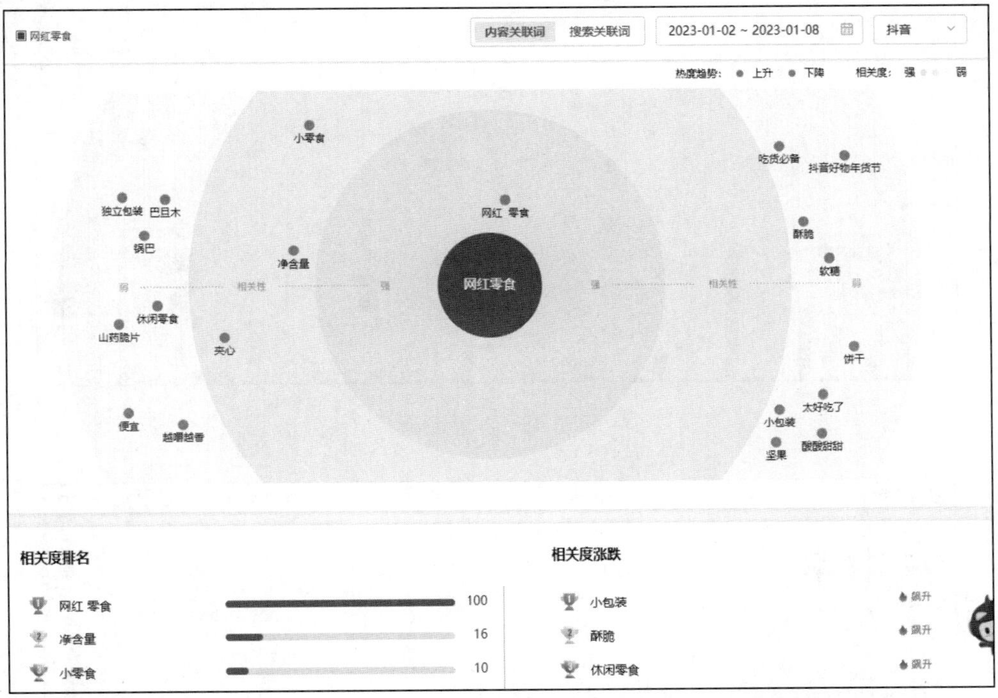

图 6-47　关联词分析

在人群画像中（如图 6-48 所示），用户可查看与该关键词相关的内容消费人群的地域分布、年龄分布、性别分布和用户兴趣特征。

2. 算数榜单

如图 6-49 所示，算数榜单基于品牌、电商、热搜、达人等在抖音、今日头条平台上的内容声量和用户互动的数据，通过大数据算法计算出各大行业的关键词排名。

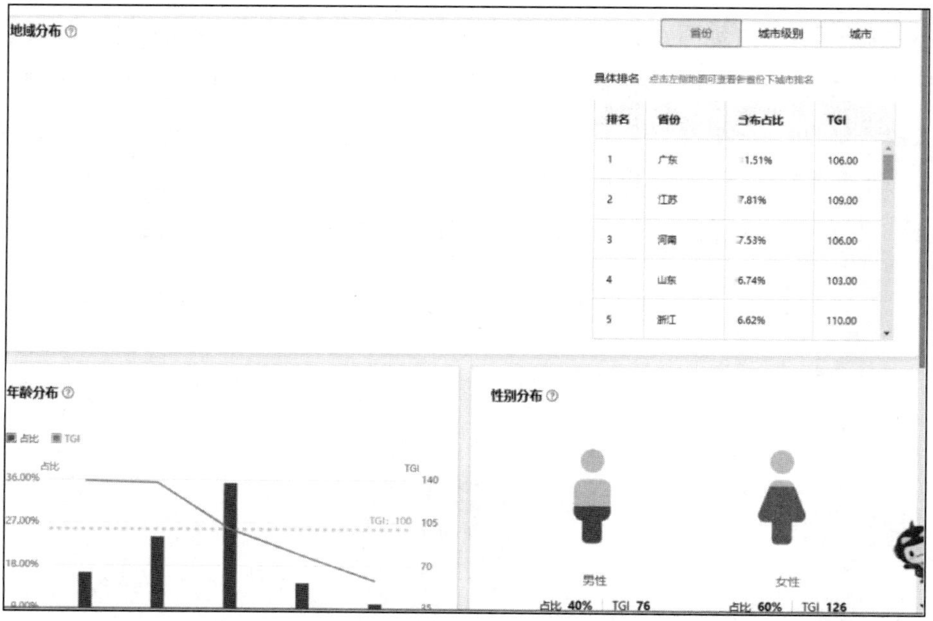

图 6-48 人群画像

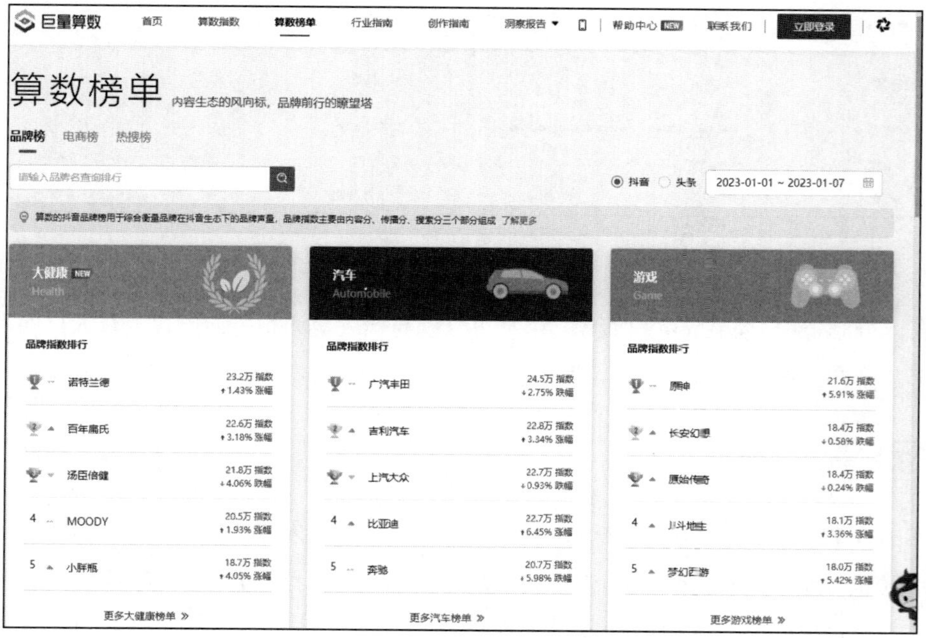

图 6-49 算数榜单

3. 行业指南

在行业指南页面（如图 6-50 所示）可看到各个行业的创作热点、热门关键词、热门视频。商家通过行业指南可快速洞察行业热点、热词、视频等变化趋势，助力内容创作与营销投放。

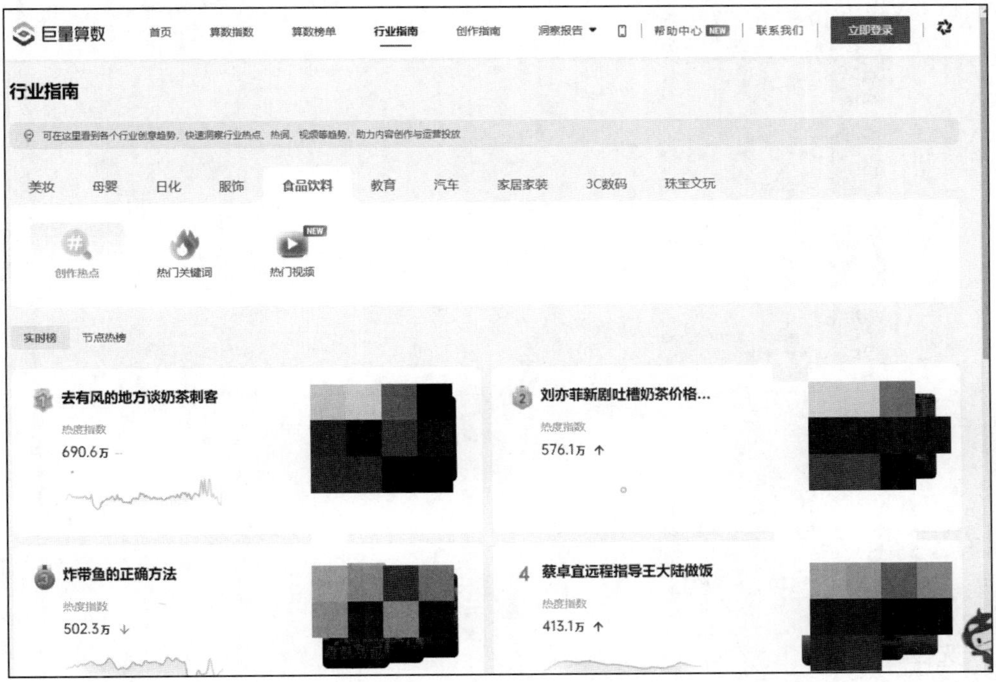

图 6-50　行业指南

4. 创作指南

在创作指南页面（如图 6-51 所示）可以看到各个垂直领域的热门内容、热点分析、内容生产分析、内容消费分析等，有助于创作者对相关内容的数据进行分析，提供内容创作、推广、运营的灵感。

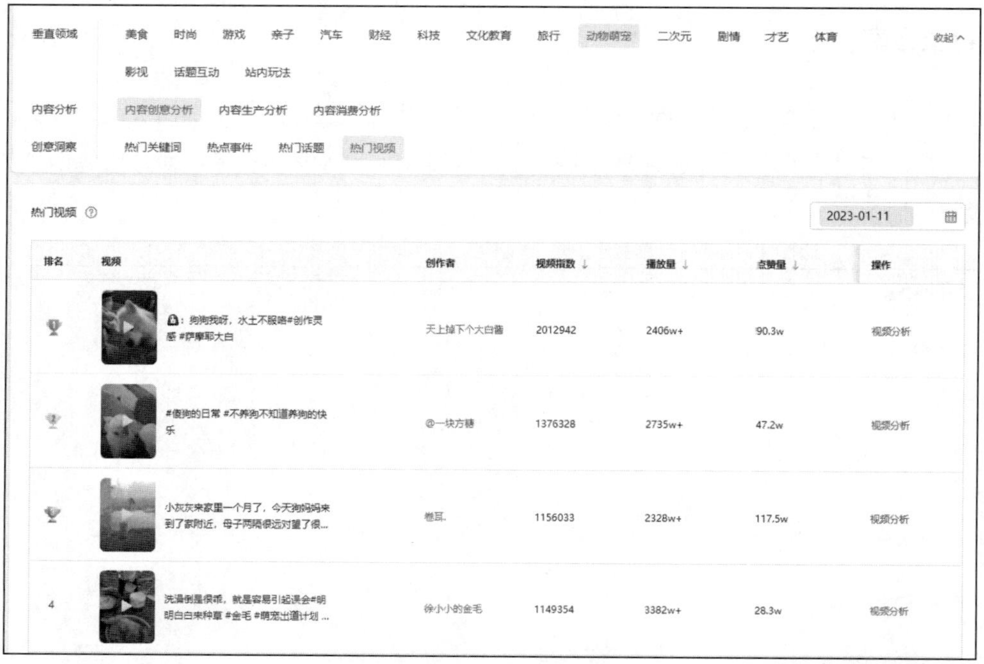

图 6-51　创作指南

本章习题

一、选择题

1. 单选题

（1）巨量千川按照以下哪种方式扣费？（　　）

A．CPC（按照单次点击付费）

B．CPM（按照千次展现付费）

C．CPS（按照成交付费）

（2）当商家对直播的商品、人群标签、行业不够了解时，通过巨量千川推广的哪种定向方式是最优选择？（　　）

A．基础定向　　B．行为兴趣定向

C．达人相似定向　　D．DPM 人群管理定向

（3）巨量千川投放时不可以通过以下哪种方式投放？（　　）

A．直接投放直播间　　B．投放发布过的短视频/图片

C．投放新上传的视频/图片　　D．投放直播间标题

2. 多选题

（1）手机端操作的千川工具有哪些？（　　）

A．千川极速版　　B．千川专业版

C．DOU+　　D．小店随心推

（2）有关巨量千川推广中的 OCPM 出价，以下哪个说法是正确的？（　　）

A．可以理解为 CPM 千次展现费用的系统以转化为目标去智能优化的出价形式

B．千川所有的投放方式都以 OCPM 形式付费

C．放量投放模式下系统不会智能优化出价来尽可能提高 ROI

D．扣费是按照千次点击的

E．设定的出价不是千次固定金额的扣费，是在设定的出价上下浮动的

二、填空题

（1）FEED 流的 3 种常见展现形式为_____、_____、_____。

（2）抖音巨量千川推广的营销场景分为_____、_____。

（3）抖音的 8 类消费人群有_____、_____、_____、_____、_____、_____、_____和_____。

三、问答题

（1）如果你是淘宝商家，想拓展抖音电商渠道，相比于淘宝，抖音的推广更侧重于哪些工作？

（2）一场带货直播通过巨量千川进行推广引流的工具和渠道有哪些？

（3）如果你是在抖音上卖厨房用品的商家，想做达人定向推广，选择达人的思路有哪些？

第7章 京东平台推广

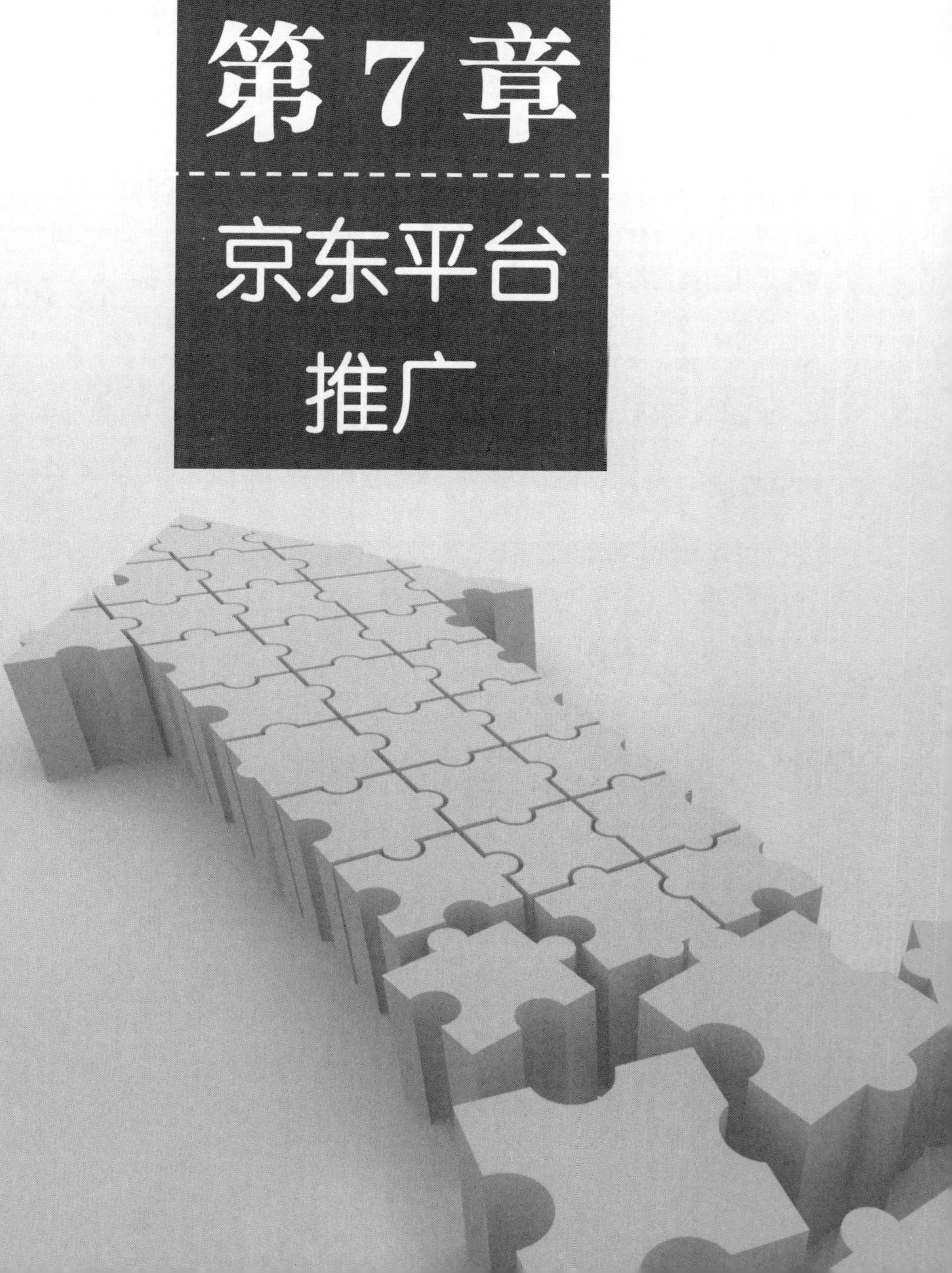

7.1　京东店铺的流量来源和推广工具

商家在推广京东店铺之前，要先了解清楚流量来源，才能有针对性地获取自己需要或者更合适的流量，进而了解要获取对应流量所需要的推广工具，让工作事半功倍。

7.1.1 京东平台流量来源介绍

京东平台的流量按照范围分，可分为站内流量和站外流量；按照付费模式分，可以分为免费流量和付费流量。从京东店铺推广的角度来说，商家以推广为抓手，快速获取流量对店铺进行推广，通常以付费的京东京准通和京东自媒体为主，其他流量在其他章节有介绍，这里不再赘述。

京东京准通（简称京准通）分为站内推广和站外推广，其中广告位置与其他自然流量或者免费流量穿插，更好地融入信息流中，基本不影响买家的购物体验。对于商家使用京准通而言，就是商品上架之后快速通过付费的方式获取流量，通过测试不同创意对不同人群所带来的效果，再进行分析，继而对广告进行优化，达到效果最大化，所以推广是一个不断优化的过程。

京东自媒体推广在京东平台上的叫法是内容营销或者“发现”，主要分为公域和私域。简而言之，就是把内容推送到大家面前的叫公域营销，把内容推送到店铺的粉丝面前的叫私域营销。从营销角度来说，店铺运营就是把公域的粉丝变成店铺粉丝的过程，让粉丝最好只忠诚于店铺。

所以商家要做的事情就是通过短视频或者直播的方式，尽可能让短视频或者直播出现在公域上，再通过公域把客户吸引到店铺私域中来。

综上所述，商家要推广店铺，首先要获取到流量，有流量后，才有销售的机会，然后根据点击率、转化率情况进行优化，这里可能是创意主图的优化，也有可能是人群的优化。

7.1.2 京东平台推广工具介绍

京准通是京东数字营销推广平台，它提供精准广告投放、搜索广告、DSP（Demand Side Platform，需求方平台，也可以理解为在线广告平台）广告、CPS（Cost Per Sale，按成交付费）广告、CPC（Cost Per Click，按单次点击付费）广告等一体化营销解决方案，为营销提效，助力企业品牌建设。如图 7-1 所示，为部分京准通产品分类。

展示广告		搜索广告		购物触点广告	付佣广告	
京东展位	京东直投	京东快车	京搜客	购物触点	裂变广告	京任务/京挑客
站内首焦分类banner	站外腾讯、头条、百度等媒体资源	站内搜索结果页	站外搜索引擎，如百度	购物前：首页为你推荐 购物中：商详页、购物车推荐 购物后：支付、订单页	站外微信朋友圈、公众号、微信群等	发现好货、京东快报、站外导购、返利等
CPM	CPM/CPC	CPC/CPM	CPC	CPM/CPC	CPM/CPC	CPA/CPS

图 7-1　京准通部分分类广告产品

京准通作为京东付费流量的推广平台，其在商家的流量来源占比中一般是比较高的，特别是新店铺，如果要缩短商品打造成爆款的时间及店铺层级提升的时间，最好借助京东京准通推广平台进行快速布局，用时间和金钱来换流量，作为商家，应该根据自己的运营规划进行平衡。

为了方便商家更便捷地使用京准通，京准通在一定程度上对广告的位置进行了划分，而且提供了除可自定义的人群包外的其他方便商家使用的人群包，为了更方便商家使用推广产品，还推出了一部分智能推广工具及智能推广产品，后面将会为一一进行讲解。

1. 站内推广

为了让商家更好地理解京准通广告产品的使用，下面先从站内推广开始介绍，相对于站外推广而言，站内的广告更加精准。对新商家来说，把商品广告展示在搜索结果页（后统称搜索位）、推荐位页无疑是首选，如图 7-2、图 7-3 所示。

涉及以上搜索位和推荐位的京准通广告产品有京东快车（搜索位）、购物触点（推荐位）、京速推（京东海投已经并入京速推）（智能推广、搜索位和推荐位皆有），可以满足商家基本的推广需求，如果商家需要获取到更多的站内广告流量，还需要京东展位、京任务，并联合活动一起使用，如图 7-4、图 7-5 所示，分别是京东展位和京任务的广告位。

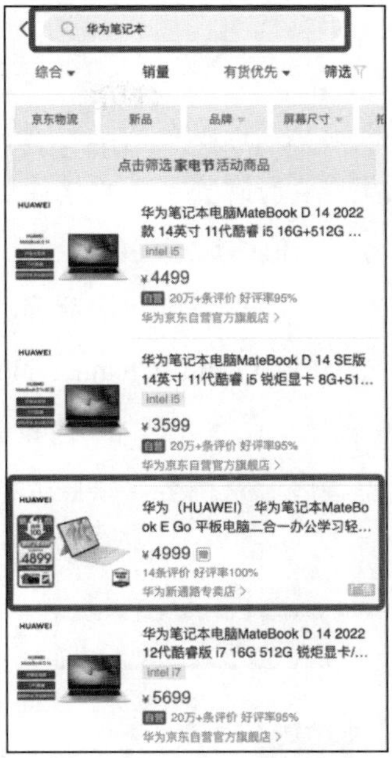

图 7-2　搜索结果位

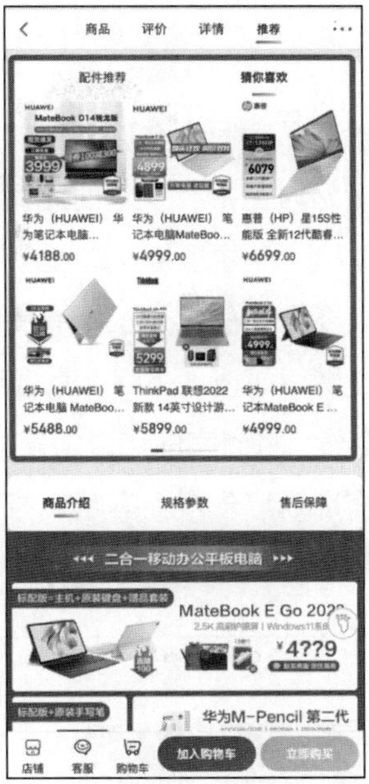

图 7-3　推荐位

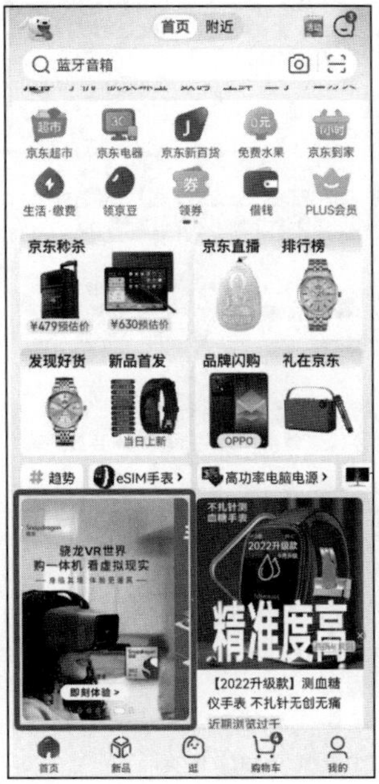

图 7-4　京东展位的广告

图 7-5　京任务的广告

2．站外推广

为了进一步提升品牌的知名度，获取更多的流量，商家在到达一定层级后就需要向站外推广迈进，毕竟站内流量有一定的瓶颈，如果广告预算充足，直接通过京准通合作的渠道广告会变得更便捷，免除了逐一开通单一账号、充值的烦琐工作。

京准通目前主要合作的广告渠道有腾讯、今日头条、百度、快手等，意味着商家的广告可以在以上广告媒体展现。另外，京准通还与 MCN（Multi-Channel Network，多频道网络）机构和达人合作，将商家的广告从媒体向短视频、直播等延伸，流量会变得更加丰富。站外推广涉及的京准通广告产品有京东直投、京搜客、京挑客、京任务、京桥，其广告形式如图 7-6、图 7-7 所示。

图 7-6　京东直投

图 7-7　京搜客

3. DMP 工具

为了让大家了解什么是 DMP（Data Management Platform，数据管理平台），下面以实例形式进行说明。假设商家销售某品牌价格为 300 元左右的老人手机，每天搜索“手机”

关键词并点击的次数为 10000 次，平均每次点击费用为 2 元，其中只有 10%的人是真正想购买老人手机的，如果该商家直接出价 2 元，一天广告就要花费 2 元×10000 次=2 万元，结果可想而知。DMP 工具可以帮助商家圈定想购买 300 元左右的老人手机人群，一天广告花费 2 元×10000 次×10%=2000 元。简而言之，DMP 工具就是一个为商家圈定人群的工具，其在京东快车、购物触点、京东展位、京东直投中均可使用，可以精确圈定加购具体某 SKU（库存进出计量的基本单元）的属性用户（如性别、年龄等），具体使用方法将在后面详细讲解。

4. 京准通账户

京准通账户主要分为财务账户、账号管理、消息中心、资质&协议 4 个部分，其中后台首页还有一个重要的账户级别入口，不同级别具有的权益不一样，如图 7-8 所示。

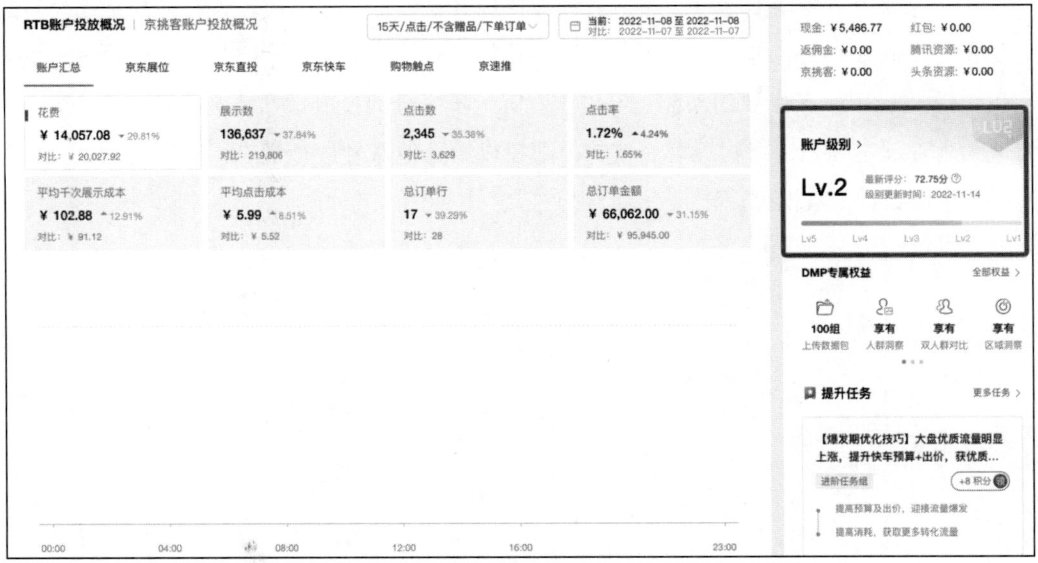

图 7-8　账户级别

1）财务账户

财务账户的主要功能是分配金额、充值、发票管理，其中的框架合同针对的是拥有一定实力的商家签署框架合作协议，主要的条款为承诺广告消耗值与获得对应的折扣和资源，具体可以与商家的运营人员对接洽谈，如图 7-9 所示。

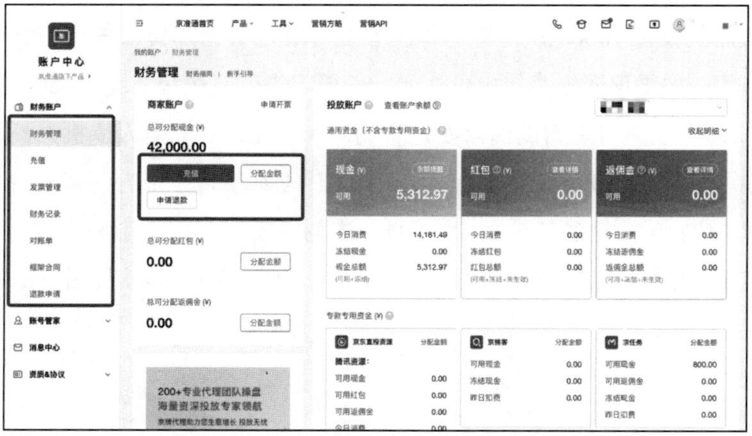

图 7-9　财务账户

2）账号管理

账号管理的主要功能是投放账号管理、代理账号管理、账号授权，其中投放账号管理主要是对其他账号的管理（主账号可以管理其他所有的子账号，子账号只能管理自己的账号和被授权账号），最主要的功能是可以查看其他子账号的投放数据情况，如图 7-10 所示。代理账号管理主要是针对代运营而言的，即授权给其他账号进行推广，从一定程度上保证商家的店铺数据不被泄露。

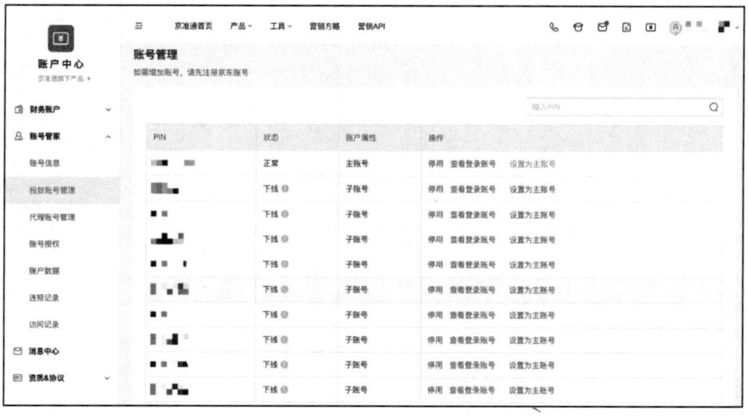

图 7-10　账号管理

3）消息中心

消息中心主要展示通知公告、系统消息、审核消息，其中，通知公告为京准通通知类信息，系统消息主要是余额不足、预算不足的信息，审核消息主要是创意审核消息，商家注意查看即可，如图 7-11 所示。

图 7-11　消息中心

4）资质和协议

资质和协议的主要功能是针对京准通广告投放的广告创意合规性资质上传功能的，比如，广告创意图上出现明星等涉及肖像权问题，就需要上传相关资质，否则广告创意图就会被驳回，无法投放；再如，某些保健品、医疗器械等商品需要有广审表才可以投放广告，这就需要先提交相关资质，才可创建创意，如图 7-12 所示。

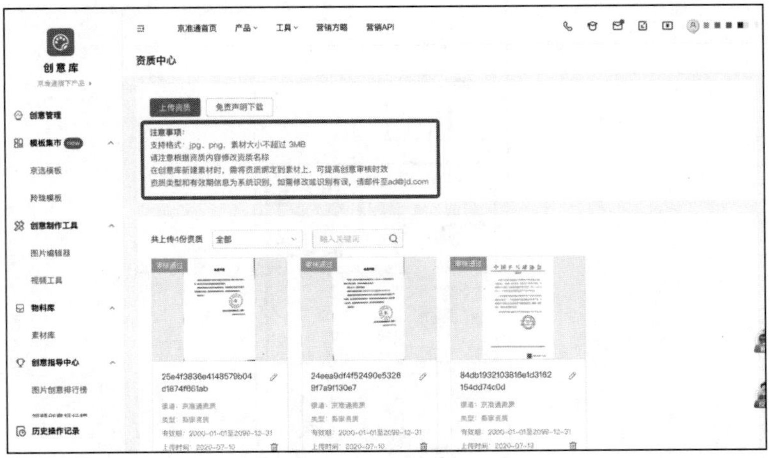

图 7-12　资质中心

7.2 京东快车

7.2.1 京东快车概况

1. 什么是京东快车

京东快车是一款按搜索点击次数收费的推广工具，商家通过京东快车可以将商品、店铺、活动链接投放到京东站内获取流量。因为京东快车属于基于关键词的竞价投放系统，广告位置又穿插在自然排名中，所以商家要想获得有优势的推广位置，就需要根据推广的商品选择合适的关键词、创意、人群进行投放。

目前京东快车下面有普通计划、京选店铺计划、秒杀计划细分子项，其中秒杀计划属于普通计划针对京东秒杀推出的特殊智能推广计划，只有单品秒杀、品类秒杀、每日特价、超值清单、品牌秒杀及秒杀皮肤商品开启的情况下才能开启。

1）普通计划

普通计划下面分为商品推广、腰带店铺推广、活动推广，广告位置相互不冲突、不影响，意味着商家可以根据需要购买同一个关键词占据不同的广告位置，如图 7-13 所示。

图 7-13 腰带店铺、商品推广广告位

需要特别提醒大家的是，从目前各个类目移动端和 PC 端的访客和交易数据分析来看，PC 端的占比越来越小，在一定程度上建议商家优先考虑移动端的推广，待店铺运营到中后期，在时间充裕的情况下再进行推广，当然也可以同时推广。

在 PC 端，京东快车普通计划目前不存在腰带店铺推广的广告位置，商品推广的广告位置如图 7-14 所示。

图 7-14　PC 端商品推广的广告位置

活动推广位置也比较特别，它位于左侧商品精品广告位的底部，其广告位的左上角会显示“商家精选”，如图 7-15 所示。

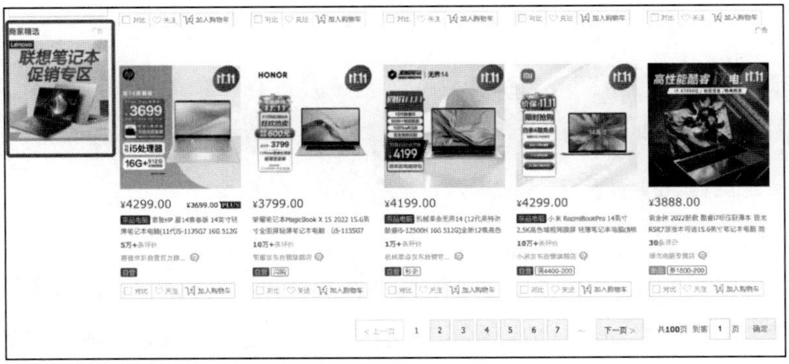

图 7-15　PC 端活动推广的广告位置

提示：京东快车的广告位置可能会有调整，官方也会给出通知，商家在投放广告的时候需要留意。

2）京选店铺计划

京选店铺计划只有一个广告位置，而且这个广告位置的关键词投放与品牌词或者型号词有关，如“华为手机”或“META 50”等关键词，普通的品类词如“手机”是没有办法展现的。京选店铺计划的广告位置在移动端特别明显，可以是大图或者子链创意，如图 7-16、图 7-17 所示。

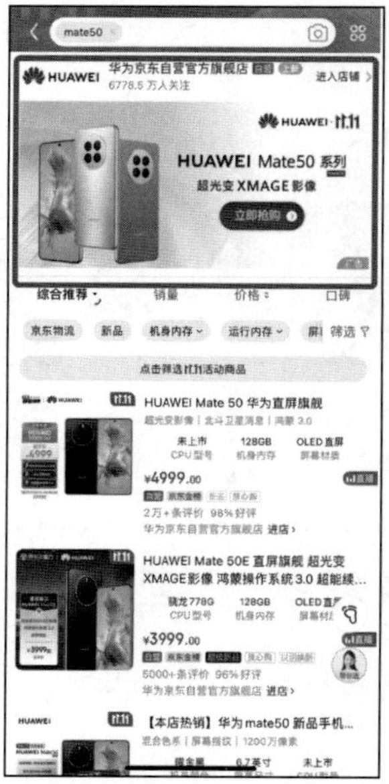

图 7-16 大图

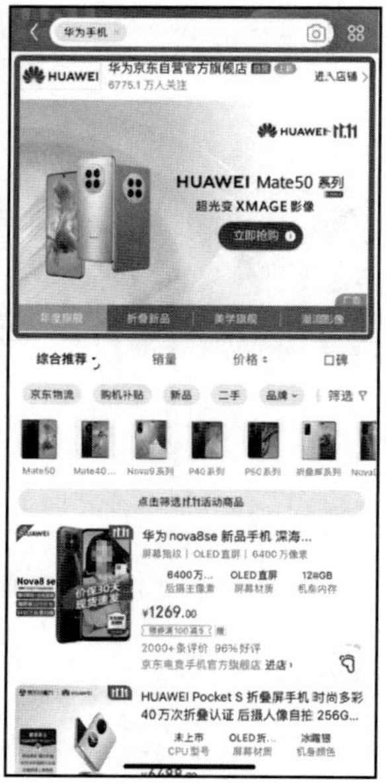

图 7-17 子链

需要商家注意的就是，京选店铺计划的广告位置只有一个，假如有多个店铺同时销售同一品牌的商品，就需要注意抢该位置的意义。京选店铺支持人群定向，商家可以根据自己的实际情况去抢自己所需的关键词和人群进行精准投放。

3）秒杀计划

秒杀计划属于智能推广范畴，商家可以根据参与秒杀的商品的竞争力来决定是否需要开启它，一般情况下，参与秒杀的商品在价格上相对有优势。但需要注意的是，如果平时该商品的转化率不高，就要特别留意，秒杀计划开启后，如果前 30 分钟到 1 小时内的效果也不好，建议暂停或者调整商品的促销力度。

另外，也需要注意秒杀计划与普通计划的关系，对同一个 SKU 来说，如果同时打开两个计划，系统会根据推广计划的关键词质量得分、出价等进行优势排序，不会同时进行广告展示，也可以简单地理解为当秒杀计划抢到展现位置时，普通计划就不会展示。

2. 京东快车的排名和扣费机制

1）京东快车的排名机制

（1）普通计划

首先介绍普通计划的商品推广排名机制，它在很大程度上与出价有关，出价越高，排名越靠前，但这里还涉及关键词的质量得分（注意，不是竞争力指数）。质量得分又与推广计划的权重有关系，计划权重又与该计划的销售额、订单数、点击率、转化率等有关，不过还是有办法可以大概分析出权重的高低，就是出价与点击价格的差距，差距越大，权重越低，如图 7-18 所示。

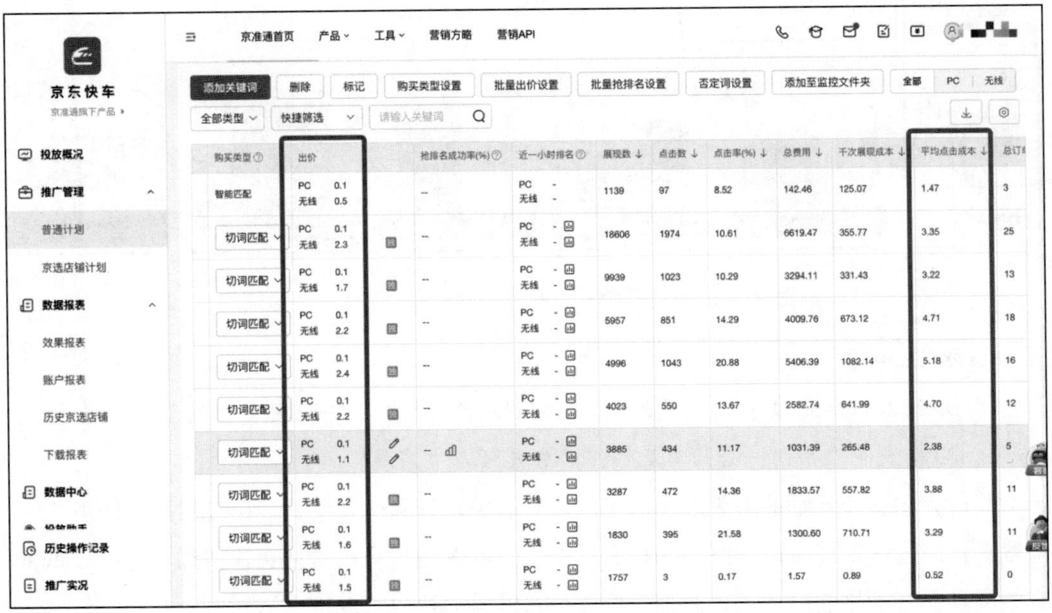

图 7-18　出价与点击价格的关系

在实际的推广过程中，商家应该更多地关注关键词排名，根据排名变化与出价变化判断权重的高低，再想办法提升权重，尽量花更少的钱抢到更高的排名，获取更多的流量。

另外，商家还需要注意所推广的商品关键词相同的情况下，排名如何布局的问题，对于普通计划的商品推广而言，不同的 SPU（Standard Product Unit，标准化产品单元）会同其他店铺的 SPU 一起参考排名竞争，假如同一家店铺的两个 SPU 出价都足够高，很有可能广告位第 1、2 的位置都是自己的，就会出现“霸屏”的情况，如图 7-19 所示。

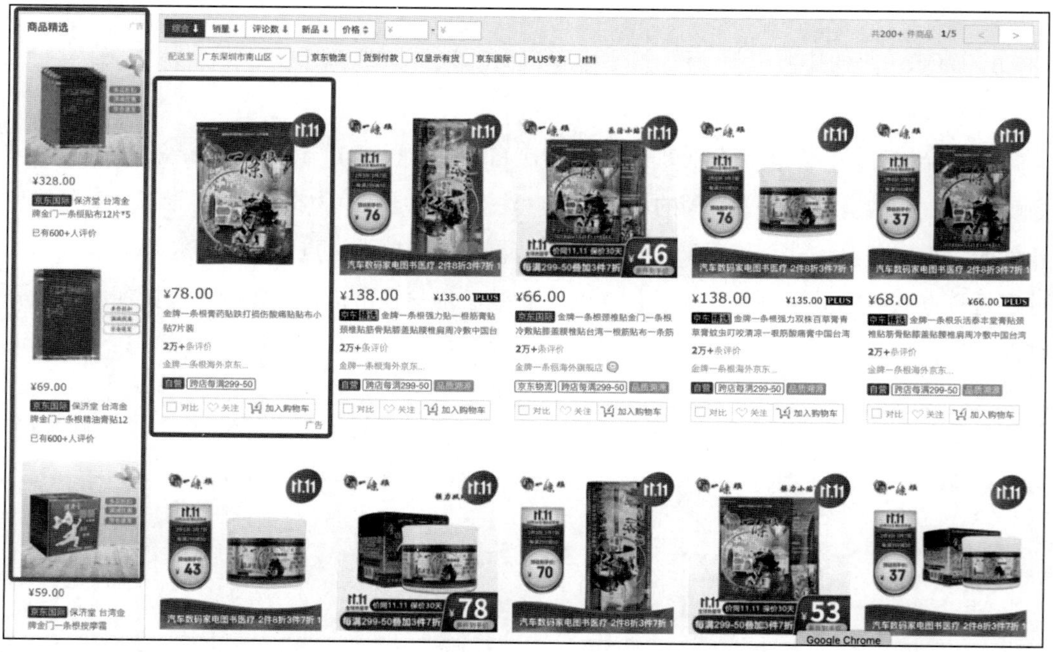

图 7-19　广告“霸屏”

小技巧：

- 以投入产出比为导向，只要 ROI 能达到理想位置，广告就可以“霸屏”。
- 以抢流量为导向，若预算足够，广告就可以“霸屏”。

其次介绍普通计划的腰带店铺的推广，一般类目只有一个位置，在自然排名的第 20 个位置进行广告展现（可以理解为为什么这个位置的关键词点击价格会比普通计划的要低），有些类目在商品排名的顶部，有多个广告位，并且以可以滑动的方式进行展现，如图 7-20 所示。

图 7-20　腰带店铺

不管是哪种展现方式，都与出价和质量得分有关，且只能投放一个广告位，这与商品推广有很大区别。

最后介绍活动推广。同一个关键词的排名与出价和关键词的质量得分有关，且广告位置比较特殊，在 PC 端的搜索结果页左边有且只有一个位置，右侧原生广告位穿插其他广告位。

（2）京选店铺计划

京选店铺计划只有一个广告位置，与前面的腰带店铺只有一个广告位置的类目相似，出价与关键词的质量得分有关，价高者得。

（3）秒杀计划

秒杀计划属于智能推广，直接与普通计划的商品推广参与竞争，不管是否为同一个 SPU，区别就是秒杀计划是根据大数据进行排名抢夺的。

2）京东快车的扣费机制

（1）普通计划

普通计划的扣费方式是按照单次点击付费（CPC）的，其公式如下：

点击价格=下一位的出价×下一位的质量得分/自己的质量得分

需要提醒大家的是，质量得分和下一位的出价其实我们都不知道，处于盲盒状态，所以商家更需要关心的是自己的出价、排名、最终点击价格，尽可能让点击价格低于自己的出价。如果做不到这一点，就是需要观察自己的广告投放目标是什么。

（2）京选店铺计划

京选店铺计划以 CPM（按千次展现付费）方式扣费，比较直观。对新手商家来说，不要看到出价就害怕，这个出价是指每展现一千次的收费，不是点击一次的收费方式。

（3）秒杀计划

秒杀计划与普通计划一样，都是按照单次点击付费（CPC）的。

3. 京东快车的优势

（1）快速获取流量。京东快车的主要特点是将广告直接展示在用户搜索结果页面，参考站内精准流量的抢夺，获取流量的效率超高。

（2）人群精确。京东快车可以使用 DMP 人群定向更精准地圈定自己需要的用户群体。

（3）智能可控。京东快车可以根据实际情况调整推广方式为智能方式，甚至可以以 ROI 为投放目标的智能投放方式。

7.2.2 京东快车后台

1. 后台简介

京东快车属于京准通的众多产品之一，入口均为京准通的主入口，一般直接打开京东快车后台，单击左上角“京准通”→“京东快车”即可，如图 7-21 所示。

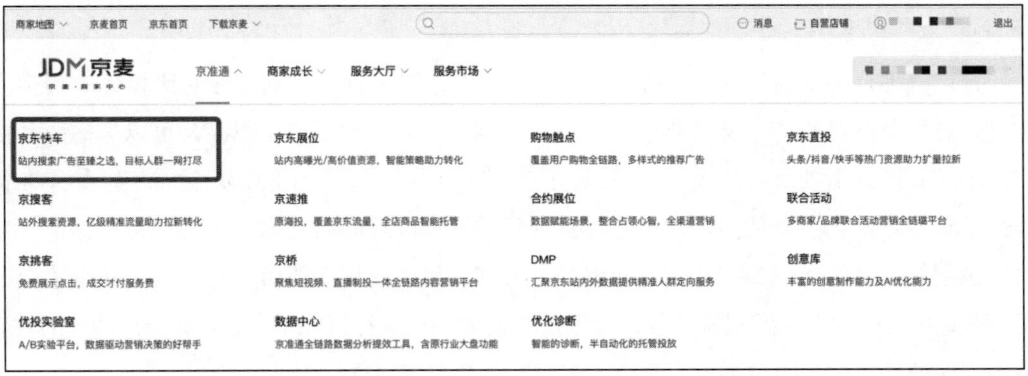

图 7-21　京东快车后台入口

京东快车后台分为投放概况、推广管理、数据报表、数据中心、投放助手、历史操作记录、推广实况 7 部分，其中推广管理和数据报表为京东快车的核心架构，其他为辅助功能，特别是 DMP 工具更是独立出来成为其他模块，相关内容将在后面讲解。

1）投放概况

进入京东快车首页优先看到的是投放概况，默认为当天当前登录账号的京东快车投放数据概况，商家可以根据需要筛选其他条件进行数据查询，如图 7-22 所示。

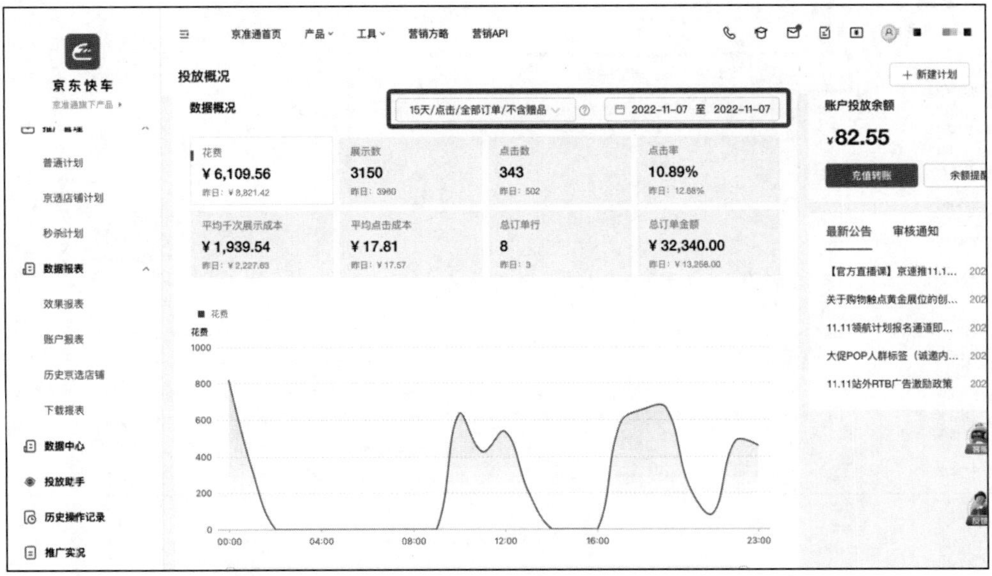

图 7-22　投放概况

2）推广管理

推广管理分为普通计划、京选店铺计划、秒杀计划 3 部分，其中普通计划有 3 种推广类目，分别是商品推广、腰带店铺推广、活动推广，商家如果推广单品，可以考虑商品推广，推广店铺且主推商品在 30 天销售额 SKU 前 3 名的可以使用腰带店铺推广，如果准备推广活动专场，则可以使用活动推广。京选店铺计划以推广店铺为主，与腰带店铺推广最大的区别是，京选店铺的广告位置前置且更大气。秒杀计划需要店铺有秒杀商品时才会出现，跟商品推广的最大区别就是秒杀计划是通过大数据进行智能推广的，有一定的针对性，但不能保证秒杀计划的效果就比普通计划要好，商家需要进行测试总结。

3）数据报表

数据报表主要分为效果报表和账户报表两部分。其中效果报表分为订单效果总览、地域效果总览、搜索词效果总览、商品定向效果总览，从字面上也能看出，订单效果总览是指客户下单就能监控查询到数据，可以快速查看订单来源，给投放做决策提供依据，地域效果总览是指以省/直辖市地域单位查看投放效果，搜索词效果总览是指以关键词维度查看的投放效果，商品定向效果总览是指以商品定向投放维度的效果，如图 7-23 所示。

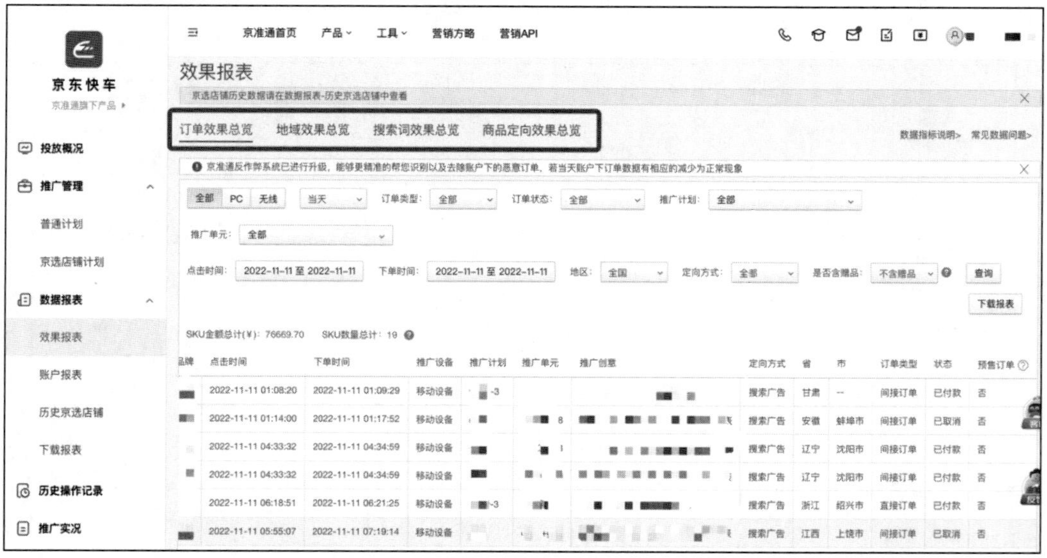

图 7-23　效果报表

账户报表主要分为账户报表、推广计划报表、推广单元报表、推广创意报表、关键词报表和商品定向报表，主要特点是查询数据的范围从大到小，或者从整体到局部，商家可以根据需要进行查询，如图 7-24 所示。

图 7-24　账户报表

账户报表中的历史京选店铺功能主要针对旧版本的京选店铺数据，现在新建的京选店铺计划数据在效果报表、账户报表中查询。

下载报表的功能是下载在推广管理、数据报表中生成的报表。需要注意的是，下载报表页支持保存的最大报表下载记录为 100 条，且仅支持保存半年内的报表下载记录。

4）数据中心

数据中心的主要功能是让商家对店铺营销推广数据有了解，为后面的营销推广计划提供决策，还能通过查看大盘的推广数据、竞争品牌推广数据、关键词数据来确定自己的推广计划。

①营销概况。

通过营销概况可以查询整个京准通的投放数据情况，让商家对广告投放效果有一个整体的判断，为后面的投放规划提供决策参考，如图 7-25 所示。

图 7-25　营销概况

提示：营销概况默认查看的是当前登录状态的 pin（登录账号）数据，也可以查看其他账号（包括商家的其他子账号、其他非商家授权的账号）数据，要注意如下几点：

- 授权 pin 选项中显示的 pin 都是在授权有效期内且授权状态是进行中的。
- 代理商主 pin 仅支持查看在授权协议有效期内的代理子 pin 的广告投放数据。
- 采销 pin 仅支持查看自己的广告投放数据，即使被其他采销 pin 授权，也不支持查看授权 pin（采销）的投放数据。

②实时大屏。

实时大屏是一款聚合了大促活动期间商家的核心关注指标的可视化大屏展示工具，它能够更加清晰地反馈大促广告的投放效果与收益，在大促活动期间为商家提供实时的数据监控、效果分析、数据展示服务，商家可以通过洞察行业变化趋势，结合自身数据对比，做出广告投放策略判断。

在使用实时大屏之前要先对它进行设置，需要商家明确数据获取的账户范围、所属行业、产品线选择（可以单独查看如京东快车数据）、对应数据指标（默认为去年同期，也可以指定指标），设置完成后，即可使用实时大屏，如图 7-26 所示。

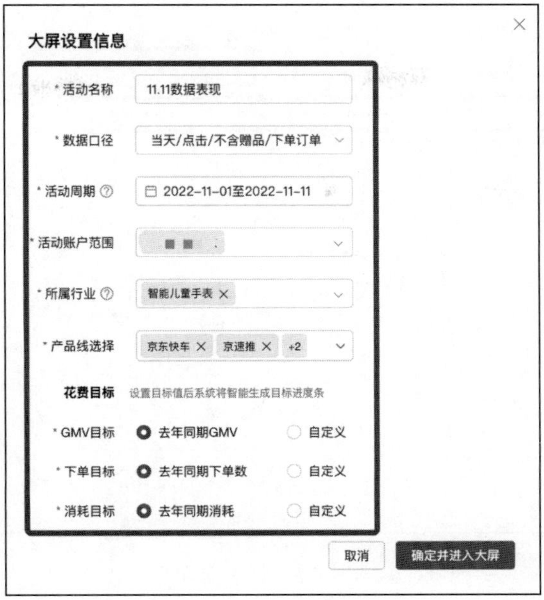

图 7-26　实时大屏设置

在实际运用中，商家应该关注行业的数据变化趋势，如果行业数据的 CPC 变化平缓，而自己的 CPC 暴涨，GMV（Gross Merchandise Volume，商品交易总额）在下滑，就要留意广告投放出价是否合理。整个实时大屏属于大方向的判断，具体的细节问题还需要商家到指定的京准通投放产品上分析。

③榜单洞察。

榜单洞察是针对商家的京准通广告投放产品数据反馈的，根据各项 TOP 数据反馈变化做进一步的投放判断依据。这里先以 TOP 榜单为例进行说明，如针对 2022 年 10 月京东快车加购数据变化判断商品的竞争力变化受哪些因素影响，再具体分析，如图 7-27 所示。

接下来说 TOP 波动榜单，主要根据数据变化波动大小进行监控排序，让商家觉察到异常明显的数据以便快速做出优化策略，如根据点击数进行数据监控发现正向波动为 183.33%，这是由于投手新增加京速推爆款“打爆”计划导致的，属于正常行为，如图 7-28 所示。

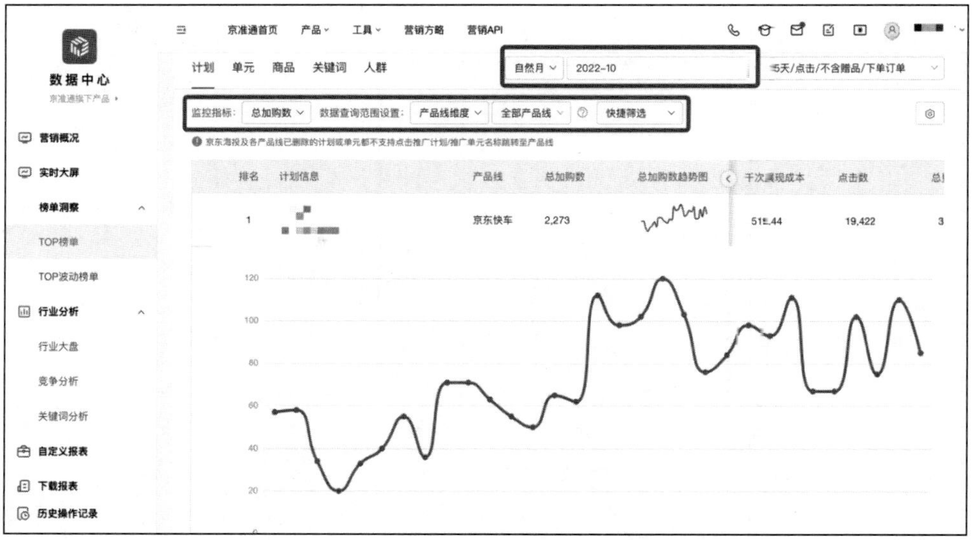

图 7-27　TOP 榜单

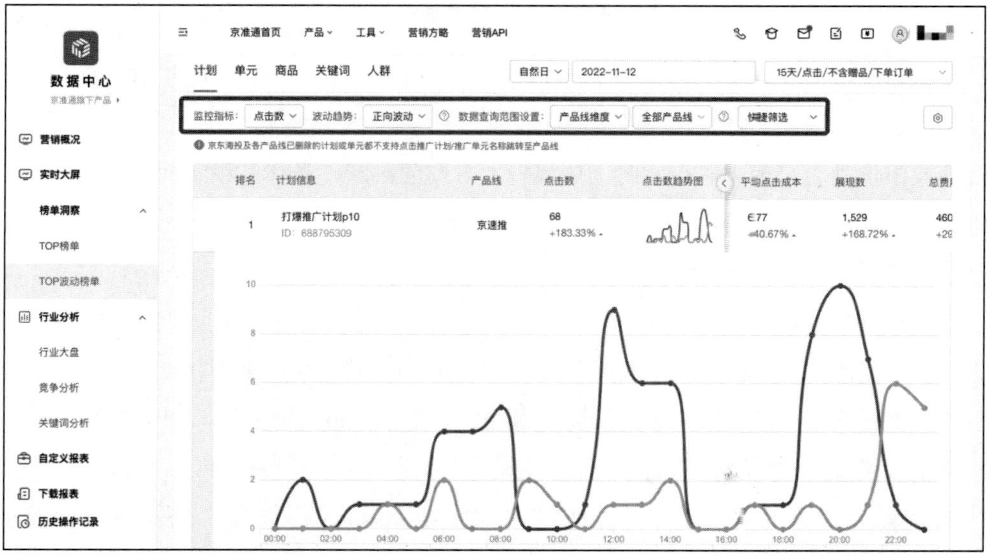

图 7-28　TOP 波动榜单

④行业分析。

行业分析的主要功能是给商家提供行业大盘广告投放各项数据分析参考，对照商家自己的投放数据进行优化。竞争分析是对各品牌的投放数据与商家的品牌进行对比，通过数据对比可以发现问题，再进行有针对性地优化，特别是经营同一品牌商品时更有参考价值。此外，系统还提供关键词流量榜单，系统给出各项数据的均值，商家根据自身投放数据的情况进行优化参考，如图 7-29 所示。

图 7-29　行业关键词流量榜单

⑤自定义报表。

自定义报表是针对商家特殊数据支持的报表功能，商家可以根据自己需要筛选自定义指标，生成之后下载分析即可，可以在“下载报表”中进行下载。注意：报表生成需要一定的时间。

5）投放助手

投放助手的主要作用是方便商家对自己的京东快车指定的计划、单元、创意、关键词投放进行详情数据监控，商家可以直观地对比数据日期，并从中发现问题，如图 7-30 所示。

6）历史操作记录

历史操作记录是为了让商家查找广告投放的历史操作记录，细节点可以记录到关键词的价格修改。

7）推广实况

推广实况工具仅用于模拟查看任意搜索词在某一地域的推广展现情况，方便商家大概了解自己的广告投放的排名。需要注意的是，对于推广实况排名数据，系统会以当前账号地域、网络环境、用户行为等个性化因素作为参考，并给出个性化排名，该结果不代表客户真实的广告排名情况，仅作为参考。

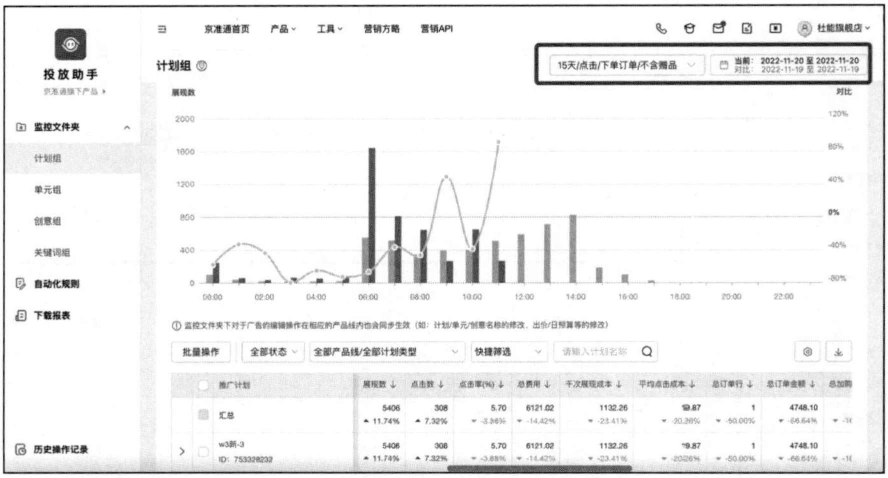

图 7-30　投放助手

商家还可以利用该工具查到竞争对手的广告投放情况，结果展示除了展示京东快车的广告位置，还加入了海投计划（京速推），广告是否“霸屏”也可以通过推广实况观察，如图 7-31 所示。

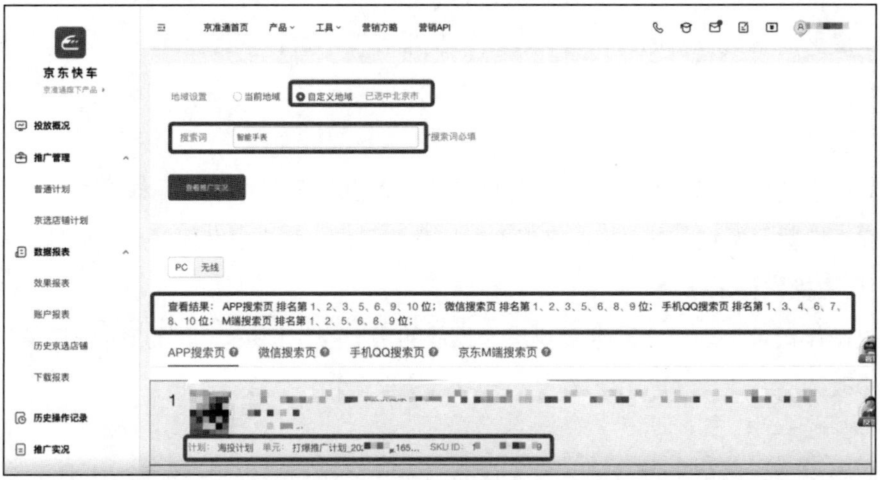

图 7-31　推广实况

7.2.3 京东快车推广实操

1. 推广策略及选品

（1）商家应该都清楚京东快车是用于获取流量的工具，其中的流量是通过付费方式交换所得的，所以我们现在要考虑的问题是花钱所获取的流量的目的是什么？

①大品牌往往需要更大的展现曝光量，这样就可能降低投入产出比的要求，可以理解为品牌宣传的作用，也可以理解为“种草”行为，同样适用于店铺活动和官方活动的预热与宣传。

②新品快速检验市场，获取精准流量进行测款，在一定程度上获取精准关键词、精准人群进行投放，根据客单价的高低需要加购数和转化率来判断是否值得打造成爆款。

③实现爆款快速拉升的目标，商品在日常销售中转化率较好的情况下，需要通过京东快车快速获取流量打造爆款，因此，一般在不亏损的情况下，对 ROI 的要求会适当放宽进行。

④一般商品的广告投放是为了赚取更多的利润，所以会对 ROI 有更高要求，因为有些商品是没办法打造成爆款的，但它可以获取订单和利润。

商家可以根据自己的情况选择不同的推广策略，京东快车是可以选择商品、店铺或者活动进行推广的，在实际应用中可以使用独立的或综合的推广策略。

（2）在推广选品上，商家可以根据以上目的进行选择，一般建议新商家按以下流程操作。

①先测款，挑选转化率较高的成交词进行测试，在没有评论等基础数据的情况下，一般需经过 3~5 天的测试时间，选大概 100 个客户点击数的数据进行测试，如果加购数据高于行业平均值却没有转化，则可以尝试让商品出几个评价，再继续测试，后面如果转化率大于或等于行业平均值，证明测试成功，可以进行爆款推进，如果转化数据较差，则建议换品再进行测试。

②爆款拉升需要添加更多的关键词，获取更多的流量，如果转化数据不理想，再加入群，寻找平衡点。爆款拉升也适合自然成交不错的商品，通过京东快车放大流量，提升销售额。

③提升有差异化、利润高的商品的销售额，前提是保证 ROI 在盈利范围内，这需要结合店铺商品结构进行合理布局，采用关键词出价错开、人群错开等方式。

④需要曝光量和流量的商品，这种情况往往出现在大促期间，比如“双 11”“年中大促”“年货节”等，大品牌需要曝光量及流量的支持，也可以理解为通过线上曝光不但能提升线上成交，还能促进线下成交，把线上曝光当成品牌宣传的一种渠道。

2. 京东快车标准计划

对于刚接触付费推广的商家来说，如果感觉这一部分内容过于复杂，可以将推广简单地理解成商家把什么商品放在哪些人群里通过什么样的创意形式展现出来。其中的“商品”可以是真正的商品，也可以是店铺或者活动页；“人群”是指希望购买到商家商品的人；“创意形式”是指商品卖点的广告图片。广告投放就是围绕这 3 点设置流程的。

1）普通计划—商品推广

针对商品的推广计划，商家只有想清楚推广商品的目的后，才能在接下来的设置步骤中正确填写。为了便于商家快速学习，下面以设置流程作为节点步骤进行介绍。

第一步，选择商品推广。要注意与其他两个推广类型区分开，如图 7-32 所示。

图 7-32　商品推广类型

第二步，计划设置。计划名称只有商家可见，客户不可见。计划名称可以被理解成只要方便商家自己就可以，一般建议命名规则是商品名称+商品型号+目的，如笔记本 book14 爆款。拆分对比实验不太适合新手商家，因此，新手商家可暂不理会，有经验的商家可以把拆分对比实验理解成测试推广，与自己手动测试最大的区别是系统根据点击率和转化率进行标记，但是拆分对比实验只支持 90 天，超过之后该推广计划自动停止，无法进行进一步的操作。起始日期和结束日期一般设置为默认即可，特殊情况下再单独设置。每日预算在测试阶段可以根据推广预算先设置，比如 200 元/天，但需要商家注意的是，如果类目搜索的访客量较大，每日预算较低，就会出现展现数偏低的情况。时段设置在早期建议选择默认即可，投放一段时间之后再根据数据反馈进行优化。设置完成后单击“保存并继续”按钮，如图 7-33 所示。

图 7-33　计划设置

第三步，创建单元。单元名称为商家可见，建议命名规则为商品型号+目的，如 book14 多关键词、book14 品牌词等。接下来选择商品，一般建议在推广前期默认勾选“添加同 SPU 下的所有 SKU”复选框进行投放，一段时间后看数据反馈，再决定取舍。选品有两种方法，一种是根据系统推荐（有时候没有推荐数据），另一种是直接输入推广 SKU，可以根据前面所说的推广策略和选品方法进行确定，再在底部单击“下一步”按钮即可，如图 7-34 所示。

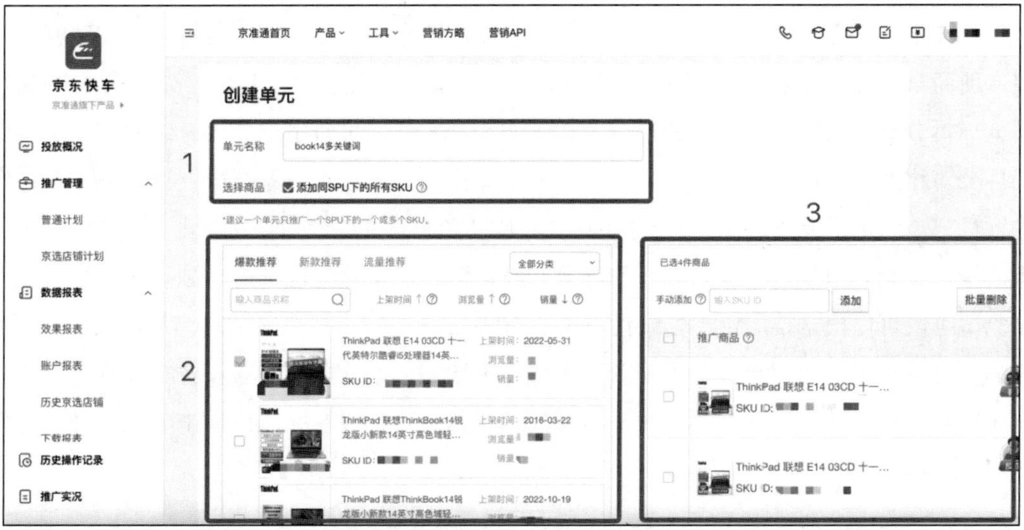

图 7-34　创建单元

第四步，推广设置。这一步需要设置的环节比较多，商家不用担心很复杂，接下来我们进行拆解，理解之后再设置，就会变得轻松。

（1）投放目标。

目前系统可支持 5 种投放目标：点击、加购、下单、成交和自定义，商家在选择前要先了解一下每种投放目标的逻辑，才能进行有目的的投放。其中，前面 4 种都基于系统大数据的智能投放目标，不同的是根据人群行为特征进行区分，商家可以简单地理解为客户有购物需求，就“点击”，准备购买就“加购”，决定购买就“下单”，支付完毕就“成交”。

举个例子，某些客户因下个月要出差，需要充电宝，于是搜索、浏览过某些充电宝，可以理解为有“点击”需求，如果商家按“点击”投放目标，会优先将广告展现在这些人群面前，同理，假如某些客户开始货比三家，并且深度浏览某些充电宝，就会进入“加购”目标，进而开始频繁登录账号或者咨询商家等动作就进入“下单”，假如支付能力一直良好，就直接进入“成交”，虽然在整个过程中系统有自己的学习模型，应该会有更多的触发指标，数据模型会根据数据变化变得更智能和更精准，甚至有时候投放效果比手动自定义更好，但是这个过程需要时间让数据运行起来，购买广告费用就需要统一调整，商家最后发现前 4 种的智能投放无法设置人群，甚至连关键词都可以不设置。第 5 种是“自定义”，所有的条件都需要商家自己设置调整，但是其细节可控制性强，可以进行精细化调整，对新手商家来说，一般建议先从自定义开始，如图 7-35 所示。

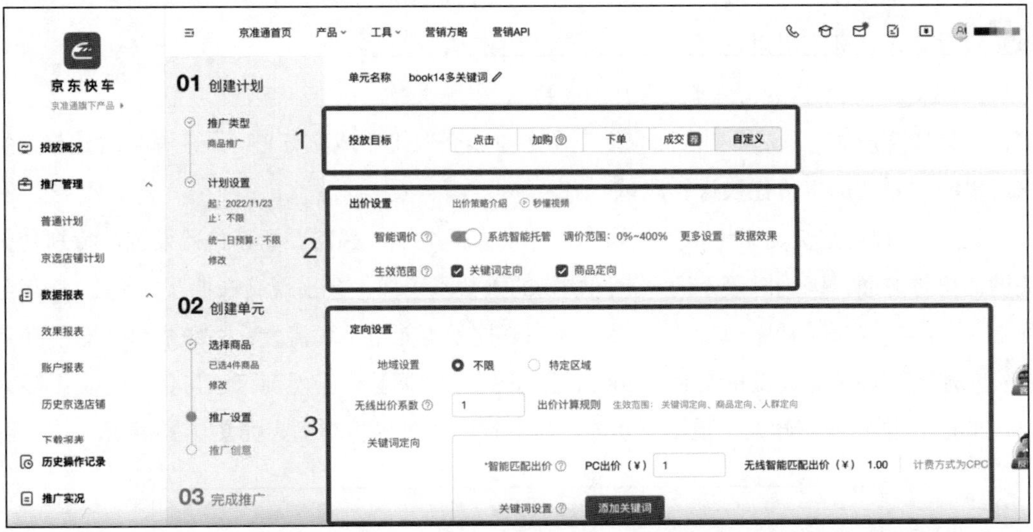

图 7-35　推广设置

（2）出价设置。

为了方便商家理解智能投放目标，下面解释一下相应的设置，商家可以根据需要进行测试。

①点击。

预算控制统一日消耗：是指计划每日消耗多少广告费，系统会在指定的广告费中为商家获取流量。

CPC 成本上限：智能托管时由系统根据单元平均的 CPC 决定，是一个动态范围，商家也可以根据投放经验进行设定。需要考虑的是，如果 CPC 设置过低，可能获取不到流量，设置过高则可能会造成亏损。

②加购。

目标加购成本：1 天周期内商家期望用多少钱获取 1 个加购数。系统有默认的出价建议，商家可以根据系统出价进行测试。

③下单。

目标下单成本：1 天周期内商家期望用多少钱获取 1 个订单（包括未支付订单）。系统有建议的出价，商家可以根据系统出价进行测试。

目标下单 ROI：1 天周期内商家期望控制在指定 ROI 内进行投放来获取流量，系统有 ROI 设置建议，商家可以根据系统的设置进行测试。

④成交。

目标成交成本：1 天周期内商家期望用多少钱获取 1 个成交订单，系统有出价建议，商家可以根据系统的出价建议进行测试。

最后 1 种自定义，无论是关键词出价还是人群引用，都需要商家自己设置，特别是在关键词出价方面，因为时段不同，上网购物的人数不一样，会出现高峰期（如晚上 8 点至晚上 12 点），这时如果商家出价不变，在高峰期就可能抢不到流量。系统提供了智能托管调价功能，允许关键词溢价在 0%~400%范围内由系统调整，当然商家也可以自定义上限为 0%~200%，推广前期建议不使用该功能，后期优化的时候再考虑，如图 7-36 所示。

图 7-36　智能调价

商家可以根据自己的目的进行测试，从而找到广告投放的平衡点。

（3）定向设置。

①地域设置。

商家可以把地域设置理解为希望把广告展示在哪些地域。举个例子，驱蚊器在北方的销量相对南方来说少很多，所以在预算有限的情况下可以不投放北方的地域，如图 7-37 所示。

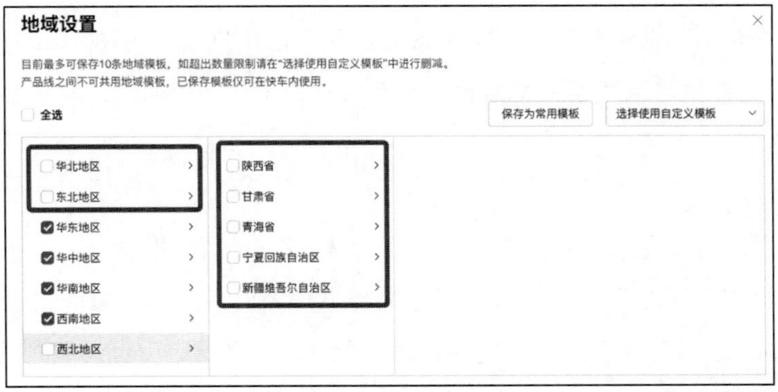

图 7-37　地域设置

②无线出价系数。

京东快车不支持 PC 端与移动端单独推广，只能以 PC 端出价为基准，再通过无线出价系数控制移动端出价。例如，无线出价系数为 3，PC 端出价为 1，那么移动端出价就为 1×3=3。默认情况下，无线出价系数适用于智能匹配出价（自定义投放目标才有的功能）及关键词出价，如图 7-38 所示。添加完关键词后修改关键词出价，该关键词出价为独立出价，不受无线出价系数控制。

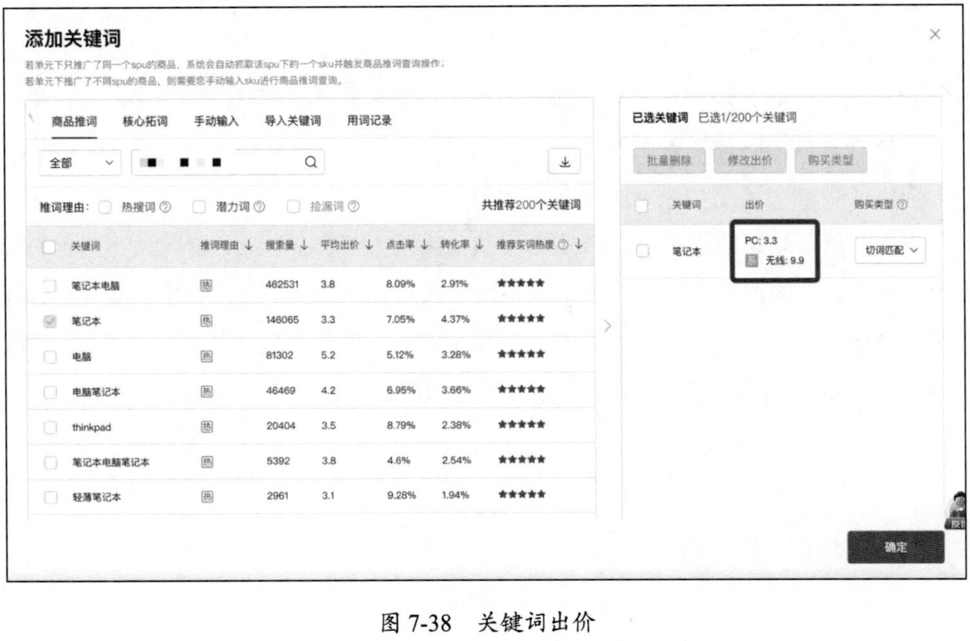

图 7-38　关键词出价

提示：京东快车目前删除了无线出价系数设置，合并 PC 端与移动端出价，京速推中的京东海投还支持 PC 端与无线端分别出价，与无线出价系数相关的内容暂供参考，请关注平台调整通知。

③关键词定向。

一般情况下，建议商家直接使用当前推广商品 SKU“商品推词”，试推一周左右再调整，系统根据“智能匹配”历史投放数据，为商家挖掘出了更多优质的关键词，以“效果推词”列表形式展示，建议商家优先使用精确匹配，待效果稳定后可调整到其他匹配类型。要特别注意，系统推荐出价以抢流量为主要目的，所以系统推荐出价会偏高，而且是按无线出价系数控制无线出价的，建议新手商家先使用“修改出价”批量修改功能，统一把 PC 端出价设置为低价（如 0.1），无线出价设置为低价（如 0.5），优化时再调整（此时关键词出价已为独立出价，不受无线出价系数控制）。

当客户发起搜索时，根据不同的匹配模式可能展现不同的关键词广告，匹配模式会影响关键词广告展现的机会。下面以添加的“智能手机”关键词为例进行说明。

- 精确匹配：当客户的搜索词与关键词完全相同时，才会展现广告，如搜索“智能手机”。
- 短语匹配：当客户的搜索词与关键词相同，或者完全包含关键词时，才会展现广告，如搜索“智能手机 5G”。
- 切词匹配：当客户的搜索词（或者其省略、颠倒形式）与关键词相同，或搜索词完全包含关键词时，才会展现广告，如搜索“手机 智能”。

④商品定向。

商品定向是指商家的广告出现在定向商品（指搜索位自然排名）附近，需要与关键词定向区分的是各自的出价，如果商品定向出价比关键词出价高，则可能出现与商品定向抢关键词的情况，所以前期一般建议先不设置商品定向，优化阶段再进行出价测试。因此，现在先不要打开智能商品定向，删除自定义商品和类目，如图 7-39 所示。

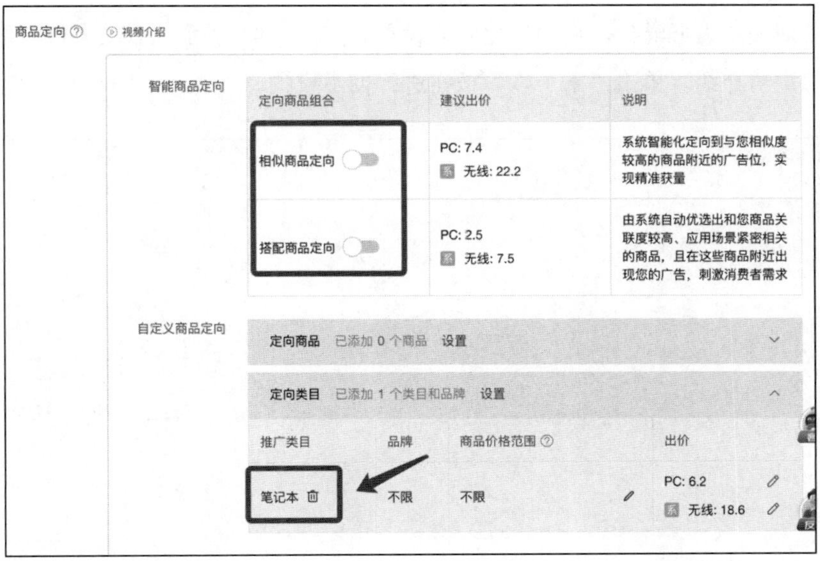

图 7-39　商品定向

⑤人群定向。

人群定向是指商家针对推荐位，根据用户历史浏览、历史购买等消费行为，系统自动定向可能对商家推广商品感兴趣的优质人群（并持续优化）进行独立出价，仍然按无线出价系数进行控制，但因为是推荐位，前期一般不建议使用，特别是新店新品，商品通常不具备竞争力优势，建议后期再设置，如图 7-40 所示。

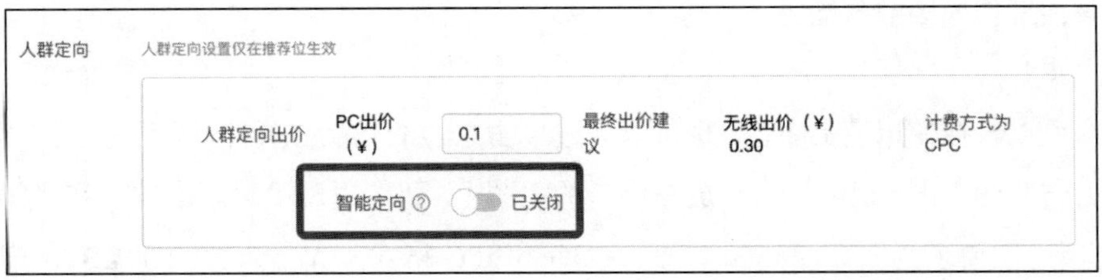

图 7-40　人群定向

⑥人群溢价设置。

人群定向是指将通过溢价人群的方式将广告展现给指定人群，以获取更精准的流量，如关键词出价为 1 元，溢价 50%在近 30 天加购过指定商品的人群，这时候普通人群搜索关键词以 1 元抢排名，但如果是 30 天加购过的人群，则以 1×（1+50%）=1.5（元）抢排名，所以建议前期关闭人群溢价，后面优化时再设置。如图 7-41 所示，有关人群溢价设置的内容会有单独章节介绍。单击“下一步”按钮进行创意设置。

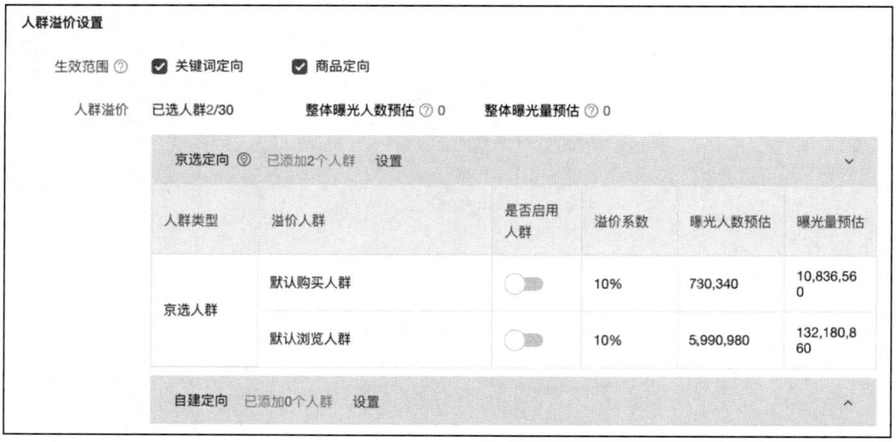

图 7-41　人群溢价设置

（4）添加创意。

创意设置的作用是把商品的卖点呈现在客户面前，进而引导客户点击，好的创意通过点击率的高低就可以看出来。建议商家在使用商品标题和主图时，最好再根据商品的其他卖点在创意主图和标题上进行测试，目前系统支持 12 个自定义创意，以及程序化创意和可引用创意，但我们建议前期先直接使用商品默认的创意形式，后面在进行优化时再添加，防止因其他工作原因被打断。

①主图。

商家可以直接使用商品主图，也可以通过单击左边的商品 SKU 改变不同 SKU 的主图，还可以上传新的主图（把鼠标光标放在已有的主图上，即可出现“重新上传”和“物料库”按钮），新主图要求为 350 像×350 像素（PNG 和 JPG 格式，大小为 50~500KB），商品主图要求为 800 像素×800 像素，注意尺寸大小。

②主标题。

主标题是创意设置的一部分，系统提示 30 个字符，超出部分在广告展示的时候也不会展示。为了表达更精准，建议修改成需要表达的部分内容，即：品牌+商品名称+型号+卖点（包括活动），如“THINKPAD 笔记本电脑 book14 店庆”。

③创意名称。

创意名称为商家可见，建议格式为：商品名称+型号+卖点，如“笔记本电脑 book14 512G 商务。”

④有效期。

创意的有效期一般选择默认即可，如图 7-42 所示。

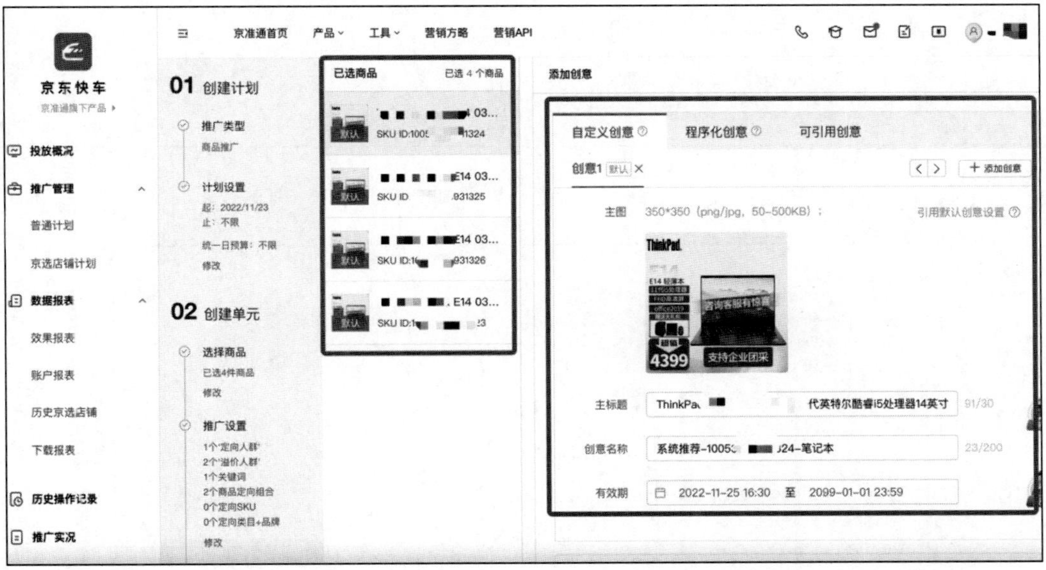

图 7-42　添加创意

设置完成后单击“完成”按钮。

至此，普通计划—商品推广计划的内容已经介绍完成，接下来商家可以根据以下建议的优化顺序进行优化。

⑤关键词。

首先要保证关键词有展现，若没有展现，就提升关键词出价，一般建议关键词出价由低往高调整。如果商家有快速测试需求，可以直接使用关键词的抢排名功能，如图 7-43、图 7-44 所示。

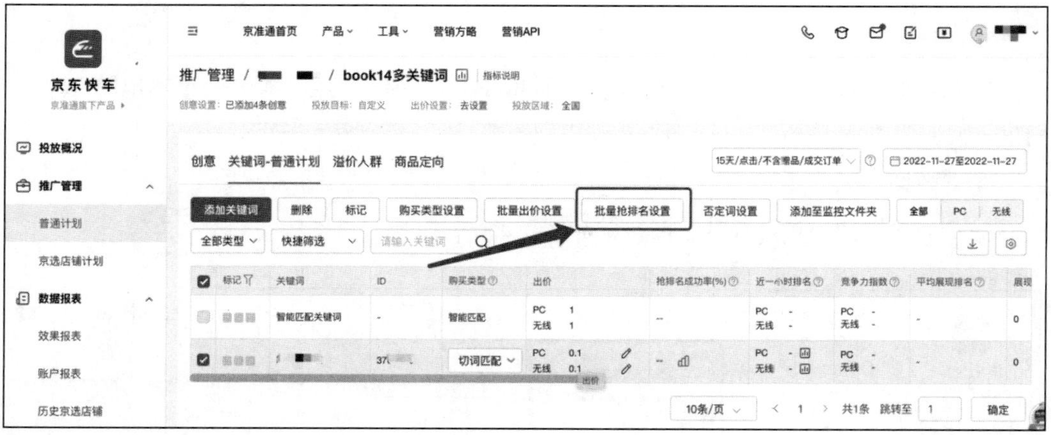

图 7-43　批量抢排名设置

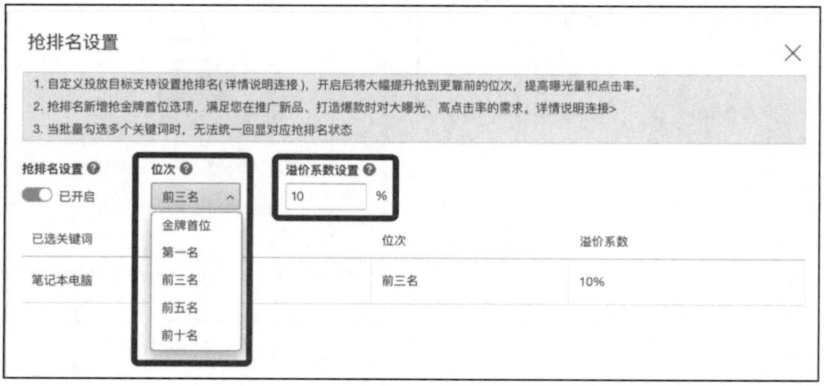

图 7-44　抢排名设置

需要商家要注意的是，抢排名成功的关键是溢价系数的设置，如关键词出价为 1 元，溢价系数为 10%，但当某时间段关键词出价的最高值为 3 元时，按 10%溢价是不太可能抢到的，所以商家要根据自己的情况及行业情况预估溢价范围。抢排名的成功率可以在关键词列表中查看。

另外，如果关键词匹配模式是非精确模式或者关键词智能匹配到其他关键词，那么商家可根据效果进行单独添加和切换匹配模式，或者删除并添加否定词设置，如图 7-45 所示。

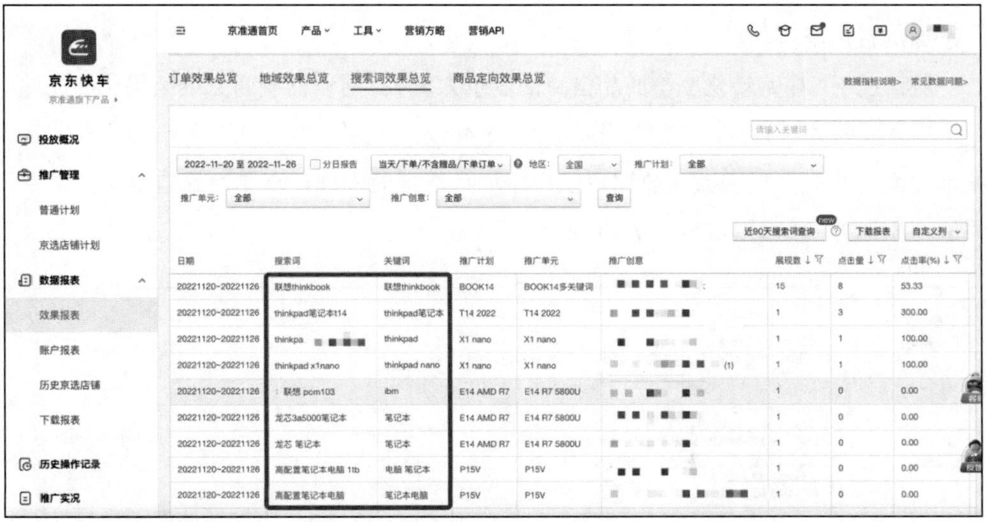

图 7-45　效果报表

⑥创意点击率。

商品广告排名靠前在一定程度上会使点击率更高，但点击率主要与创意主图和标题有关，所以建议商家针对所推广的商品做 5~8 套不同卖点的创意主图及标题，最后保留点击率较高的创意主图和标题，如图 7-46 所示。

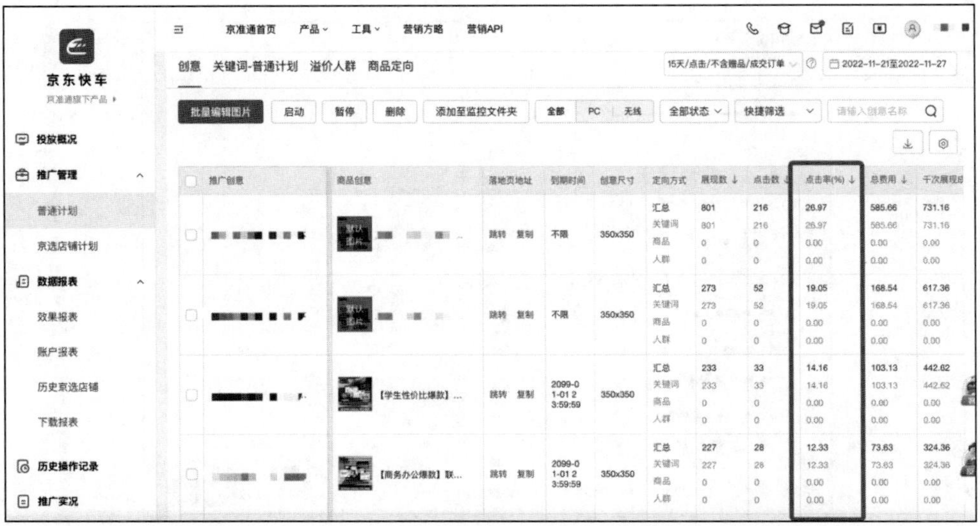

图 7-46　创意优化

⑦加购转化率。

一般情况下，加购转化率与商品自身的竞争力有关，所以需要商家继续优化商品的“内功”，提升竞争力。另外，加购转化率也跟 DMP 人群有关，需要设置好溢价人群，按人群的精准度溢价从高到低递减，前期可以先添加京选定向人群，在学习好自定义人群后，继续添加，添加方式如图 7-47~图 7-49 所示。

图 7-47　引用人群

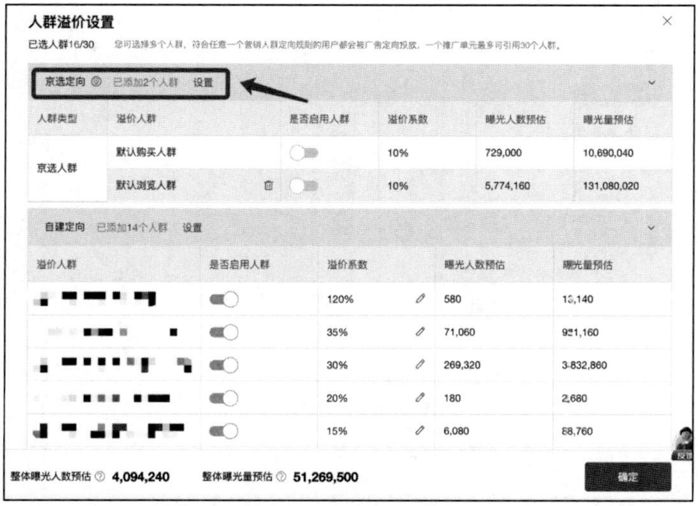

图 7-48　京选定向

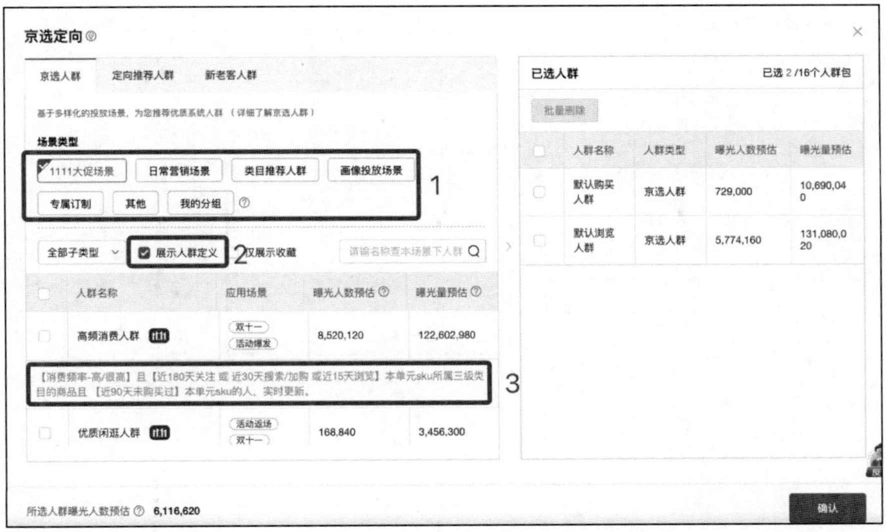

图 7-49　京选定向引用

⑧ROI。

商家在投放广告的时候，如果目的是赚取利润，就要求 ROI 不能亏损，计算 ROI 最低亏损点的公式为：1/毛利率。

如毛利率为 50%，则 ROI 高于 1/50%=2，就能盈利，优化时如果需要赚取利润，就需要把 ROI 值低于盈利点的关键词、人群、地域等删除，如有其他目的，根据具体情况优化即可。

2）普通计划—腰带店铺推广

对于腰带店铺的推广，建议新手商家先不操作，等店铺有 2 到 3 件商品能稳定出单后再推广，因为腰带店铺推广进入的页面是店铺首页。注意，首页的装修也非常重要，因为客户看到的广告显示近 30 天销售额最高的 3 个 SKU 和点击进来的页面是首页，广告与内容的相关性要强。下面按照设置步骤进行介绍。

第一步，选择推广类型。选择“腰带店铺推广”会直接进入下一步，如图 7-50 所示。

第二步，计划设置。计划名称等设置参考普通计划—商品推广的计划设置，这里不再赘述。

第三步，单元设置。默认状态下选择当前店铺 ID 进行推广，商家也可以选择其他店铺进行推广，通过输入店铺 ID 或者店铺名称均可，单击“下一步”按钮，如图 7-51 所示。

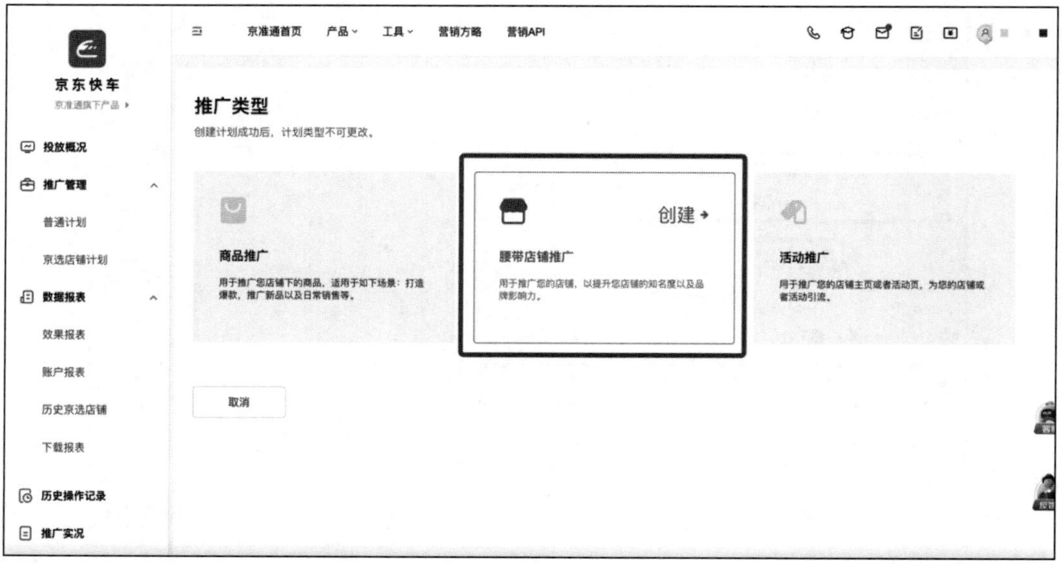

图 7-50　腰带店铺推广

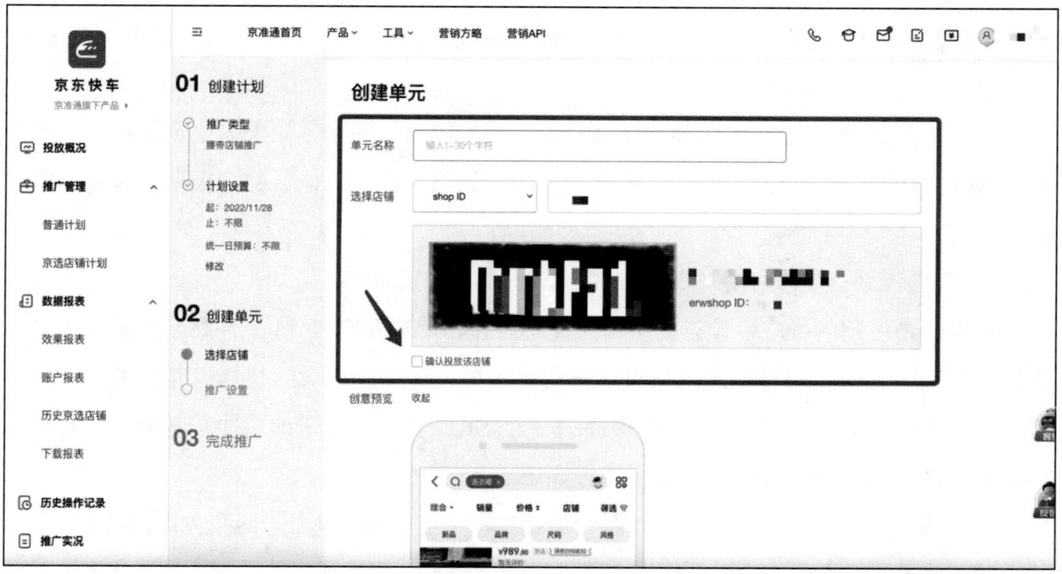

图 7-51　创建单元

第四步，推广设置。腰带店铺的推广与商品推广相比，前者的设置更简单，主要设置为关键词和人群，其差别较大，下面详细介绍。

（1）关键词定向。

①地域设置。

地域默认为不限，如果商家发现自己的商品有不适宜推广的地域，就不勾选“特定区域”选项。

②无线智能匹配出价。

腰带店铺目前只在无线端有广告位，出价设置建议为商品推广关键词的最低出价，商家可根据展现次数来优化调整。

③关键词设置。

在设置关键词时，商家首先需要清楚，腰带店铺推广是针对全店商品的推广，关键词的差别可能比较大，比如店铺销售键盘和鼠标，这时商家就要决定是一起推广还是主推其中一种，还要注意近 30 天销售额最高的 3 个 SKU 是否包含键盘和鼠标，首页是否有相关商品展示，然后添加对应的关键词，添加后单击“确认”按钮，如图 7-52 所示。

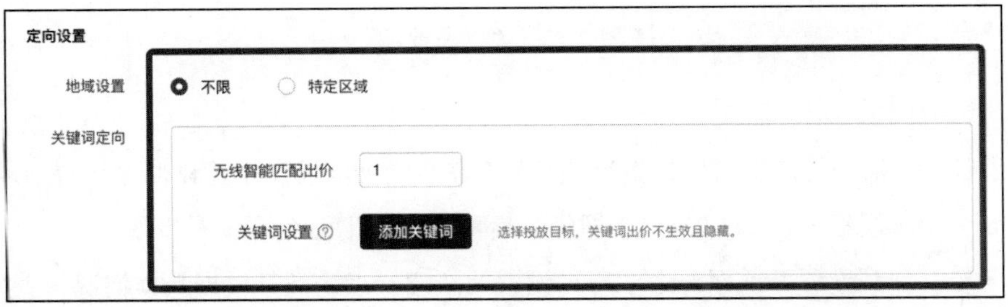

图 7-52　定向设置

添加关键词的时候注意出价，一般情况下，腰带店铺的出价比商品推广的关键词出价低得多，如图 7-53 所示。

（2）人群溢价设置。

人群溢价的设置与商品推广的设置相同，不过要特别注意的是，如果针对主要商品推广，人群就要以圈定主要商品为主，如果针对全店推广，可以圈定自己的店铺或竞店，完成后单击“保存设置”按钮即可。

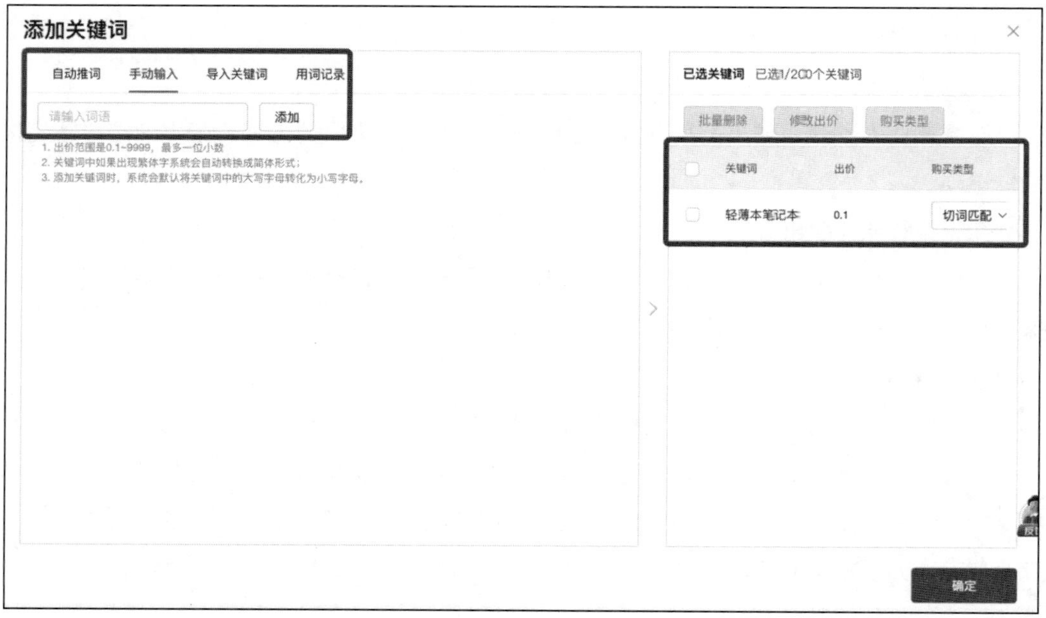

图 7-53　添加关键词

3）普通计划—活动推广

普通计划—活动推广的广告位置比较特殊，在店铺推广前期不建议商家设置活动推广，待店铺到达一定层级（例如 L2 或 L3 层级）后再考虑。下面介绍设置步骤。

第一步，计划设置。前面已经学习过设置的注意要点，商家根据具体情况设置即可。

第二步，创建单元。单元名称根据具体需要填写即可；活动创意由下面的设置内容决定，确定之后不可更改；活动地址一般建议为通天塔所建活动页面（PC 端与无线端可通用）、店铺首页、其他活动页面，但不能是详情页面，如果商家的活动属于店铺级别，建议直接使用店铺首页，适当调整首页的氛围布局，就能符合落地页要求；如果是特殊商品的活动，就需要单独建活动页面，目前系统能自动识别活动页面，可以直接选择；对于商品 SKUID 的添加，需要商家注意的是活动创意是自动获取所选择的商品主图作为活动推广创意，围绕活动添加即可，单击“下一步”按钮完成单元的创建，如图 7-54 所示。

第三步，定向设置。其设置方法与腰带店铺几乎一样，不同的是活动需要设置无线出价系数，证明活动推广会展现的 PC 端和无线端。前面章节有介绍选择什么关键词、人群与商家活动推广的商品有关，完成后单击“保存设置”按钮即可。

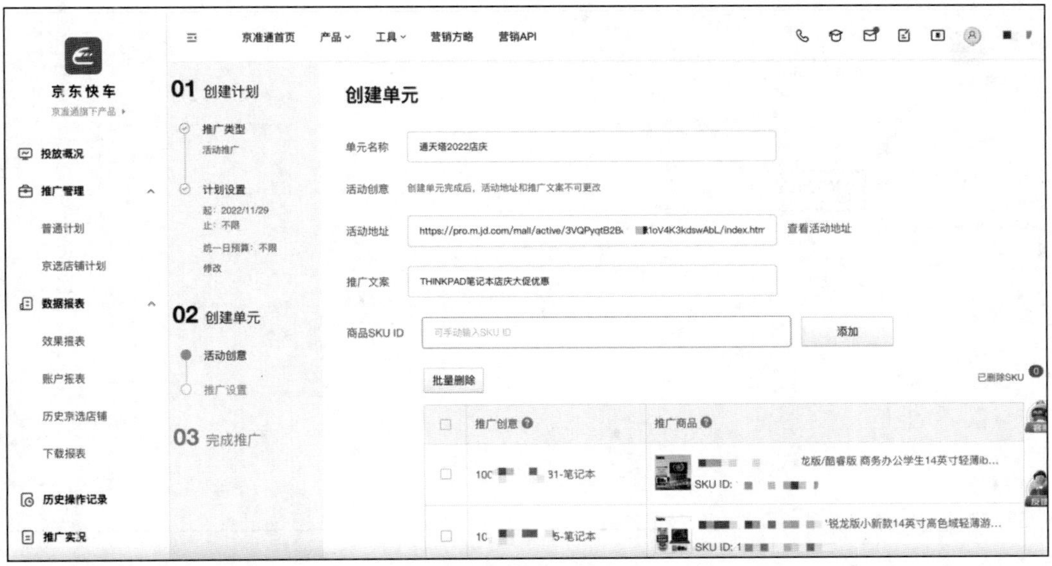

图 7-54　创建单元

4）京选店铺推广

京选店铺的推广是以品牌词、品牌相关词、品牌型号词作为推广关键词进行的，所以一般建议需要有一定知名度的品牌店铺才进行推广，因为其大气的广告展现位置在一定程度上作为品牌广告宣传也不过分，更何况京选店铺推广的付费模式为 CPM（按千次展示收费），与普通计划的 CPC 不同。

商家了解了京选店铺的特性之后，开始进入推广设置步骤。因为有前面普通推广的知识铺垫，接下来的设置也变得简单易懂，其后台路径在普通计划入口的正下方，如图 7-55 所示。

第一步，创建计划。计划名称只有商家后台可见，要提醒商家的是，京选店铺推广是针对品牌的广告投放的，有些店铺不止一个品牌，所以就会出现多个品牌推广的情况，商家根据需要自行选择品牌设置即可。其他设置根据需要选择，投放策略中的匀速投放是指在时间段内的广告消耗趋于平滑和均匀，尽快投放是指在时间段内尽快消耗。前期一般建议匀速投放，可以根据数据反馈进行调整或优化。当然，如果为了快速展现数据，可以选择尽快投放，单击“保存并继续”按钮完成设置，如图 7-56 所示。

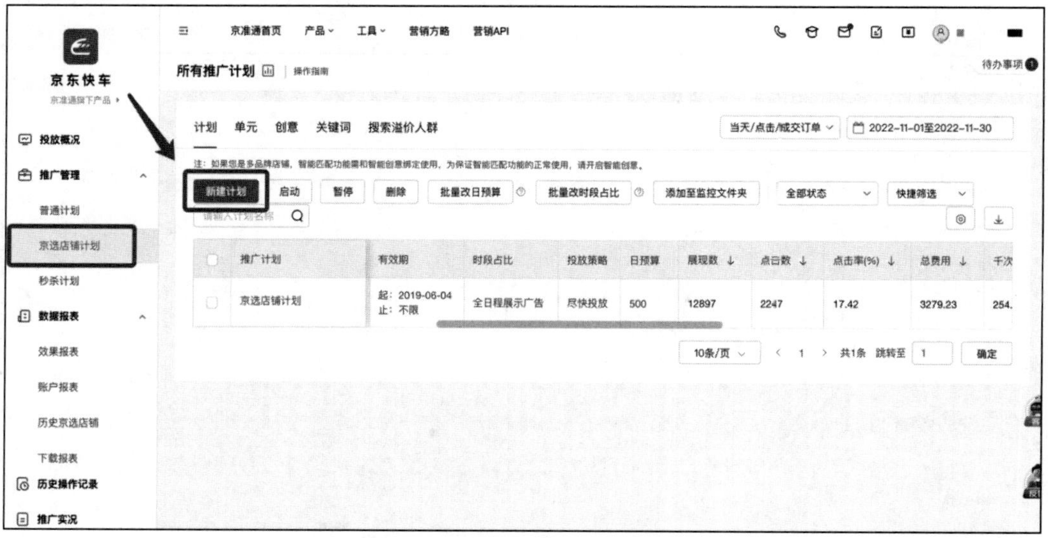

图 7-55　京选店铺计划

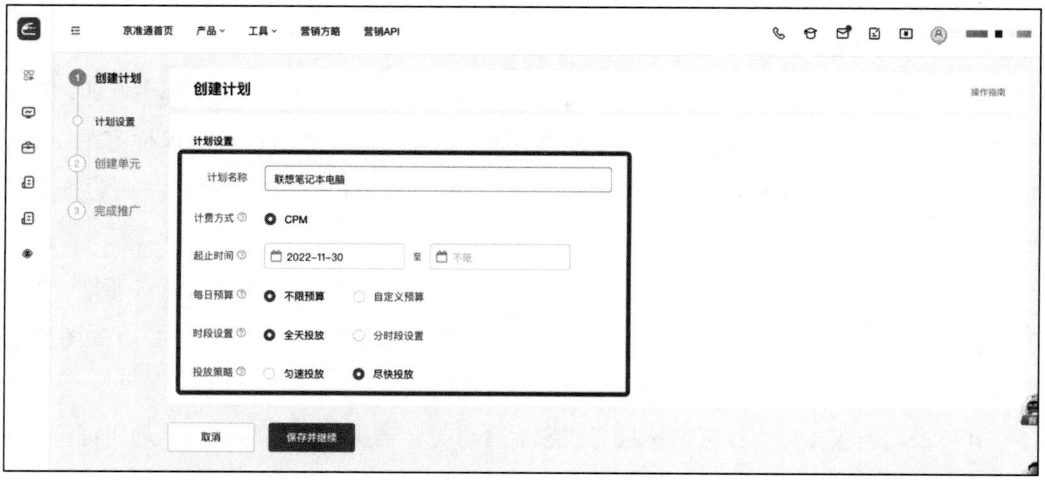

图 7-56　创建计划

第二步，创建单元。这一步设置比较多，下面详细讲解。

（1）单元名称。单元名称只有商家可见，一般建议格式为：品牌名称+PC/无线，如“华为手机 PC 端。”

（2）店铺设置。

①店铺信息。

店铺默认根据 Shop ID 绑定当前店铺 ID，也可以输入自己需要投放的店铺 ID。另外，商家可以根据店铺名称进行绑定，比较便捷，可以跨店铺推广，设置完成后单击“确认投放该店铺”按钮。

②推广设备。

广告设置要区分 PC 端与无线端，不同的设备所使用的创意图尺寸不一样，商家需要注意，建议先选择无线端，毕竟目前还是无线端的流量占比较大。商家如果对广告展现效果不熟悉，可以查看“投放模式预览”，会发现无线端有两种展现模式，这一部分内容会在“推荐创意”中详细解释。

（3）定向设置。

①地域设置。

关于地域的设置，商家可根据自己的需要进行设置，默认为不限。

②关键词设置。

关键词要设置为品牌词、品牌相关词、品牌的型号词，其他如品类词等很有可能无法展示，单击“添加关键词”之后可以使用自动推词、手动输入、导入关键词、用词记录，商家要特别注意京选店铺计划为 CPM 收费方式，即出价是按每千次展现费用出价的，例如，出价为 1000 元，可以等同为 1 元一次点击。如图 7-57 所示，单击“确定”按钮完成设置。

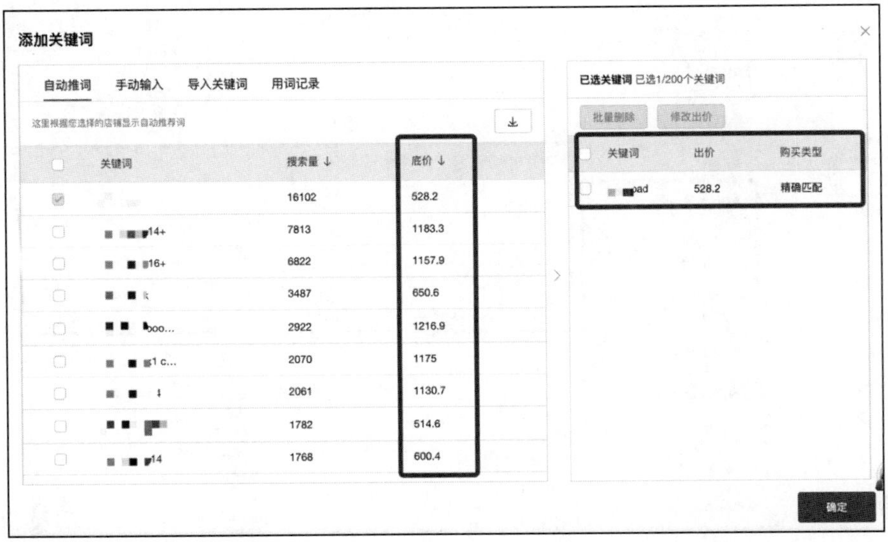

图 7-57　添加关键词

需要注意的是，初次接触收费方式的商家很容易误解为按点击收费，从而导致不敢设置。

因为同一个品牌的京选店铺计划目前只有一个广告位，所以商家可以理解为竞价获胜者可展现，如果出价过高，可以设置人群溢价的方式找精准人群投放。但也要注意与下面设置的“智能匹配”功能区分，其功能打开的情况下可以设置溢价系数（溢价范围可以在0%~5000%之间设置），系统会在当前店铺获取到的关键词最低价的基础上加上溢价系数，再与其他店铺竞争，如某关键词的最低出价为100元（按照每千次展现收费），如果竞店出价为110元，系统就会在溢价系数范围内抢夺该稀缺广告位。

③人群溢价的设置。

人群溢价的设置方法同普通计划—商品推广，需要商家注意的是，京选店铺是以店铺品牌为推广目标的，建议将推广的品牌商品布局在店铺首页中靠前的位置，特别是多品牌的店铺（如专营店、卖场型旗舰店等），否则客户进入店铺首页没有发现相关品牌的商品后，离店率就会增加。如果是子链模式，不涉及进入店铺首页，均为指定登录页面，可以是活动链接页面，也可以为商品详情页面，商家根据具体需求指定即可。因为是针对品牌商品的，所以在圈定人群的时候可以着重以品牌人群为主，如图7-58所示，具体操作将在DMP章节讲解。

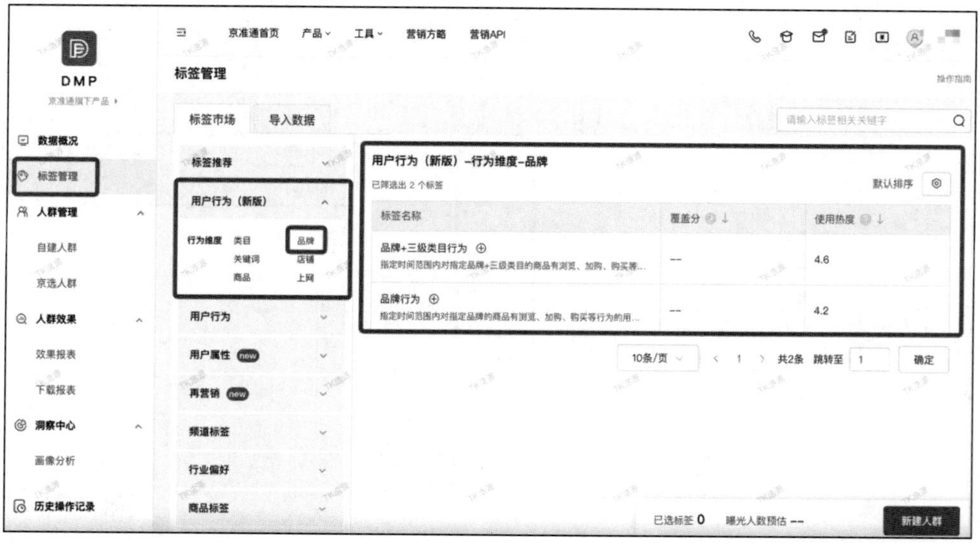

图7-58 品牌用户行为

（4）推广创意。

推广创意是针对广告内容而言的，即商家希望把什么卖点内容呈现在客户面前并吸引客户点击。当商家选择完店铺和确定是在 PC 端还是无线端推广之后，系统就会默认生成“系统默认智能创意”。该创意的特点是系统根据搜索词自动合成相关性高的图片素材，适配高转化智能落地页，千人千面，无须审核，这是最快速的投放方式，但还是建议商家能“新建创意”，并有针对性、有节奏地优化创意，如“年货节”的时候可以使用年味较浓的氛围创意图来吸引目标客户，如果有自己的“新建创意”之后，可以把系统默认的智能创意关闭。创意优选是指会为点击率较高的创意分配更多的展现机会，如图 7-59 所示。

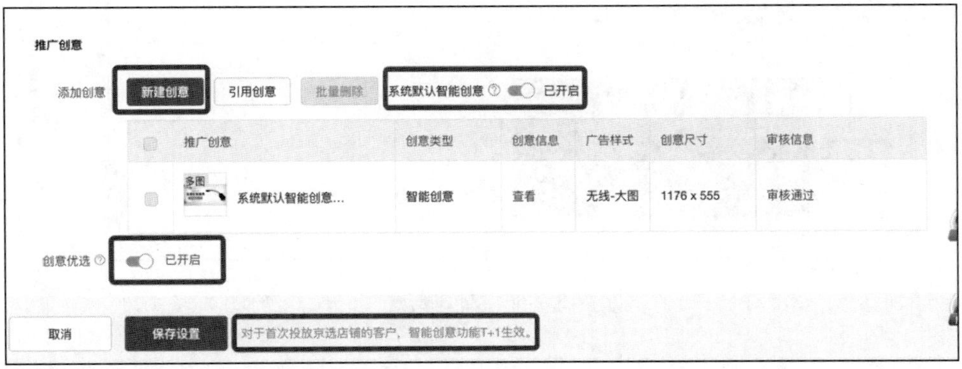

图 7-59　推广创意

下面为商家讲解“新建创意”的使用方法，单击“新建创意”按钮，如果之前已创建过，可以单击“引用创意”。

新建创意主要的关注点为广告风格，即“无线-大图”和“无线-大图-子链”，PC 端无该选项，另外就是广告样式，分“单图”和“GIF”两种，下面分别进行解读。

“产品线”“计划类型”目前都是不可选择状态，以后是否有变化，根据官方通知为准。商家需要选择“广告风格”，其效果可在“投放模式预览”中查看，可以理解为“无线-大图”就是创意图，单击该创意图进入店铺首页，特别是仅在该广告风格下支持“智能创意”下模板类型的“点睛.动态创意”；“无线-大图-子链”则是系统限定范围内的自定义页，一般建议为店铺首页、活动页、商品详情页。广告样式分“单图”和“GIF”两种，新手商家建议先使用单图样式，因为该样式设计简单，如果选择 GIF 样式，由于 GIF 格式为动图效果，在视觉上比较吸引人，在一定程度上可以提升点击率，但在创意和设计上有些难度，如果设计出一些被判定为无意义的动图，创意就容易在审核时被驳回，如图 7-60 所示。

图 7-60　新建创意

不管何种设置，都要留意创意图的要求，无线端目前为 1176 像素×555 像素（PNG/JPEG/GIF），小于 500KB，PC 端目前为 860 像素×180 像素（PNG/JPEG/GIF），需要商家注意区分。

接下来的设置比较复杂，下面按步骤进行讲解。

①无线-大图，单图，智能创意。

落地页类型：智能落地页，目前默认为店铺首页，可以通过“查看预览”查看。

店铺 ID：默认前面选定的店铺 ID。

创意名称：商家可见，自定义，方便商家查询即可，建议格式为“风格+样式+创意类型，”如“无线-大图单图智能创意”。

有效期：默认为 3 个月，商家可以根据自己的实际情况进行设置。

资质：一般涉及功效、疗效、肖像等内容会要求提交相关资质，在创意被驳回时会提醒。

备注：特殊情况可以在备注中让审核人员知会，这样会加快审核进度。

文案：在开启的情况下，在京选店铺智能创意大图样式的模板里展示利益点，如果选择的模板里没有利益点，则不展示。也可以关闭“文豪自动化文案”功能，关闭后就需要商家自己填两组文案，分为主标题和副标题，如图 7-61、图 7-62 所示。

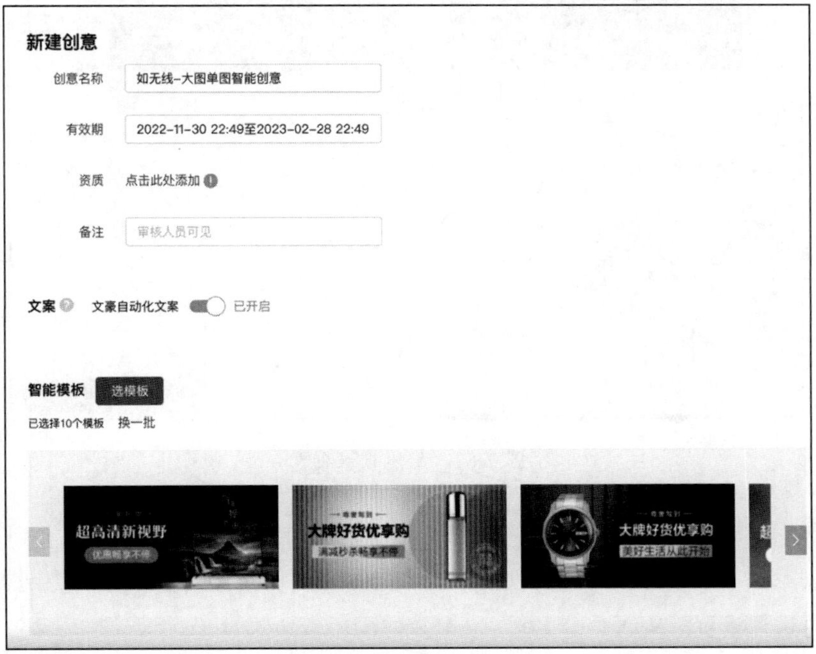

图 7-61　文豪自动化文案

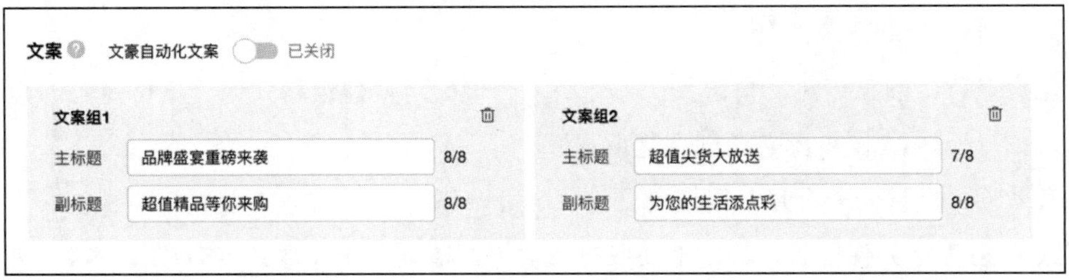

图 7-62　文案组

智能模板：可以选择模板或单击“换一批”按钮增加模板，把鼠标光标放在模板中可以选择删除已有模板。

合成图预览：根据前面的文案+模板可以生成合成图预览，如图 7-63 所示。

图 7-63　智能模板创意

②无线-大图，单图，普通创意。

普通创意图的上传方式与智能创意大同小异，主要区别是前者要先上传创意图，上传完成之后再进入设置阶段。

落地页类型：默认选择店铺落地页，可以自定义页，选择完成之后可以单击查看预览效果。

店铺 ID：为默认项即可。

创意名称：商家可见，自定义，方便商家查询即可，建议格式为“风格+样式+创意类型”，如“无线-大图单图普通创意笔记本”。

有效期：默认为 3 个月，根据自己的情况可调整。

跟单 SKU：为保证长期稳定地获取投放数据，请填写 1 个跟单 SKU，该 SKU 涉及创意维度的跟单数据，需正确填写，如设置 A 商品 SKU，从广告渠道进入 A 商品并成交，就为直接成交数据，其他商品成交则为间接成交。

品牌信息：默认即可。

资质：同智能创意资质。

备注：同智能创意备注。

预审结果：如果预判有问题，可以单击“点击查看具体内容”按钮查看原因，如图 7-64 所示。

图 7-64　普通创意

③无线-大图-子链，单图，普通创意。

无线-大图-子链的展现方式为大图+4 个子链的方式，客户可以单击大图或者子链进入不同的页面，所以商家在设置上也较为复杂，如图 7-65 所示。

本地上传：先上传符合要求的图片，或者在已经上传过的物料库引用。

落地页类型：与图 7-64 的该选项相同。

链接文本：共 4 个，商家可以理解为 4 个卖点，并为 4 个卖点添加“店铺内搜索”或“活动链接”，建议为针对卖点的链接，如 4 种新品链接。

店铺 ID、创意名称、有效期、跟单 SKU、品牌信息、资质、备注预审结果与图 7-64 相同。

图 7-65　普通创意—子链

至此，京选店铺的设置全部完毕，如图 7-66 所示。

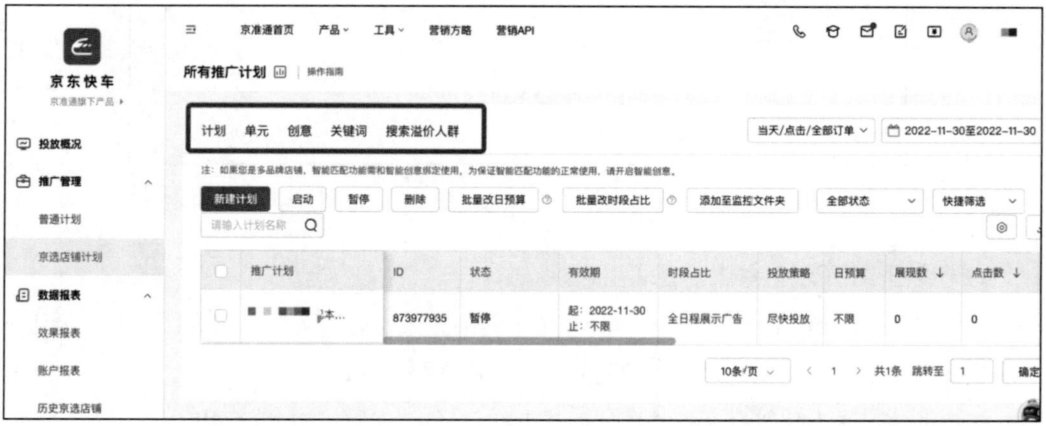

图 7-66　京选店铺计划

接下来就需要商家根据目标进行优化，从计划、单元、创意、关键词、搜索溢价人群逐个优化，京选店铺的广告位置与普通计划不冲突，只需要单独优化即可，但该广告位目前只有一个，需要商家注意控制出价或者人群溢价，保证其效果。

3. 京东快车智能推广

京东快车智能推广在整个京准通的广告产品中都有体现，系统根据商家想要的结果，利用大数据进行投放。我们发现，如果商品的竞争力不强，自定义推广在一定程度上会比智能推广效果略好，但也不是绝对的，这需要商家根据自己的测试来判定，甚至可以使用自定义推广和智能推广相结合进行推广，并寻找确定广告投放的平衡点。下面为商家讲解智能推广的使用步骤及技巧。

1）按投放目标进行推广

我们在介绍创建京东快车的普通计划—商品推广计划时也介绍过投放目标的设置，我们也建议商家在前期先自定义推广，中后期待商品的基础数据有一定的积累，并且了解商品的人群画像、这些人群关注的商品卖点及对应的点击率、加购率、转化率之后，直接把原单元转为按目标投放，或者再新建单元或计划进行测试优化。需要商家注意的是，一旦设置为智能推广，所有的人群溢价失效，人群引用不再起作用，以下是阶段优化建议指导。

（1）自定义推广转智能调价。

商家经过一段时间的自定义投放之后，会发现在抢流量方面的展现数不够，主要的问题是竞争对手可能在不停地调整或者在使用智能投放，所以商家就算设置时间段折扣，效果也不尽如人意，这时可以打开“智能调价”的“系统智能托管”功能，观察展现数的变化，并进行下一步优化，调价范围可参考品类词的低值与高值范围（说明：系统在关键词出价中将商家的出价值分为低值、中值和高值），如图 7-67 所示。

图 7-67　智能调价

（2）直接转成交投放目标或新建成交投放目标。

经过一段时间的智能调价后（一般建议为 5~7 天），从盈利为目标的角度来分析，ROI

在可接受的范围内，进一步转为成交投放目标，并按“成本控制”“ROI 控制”“预算控制”逐级测试。

①**成本控制**。关于“目标成交成本”，系统有建议的范围，这是根据当前计划下单元大数据给出的建议，商家要根据所推广商品的毛利率进行测算，如客单价为 1000 元，毛利率为 50%，成本设置为 500 元。也就是说，商家想通过消耗 500 元来获取一个订单，如果建议的出价超过 1000 元，就要慎重考虑，如图 7-68 所示。

图 7-68　目标成交成本

②**ROI 控制**。目标成交 ROI 就较为直接，商家希望 ROI 在什么值下获取尽可能多的目标数，根据当前计划下单元给出的 ROI 参考范围，在合理范围内设置即可，该值的范围一般也是在过往历史纪录中的值。

③**预算控制**。预算控制的是统一日消耗，系统虽然有建议范围，但是商家要考虑过往历史消耗数据来测算，如过往当前计划下的单元为 500 元，就可以设置 500 左右的值，如图 7-69 所示。

图 7-69　预算控制—统一日消耗

通过以上设置建议，商家会发现，到统一日消耗时获取流量的能力最强，但是 ROI 产值不一定最好，需要再次评估平衡值，所以建议商家在测试期间注意数据监控，以找到自己所需的成交值。

（3）直接转下单投放目标或新建下单投放目标。

经过前面的“成本”投放目标优化后，如果效果还在目标值内，商家可以继续设置“下单”投放目标，因为从“成交”到“下单”的行为差别是“下单”包含未支付订单，在流量上还有上升空间，但是商家要考虑的是“下单”行为背后有没有能力进行“催付”。“下单”投放目标的设置方法可参考“成交”的设置，设置完成后也需要监控数据变化，寻找平衡点。如果效果不理想，建议设置为“成交”投放目标，然后从商品的竞争力方面来评估“催付”能力。

（4）直接转加购投放目标或新建加购投放目标。

如果“下单”投放目标效果还处于目标值之内，商家可以继续往“加购”投放目标设置。“加购”行为表明客户有购买欲望，已经放到购物车，就差最后临门一脚的“痛点”没有打动他们，当然也有可能是“加购”进行比较或者只是感兴趣，这一部分人群足以表明比“下单”人群要多。因为“加购”不存在 ROI，所以“加购”投放目标只有“成本控制”和“预算控制”，商家也可以根据前面的方式进行设置测试，如果数据不理想，可以调整到“下单”投放目标，如图 7-70 所示。

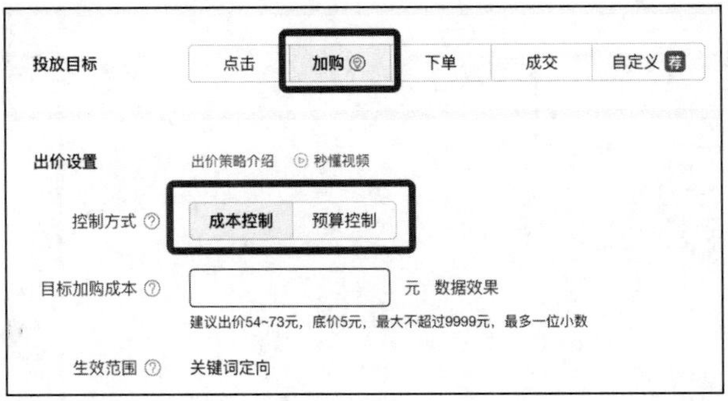

图 7-70　加购出价设置

（5）直接转点击投放目标或新建点击投放目标。

如果“加购”投放目标还处于目标范围值内，至少可以证明所推广商品的竞争力非常有优势，可以继续往“点击”投放目标设置，根据“统一日消耗”进行最大化投流量，但需要注意投放效果，特别是该投放目标下更应该关注数据变化的情况，根据数据变化来优化出价。

综上所述，智能推广不仅需要一定时间的优化积累，而且需要商品有竞争优势。商家投放成功与否不只是看优化技巧，更重要的是商品本身。

2）按智能关键词匹配进行推广

不管是普通计划还是京选店铺计划，都存在智能关键词匹配的设置，该功能在很大程度上都是为了填补因商家无法预判每一个客户搜索目标商品所使用的关键词而使用的功能（关键词匹配模式中的切词、短语、精确匹配除外）。商家在使用智能关键词匹配的功能时，需要注意以下两点：

①普通计划中（包含商品、腰带店铺、活动推广），尽可能添加预判客户可能会搜索的关键词，避免以后需要调整为自定义关键词时无关键词可用，因为关键词在智能推广下也生效，商家需要监控的是匹配到的关键词效果是否达到目标效果，如果达不到目标效果，就需要加入否定词设置，如图 7-71 所示。

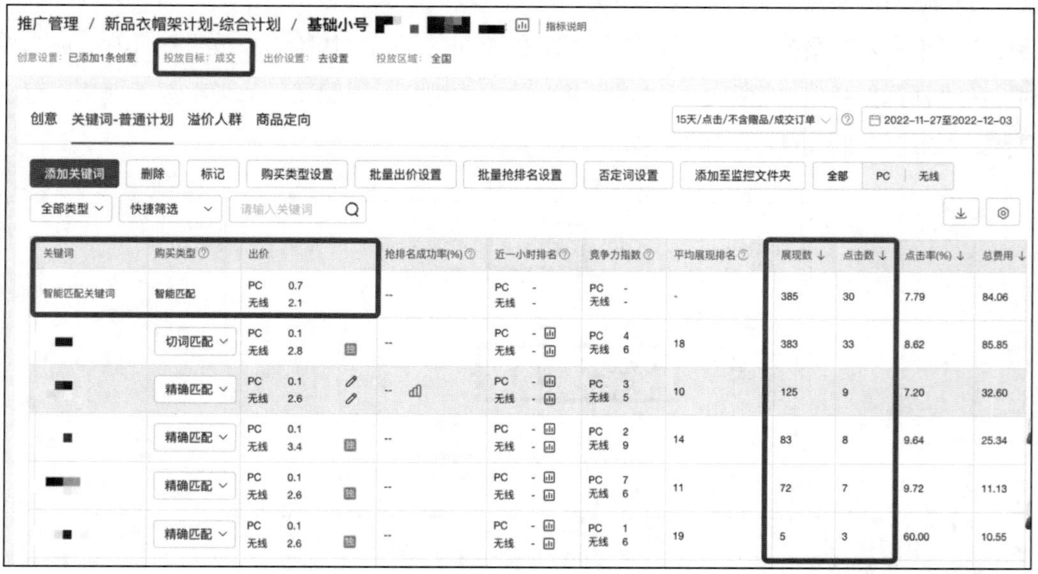

图 7-71　智能推广关键词添加情况

②在设置京选店铺计划中的关键词时，默认是打开智能匹配的。溢价系数范围是 0~5000%，商家应尽可能在抢到流量的溢价系数范围内进行测试。

4. 京东快车商品定向推广

在讲解京东快车商品定向推广之前，部分商家可能注意到了普通计划—商品推广很难顾及两个特殊的投放功能，一是有针对性地抢占目标竞品的流量，二是尽可能多地在搜索结果页里为有深度访问的客户展现广告。京东快车商品定向推广就很好地解决了这两个问题。

1）添加商品

添加商品的定向可以直接匹配对标的竞品 SPU 或 SKU 维度，选择匹配 SPU 还是 SKU 取决于商家自身的商品优势是 SPU 维度还是 SKU 维度，若在同品牌、同商品、同规格的情况下，有价格等“内功”优势可以匹配 SPU 维度，如果不同品牌的商品有差异，则可以以 SKU 维度进行测试，添加步骤及技巧如下。

第一步，进入单元之后，默认为创意页面，单击“商品定向”→“添加商品/类目”，如图 7-72 所示。

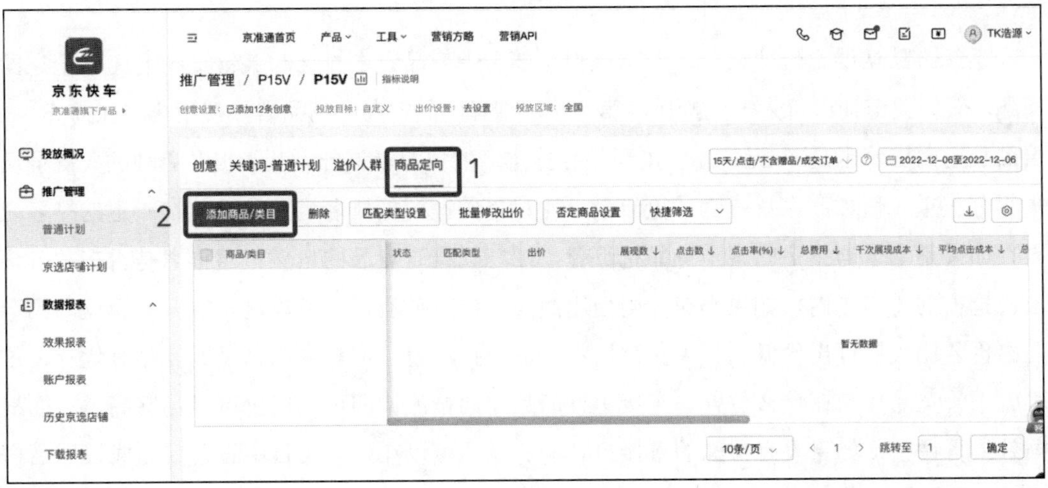

图 7-72　商品定向

第二步，选择商品或者类目，如果选商品，则可以根据系统推荐的“优选推荐”“相似推荐”“搭配推荐”进行选择，选中之后再设置出价和匹配类型。若商家想直接推荐指定的商品，则输入指定的 SKU 进行设置即可，如图 7-73 所示。

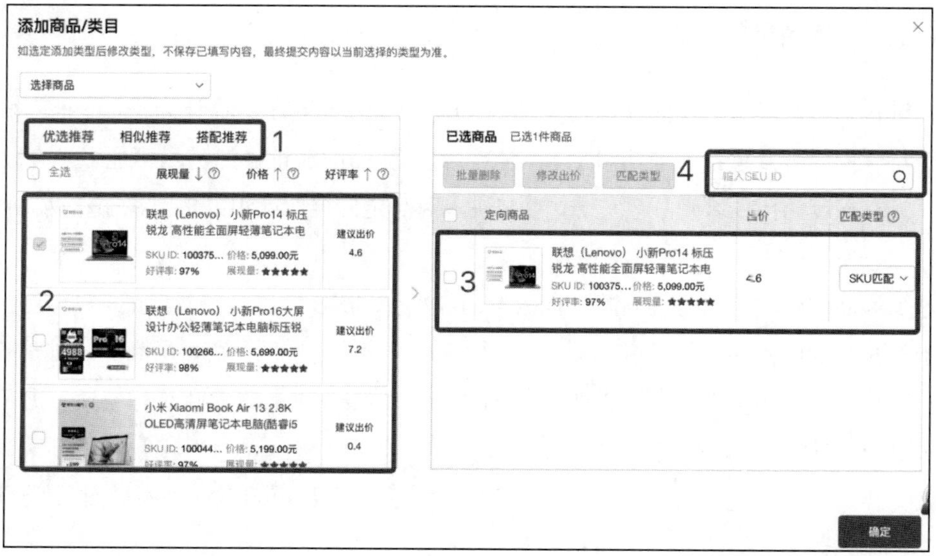

图 7-73　商品定向—选择商品

系统有默认的出价建议，对商家来说，要考虑商品定向排名与关键词排名相互抢夺的问题，假如关键词出价为 5 元抢排名第 1 位，刚好商品定向的商品自然搜索排名在前 5，如果商品定向出价也是 5 元，就会出现相互抢排名的情况，这样不利于提升单独的关键词质量得分权重。假如商家只是为了抢流量，建议以关键词抢排名为主，控制在一定的排名之内，如果是为了与指定的某一竞品抢流量，则应先检查竞品的自然搜索排名是否在关键词出价抢占的排名之内，如果不在，则使用商品定向抢夺流量，所以这种情况下建议商品定向出价要比关键词出价低。如果关键词不太适合抢流量，但自身商品又比竞品有优势，这时就不管竞品排名在什么位置，直接进行商品定向抢流量即可，出价可以足够高，后面根据效果再调整，如果没有特殊的直接抢夺的竞品，可以在定向类目中设置，完成设置后击“确定”按钮。

2）添加类目

商品定向设置选择类目可以简单地理解为：只要是同一个三级类目，都有机会出现自己的广告，这就意味着，如果客户在搜索结果页一直浏览，那么设置类目定向广告不仅一直有机会展现自身的广告，而且还可以根据品牌和价格段进行区分，如图 7-74 所示。

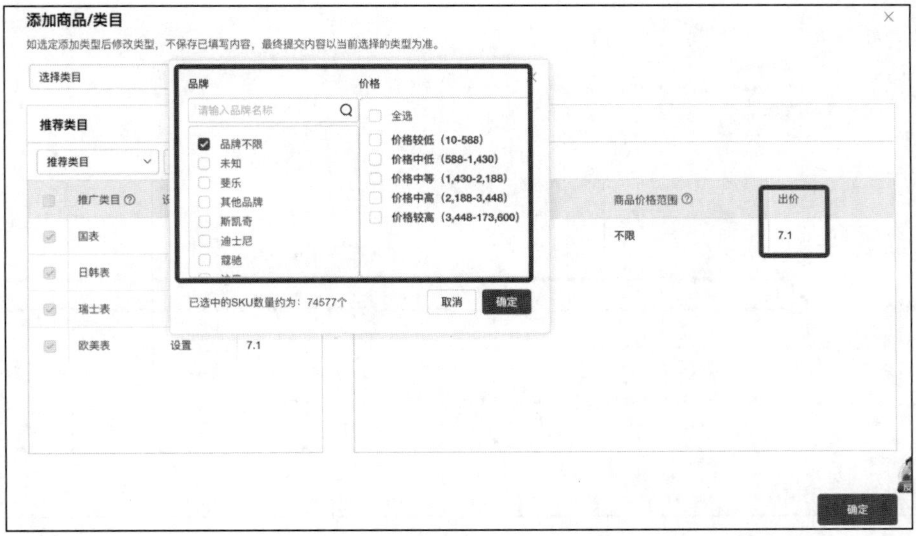

图 7-74　类目定向

因类目不同，推荐的类目数也不同，商家可根据自身的情况进行设置测试，并进行优化，完成设置后单击“确定”按钮。

7.2.4 京东快车数据分析与操作优化

京东快车的普通计划和京选店铺计划在创建完后是需要持续优化的，商家不管是以曝光量为目的还是以投入产出比为目的，都需要有针对性地进行优化，特别是一段时间之后，商家还需要针对“效果报表”进行分析，更有针对性地对效果进行总结和提升。

1. 京东快车效果报表分析

京东快车效果报表分析主要针对“订单效果总览”“地域效果总览”“搜索词效果总览”“商品定向效果总览”4 种效果分析结果进行查询。

1）订单效果总览

通过订单效果总览，可以快速查询指定日期内从京东快车带来的订单数据，方便商家快速定位订单的来源，从而判断广告投放效果，如可以选定计划、查看单个单元下的创意、定向方式、下单地域到省市、订单类型、状态等，如图 7-75 所示。

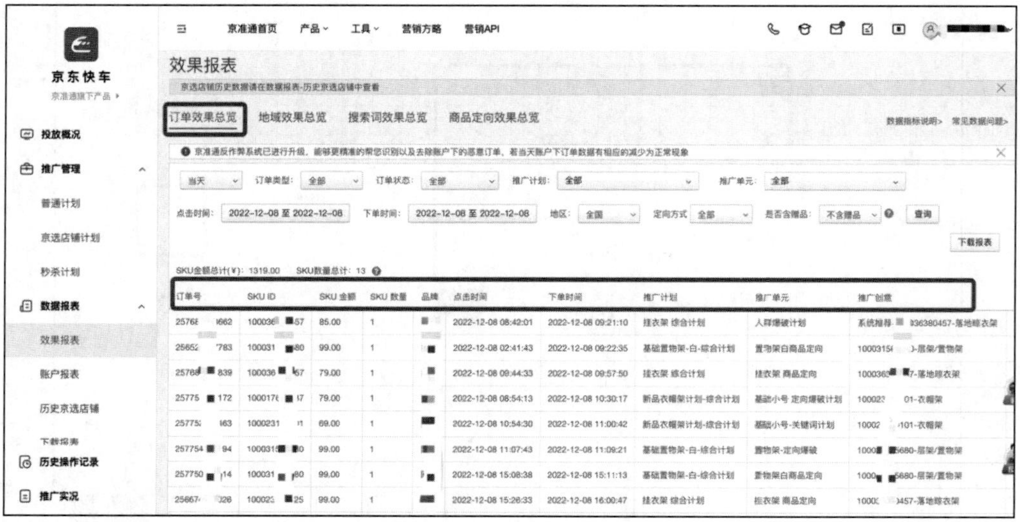

图 7-75　订单效果总览

2）地域效果总览

通过地域效果总览，可以查询指定的点击时间和下单时间范围内按地域效果排序的订单列表，这样商家就可以判断哪些地域有推广效果，进而判断是否有必要只针对某些有效果的地或进行投放，效果差的地域则选择不投，如图 7-76 所示。

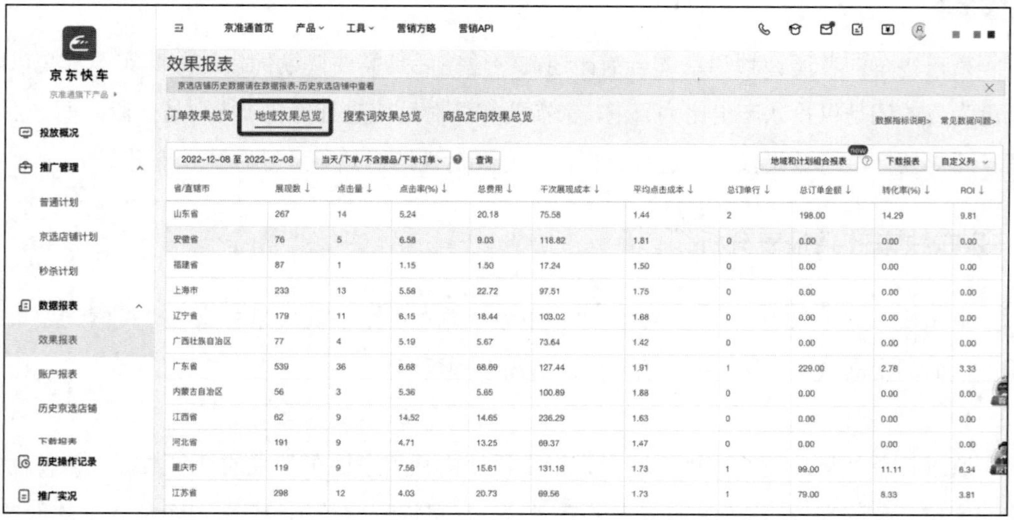

图 7-76　地域效果总览

3）搜索词效果总览

搜索词效果总览主要针对关键词效果进行数据分析，即通过搜索词和关键词是否一致来判断关键词的匹配模式效果。搜索词是指客户的搜索关键词，关键词是指商家购买的关键词。如果搜索词和关键词不一致，就是购买的关键词匹配的搜索词，如果关键词是空白，就是智能匹配关键词匹配的搜索词。一般建议商家进行以下操作：

如果不是匹配的关键词效果不好，就需要回到推广计划中添加该关键词的否定词；如果是匹配的关键词效果不好，也需要添加否定词；如果匹配的关键词效果不错，可以再单独添加关键词。最后就会剩下一些效果还可以的词，那是不是意味着以后都不再添加已经添加为否定词的关键词呢？不是的。如果商品经过一段时间的运营之后，商品的竞争力提上来了，商家还是可以再尝试添加该关键词进行优化的，如图 7-71 所示。

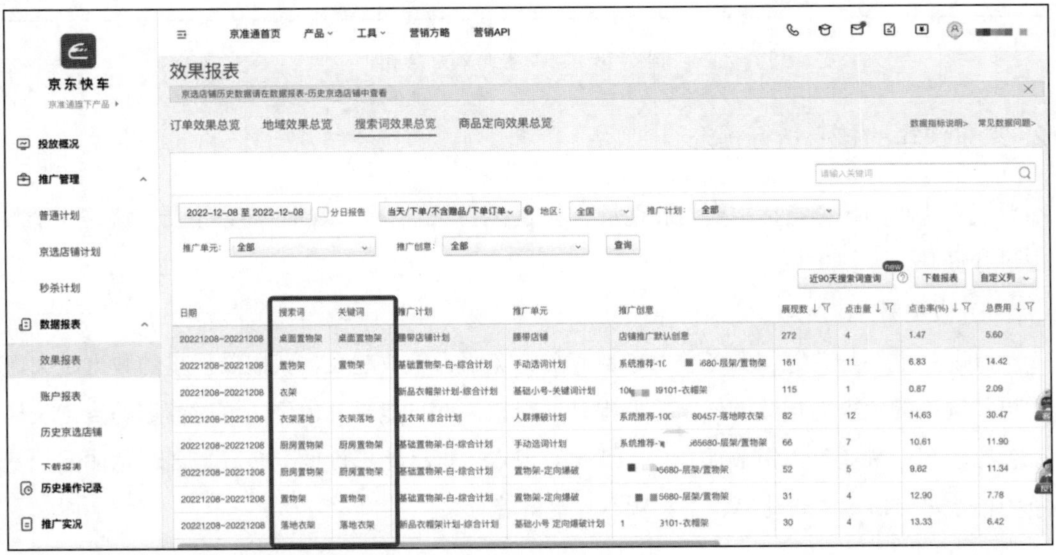

图 7-77　搜索词效果总览

4）商品定向效果总览

商品定向效果总览是指商品定向推广效果，通过它，商家可以查询到定向商品和定向类目的效果，如果效果不好，可以尝试调整出价，如果调整后效果还是不如意，则可以选择删除，如图 7-78 所示。

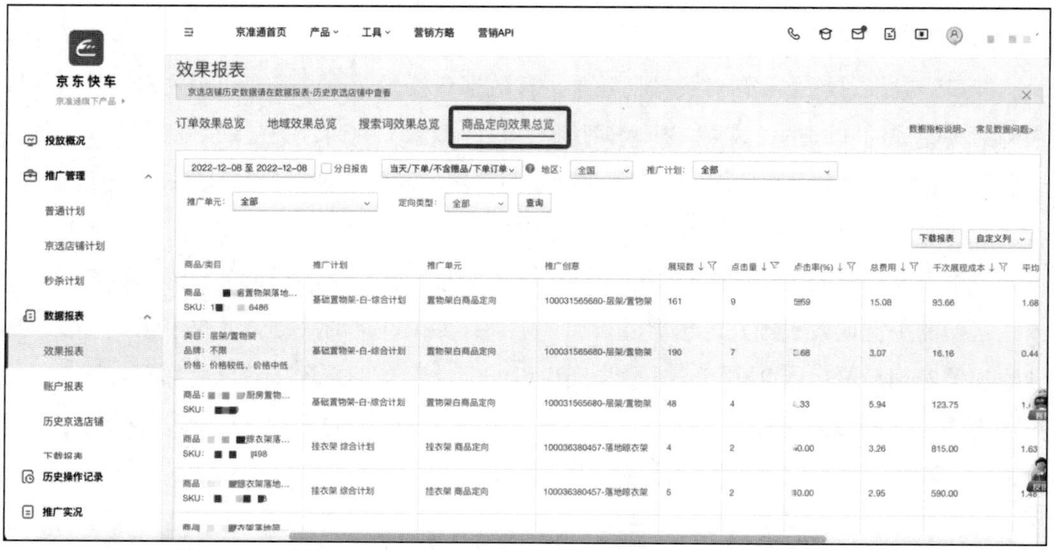

图 7-78　商品定向效果总览

2. 京东快车的核心指标提升

京东快车的核心指标主要为展现量、点击率、点击价格、ROI，商家主要围绕这 4 个数据进行提升。

1）展现量

展现量主要与关键词的竞争力指数有关，竞争力指数越大，获取展现量的数据越大，如果关键词的竞争力指数较低，需要提升展现量，就只能提升出价，这时商家的点击价格就会比较高，待竞争力指数提升后，就会发现点击价格比出价低得多。需要注意的是，竞争力指数与点击率、转化率、销售额、订单量等有关。

2）点击率

点击率与关键词的精准度、排名、创意、人群都有关，在其他条件同等的情况下，创意更为重要。创意主要分为创意主图和创意标题，建议商家设计 5~3 张创意主图进行测试，点击率高的留下 3 张左右，其余的删除，以保证较高的点击率。

3）点击价格

点击价格与竞争力指数有关，竞争力指数越大，就可以以越低的价格拿到较好的排名，所以商家需要提升点击率、转化率、销售额、订单量等数据来降低点击价格。

4）ROI

ROI 与广告投入和销售额有关，越少的广告投入，得到销售额的 ROI 值就越好。仅从计算公式来看，如果商品的利润较低，转化率就比较好，ROI 值也会比较低，甚至 ROI 值为 20 还可能亏损。所以商家如果需要提升 ROI，就需要降低点击价格，增加销售额，要想降低点击价格，就要提升竞争力指数，要想提升销售额，在提升转化率的同时还要尽可能多卖商品，如做一些促销来刺激多件商品一起购买。

7.3　购物触点

7.3.1　购物触点概况

1. 什么是购物触点

购物触点主要针对京东推荐位的广告产品。京东推荐位的资源目前主要分为购物前、购物中、购物后和黄金展位 4 个位置，不同的资源场景提供的策略和定向能力不同，但都是为商家提供更精准的营销场景广告，下面是 4 个营销场景的广告说明。

- 购物前资源广告位置：针对 App 首页“为你推荐”、微信京东首页“猜你喜欢”、PC 端首页“还没逛够”等深度浏览客户群体。
- 购物中资源广告位置：针对商品详情页、购物车、已关注商品列表等购买意图较强的客户群体。
- 购物后资源广告位置：针对支付成功页、订单详情页等已购客户群体。
- 黄金展位广告位置：针对 App 首页“为你推荐”焦点图第一屏、微信小程序推荐焦点图第一屏全站客户群体。

以上广告位置可能会有调整，商家需要留意京准通后台公告，整体广告位如图 7-79 所示。

2. 购物触点的优势

购物触点具有以下 3 点优势。

- 多计划类型、多营销场景，丰富商家的各种推广需求。

- 在多营销场景下支持人群定向，可以为商家提供更精准的营销方案。
- 智能可控，可以根据投放目标进行广告投放，让商家可以像设置京东快车那样按目标能力投放，并快速掌握投放技巧，容易上手。

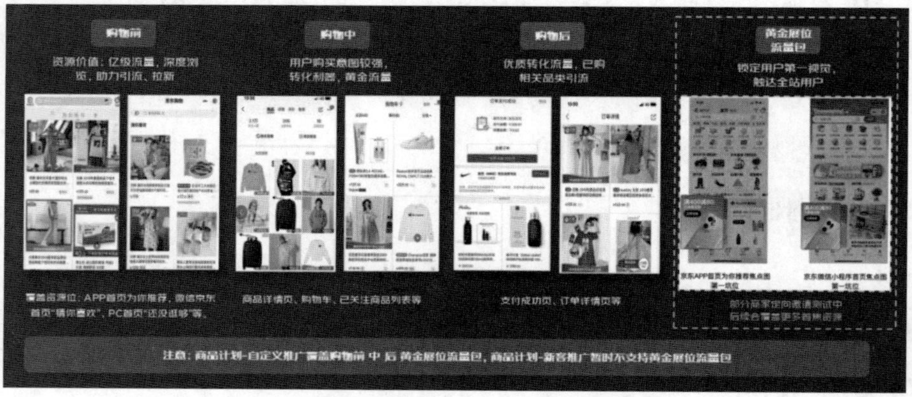

图 7-79　购物触点营销场景说明

7.3.2 购物触点后台

购物触点的后台功能与京东快车相似，这里不再赘述，其后台页面如 3-80 所示。

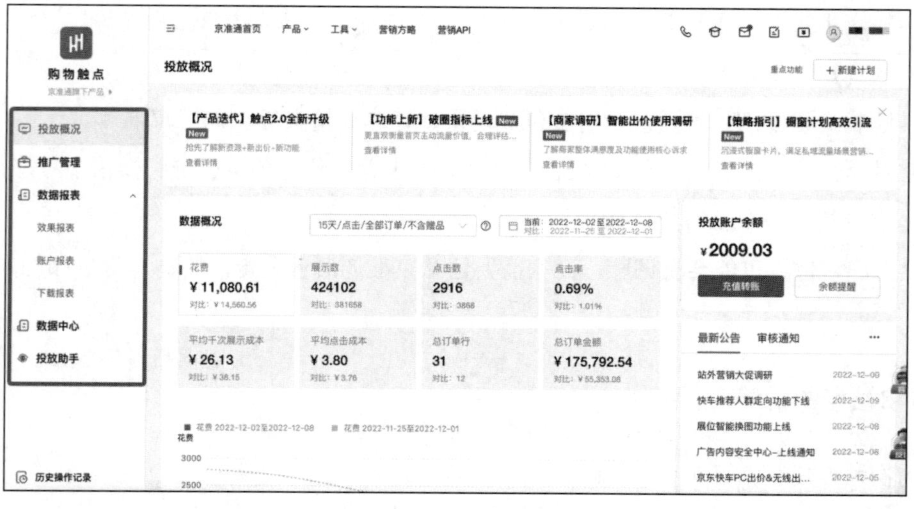

图 7-80　购物触点后台

7.3.3 购物触点推广实操

1. 推广策略及选款

购物触点推荐位的特殊性更适合商品有竞争力的“老”品，意思是需要商品具有一定的优势，因为购物触点是以推荐的角度展现在客户面前的，在这之前，客户已经开始关注该三级类目商品，商家也可以理解为客户是在已经有目标选择的情况下看到了推荐广告，所以建议商家优先选择有一定优势的商品进行推荐。当然，对新品而言，购物触点也有相应的营销场景，但也需要新品卖点具有一定的优势，否则可能会推广失败。

2. 标准计划

1）商品推广

商品推广是商品侧的广告投放计划类型，适用于打造爆款、推广新品、实现“拉新”及日常销售等情况，所以它又分为自定义推广和新客推广两种营销场景供商家选择。需要提醒的是，其购物触点的设置流程与京东快车普通计划几乎一样。

（1）自定义推广。

商家可以自主设置定向、出价、创意、资源位溢价等要素进行推广，下面按设置步骤讲解。

第一步，设计设置。商家根据需要填写即可。

第二步，创建单元—添加商品。在添加商品的时候，商家可以根据智能推荐、爆款推荐、新款推荐和流量推荐 4 种推荐方式进行选品，还可以手动添加。在选品维度上还是建议商家优先选择日常运营过程中销售数据比较好的商品，因为这时候的商品往往缺少流量，需要借助购物触点的推荐流量进行助力推爆款。单击“确定”按钮进入下一步设置，如图 7-81 所示。

图 7-81　创意单元—添加商品

第三步，创建单元—投放目标与出价，投放目标分别为“点击”“加购”“下单”“成交”“自定义”，这一步的设置方法与京东快车的一样，一般建议先从“自定义”开始测试，根据数据反馈，逐步按“自定义”“成交”“下单”“加购”“点击”放大流量。由于购物触点的价格设置是针对整个单元的，所以商家一定要注意与京东快车的关键词区分开，设置出价可以优先参考类目出价建议，如图 7-82 所示。

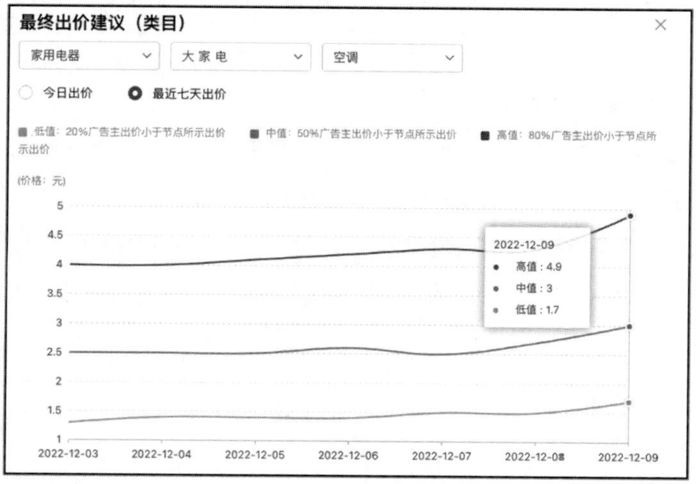

图 7-82　最终出价建议（类目）

一般，建议商家按照从低值到高值进行分段出价测试，结合其他溢价继续进行优化。设置基础出价后，商家也可以使用智能调价功能，让时间不充裕的商家减少设置时间，因为系统允许在 0%~400%之间进行溢价托管调整，如图 7-83 所示。

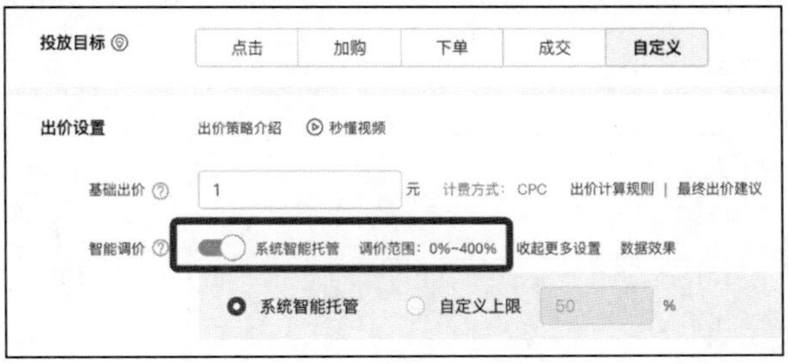

图 7-83　出价设置

第四步，创建单元—流量包设置。对于该项设置，商家主要考虑的是商品复购频次和推广预算。

购物前：客户对深度浏览过的商品（或者同类型商品）产生了购物意图，只是还处于考虑的决策期，此时可以打开溢价，但不宜过大，建议在 10%~30%之间，如果为了抢更多的流量，可以开启抢排名设置，针对购物前系统支持按高点击率目标位次的特点进行抢排名，溢价范围可以从低到高观察抢排名成功的数据并进行测试，系统会使用该溢价系数尽量抢到最靠前的名次，若抢不到所期望的位次，则按原始出价进行竞价。当商家的原始出价能够达到理想的位次时，就不会触发该溢价，如图 7-84 所示。

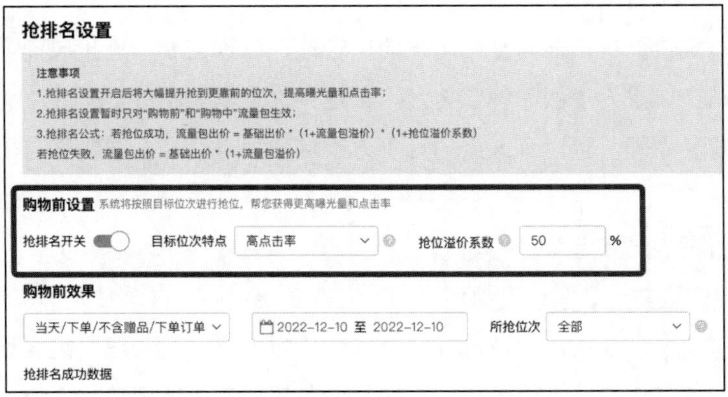

图 7-84　购物前设置

购物中：客户已经有较强的购物意图，而且广告展现的位置比较特殊，这时建议商家不管是从抢夺竞品客户角度还是从防守角度考虑，都应该注意溢价范围加大至50%~100%，甚至更高，如果为了抢更多的流量，可以打开抢排名设置，系统支持可以按目标位次的10%、30%、50%选择，如商家为了获得更多的展现机会，可以选择10%，而且溢价上限可以设置得更大，如图7-85所示。

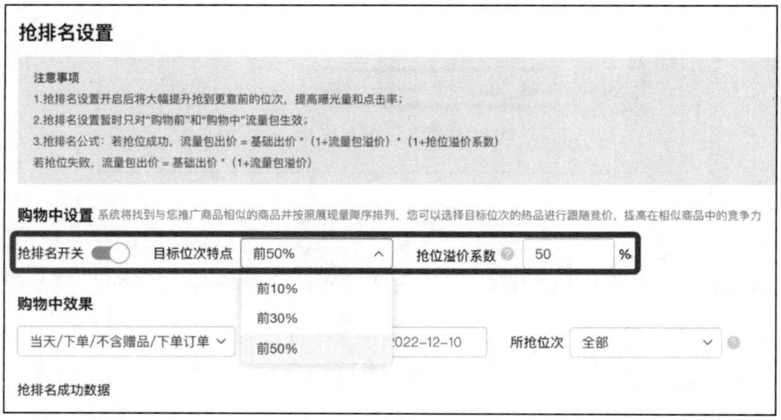

图7-85　购物中设置

购物后：客户已经买过的商品，这时再来浏览，就要注意商品是否有复购。例如，空调的使用期限比较长，预算不充足的情况下可能适当减少或放弃购物后的流量包溢价；如快水果中的樱桃复购频次为每周，这时购物后的溢价就需要适当提升，抢老客户进行复购，建议溢价范围为50%~100%，甚至更高。

黄金展位：黄金展位是面向全站用户的广告位，商家需要考虑投放商品的竞争力和卖点情况，特别是，如果为了做品牌宣传，那么这个位置就是不可多得的“种草”位置，但如果商品不是知名品牌，也没有太大的竞争力或特殊卖点，那么在预算有限的情况下不建议打开溢价。

上述设置如图7-86所示。

第五步，定向设置。商家设置地域定向、人群智能定向、自定义人群、商品定向设置。

地域定向：商家可以指定地域进行设定，默认为不限。商家根据需要设置即可，建议根据商品特性或者其他特殊需求来定，比如，不向某一敏感地域投放广告，就可以启用地域设置功能。

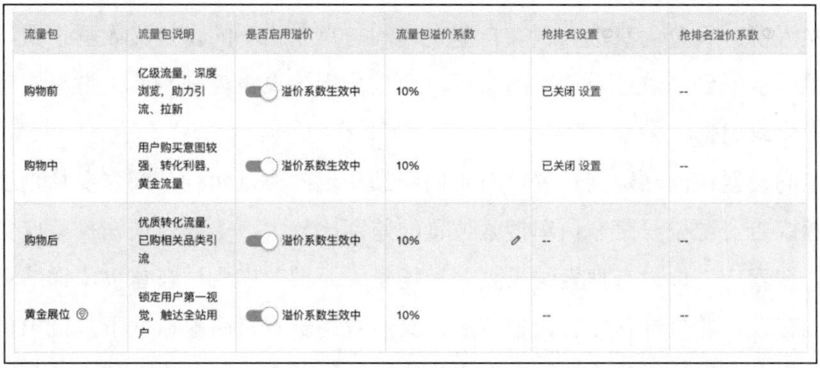

流量包	流量包说明	是否启用溢价	流量包溢价系数	抢排名设置	抢排名溢价系数
购物前	亿级流量，深度浏览，助力引流、拉新	溢价系数生效中	10%	已关闭 设置	--
购物中	用户购买意图较强，转化利器，黄金流量	溢价系数生效中	10%	已关闭 设置	--
购物后	优质转化流量，已购相关品类引流	溢价系数生效中	10%	--	--
黄金展位	锁定用户第一视觉，触达全站用户	溢价系数生效中	10%	--	--

图 7-86　流量包设置

人群智能定向可分为以下选项。

- 智能定向-店铺拉新：针对智能定向-店铺拉新人群做溢价，有助于增加下单新客数。
- 智能定向-跨类目拉新：快速获取近 1 年未购买过推广商品所属类目，但近期对其他相关类目感兴趣的潜在客户。
- 智能定向-喜欢相似商品：快速获取与推广商品相似或有竞争关系的商品感兴趣的客户。
- 智能定向-高质量顾客：针对消费能力强、消费频次高、转化效果好的客户进行推广。

根据系统的大数据判定给出 4 个智能定向，这是一种相对比较宽泛的人群定向，建议商家在没有熟悉自定义人群的情况下先进行测试，从低到高进行溢价设置，范围为 10%~50%，或者更高，如图 7-87 所示。

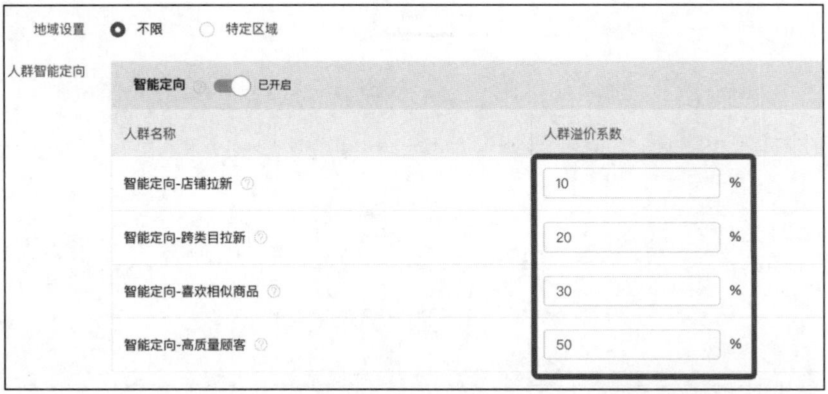

图 7-87　智能定向

自定义人群：又分为京选人群和自建定向，与京东快车的自定义人群设置一样，根据人群的精准度从低到高进行溢价。商家可以通过分析效果报表来判断人群设置是否有效，然后进行优化或调整。

商品定向设置：商品定向设置针对定向商品和定向类目两种，商家要特别注意，购物触点的推荐广告资源位与京东快车搜索位置的差别比较大，主要体现在推荐广告位比搜索广告位多，搜索广告位只有搜索结果页一种场景，而推荐广告位在首页、详情页、购物车等场景中均存在，并且推荐广告位也较多。其设置逻辑建议商家以低于基础出价为主，因为商品定向为单独出价，如果商品定向出价比基础出价高，商品定向就会抢基础出价的广告位。

第六步，创意设置。创意设置分为自定义创意、程序化创意。商家可引用已经上传的创意。

自定义创意又分为购物前/中/后创意和黄金展位创意，需要特别提醒商家的是，虽然为购物前中后创意，但如果想尝试针对购物前/中/后做不同的创意，那么可以新建多个单元，把非本营销场景的溢价关闭，提升本营销场景的溢价，这时创意就可以理解为当前营销场景创意，有这样需求的商家可以尝试。如果是同时使用的创意，则可以设置图片创意和视频创意，其设置方法按提示操作即可，如图 7-88 所示。

图 7-89　购物前/中/后创意

系统支持商家为 App 竖版首焦资源上传黄金展位创意进行设置，多个创意线上会自动以优选的逻辑做播放，帮助商家优化创意结构，建议商家使用氛围感较强的素材图，或者能突出商品的质感和调性、商品特点和符合商品定位的素材图。创意元素分为图片和 GIF 图，由于 GIF 图为动图，在一定程度上更能吸引客户，这无疑能提升创意的点击率，建议商家多尝试。设置完成后单击“完成”按钮。

以上是商品推广的自定义推广设置，剩下的按投放目标智能投放设置可以参考京东快车，其操作方法是一样的。需要注意的是，一般情况下，同类目下购物触点的推荐位的出价及点击费用比京东快车要低一些。

（2）新客推广。

系统根据商家定义的新客范围进行推广，智能触达优质的新客，将商家的预算全部都花在新客上，并提供完整的“拉新”数据，帮助商家更好地达成“拉新”效果。下面按照设置步骤进行讲解。

第一步，推广类型。选择新客推广，其设置如图 7-89 所示。

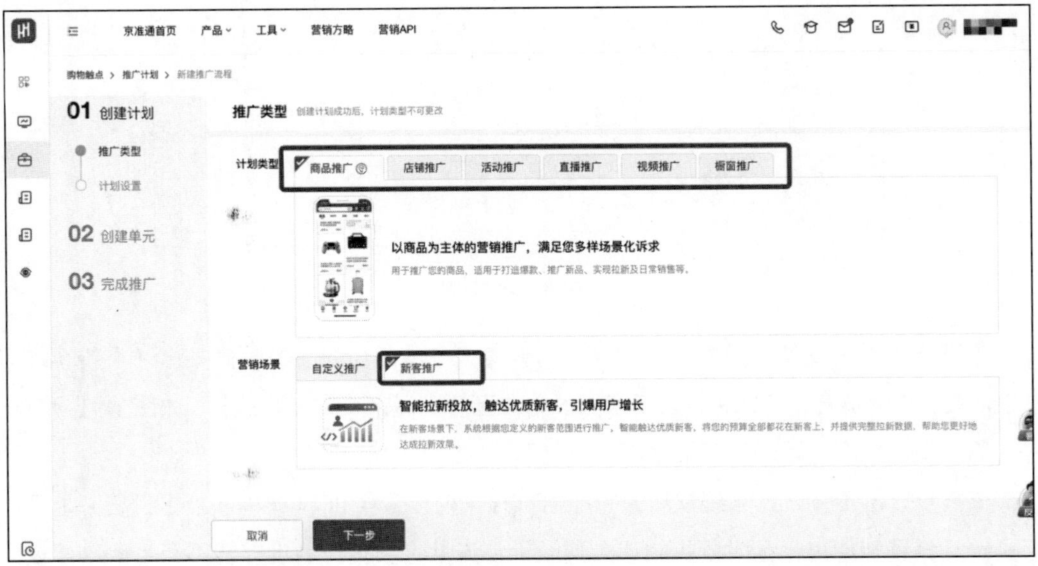

图 7-89　推广类型

第二步，计划设置。重点是新客的定义，系统可以针对商品所在的“类目”“品牌”“品牌+类目”“店铺”4 个维度，以及未购买周期，来确定新客，其未购买周期范围从 15

天到两年，如推广的商品为家纺>床上用品>毛毯三级类目，选择“类目”，未购买周期为1年，新客的定义就是近一年未购买过三级类目“毛毯”的客户，商家的广告就会展现在这些客户面前。商家如何选择？建议如下：

新客定义主要考虑为覆盖新客范围的大小，若广告预算充足，则新客范围可以扩大一些，从大到小的顺序为“类目”>“品牌”>“品牌+类目”>“店铺”，未购买周期为商品的复购周期，可以理解为客户就要开始重新购买商品作为选择的时间范围，这里面有一个比较有意思的思考：如果新客过去两年都没有购买过某三级类目的商品，其可能在选择上没有过多的参考，这恰恰给到商家（包括小品牌商家）一些机会，对于具体的选择，商家可自行测试，设置页面如图7-90所示。

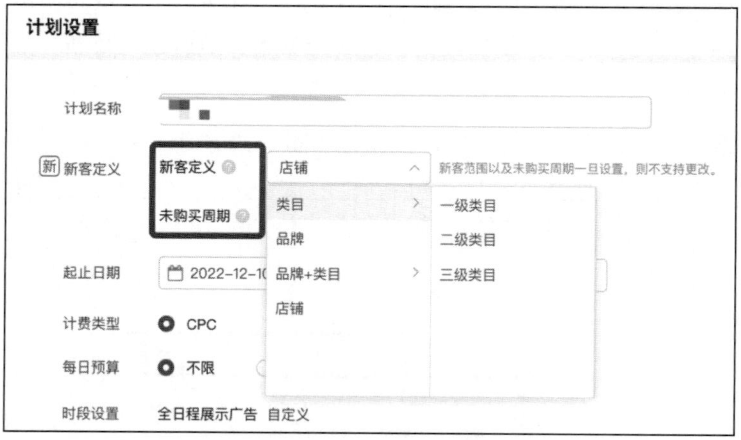

图7-90 计划设置

第三步，添加商品。因为有了前一步的新客定义，添加商品的时候多出一个新客推荐功能，系统推荐适合推广的商品，商家可根据自己的目标来决定是否选择，如图7-91所示。

第四步，地域设置。商家根据需要设置即可。

第五步，出价方式。系统默认为智能出价且可以设置CPC（即单次点击付费）上限，但是一旦设置智能出价，时段折扣、人群溢价、流量包和抢排名设置就不会生效，建议商家在有相关数据支撑或商品基础较好的情况下选择该出价模式，如图7-92所示。

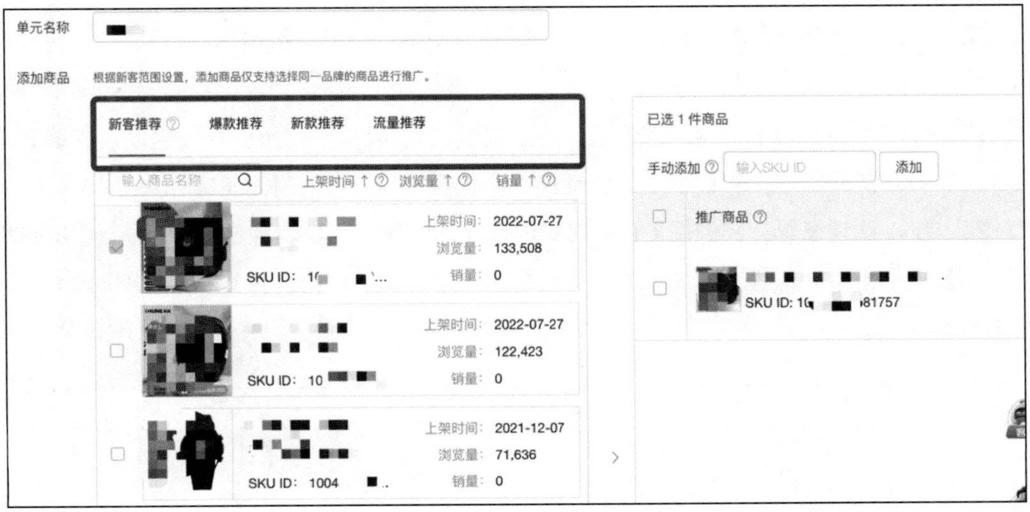

图 7-91　添加商品

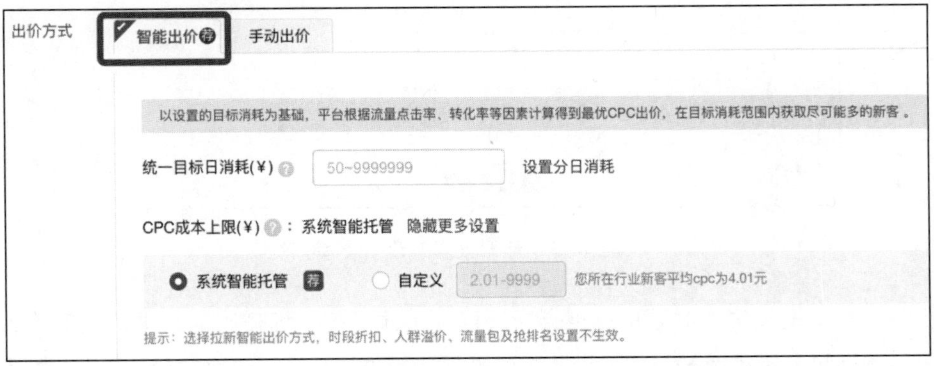

图 7-92　智能出价

手动出价时允许设置范围为 30%~300%的智能调价，而且时段折扣系数、人群溢价、流量包溢价，以及抢排名设置仍可生效，一般建议新手商家先通过手动出价模式熟悉自身商品的情况后，再通过数据分析进行调整，不建议直接进行智能设置，因为数据不好的情况下不知道从哪里开始优化，无从下手。

第六步，流量包设置。参考自定义推广的设置。

第七步，添加定向人群。默认为智能定向且有预估新客数，商家可以在智能定向的基础上继续添加自建定向，然后单击“下一步”按钮进行创意设置。

第八步，添加创意。参考自定义推广，完成后单击“完成”按钮。

2）店铺推广

店铺推广主要是为了强调店铺形象，为店铺引流、“吸粉”，所以一般建议老店铺商家或者大品牌店铺商家进行店铺推广。店铺推广的计费类型分 CPC 和 CPM 两种。

第一步，计划设置。我们以 CPM 模式进行计划创建，创建步骤与 CPC 的创建步骤相同，但需要注意计费类型的出价问题，特别是新商家容易错误地认为 CPM 的出价过低，如图 7-93 所示。

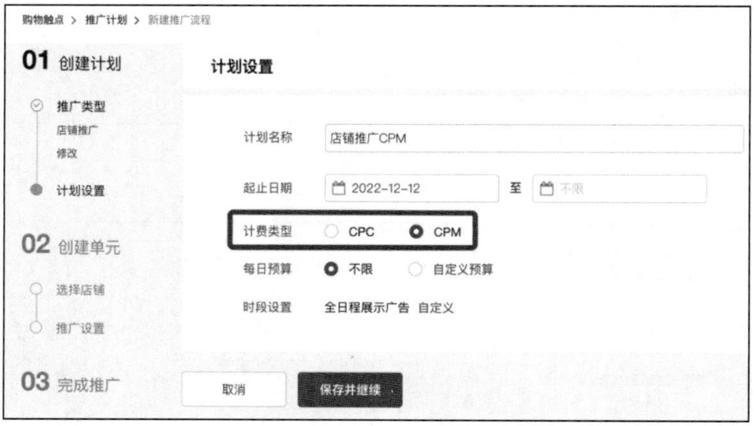

图 7-93　计划设置—计划类型

第二步，店铺设置。商家可以根据需要选择单元名称、选择店铺、确认投放该店铺，建议选择落地页为智能落地页，因为其页面是系统智能生成的，包含热销爆款、限时抢购、猜你喜欢字样，相对来说，智能落地页比店铺商品列表页更有吸引力。当然，商家也可以同时建两个不同的单元进行对比测试，如图 7-94 所示。

第三步，店铺设置的其他项。地域根据需求设置即可。基础出价，特别是 CPM 模式下的出价一定要注意其合理性，因为默认的是 CPC 出价，商家可以单击后面的最终出价建议，然后找到对应的三级类目参考，建议从低值往高值进行测试。流量包在店铺推广中只能设置购物前、购物中，建议在基础出价的基础上分别给予 10%~30%和 30%~50%的溢价，后面根据效果再进行调优。添加人群定向设置，因为是全店推广，所以建议商家抓住店铺主推商品的人群，如果是大品牌，应该以品牌定向为主，增强有品牌忠诚度的用户的曝光机会，从而带来转化，设置完成后单击“完成”按钮。

图 7-94　单元设置—店铺设置

3）活动推广

活动推广用于推广商家的活动页面，活动和大促期间帮助活动页快速引流，可满足日常促销、节日活动等多种形式的活动推广，其设置方法比较简单，单元设置的时候注意活动链接的设置，建议商家使用通天塔创建活动链接，创建路径为：商家后台→店铺管理→店铺装修→京东智铺→装修工具→京东・通天塔活动页装修，设置参考如图 7-95 所示。其余的设置如图 7-96 所示。

图 7-95　通天塔活动页装修

图 7-96　单元设置—其他项

需要商家重点关注的是引流 SKU，如果有重点推广或者特别优秀的商品 SKU，直接在下方“添加 SKU”中添加，如果没有，则建议打开“已开启智能抓取”功能，表示同意系统根据店铺或落地页智能抓取引流 SKU，添加或者抓取的 SKU 商品主图就作为广告展示创意图片，单击“下一步”按钮进入地域设置等功能，其设置方法和技巧在前面都已经介绍过，这里不再赘述，具体设置如图 7-97 所示。

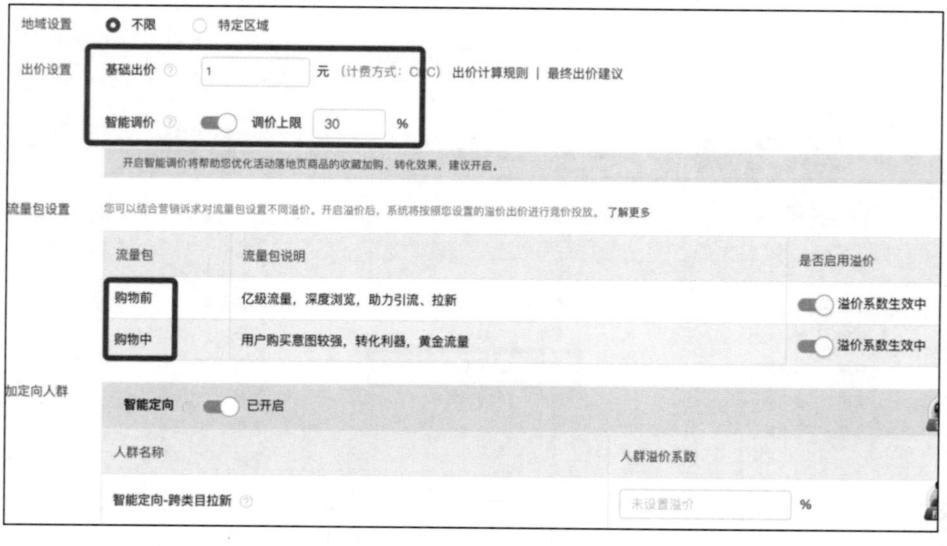

图 7-97　出价等设置

4）直播推广

直播推广主要用于推广商家的直播落地页，能有效地帮助商家的直播间引流，通过讲解实现“种草”到转化等目标，设置步骤如下。

第一步，计划创建。按要求填写即可。

第二步，单元创建。单元名称的格式建议为“活动主题+日期+主播”，如“双 12 大促”或“双 12 某主播”，设置形式分为单次投放和长期投放，“单次投放”需要填写商家已经设置好的直播间 ID，直播间 ID 在京东商家创建直播间时自动生成。需要商家注意的是，尽量提前在京东直播购物袋中填写与直播间关联度较高的商品，保证直播间推广的展现效果，如图 7-98 所示。

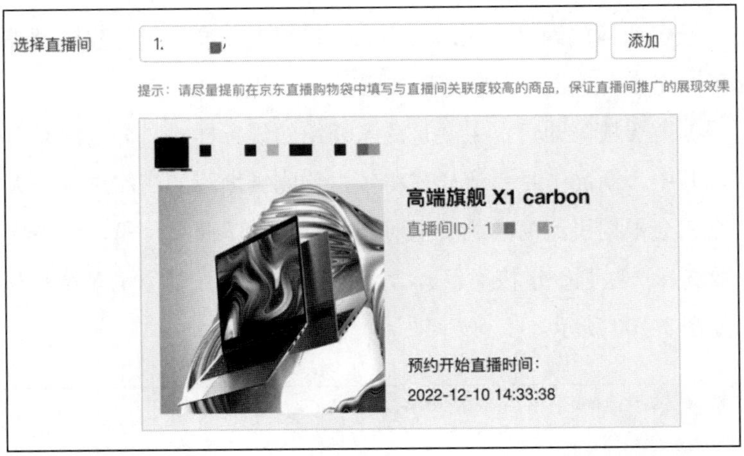

图 7-98　直播间的添加

“长期投放”需要填写达人 ID，达人 ID 需要对方告知，广告主可以创建基于达人 ID 的长期直播广告投放，长期投放计划创建完毕后，广告主后续在该达人 ID 下的任意直播开播时都会自动创建一个直播投放单元，针对自动生成的直播单元，广告主可以修改相关单元的信息。基于达人 ID 的模板单元，可以在计划列表页的长期投放计划下的操作栏中单击最后一个 ICON 图标查看，如图 7-99 所示。

图 7-99　添加达人 ID

直播推广状态的设置方式有 3 种，分别为直播期间、预告、回放，其中直播期间为默认且绑定状态，预告和回放为可选状态，商家可以根据需要选择，建议预算有限的情况下只使用默认即可，完成后单击“下一步”按钮。

其他设置根据需要填写即可，主要是商家介绍的创意样式，分为商品卡片引流样式和整图引流样式，其中，商品卡片引流样式将依据购物袋填写的商品进行千人千面展示，无须添加创意，系统会根据引流商品跳转至对应的直播讲解商品片段，但不支持强制送审类目（意味着不要选择一些强制审核类目），为保证推广效果，请尽量多填写与直播间相关的购物袋商品，如图 7-100 所示。

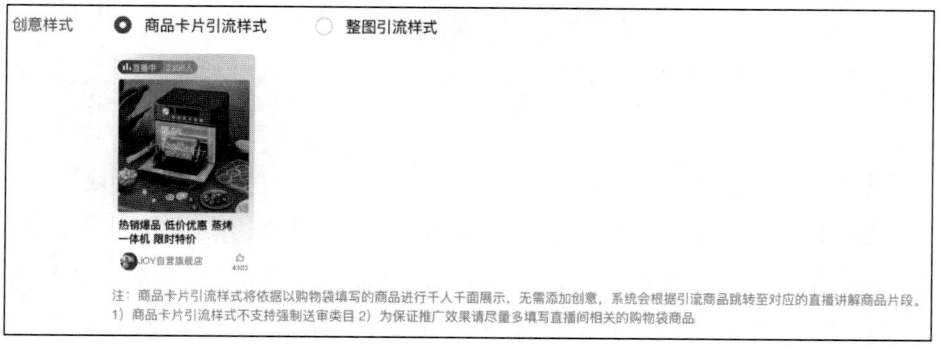

图 7-100　创意样式—商品卡片引流样式

整图引流样式适合主图包含宣传利益点类型的图片，例如，包含有资质的明星、达人，以及需要主推的热品，推广创意可以选择新建，如图 7-101 所示。完成后单击“完成”按钮。

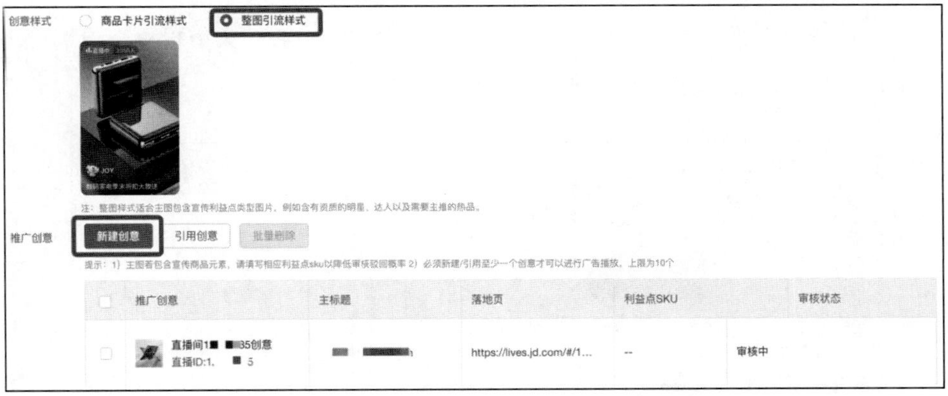

图 7-101　创意样式—整图引流样式

5）视频推广

视频推广用于推广商家的视频，通过视频提升客户对商品的了解，帮助商家实现商品“种草”，提升商品转化等多种投放目标。

（1）商详视频。

详情视频推广是以展示商品详情视频（以下简称商详视频）为主体的营销推广方式，其设置方法参考以往的技巧设置，主要设置关键点为商详视频的创意设置，商家在选择推广商品的时候注意 SKU 的选择数量，选择多少数量的 SKU 就要提交多少个视频创意，前期建议商家先选择 1 个 SKU 进行推广测试。创意标题是客户在推荐位可见的标题，视频封面是客户在推荐位可见的创意图，创意视频是客户点击之后的视频内容，默认的创意视频预览为当前商详视频，如果时间超过 5s，则会提示“商详视频因超长无法投放，需进行视频制作”，表示需要商家制作后重新上传，而且要求时间不超过 5s，小于 100MB，如果临时没有视频，商家可以使用“商详视频剪辑”，如图 7-102 所示，不过这个视频内容较为普通，可能会影响点击率和转化率。

后面的设置根据之前学习的技巧完成设置即可。

（2）“种草”视频。

“种草”视频是指上传的视频以“种草”带货性质为主，可以是达人带货或者与商品相关的“种草”视频；外页播放视频高光片段，跳转后观察完整的视频，商家需要使用达人视频内容 ID，并且视频必须在公域渠道发布且审核通过，打开路径为：商家后台→营销中心→店铺运营左侧最下面的友情链接→达人平台，京东内容开放平台的操作路径为：创作中心→内容创作上传视频，审核通过之后可以在路径创作中心→渠道投稿→投稿管理中找到内容 ID，如图 7-103 所示，其设置界面如图 7-104 所示。

图 7-102　商详视频

图 7-103　获取内容 ID

图 7-104 设置视频推广

接下来重点介绍推广创意的设置，其他项根据情况设置即可。创意设置默认是根据视频内容 ID 生成的，需要商家进一步优化，封面图是视频内容 ID 自动生成的，系统支持自定义上传功能，商家也可以在封面图上单击，选择重新上传自己准备好的封面图，如图 7-105 所示。

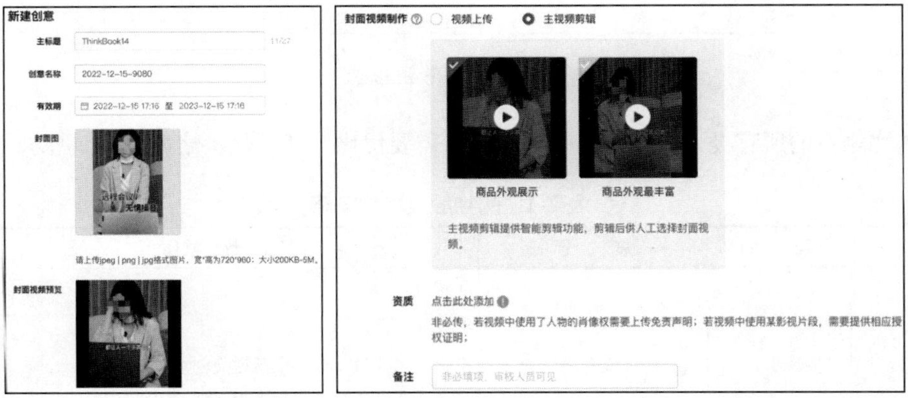

图 7-105 新建创意

设置完成之后等待审核，如图 7-106 所示。

图 7-106 推广创意审核

6）橱窗推广

橱窗推广是以橱窗落地页为主体的营销推广，打造商家专属的高质量私域流量，在京东 App 首页“为你推荐”进行展示的商品橱窗聚合页广告适合推广商家的品牌、店铺下的多件商品。注意：必须确认店铺/品牌商品数量大于 5，否则橱窗创意无法播放。橱窗推广有两种模式可供选择，第一种是智能橱窗落地页，可以缩短用户决策路径，快速实现商品“种草”、转化，第二种是专属橱窗创意，创建新品心智，加速引爆新品，建议商家分别进行测试，其中“添加 SKU”项可以选择主推的 SKU 商品，“黑名单 SKU”项可以去掉不想推广的 SKU 商品，如图 7-107 所示。

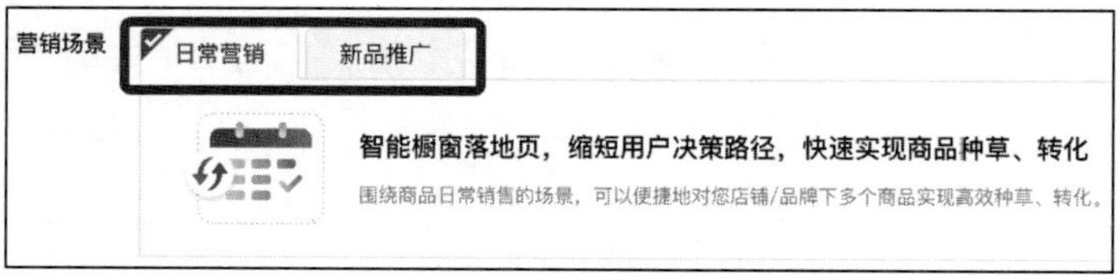

图 7-107　营销场景

购物触点的所有类型全部介绍完毕，最后需要优化，其优化策略如表 7-1 所示。

表 7-1　购物触点优化策略

序　号	问　题	表　现	优化操作
1	展现少	没展现或者展现少	①提升出价 ②使用智能出价 ③创意未通过审核，重新提交创意 ④推广余额不足，保证推广余额大于日预算 ⑤商品上错类目，修改类目后再推广
2	点击率低	点击率低于行业均值	①优化创意主图或添加 3~5 个创意图测试 ②优化地域，保留高点击地域 ③优化人群，提升人群精准度 ④出价过低，提升出价，提升排名
3	转化率低	转化率低于行业均值	①优化人群，提升人群精准度 ②优化地域，保留转化率较高地域 ③优化卖点对应主图、详情页、评价、问答等基础内功
4	ROI 低	付费推广亏损	①优化人群，保留高 ROI 人群 ②优化地域，保留 ROI 较高地域 ③优化搭配购、多买，提升销售额

商家可以根据此策略逐条优化，平时可以从推广管理中进行数据分析，根据数据反馈进行优化，如图 7-108 所示。也可以打开效果报表进行分析，按照优先策略进行优化，如图 7-109 所示。

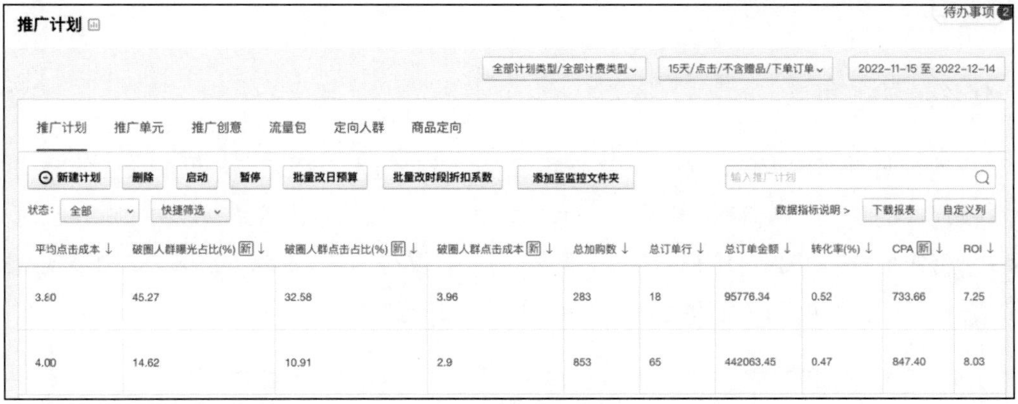

图 7-108　推广管理

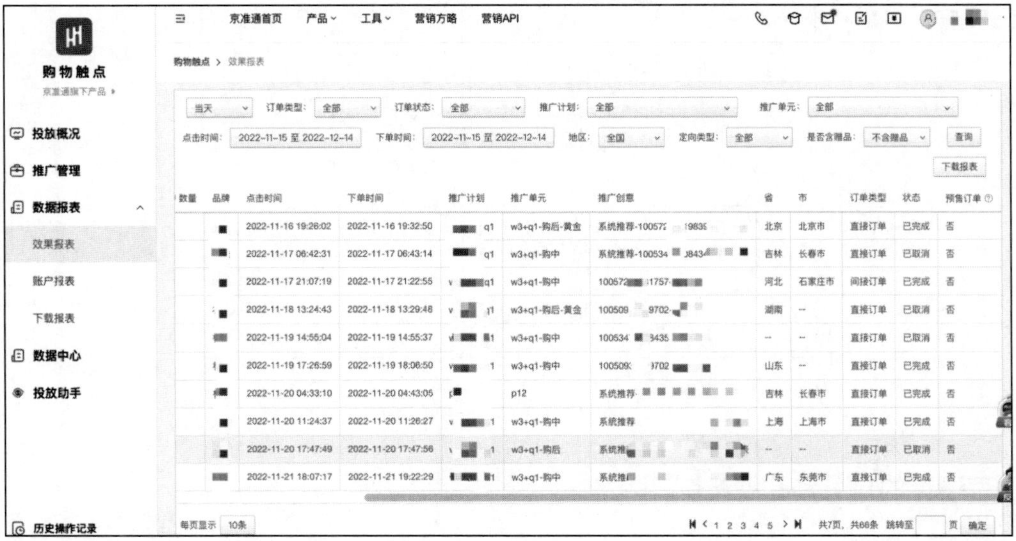

图 7-109　效果报表

7.4 京速推

7.4.1 京速推概况

1. 什么是京速推

京速推是以智能推广为抓手，解决商家“以最少的人力把推广效果最大化的解决方案”的问题的。为了把问题简单化，京速推主要是以投放场景为营销手段的方法，它可分为 3 种营销场景，如图 7-110 所示。第一是单品营销，又分为商品成长场景和活动促销场景，第二是用户运营，第三是全店投放，商家可以有选择地使用。

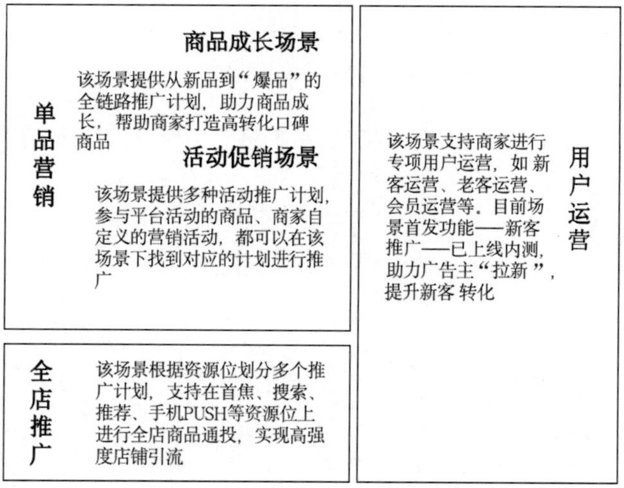

图 7-110 京速推运营场景

2. 京速推的排名和扣费机制

京速推的排名机制主要与单个计划的销售额、订单量、点击率、转化率等有关，数据越好，就越能花更少的钱抢到更好的排名。需要商家注意的是，当京速推的广告位在搜索位对应的京东快车和推荐位对应的购物触点有冲突时，就要看哪个推广产品的出价和质量得分更高，高的就排在前面，一般建议京速推的出价低于京东快车和购物触点的出价，除非有特殊推广需求，如京速推主推其他推广产品线没有推广过的商品。

京速推的扣费机制与计划的质量得分有关，不过商家是看不到京速推的质量得分的，只能通过出价和点击价格进行判断，如果点击价格远低于出价，证明质量得分越高，获取流量能力也越强。

3. 京速推的优势

京速推是基于大数据驱动的智能推广产品，在智能的基础上再加入特定的营销场景，可以让商家在享受便捷推广的同时，还能划分场景进行精准营销。如果商家没有充裕的时间兼顾付费推广，可以优先考虑使用京速推，特别是在商家的商品有一定竞争优势的前提下，京速推的推广效果并不比非智能的推广效果差。

7.4.2 京速推后台

京速推沿用京东快车的布局，进入路径为商家后台→京准通→京速推，商家在使用过程中也更方便、快捷，主要菜单包括投放概况、推广管理、数据报表等，如图 7-111 所示为京速推后台默认界面。

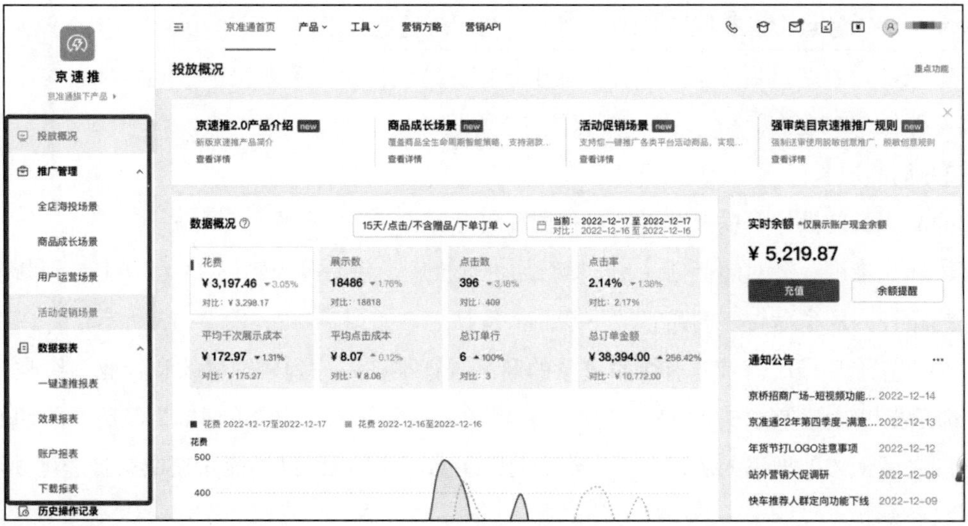

图 7-111　京速推后台默认界面

7.4.3 京速推推广实操

1. 推广策略及选款

从严格意义上说，京速推分为 4 类，即全店海投、商品成长、用户运营和活动运营（前面介绍从单品、全店、用户角度分为 3 类，分类方式不一样，但不影响介绍），每一类都可以对应特定的营销场景，商家在推广前首先要确定好推广次序及目标，如优先选择京东快车、购物触点还是京速推，因为彼此之间可能有资源位置抢夺冲突，然后是推广产品的主次，如果选择京东快车、购物触点为主推，出价就要求比京速推高；如果选择京东快车、购物触点为高精准人群进行低出价和高溢价操作，则京速推可以出价更高，抢夺更多的流量。

下面从选品上针对 4 个场景进行说明。

1）全店海投

全店海投默认对全店商品进行投放，而且只能细到三级类目出价，无法控制到单个商品出价。一般建议没有推广意义的类目或者商品直接加入黑名单（类目最大为 10 个、商品 SKU 最多为 200 个），如果是强制审核类目，如医疗器械、保健品等需要推广，则要先在京东快车、购物触点中进行脱敏处理（创意主图、落地页等不能出现“功能”字样），或者添加广审表，设置通过后才能在全店海投中推广，建议出价比京东快车、购物触点的搜索位和推荐位低 30%左右。

2）商品成长

商品成长的操作可以针对以下 3 种情况进行。

①新品推广。针对超级新品&打标新品进行推广，新品等级建议 D 级以上，判断新品等级的路径为商家后台→商品管理→新品扶持计划，如图 7-112、图 7-113 所示。

②“打爆”推广。针对有爆款迹象的商品进行推广，分为店铺爆款和行业三级类目爆款，都是指以销量 TOP 5 的 SKU 为推广目标的商品，商家可以简单理解为经历了前期的新品推广之后销售数据进入店铺或者三级类目 TOP 5，需要继续助力流量获取来打造爆款，如图 7-114 所示。

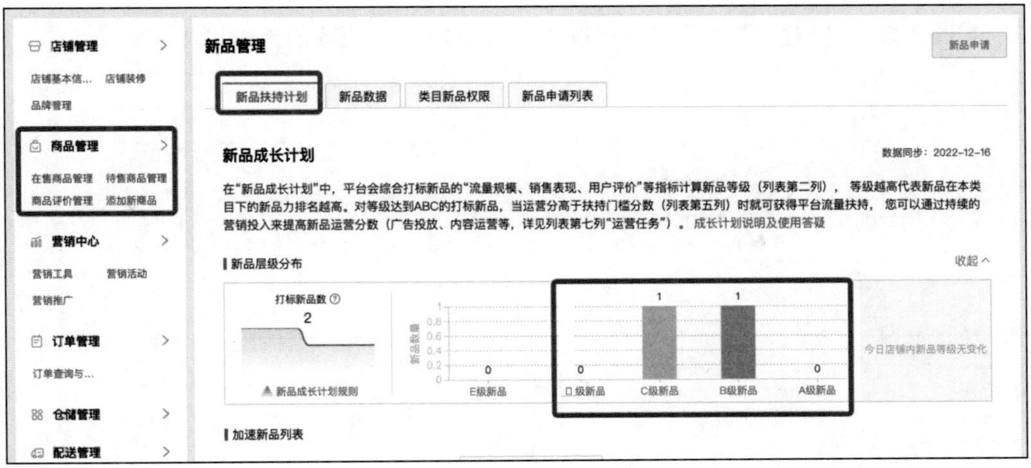

图 7-112　新品扶持计划—新品等级

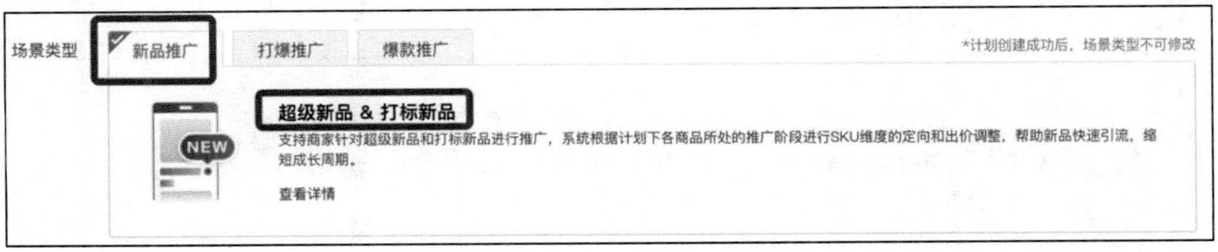

图 7-113　新品推广

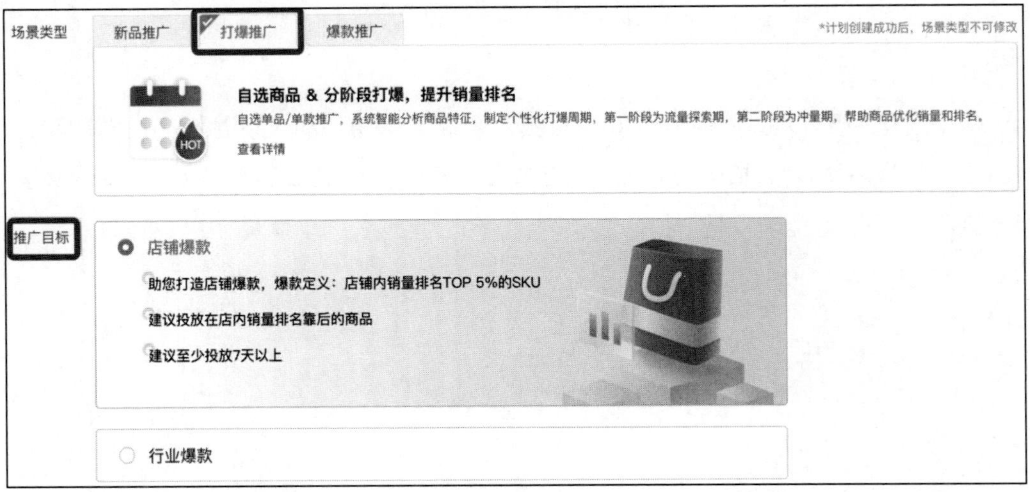

图 7-114　“打爆”推广

③爆款推广。针对爆款商品进行流量助力，目的是获取更多的点击和订单量，如图 7-115 所示。

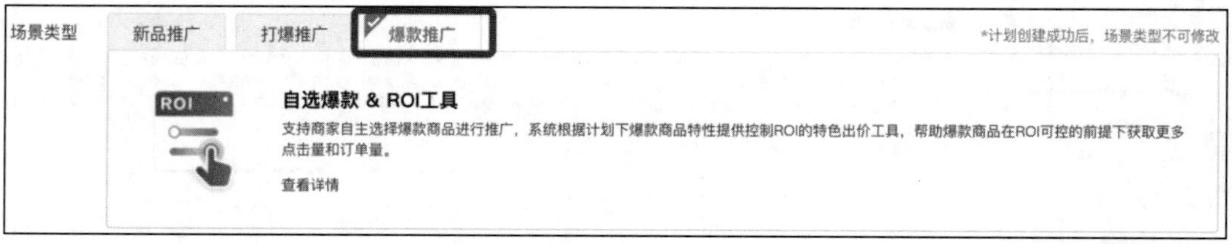

图 7-115　爆款推广

3）用户运营

用户运营主要针对新客“拉新”，比较适合指定周期内未购买过的用户，新品、老品都适用，特别是配合首购礼金使用效果会更好，如图 7-116 所示。

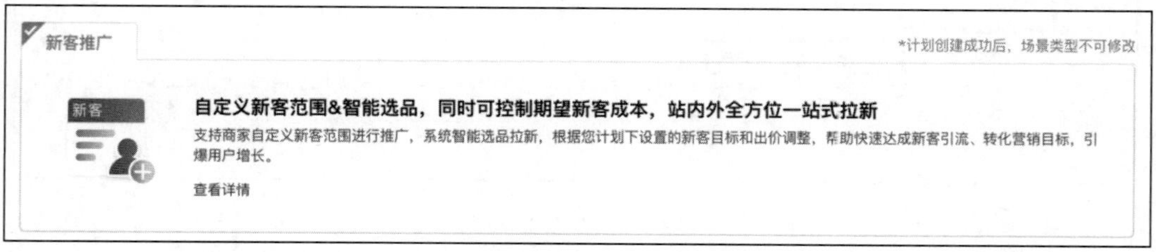

图 7-116　用户运营—新客推广

4）活动运营

活动运营主要针对直降促销（30 天最低价商品）、频道活动（频道秒杀、闪购等）、预售推广（预售期商品）、拍卖活动（暂支持拍卖商家）、自定义活动推广（指定活动链接，广告资源为首焦），如图 7-117 所示。

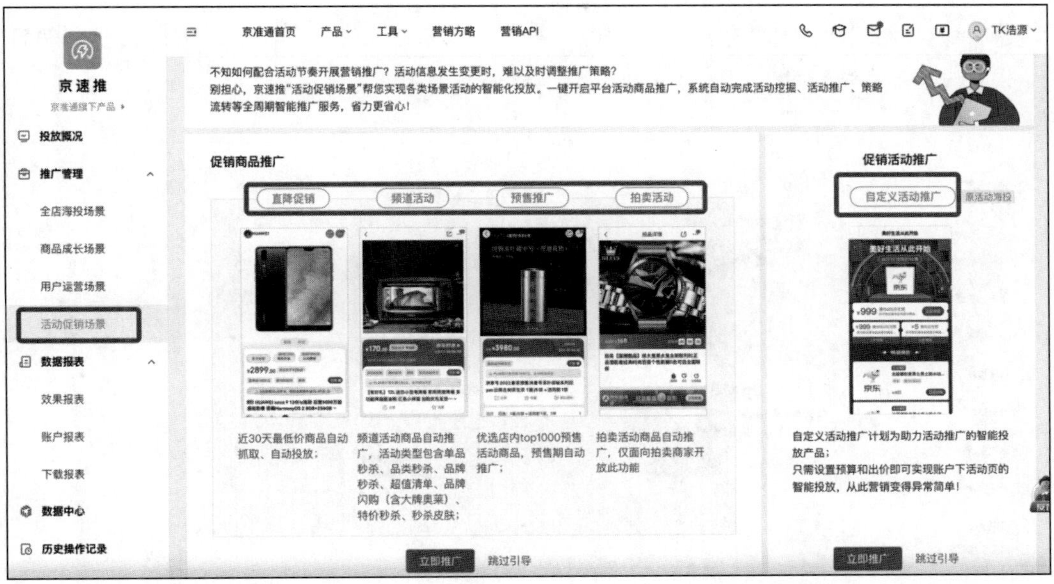

图 7-117　活动促销场景推广

2. 全店海投场景

全店海投的设置相对于前面的广告产品来说简单得多，比较适合新手商家或者需要节省广告投放时间的商家。全店海投有 3 种广告投放类型，分别为经典海投计划、首焦海投计划、PUSH 海投计划，其中后面两个为有一定基础的店铺，推广效果才明显，设置方法同经典海投计划，后面不再赘述，下面介绍经典海投计划设置的步骤。

第一步，设置出价。商家如果是第一次打开它，则需要先单击“开始投放”按钮才能显示设置列表，然后把鼠标光标放置在“经典海投计划”上会出现两个小图标，单击第一个图标进入设置界面，如图 7-118 所示。

第二步，预算设置。如果是新设置，建议 200 元左右，商家如果设置过低，则获取不到流量，也没办法测试出效果，因为是全店推广，建议不限制预算，除非针对当前账号每天控制余额，否则可能因为经验不足造成广告投放事故，如充值 10000 元，一单未出。

图 7-118　经典海投计划设置

第三步，投放目标。前期建议先自定义设置，测试一段时间后再逐步转向按下单、点击设置。一般情况下，如果商家把全店海投作为次要推广工具，建议自定义目标，设置价格低于京东快车和购物触点；如果商家把全店海投作为主要广告投放工具，经过一段时间的测试效果达到要求之后，可以转向按下单、点击投放目标设置，获取更多的流量。商家的自定义设置如果是次要推广工具，建议不要开启智能调价，医为开启之后可能会抢京东快车和购物触点的广告，造成推广混乱，出价一般建议以无线出价为主，PC 出价为无线出价的 30%~50%，特殊品类出价和时间折扣在前期暂时不设置，如图 7-119 所示。

单击“开始投放”按钮，就会进入投放状态。

全店海投场景优化相对于京东快车、购物触点的优化来说简单得多，一般投放一周左右开始优化，如果整个类目的推广效果不理想，则把类目加入黑名单；如果单个 SKU 推广效果不理想，则把单个 SKU 加入黑名单；如果关键词推广效果不理想，则把关键词加入否定词。关键词效果需要在效果报表中的搜索词效果总览中分析。商家要注意的是，如果全店海投作为次要推工具使用，一定不能出高价抢排名，否则会与京东快车、购物触点冲突，如图 7-120 所示。

图 7-119　全店海投出价设置

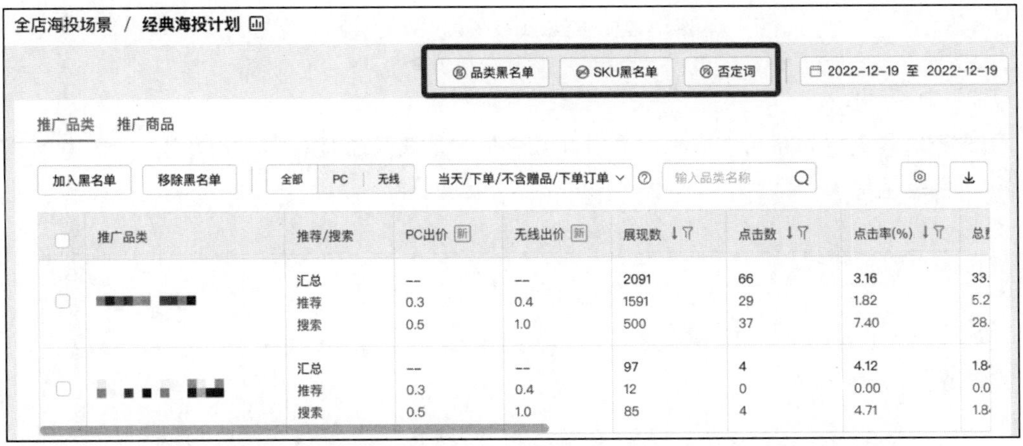

图 7-120　全店海投场景优化

3. 商品成长场景

商品成长场景更适合京东快车、购物触点不主推的商品，按照新品推广、“打爆”推广、爆款推广顺序进行，当然，如果某商品已经成为行业爆款，可以直接使用爆款推广进行爆款助推。3 种场景类型的设置方法都类似，直接单击“新建计划”按钮，如图 7-121 所示。

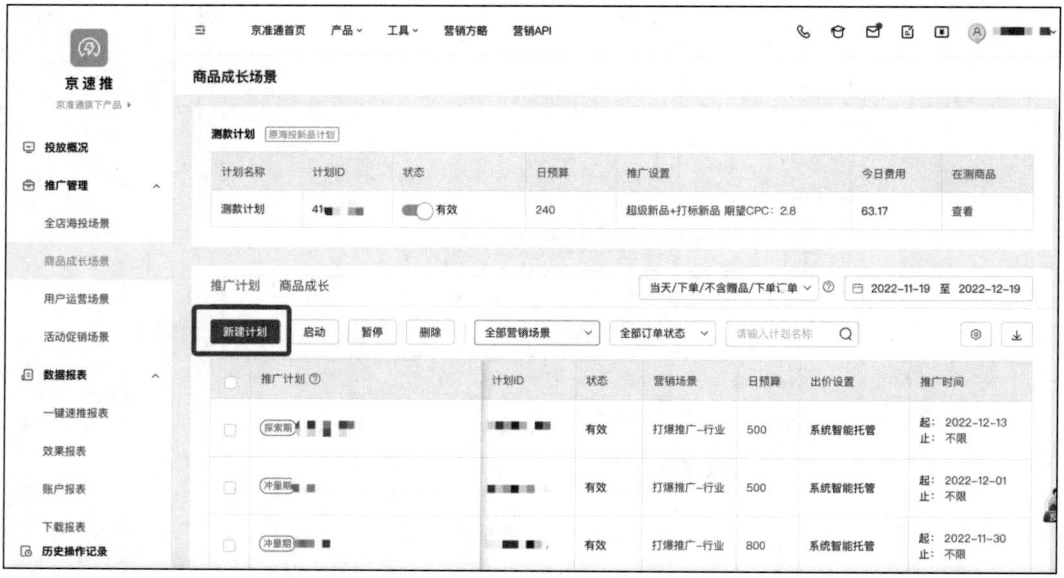

图 7-121　商品成长场景—新建计划

1）新品推广

选择场景类型为新品推广时，需要商家清楚的是该商品有等级，最好是 D 级以上，否则效果可能不理想，设置方法如图 7-122 所示。

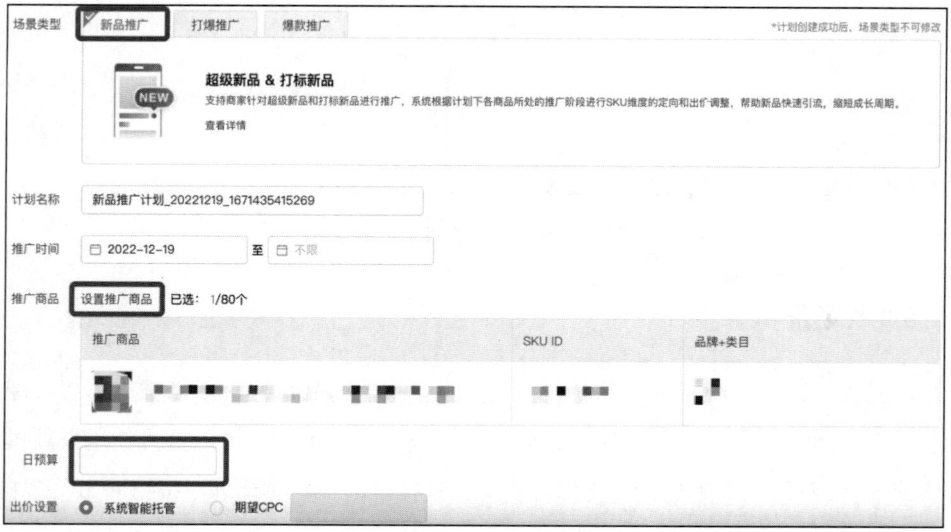

图 7-122　新品推广

第一步，计划名称。商家可以修改格式为“新品推广+商品名称+型号。”

第二步，推广时间。一般默认即可。

第三步，设置推广商品。选择 D 级以上商品，如果是同类型的商品，可以多选。

第四步，日预算。系统要求 50 元以上，商家需要评估该类目大概一次点击的费用来测算一天需要花的费用，如 CPC 为 3 元，需要 100 次点击，则日预算为 300 元。

第五步，出价设置。可以选择系统智能托管，也可以选择期望 CPC。如果全店海投为主推工具，建议使用智能托管，让系统尽可能把钱花出来测试商品的推广情况，这样可以早一点拿到结果。

单击“开始投放”按钮完成设置。

新品推广在投放之后可以编辑创意，但只能改一个。另外，还可以修改出价方式，商家根据自己需要修改即可，其他项都不能设置。

2）“打爆”推广

有关“打爆”推广的设置，商家要特别注意店铺爆款和行业爆款的区别，店铺爆款是指本店铺的销量 TOP 5 SKU，对于新手商家来说，可能不理解“打爆”本店爆款的意义在哪里，商家可以这样理解，对于本店铺来说，如果已经有店铺爆款了，可以再发力一下其他已经有销量的商品，而不是新品，从而形成本店铺的多个爆款，提升店铺权重。

行业爆款是指三级类目销量 TOP 5 的爆款 SKU，而且建议推广行业销量比较靠后的 SKU，比如已经成为本店铺爆款的 SKU 进行推广，打造成为行业多爆款店铺。因为设置方法与新品推广差不多，着重给商家分享阶段设置，默认为探索期，大概 1~7 天，根据数据表现会转到冲销量，所以商家会发现出价设置为智能托管，完全是智能推广。

3）爆款推广

爆款推广主要针对店铺行业的爆款所选择的推广方式，系统会以抢到更多访客和订单量为主要目标，商家可以理解为系统会出高价去抢目标客户群，所以建议商家先分析自己的商品与行业同类型商品有无竞争力，如果有，则可以根据当前 SKU 访客来测算。比如，免费流量每日为 1000 名访客，CPC 为 3 元，则可以设置日预算为 3000 元，出价方式可以设置为系统智能托管。如果商品的竞争优势不太明显，有竞争流失，则可以设置出价方式为 ROI 或者 CPC，对应值的大小可以参考数据中心的行业数据。

4. 用户运营场景

用户运营场景目前针对新客推广，对商家而言，重点就是如何定义新客，在拉新客上可以理解为新客不太了解商品，就看商家的主图、详情页等展示的卖点能不能解决新客的“痛点”问题，正是因为不了解，还有可能不太会去比较或者大家理解的“货比三家”。所以在“拉新”上建议先根据时间的长短，按一级类目、二级类目、三级类目、品牌一级类目、品牌二级类目、品牌三级类目、品牌、店铺进行测试，如图 7-123 所示。

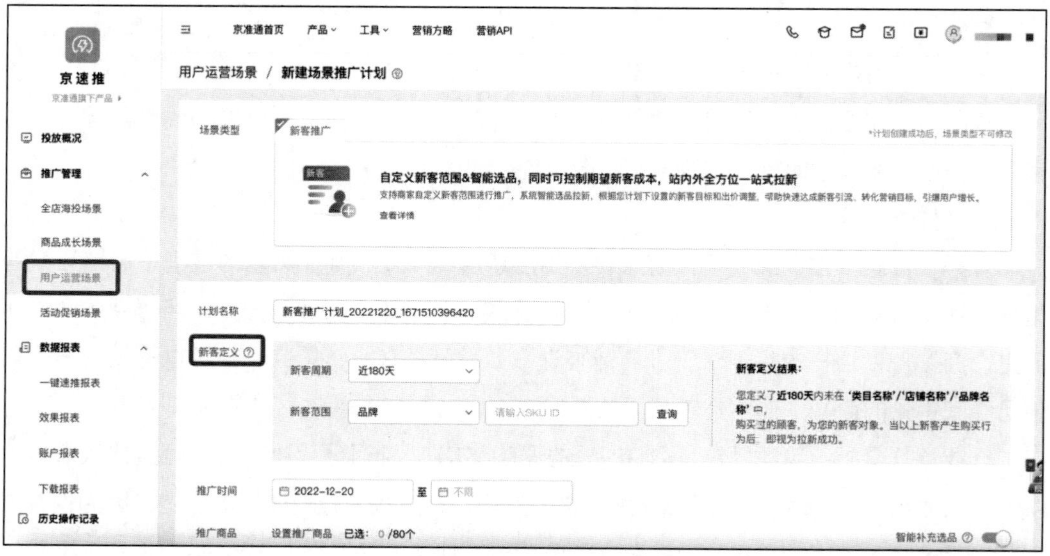

图 7-123　新客推广

再往下设置推广商品，这个根据商家的推广需要选择即可，并且建议打开智能补充选品功能，这样就有助于让系统挖掘更多高效的“拉新”商品，因为是拉新客户，所以首购礼金可以起到举足轻重的作用，建议商家不要忘记设置首购礼金，哪怕是 10 元的首购礼金，日预算可以按每日 100 次点击左右测算，并选择系统智能托管，如图 7-124 所示。

图 7-124　选品与出价

5. 活动运营场景

活动运营场景用于促销活动，可以是直降促销、频道活动、预售推广、拍卖活动（限拍卖商家），也可以是商家自定义活动，全程由京速推智能投放。

首先看促销商品推广直降促销、频道活动、预售推广、拍卖活动（限拍卖商家）的设置。

第一步，促销类型选择。默认为全部，商家也可以单项选择，比如频道活动计划。

第二步，预热模式。仅支持频道活动，在“秒杀”等预热期就可以推广。

第三步，预算设置。系统要求最低为 100 元，如果商家第一次使用该推广模式，可以尝试 100 元，后面根据情况追加，当然，如果是一些特殊类目，CPC 在 10 元以上，100 元肯定不适合，可以适当提高，但要对结果负责。

第四步，出价方式。默认为智能托管，也建议商家在前期 3 天左右使用智能托管，然后根据数据表现决定是否要控制 CPC 和期望的 CPC 上限，如图 7-125 所示。

图 7-125　促销类型

其次看促销活动推广，系统建议使用通天塔创建的活动链接，对还不会使用通天塔的新手商家来说，这是一个学习机会，有了活动链接之后，直接输入设置即可，活动资源为站内首焦，一般这个位置的收费方式是 CPM，如果转换成 CPC，大概为 1 元，商家可以根据自己的类目进行出价测试，如图 7-126 所示。

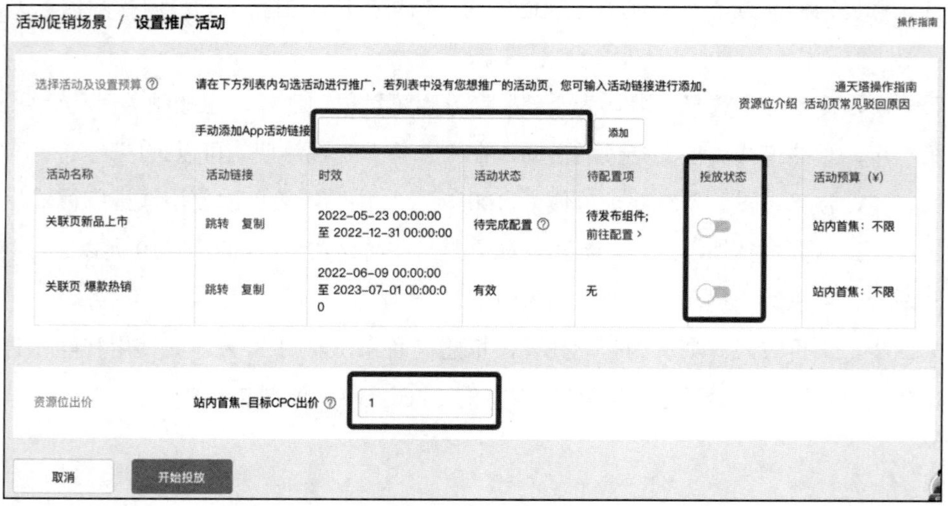

图 7-126　设置推广活动

7.5　京东展位

7.5.1 京东展位概况

1. 什么是京东展位

京东展位是京准通图片类广告产品，其核心位置首焦是京东 App 入口处的黄金资源，相当于超市大型展板，能让用户迅速注意到商家的广告，同时具备“流量精细化运营”“智能加持大幅提效”“营销场景创新”的突出优势，如图 7-127 所示。

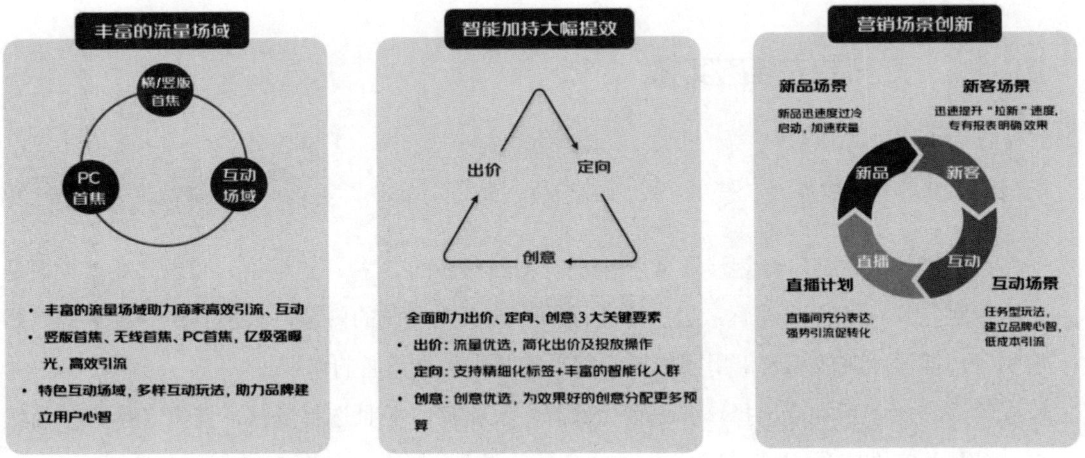

图 7-127　京东展位 3 大突出优势

2. 京东展位后台简介

京东展位后台沿用统一的后台布局，进入路径为商家后台→京准通→京东展位，一样简单明了，对于操作过其他产品的商家来说更是轻车熟路，如图 7-128 所示。

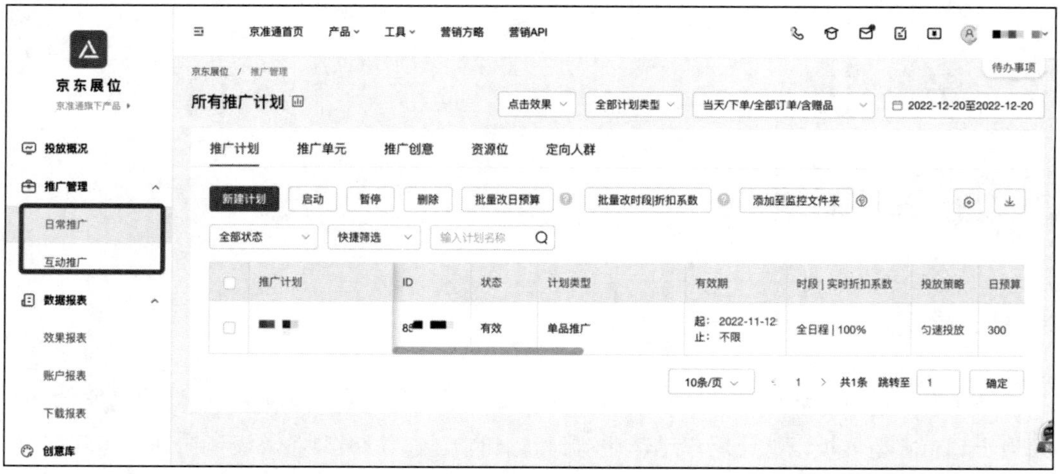

图 7-128　京东展位后台

7.5.2 京东展位推广实操

1. 日常推广计划

京东展位日常推广计划涉及 4 种推广类型及对应的 3 种营销场景，考虑到商家大多是初次接触它，为了便于理解，这里不会详细介绍京东展位的内容，只举其中一种示例，相信学习了前面章节的商家沿用同样的步骤也能起到触类旁通的作用。

第一步，计划类型选择。建议优先选择单品推广，并且选择爆款，自定义推广（当然也可以是新客推广），因为有竞争优势的商品效果会好一些，如图 7-129 所示。

第二步，计划设置。商家根据需要填写计划名称，关闭“拆分对比实验”功能，计费方式为 CPM，起止时间为默认，每日预算建议设置为 300 元起，系统限制最低为 50 元，时段设置默认，投放策略为匀速投放，因为这样测试容易分析出效果，如图 7-130 所示。

图 7-129　计划类型

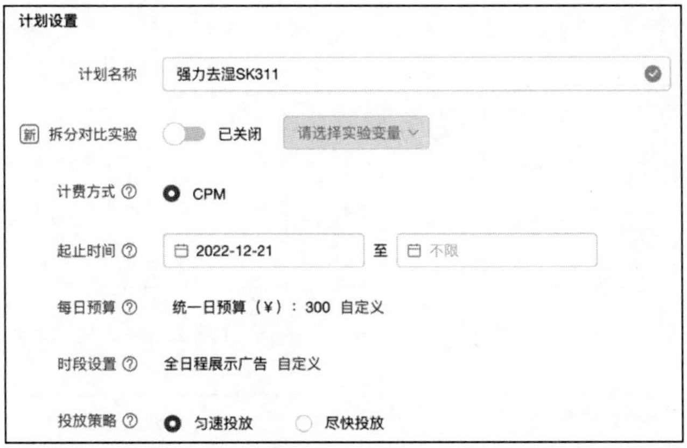

图 7-130　计划设置

第三步，单元设置。单元名称可自定义，资源位的设置建议优先选择无线首焦图进行测试，以后再添加其他的，如图 7-131 所示。

投放目标：因为该资源位不好手动调价，建议使用按点击或者下单，让系统运行数据，后面再调整，如图 7-132 所示。

创意设置：按要求设置即可，这里是商品推广，主要突出商品卖点为主，如图 7-133 所示。

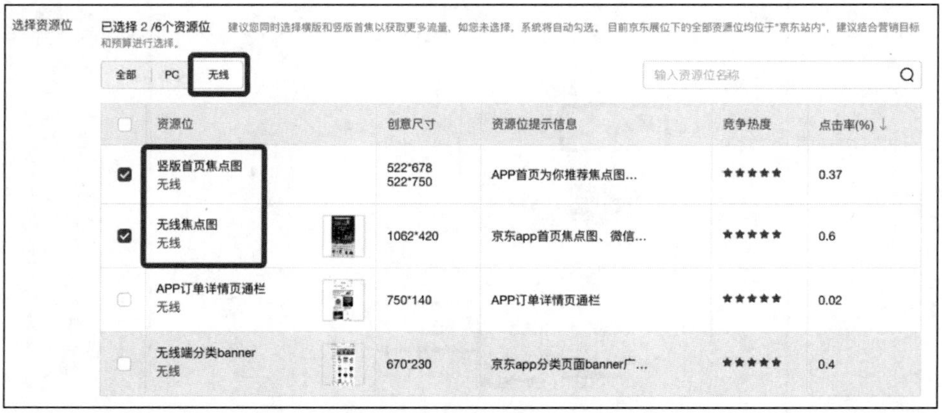

图 7-131　选择资源位

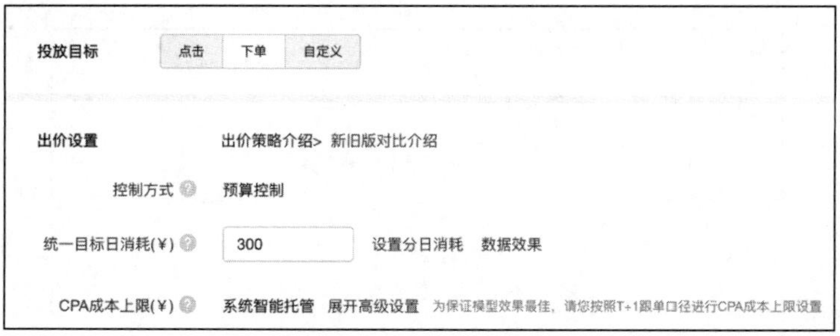

图 7-132　投放目标—出价设置

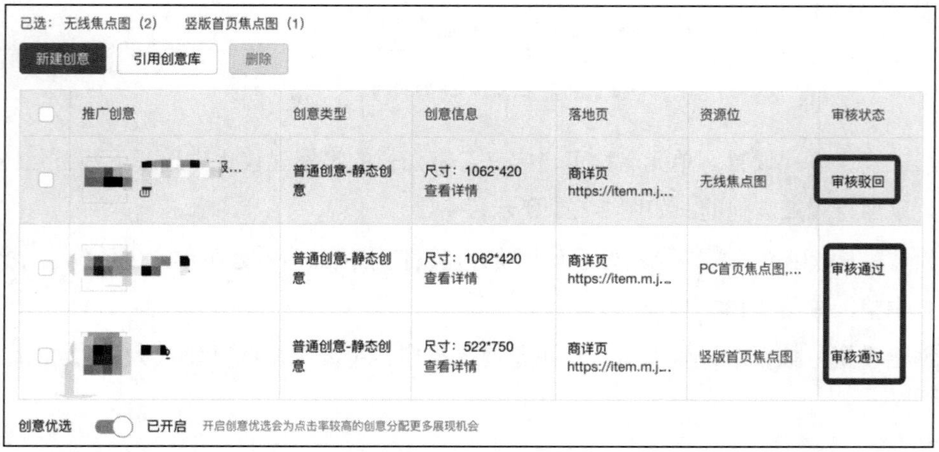

图 7-133　创意设置

定向设置：需要注意的是，系统默认为“启用人群”，其他人群与以前的人群设置类似，商家根据需要设置即可，如图 7-134 所示。

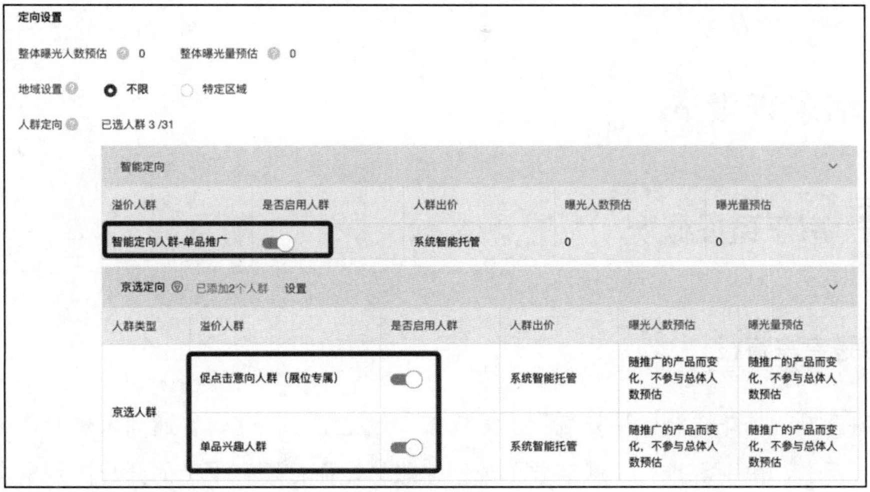

图 7-134　定向设置

完成设置。

2. 互动推广计划

互动推广计划只有 4 种推广类型，没有营销场景，其推广资源位也不一样，其他设置与日常推广计划类似，如图 7-135 所示。

图 7-135　选择资源位

综上所述，商家应该已经注意到，京东展位的广告流量与其他广告流量是错开的，可以理解为增加流量，但需要注意的是，这些位置更多地是“种草”，千万不要以为当天开了京东展位，当天就能看到订单“爆单”，这是需要更多的时间来测试的。

7.6 京东直投

7.6.1 京东直投概况

1. 什么是京东直投

京东直投就是花钱获取站外流量，如果按一般正常的操作，普通商家想要在腾讯、今日头条、百度、快手等推广，就需要单独创建账号，而且还有不菲的开户固定资金要求、第三方验证费用、一堆繁杂的流程，现在京准通把这些媒体平台直接打通，商家可以直接创建广告进行投放。相对于站内而言，站外资源的流量是巨大的，所以对新手商家而言要注意设置预算，或者在投放之前考虑站内的广告资源是否已经充分发挥。

京东直投虽然也支持人群定向，但它对商品的要求比较高，一般建议大品牌或者有竞争优势的商品进行推广，并且推广测试时间需要 7 天左右才能分析出结果，所以不能有仅测试一天就想得出结果的想法。对于这部分内容，如果商家理解不了，可以换位思考一下：如果我们作为客户，会不会点击微信朋友圈中出现的自己从未听过的品牌或者商品广告？应该有少部分客户会点击。这个比例虽然少，但是群体数量足够大，只担心转化效果不好，所以选品投放需要有足够的数据支撑才可大量投放。如图 7-136 所示的数据可供大家参考。

至于商家要选择哪个媒体，要看商家销售什么类型的商品，确定自己商品的购买人群之后，再选择人群定向进行测试。

媒体定向-腾讯主推资源位(12月14日)

站点	资源位名称	规格量级	点击率	点击单价	CPM	下单转化率
朋友圈	800X800六图文（微信朋友圈-常规广告）	亿级	2.62%	1.14	29.9	7.31%
朋友圈	800X800四图文（微信朋友圈-常规广告）	亿级	3.31%	0.90	29.8	11.68%
朋友圈	朋友圈1280X720标准图片卡片	亿级	0.81%	1.93	15.6	7.37%
朋友圈	800X800图文（微信朋友圈-常规广告）	亿级	1.39%	1.17	16.2	1.16%
朋友圈	朋友圈1280X720标准视频卡片	亿级	0.49%	4.80	23.6	3.25%
朋友圈	750X1334视频（微信朋友圈-常规竖版视频）	亿级	0.77%	3.91	30.2	16.81%
非微信通投	腾讯放量场景包-CPC	亿级	4.09%	0.11	4.4	0.86%
手Q	手Q系-1280X720横版大图-CPC	亿级	7.26%	0.15	10.8	2.94%
手Q	手Q系-1080X1920竖版大图-CPC	亿级	4.61%	0.25	11.6	5.28%
手Q	手Q系-1280X720QQ购物号-CPM	亿级	7.33%	0.17	12.2	0.06%
移动联盟	移动联盟-1280X720横版大图-CPC	亿级	6.27%	0.14	8.5	1.55%
移动联盟	移动联盟-1080X1920竖版大图-CPC	亿级	3.94%	0.18	7.1	2.69%
腾讯视频	腾讯视频-1280X720横版大图-CPC	亿级	1.75%	0.40	7.0	7.08%
腾讯新闻	腾讯新闻-1280X720横版大图-CPC	亿级	2.52%	0.59	14.8	10.48%
非朋友圈	微信960*540图片（公众号优雅大图）-CPC	亿级	1.51%	0.69	10.5	1.81%
非朋友圈	微信960X334图片（小程序内广告）	亿级	0.55%	1.29	7.1	12.88%

图 7-136　媒体定向—腾讯主推资源位数据

2. 京东直投后台简介

京东直投后台的功能比较多，进入路径为：商家后台→京准通→京东直投。商家只要认真分析就会发现，其实都是一些辅助性工具，广告推广与按之前介绍的方法差不多，如京东直投涉及站外广告投放，在客户点击广告跳转页面之后的落地页会有购物体验的问题，后台就提供落地页创建工具，如图 7-137 所示。

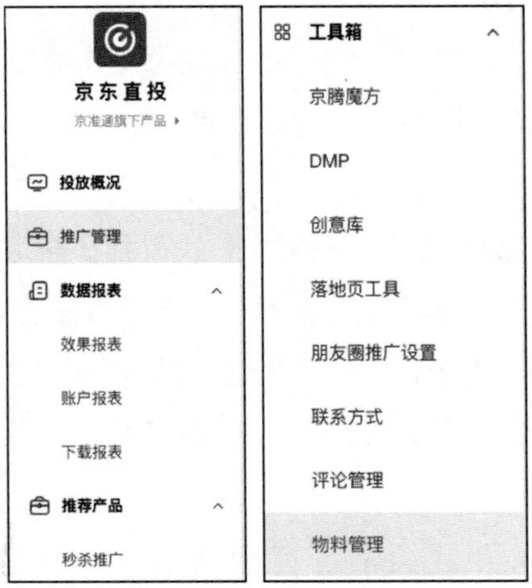

图 7-137　京东直投菜单

7.6.2 京东直投推广实操

考虑到京东直投更多地是针对老商家获取更多的站外流量，所以下面只以京东定向计划为例进行讲解，希望商家能触类旁通。整个广告的投放思路如图 7-138 所示。

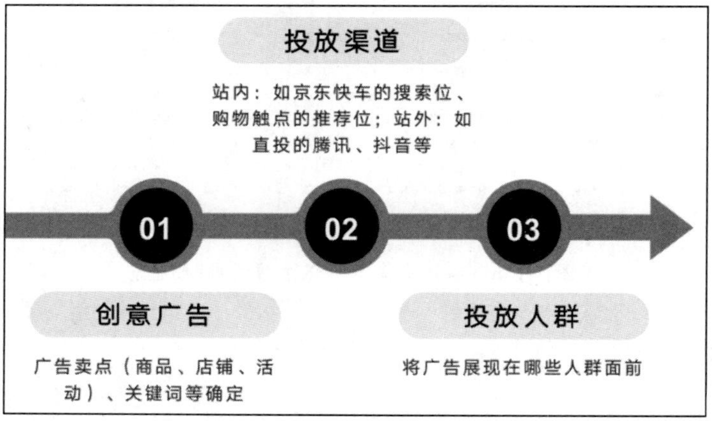

图 7-138　广告投放思路

第一步，创建计划。营销场景支持新客推广和自定义推广，商家根据自己的情况选择即可，下面以自定义推广为例进行说明。“定向设置”选择“京东定向”，“京东定向”支持使用京准通 DMP 投放，使用京准通账户余额。“媒体类型”为默认的“全渠道”即可，“日期及时段”也先使用默认，目的是想让新商家先熟悉操作流程，后期再进行优化或者重新创建。“预算设置”默认为“不限预算”，建议设置 300 元起，低于 300 元可能达不到要求，设置如图 7-139 所示。

第二步，新建单元。“投放范围”是指将广告投放到哪些媒体，商家根据自己商品的特点选择即可，选择后会在右侧显示广告示意图，如选择微信-朋友圈，就需要商家先在左侧菜单工具箱的“微信品牌信息”中设置好，否则会提示失败。“营销诉求”为“转化”，“优化目标”为“下单”，“出价方式”为“按目标转化出价”，即商家愿意花多少钱获得一个订单，上述设置如图 7-140 所示。

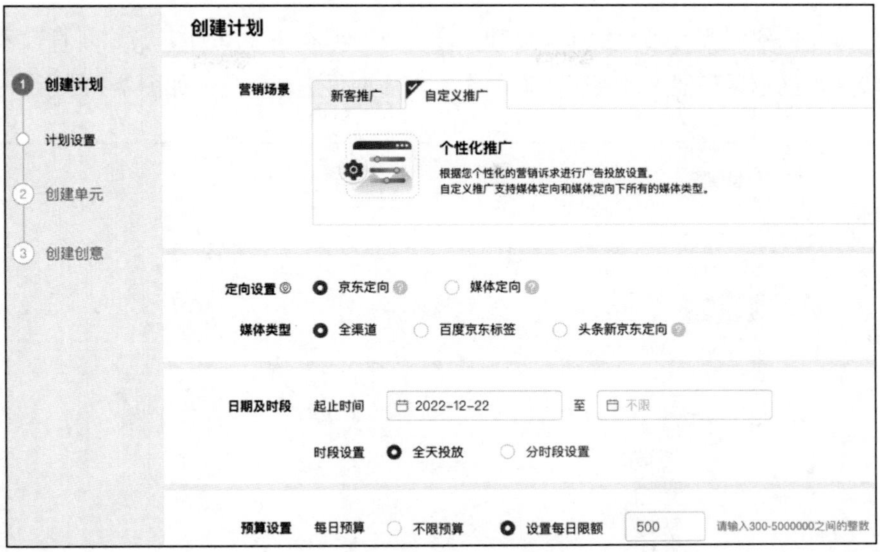

图 7-139　创建计划

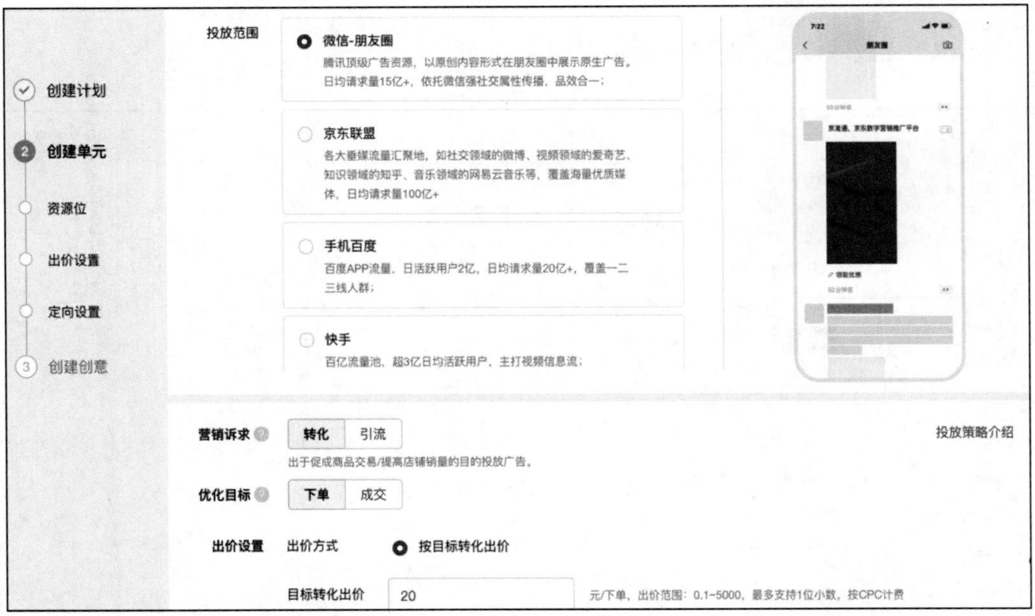

图 7-140　设置创意单元

定向设置可以先使用默认项，后面可以再添加，设置完成后单击“下一步”按钮。

第三步，创建创意。这一步需要添加创意，按要求添加 3~5 张。对京东直投来说，曝光量比较大，创意尽可能多地展示不同的卖点，后期再进行优化，如图 7-141 所示。

图 7-141　创建创意

单击“完成”按钮，设置界面如图 7-142 所示。

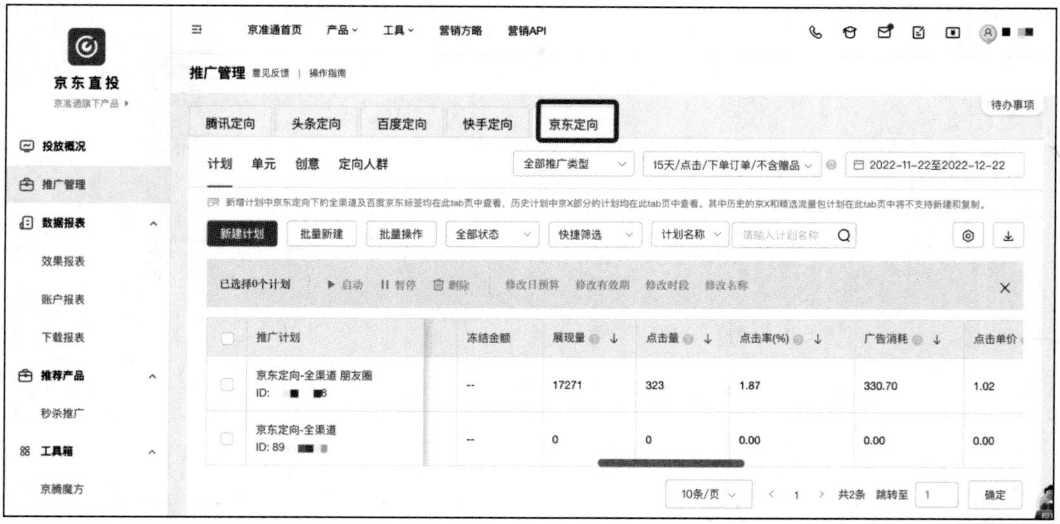

图 7-142　京东直投—京东定向

7.7　京搜客

7.7.1 京搜客概况

1. 什么是京搜客

京搜客是京准通搭建的站外搜索流量采买平台，目前已覆盖百度搜索资源，以搜索关键词作为广告竞价目标 CPC 方式结算，有曝光量大、点击率高、精准触达用户的优势。

对于京搜客的广告位，需要商家注意区分，虽然搜索结果都在百度搜索结果页展现，也有“京东”字样，但它们有着本质的区别。如果是京东平台投放的广告，客户单击广告之后进入的是京东热卖页面，在京东热卖页面还会出现比较多的其他商品；如果是商家自己投放的广告位，客户单击之后就会进入商家的详情页，如图 7-143 所示。

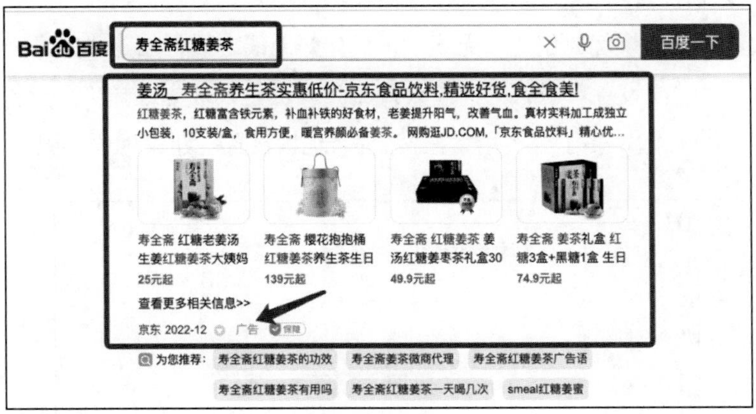

图 7-143　京搜客

2. 京搜客后台简介

京搜客的后台是京准通中最简单的，进入路径为：商家后台→京准通→京搜客，主要功能就是推广管理，如图 7-144 所示。

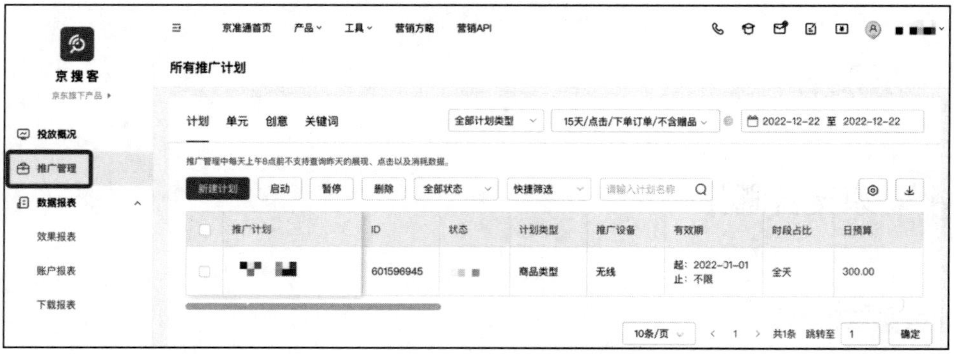

图 7-144　京搜客—推广管理

7.7.2 京搜客推广实操

京搜客推广计划的创建步骤如图 7-145 所示。

第一步，推广类型选择。分为商品推广和活动推广，建议商家先选择商品推广。

第二步，计划设置。“计划名称”根据需要填写即可；“推广设备”中，目前无线流量比 PC 流量大，所以建议优先创建“无线”，优化好无线之后再创建“PC”；“起止时间”选择“默认”；“时段设置”默认为“全天投放”，也建议优先选择“全天投放”；“每日预算”建议从 300 元起，多了会占用余额资金；“地域设置”建议为“不限”。

图 7-145　计划设置

第三步，单元设置。“单元名称”根据需要填写，选择商品时，建议选择店铺爆款，

“创意设置”建议商家至少填写 5 条，若要新增创意，单击“创意 1”后面的“添加创意”按钮即可，如图 7-146 所示。

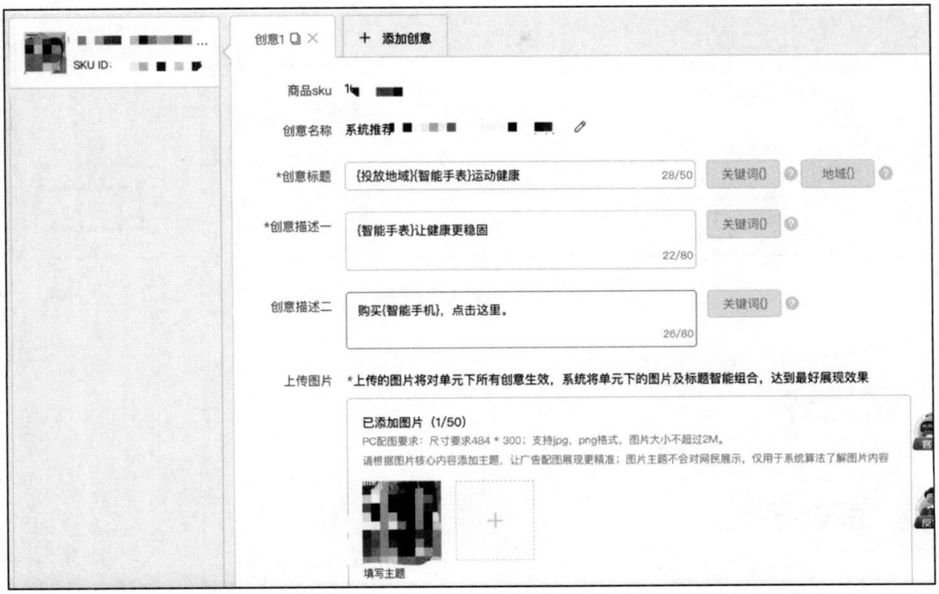

图 7-146 单元设置

在设置创意标题、创意描述的时候，可以使用 1 到 2 个通配符，这样有助于提升点击率，通配符会替换为商家购买的关键词，而且通过创意预览可以查看效果，有通配符可以显示为红色，如图 7-147 所示。

图 7-147 创意预览

关键词设置：商家可以参考京东快车使用关键词先行测试。关于出价，建议从 0.5 元左右开始从低往高提升，以有展现为准，匹配类型从广泛到精确，如图 7-148 所示。

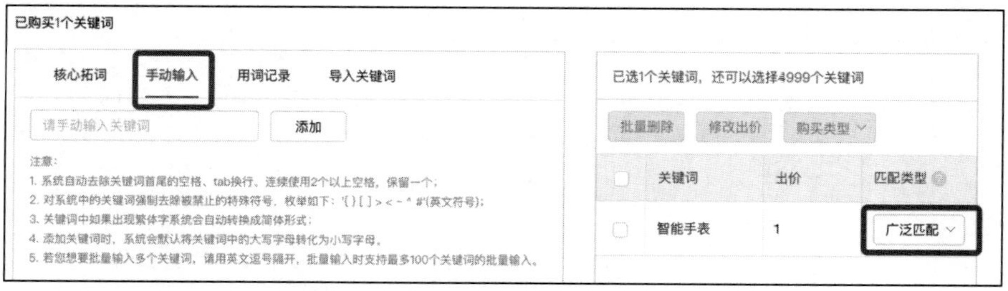

图 7-148　关键词

7.8　京挑客

7.8.1　京挑客概况

1. 什么是京挑客

京挑客是 “站长联盟”合作推广，并按实际成交额计费的一种站外广告投放工具，即按 CPS 销售分成（实际成交额×佣金比例）。它是商家高效提升站外 GMV 和店铺“拉新”能力的营销工具。

2. 京挑客结算方式

商品通过京挑客产生的广告费用在订单完成后 T+1 日结算。例如，如果订单于 1 月 1 日完成，那么费用将会于 1 月 2 日凌晨结算。

3. 京挑客的优势

京挑客具有以下优势。

- 低成本：免费点击、免费展示、按实际成交金额付费。
- 高回报：按成交付费，风险低，ROI 可控。

- 简单易用：投放操作简单，佣金设置灵活。
- 推广渠道丰富：覆盖互联网各个领域的长尾价值流量。

4. 京挑客后台

京挑客后台的进入路径为：商家后台→京准通→京挑客，后台的功能以日常推广和活动推广为主，设置功能主要是佣金设置和优惠券设置，如图 7-149 所示。

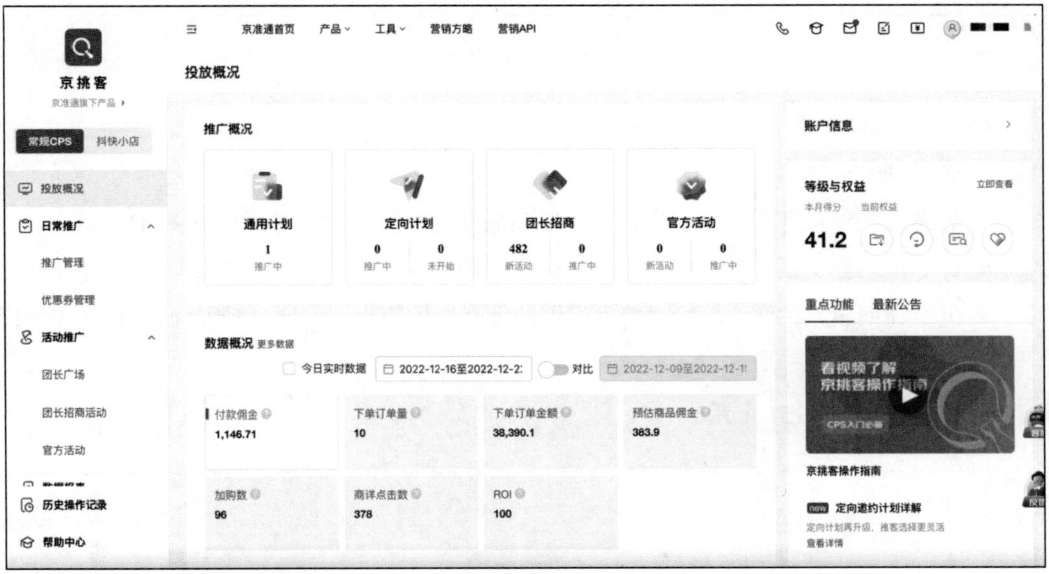

图 7-149　京挑客后台

7.8.2 京挑客的基本操作

1. 通用推广计划设置

京挑客的通用推广计划开启之后，所有通过佣金入口链接的订单都会产生佣金，就算没有针对商品单独设置佣金，也会以该商品类目最低佣金进行扣除。下面介绍通用推广计划的设置方法。

第一步，类目佣金设置。入口需要商家把鼠标光标放置于通用计划上，其设置如图 7-150 所示。

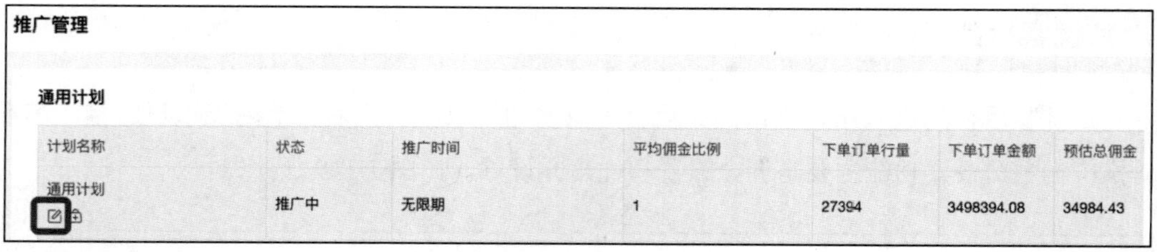
推广管理

通用计划

计划名称	状态	推广时间	平均佣金比例	下单订单行量	下单订单金额	预估总佣金
通用计划	推广中	无限期	1	27394	3498394.08	34984.43

图 7-150　通用计划

单击展现出来的第 1 个小图标进入下一步。需要商家注意以下几点：

- 类目佣金比例为必填项。
- 佣金比例值需在限定范围内，且主推商品佣金必须大于或等于所属类目佣金。
- 计划成功提交后，若要修改计划，则修改结果次日生效，请谨慎设置。
- 佣金比例设置的含义：如果商家设置的佣金比例值为 x%，则需要对应支付（实付价格×x%）。

设置界面如图 7-151 所示。

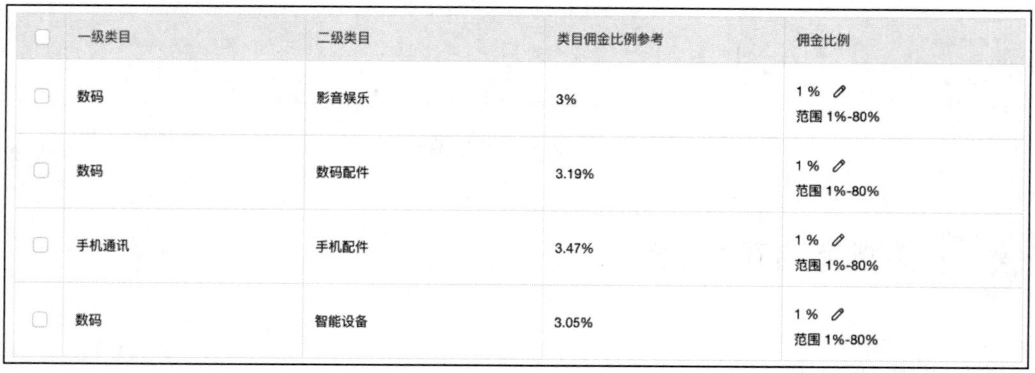
一级类目	二级类目	类目佣金比例参考	佣金比例
数码	影音娱乐	3%	1 % 范围 1%-80%
数码	数码配件	3.19%	1 % 范围 1%-80%
手机通讯	手机配件	3.47%	1 % 范围 1%-80%
数码	智能设备	3.05%	1 % 范围 1%-80%

图 7-151　类目佣金设置

第二步，商品佣金设置。通用计划的商品佣金设置一般建议用在不作记录的通用设置上，如果有特殊用途记录的，请使用定向计划设置，如图 7-152 所示。

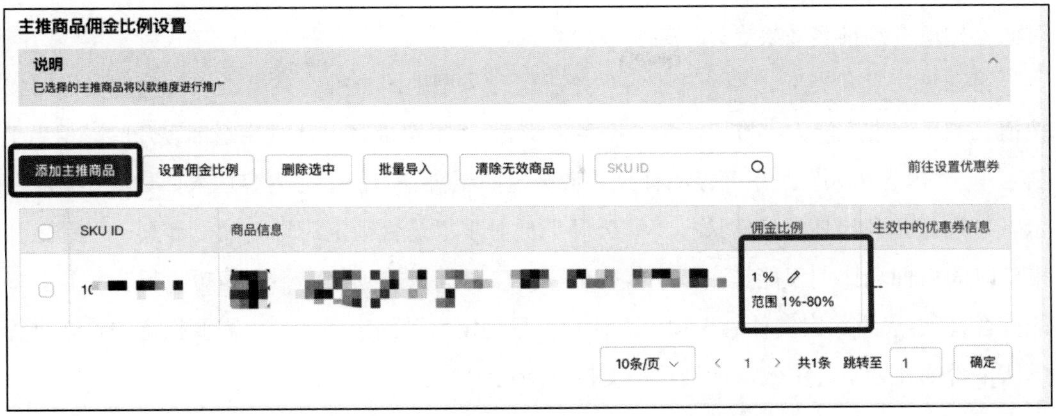

图 7-152　主推商品佣金比例设置

有时候为了方便京挑客刺激客户下单，可以设置优惠券，建议设置优惠使用时间不要过长，3 天左右比较合理，设置完毕后，可以单击优惠券名称获取活动配置 Key 和领券链接。

2. 定向计划设置

对于有特殊要求的商家来说，可以设置定向计划，设置入口如图 7-153 所示。

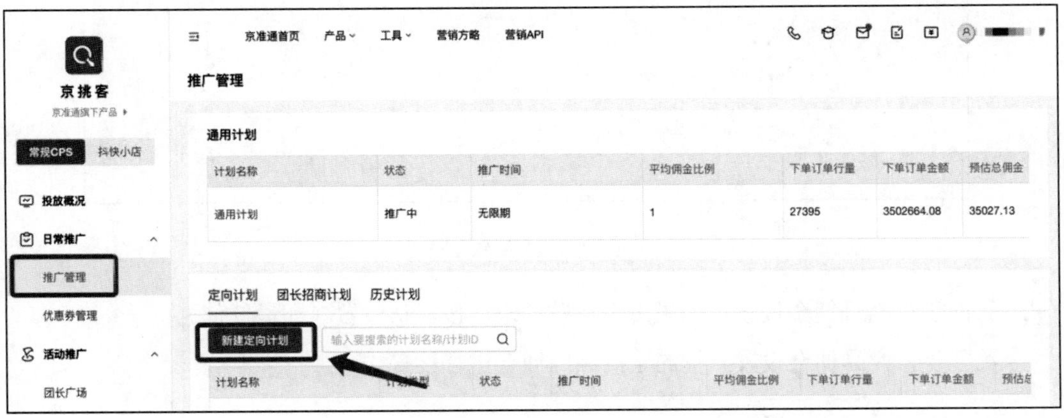

图 7-153　新建定向计划

第一步，计划名称。因为是定向计划，建议商家按用途命名，方便寻找。

第二步，推广时间。一般要求 3 天左右比较适合，特别是推广前期通过京挑客推广的时候不知道哪些推客效果更好，需要逐一测试。

第三步，定向类型。“全部推客”是不区分类型的，全推客共享，“精确定向”可以按擅长类目、推广能力、推广流量 3 个条件推荐，“指定推客”针对某些推客开放，相当于白名单，“内容达人”是指商家的计划将会被定向至抖音、快手等内容达人，如图 7-154 所示。“是否公开计划”通常选择“非公开”；对于“是否锁定计划”项，计划一旦锁定，推广时间内佣金比例仅能提高，不能降低，推广时间只能延长，不能缩短，但会受到更多的推客喜欢；“邀约定向计划”项中，计划一旦确定为邀约定向计划，需要指定的推客进行确认，否则计划不会生效，计划暂不支持解除邀约关系。

图 7-154　设置基本信息

第四步，类目佣金设置。如果没有特殊要求，按默认设置（即最低值）。

第五步，商品佣金设置。按约定商品的佣金进行设置。

3. 团长计划及团长招商推广

对于团长计划，商家可以理解为有招商能力的推客，所以重点还是需要找到有推广效果的团长。如果商家需要提报团长计划，直接按如图 7-155 所示的设置即可。

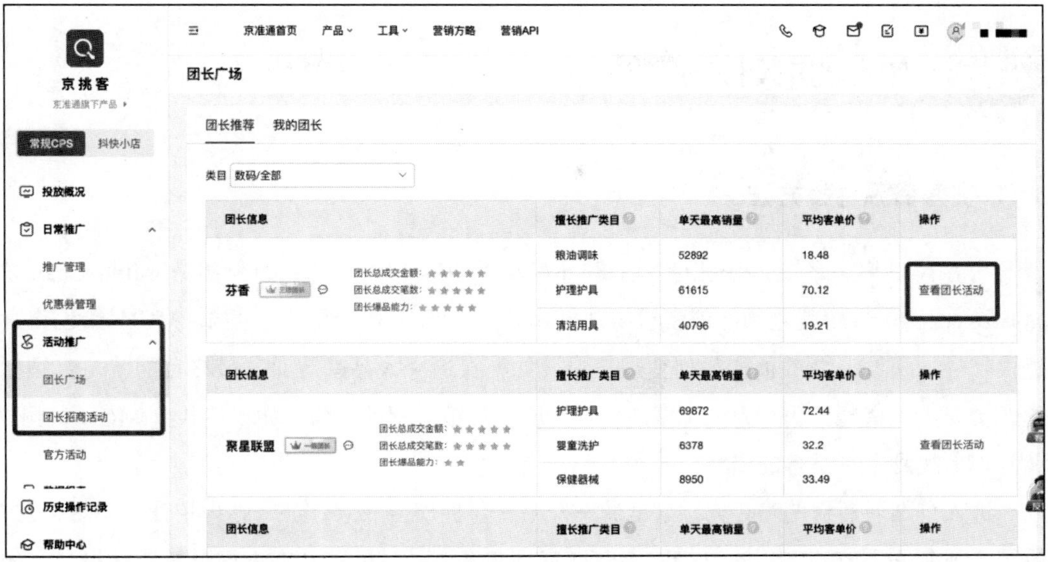

图 7-155　活动推广

商家可以先查看团长广场的信息，觉得合适，就单击“查看团长活动”按钮，如图 7-156 所示，然后单击“立即报名”按钮。

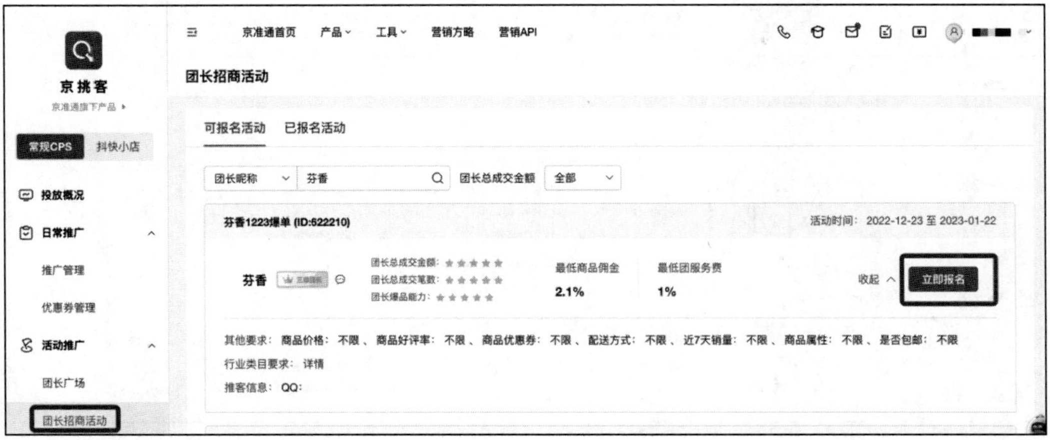

图 7-156　立即报名

7.8.3 京挑客进阶技巧

1. 京挑客资源寻找方法

在寻找京挑客之前，先让商家了解 MCN 机构。MCN 机构的全称是 Multi-Channel Network，简单理解就是网红或者自媒体创作者的经纪公司、组织或机构。MCN 给创作者提供辅导、资源，并教他们如何变现，以及如何打造个人品牌等，其最终目的就是带领创作者实现商业变现，从而为机构创造价值。所以从很大程度上看，如果能找到 MCN 机构，就基本上找到了京挑客的资源。

进入京准通后台的路径为：京准通→产品→付佣广告→京任务→站内招商，如图 7-157 所示。找到联系方式之后，直接联系获取京挑客资源。另外就是官方渠道的活动报名，如京粉、值得买等，这些需要商家留意京东官方运营活动提示。

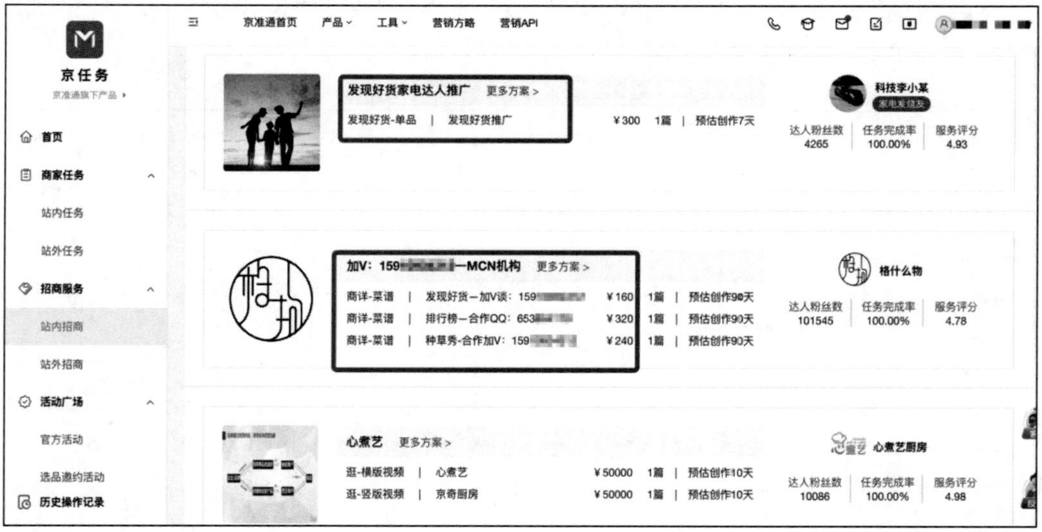

图 7-157 京任务—站内招商

2. 京挑客效果提升方法

虽然说不同的推客资源效果不一样，但总的来说，高客单价的商品推广效果通常不是很理想，如果客单价超过 300 元，效果会大打折扣。

为了提升京挑客的效果，建议：销售价格要低于平时的价格，另外，给予大额度的优惠券，相当于通过京挑客的推广手段，快速把销量提上来，有了基础销量之后再考虑盈利，如果涉及多推广渠道，可以通过优惠券的名称单独统计。

7.9　京东自媒体

7.9.1　京东短视频投放管理

1. 短视频上传管理

在流量获取上，商家比较容易忽略的一个环节就是京东短视频，如果商家能给京东平台提供尽可能多的视频内容，其也能在市场上抢夺一部分流量，甚至有些类目如果商家能持续提供短视频，就能得到一些活动资源。

短视频的上传路径为：商家后台→商品管理→京东—媒体资源管理中心→视频管理→上传视频，如图 7-158 所示。

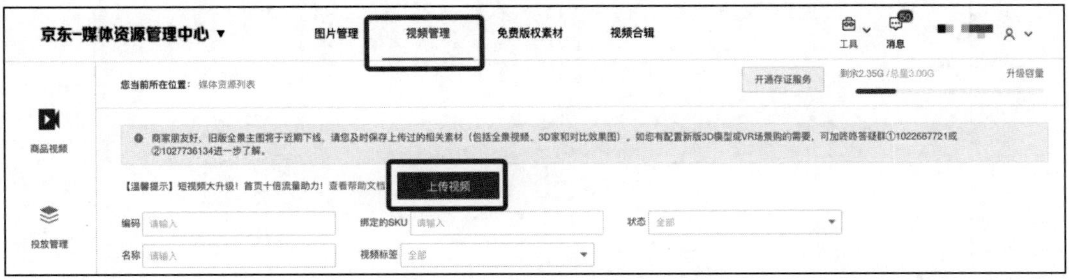

图 7-158　视频管理—上传视频

因为短视频需要投放到公域才能获取到公域流量，所以在上传短视频的时候需要按要求上传，如图 7-159 所示，首先，“私域类型”要勾选“主图视频”或“商详视频”，其次勾选“公域类型：公域视频”。

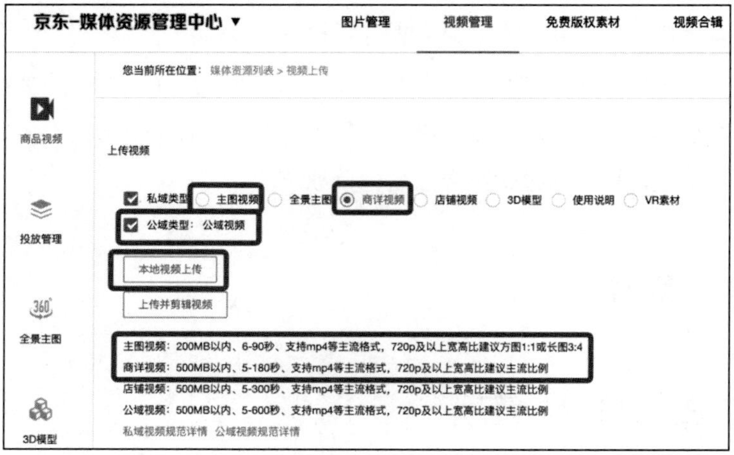

图 7-159　上传视频要求

视频名称建议格式为“商品品牌+商品名称+功效作用+其他”；视频简介可以不填，视频封面也可以不填，公域封面根据要求上传，主图视频封面长宽比为 1∶1，大小在 1 MB 以内，JPG、PNG 或 GIF 格式，不低于 300 像素×300 像素；其他类型的视频建议比例为 4∶3 或 16∶9，可自定义公域封面的图尺寸为 800 像素×1200 像素（比例为 2∶3，竖版），不能超过 3MB，格式为 JPG、PNG、JPEG，清晰美观，图文与视频相符。注意，完全相同的封面重复使用会被驳回，如图 7-160 所示。

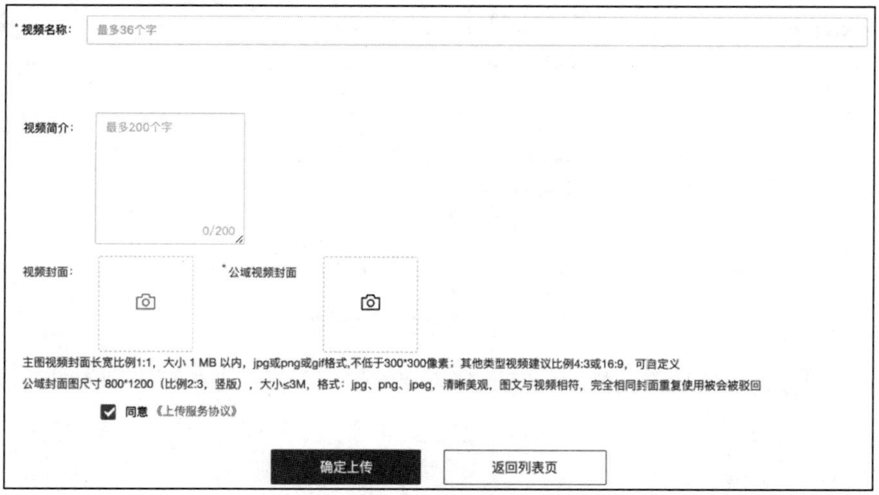

图 7-160　上传视频

2. 短视频投放公域

商家上传完短视频之后需要先关联商品，如图 7-161 所示。关联完商品之后可以设置投放公域或者推广，如图 7-162 所示。

图 7-161　关联商品

图 7-162　投放管理

最后单击“应用”按钮，如图 7-163 所示。单击“投放至公域”按钮后按要求填写，如图 7-164 所示。

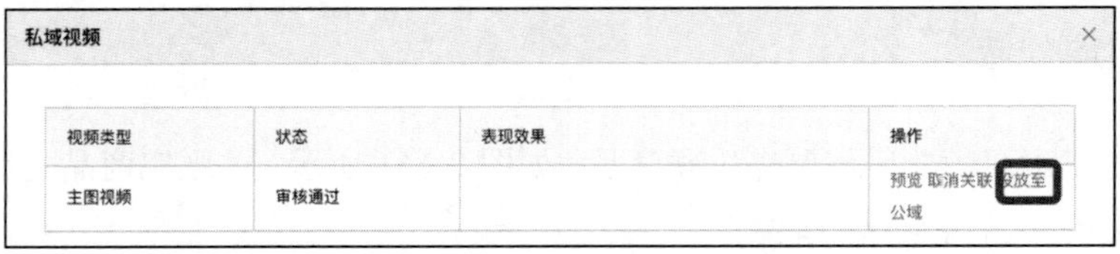

图 7-163 投放至公域

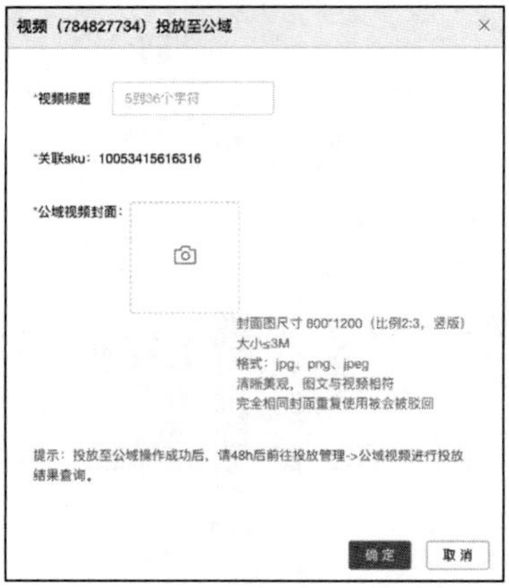

图 7-164 投放至公域设置

投放一段时间之后，可以单击视频数据查看公域视频数据，对已经投放的视频效果进行分析，以便以后有针对性地投放，如图 7-165 所示。

图 7-165 视频数据—公域视频数据

7.9.2 京东直播应用

1. 京东店铺直播

京东直播从店铺推广的维度来说，只要获得浮现层权限或多或少都能获得一些公域流量，而非店铺内的流量，特别是结合平台的大促节点能获取更多的流量。另外，京东直播目前已经支持智能直播，对于缺少主播的店铺来说，可以通过智能代播的方式进行。

1）京东直播基础搭建

在商家后台单击最右侧底部的“京东直播”按钮，即可进入京东直播基础搭建界面，如图 7-166 所示。

图 7-166　京东直播后台

确定直播方式，目前支持 PC 和移动两种直播方式，如果使用 PC 直播，可以下载京东 OBS 进行相关设置，其操作比较简单，具体的操作流程后台都有详情说明。如果使用移动端开播，下载内容助手 App 通过手机开播。一般不建议 PC 创建的直播使用手机直播，这样容易出问题，所以对不熟悉直播的商家来说，建议先使用测试直播，熟悉之后再使用正式直播。

2）京东直播智能代播设置

如果需要智能代播，只需简单设置即可，如图 7-167 所示。进入智能代播菜单之后，如果之前有创建过智能代播，就会出现如图 7-168 所示的页面。也可以单击“创建代播”按钮，“名称”只有商家可见，方便商家记忆即可，“开场白”是指客户进入直播间时的问候语，一般建议写上店铺名称，再加上直播活动内容，可以通过多听多试的方式进行优化。“是否自动结束代播”是指可以设定多少个小时内自动结束代播，建议不设置，让代播一直播下去，如果有特殊的真人直播，可以手动停止后再重新开播。对于“选择代播”选项，商家可根据自己的喜好设置，包括选择形象、选择声音、选择背景。“选择商品”是指在代播的时候展示哪些商品，最多支持 150 个 SKU，如图 7-169 所示。

图 7-167　智能代播菜单入口

图 7-168　模板管理—创建代播

创建完智能代播之后，就可以关联代播，在已经创建的直播中关联智能代播，如图 7-170 所示。单击“智能代播”按钮，出现如图 7-171 所示的页面，单击“确定关联”按钮即可。

图 7-169　智能代播设置 1

图 7-170　智能代播设置 2

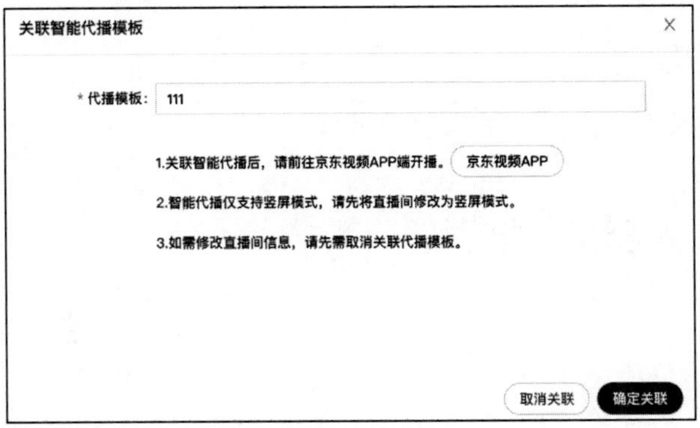

图 7-171　关联智能代播

2. 达人直播

达人直播是指通过达人直播的方式进行直播，一些达人拥有自己的粉丝，作为商家来说，只要与达人约定好佣金，让其直播即可，目前佣金比例一般为 20%左右。需要说明的是，寻找达人也可以通过京任务的方式找到 MCN 机构进行合作。

7.10 京东 DMP

7.10.1 DMP 概况

1. 什么是 DMP

DMP 是汇聚了京东站内外数据，并为客户提供精准人群定向服务的一种广告工具。它为商家提供了用户行为、属性、偏好等多维度的标签及行业优质京选人群，并基于京东大数据分析与特色算法模型支持人群的挖掘、扩展与分析，生成人群可在各产品线中直接引用投放，助力商家打造流量精细化运营的营销闭环。

2. DMP 的作用

DMP 标签包括 DMP 自研、数据中台研发、垂直业务研发等多个团队生产的超 800 个标签，涵盖用户行为、用户属性、商品标签、全网标签等多个维度，让商家精准定向到客户，并且在一定范围内提升转化率。需要商家注意的是，人群越精准，触达的人群就越少，所以说 DMP 是一个工具、一种广告投放策略。

7.10.2 DMP 人群实操与管理

1. DMP 人群策略

DMP 人群策略主要有两个方向，一个是“拉新”人群，另一个是召回/转化人群。整个京准通的广告投放都是围绕这两个方向进行的，主要区分是根据不同时期的目标与预算，制定不同的策略，从而对“拉新”人群与召回/转化人群投放比例进行调整。

商家若要真正理解 DMP 人群策略的使用技巧，建议先从标签管理开始了解什么是“拉新”人群、什么是召回/转化人群。召回/转化人群是指与商家目标商品有过“行为”接触，比如搜索、浏览、关注、预约、加购、购买行为，可以通过“行为”再次召回/转化，比如，在过去 30 天内用户浏览过某 SKU，再次触达的时候就叫召回/转化，剩下的就是新客，即所谓的“拉新”人群。对于“拉新”人群来说，因为从购买欲望来看没有召回/转化人群强烈，所以转化率可能比不上召回/转化人群，那就意味着这一部分人群的投入效果不如召回/转化人群，在预算上就需要占比低一些。人群关系如图 7-172 所示。

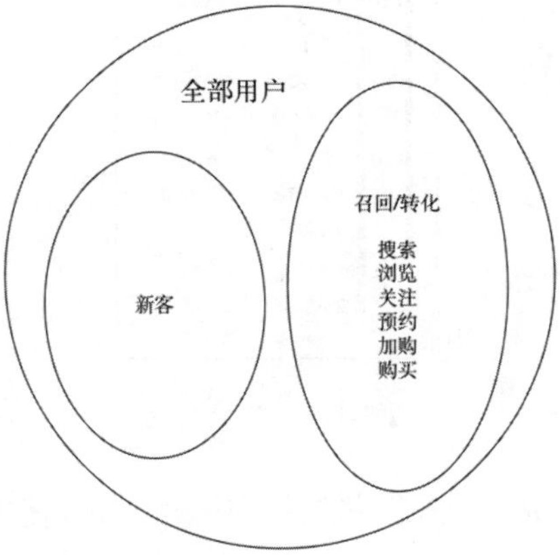

图 7-172　人群关系

一般建议预算比例中“拉新”为 30%，召回/转化为 70%，比如，一天广告预算为 1000 元，那么“拉新”为 300 元，召回/转化为 700 元，主要目的是“拉新”控制少一些，可以减少转化过低带来的无效广告消耗。但如果遇到大促，这个比例又建议为 50%，需要提升“拉新”比例，目的是提前做蓄流，让流量提前进入召回/转化人群，以免在大促爆发的时候再“拉新”，那时流量费用就会大大提升，从而得不偿失。

2. 自建人群实操

进入 DMP 的路径为：商家后台→京准通→DMP，目前 DMP 人群标签比较多，看上去比较混乱，那是因为商家没有进行梳理，其实 DMP 大致分为 3 类标签，即行为标签、用户属性标签、其他标签，特别是对新商家而言，只要掌握好行为标签和属性标签，就能起到很好的作用。

1）行为标签

为了让商家更好地理解行为标签，建议新手商家优先使用用户行为旧版，这主要是因为旧版的用户行为比较直观，理解起来更简单，如图 7-173 所示。

图 7-173 用户行为

用户行为可以简单理解成用户在购物过程中的行为（如搜索、浏览、加购、预约、购物、关注）触达。商家可以根据这些行为来判断用户的购物欲望，也可以作为用户是否精准的判断标准，这又与商品的复购频次有很大关系。对于复购频次高的商品来说（如牙膏），用户行为的精准度排序为购买、加购、预约、关注、浏览、搜索，如果是低复购频次的商品（如空调），用户行为的精准度排序就会变为加购、预约、关注、浏览、搜索、购买。

除了用户行为的判断指标，每一个行为后面还有匹配维度。以浏览行为为例，又分为类目、品牌商品、店铺内商品、自定义商品、自有商品，而且这个精准度也可以理解为从不精准到精准排序，如商家销售苹果，只针对浏览行为，从不精准到精准人群的排序是浏览三级类目苹果、指定某品牌、指定某品牌三级类目、指定店铺内商品、指定自定义商品、自有商品。一般 DMP 人群创建的名称标准为：行为+天数+商品名称+其他，如浏览 15 天+置物架+三级类目。一般建议商家以加购、浏览、购买和搜索 4 种用户行为自建人群为主，理解之后再加入其他标签。

2）用户属性标签

用户属性标签比较多，为了不让商家感到混乱，建议前期只需要使用年龄、性别、购买力，特别是商家销售的商品是同品牌、同型号的情况下，直接使用竞品 SKU 获取已购人像画像，然后使用同样的用户属性，就能较精准地获取目标客户群的人群画像。

3）其他标签

对于其他标签，不建议新手商家过多地关注，特别是小类目商品，本来人群曝光人数就少，如果定位很精准，就更没办法获取足够多的展现数，从而造成人群失效。

3. DMP 人群引用

京准通除京速推无法引用 DMP 外，其他产品都可以引用 DMP，但需要注意的是，不同商品创建的 DMP 作用不一样，而且数量也有限制，为 30 个人群，如图 7-174 所示。

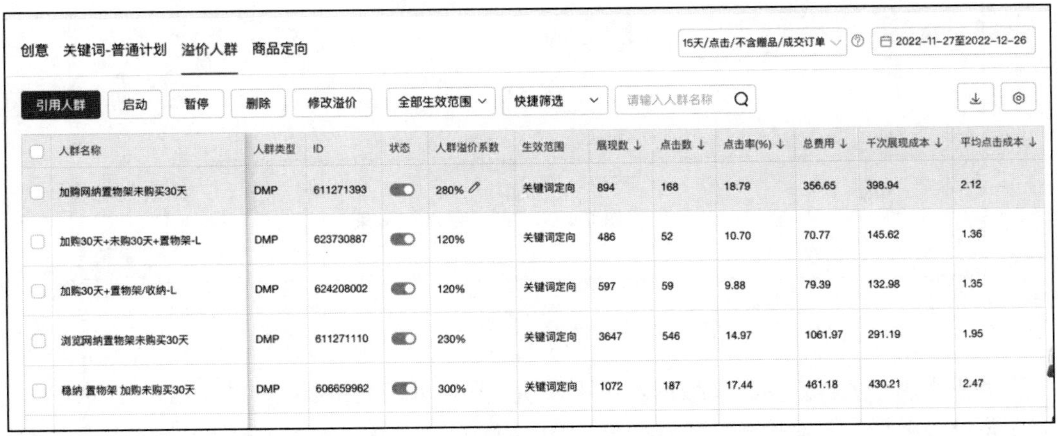

人群名称	人群类型	ID	状态	人群溢价系数	生效范围	展现数 ↓	点击数 ↓	点击率(%) ↓	总费用 ↓	千次展现成本 ↓	平均点击成本 ↓
加购网纳置物架未购买30天	DMP	611271393		280%	关键词定向	894	168	18.79	356.65	398.94	2.12
加购30天+未购30天+置物架-L	DMP	623730887		120%	关键词定向	486	52	10.70	70.77	145.62	1.36
加购30天+置物架/收纳-L	DMP	624208002		120%	关键词定向	597	59	9.88	79.39	132.98	1.35
浏览网纳置物架未购买30天	DMP	611271110		230%	关键词定向	3647	546	14.97	1061.97	291.19	1.95
稳纳 置物架 加购未购买30天	DMP	606659962		300%	关键词定向	1072	187	17.44	461.18	430.21	2.47

图 7-174　引用人群

4. 人群效果分析与分析优化

引用人群之后是需要做人群效果分析的，如果效果不如预期，就需要重新优化或调整人群。如以“家具>架类>层架/置物架”为例，这个类目目前没有特别有名的品牌，对于新商家来说，圈定人群有些难度，主要是因为新店新品上架，从商品竞争力维度来说不具备任何优势，这时商家往往就会觉得无从下手，不过对新手商家来说还可以从用户行为开始搭建，因为没有品牌优势，所以可以直接从三级类目开始圈定人群，按照前面介绍的建议，用户行为顺序为加购三级类目先行测试，特别是，如果商家明白了用户行业旧版，则可以直接使用用户行为新版圈定价格范围和更精准的人群，如图 7-175 所示。

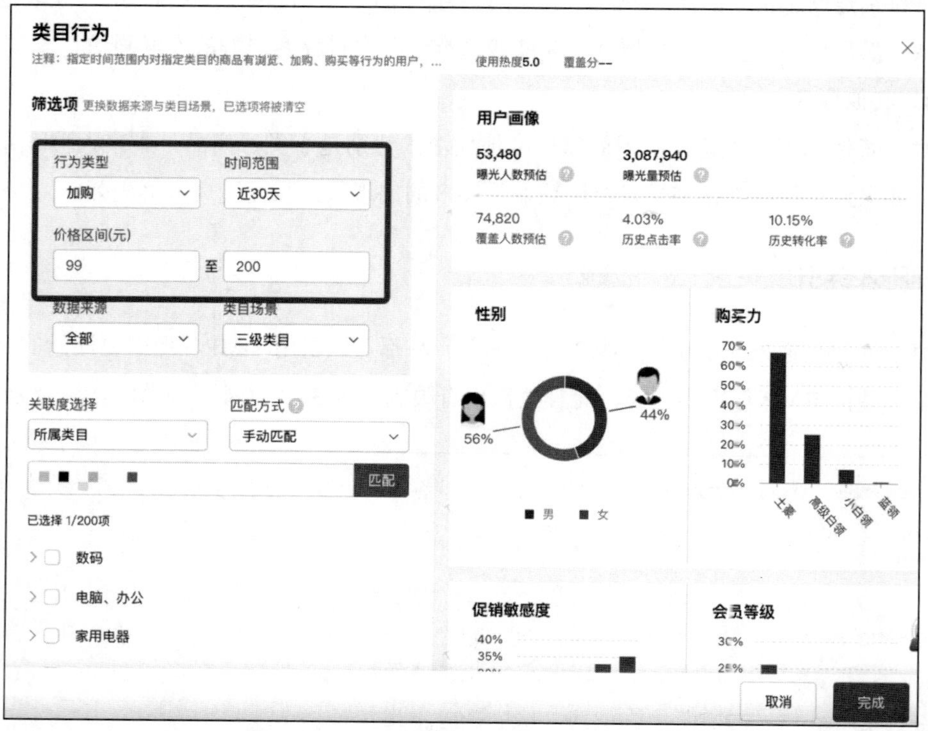

图 7-175　类目行为

如果引用该人群之后发现数据表现跟预期一样，可以继续添加如浏览用户行为人群，甚至可以继续加上目前在该类目销量靠前的品牌行为人群作为独立人群进行测试。

本章习题

一、名词解释

1．CPM　2．CPC　3．DMP

二、填空题

1．京东快车的普通计划中有 3 种推广类型，分别是：_______、_______、_______。

2．京东快车商品推广中有 5 种投放目标，分别是：_______、_______、_______、_______、_______。

3．京东快车有两种推广计划，一种是普通计划，另一种是_______。

三、选择题

1. 单选题

（1）京东平台的流量分为站内和站外流量，以下说法错误的是（　　）。

A．站内流量就是免费流量

B．站内流量又分为免费流量和付费流量

C．站内流量包括京东快车、购物触点等

D．站外流量包括京东直投、京搜客等

（2）在京东快车推广中，不属于其推广类型的是（　　）。

A．商品推广　　B．腰带店铺推广　　C．直播推广　　D．活动推广

（3）在京东快车推广中，关于关键词推广和商品定向出价，以下说法正确的是（　　）。

A．商品定向更为精准，所以出价要比关键词出价高

B．出价高低应该根据投放策略来设置，需要做投放数据分析后再优化

C．关键词出价高，因为关键词更精准

D．商品定向出价高，因为更精准

（4）在京准通 DMP 人群标签中，以下属于行为标签的是（　　）。

A．搜索　　B．浏览　　C．加购　　D．性别

2. 多选题

（1）购物触点属于推荐位广告产品，以下属于其广告位置的是（　　）。

A．购物前　　B．购物中　　C．购物后　　D．黄金展位

（2）京速推是以投放场景为主要营销手段的方法，以下哪些场景属于京速推投放场景（　　）。

A．单品营销　　B．用户运营

C．全店推广　　D．站外推广

（3）关于京东自媒体推广说法正确的是（　　）。

A．京东短视频投放　　B．搜索优化

C．活动提报　　D．京东店铺直播

四、问答题

1．假设你是店铺推广人员，新商品已经上架，需要推广。请列出你所掌握的推广方法，其中哪些方法可以优先使用，为什么？

2．请列举京准通工具 DMP 的行为类型。

附录 A

习题答案

第 1 章

一、名词解释

（1）认知（Awareness）、兴趣（Anterest）、购买（Aurchase）和忠诚（Aoyalty）

（2）F（自营阵地）；A（达人矩阵）；C（主题活动）；T（头部达人）

（3）认知（Aware）、吸引（Appeal）、行动（Act）、用户（Advocate）

二、选择题

1. 单选题

（1）D　　（2）B　　（3）C

2. 多选题

（1）A B　　（2）A B C D

三、填空题

（1）人为　　（2）全渠道、全场景、全链路　　（3）心智

四、问答题

（1）私域流量是相对于公域流量而言的，并不是说存在两个流量。我们可以简单地理解为“私域流量”是一种特殊的“公域流量”。

“私域流量”和“公域流量”是按照“可有效触达”、“可主动运营”作为划分的依据的。这里要注意的是，“是否付费”并不是“私域流量”和“公域流量”划分的标准，场域、平台、工具也不是划分两种流量的标准。

（2）“是否通过直接付费获得”是两者的分辨界限。付费流量是一种公平原则的体现，任何商业行为都逃脱不了的本质就是投入与回报。付费流量的产生是必然的，是符合规律的，也是公平原则的体现，使得我们除了时间的投入，还可以投入金钱。免费流量和付费流量的界限是人为区分的，仅仅是为了方便统计和分析而已，并不是流量的本质。免费流量和付费流量是一个不可分割的整体，不能互为因果，也不能互为指标，更不能追求单一。

第 2 章

一、名词解释

（1）投入产出比=总成交金额/花费，反映淘宝直通车点击花费在所选转化周期内带来支付宝成交金额的比例。

（2）质量得分是系统估算的一种相对值，是搜索推广中衡量关键词与宝贝推广信息和淘宝网用户搜索意向三者之间相关性的综合性指标。

（3）关键词就是商家为商品设置的需要进行推广的词语。

二、选择题

1．单选题

（1）A（2）　B（3）　D（4）B　（5）C

2．多选题

（1）ABC　（2）AB

三、填空题

（1）模仿、差异化、考虑竞争环境

（2）类目相关性、属性相关性、其他信息相关性（包含推广标题及直通车标题等）

（3）单次点击扣费=（下一名出价×下一名质量得分）/你的质量得分+0.01 元

四、问答题

（1）直通车的优势有：①获取精准的搜索流量；②可控性高；③实时性高。

（2）月所需点击量为：500/0.01=50000，50000 次点击量所需推广费用为：50000×0.8=40000（元），平均每天费用约为：40000/30=1333.33（元）。

第3章

一、名词解释

（1）自定义出价是指所有的人群定向和资源位都可以独立出价及溢价。

（2）最大化拿量是指根据每个消费者价值的不同，系统进行差异化出价，尽力获取优质流量，获得更多的目标量。

（3）控成本出价是指根据每个消费者价值的不同，由系统进行差异化出价，其中超过控价成本的流量放弃，低于控价成本的参与竞价。控价成本由商家设置。

二、选择题

1．单选题

（1）C　（2）C　（3）A　（4）C

2．多选题

（1）ABC　（2）ACD　（3）CD

三、填空题

（1）自定义出价、最大化拿量、控成本出价

（2）50

（3）关键词兴趣人群、相似店铺人群、相似宝贝人群、小二推荐人群

四、问答题

（1）引力魔方的核心资源位分为焦点图和信息流场景，焦点图包含淘系焦点图，信息流场景包含首页猜你喜欢、购中猜你喜欢、购后猜你喜欢、全屏微详情、红包互动全异场。

（2）目前人群运营报表包含提升访问新客人数、提升兴趣新客人数、提升首购新客人数、提升复购人数4个维度的人群运营结果展现。

第 4 章

一、名词解释

（1）拉新成本=消耗/曝光新客数，表示商家引入一个新客户时需要付出的成本。

（2）活动蓄水人群规模：指在所选转化周期内，广告引导进店买家数、转化周期内收藏买家数、加购买家数去重求和。

（3）观看成本=花费/观看次数，表示直播获客成本。

二、选择题

1．单选题

（1）B （2）D （3）B （4）B

2．多选题

（1）ABC （2）ABC （3）ABC

三、填空题

（1）搜索类、信息流类、展示类 、互动类

（2）消费者增长、货品快速成长、营销活动加速

（3）入会率、未入会成交率

四、问答题

（1）万相台最大的优点：万相台属于 AI 智能推广，其中最大的特点就是具有自我学习能力。也就是能够像人脑一样去分析数据并找到最合适的人群去匹配，因此前期积累丰富的数据是智能推广效果好的前提。

（2）超级直播的展现位置包括：

①直播间全屏上下切（观看直播过程中上下滑动切换）；

②淘宝直播—直播广场（直播广场的推广坑位为右侧第一坑）；

③点淘 App 矩阵（包括上下切、开屏、直播广场、任务等）。

第5章

一、名词解释

（1）CPS即Cost Per Sales，按成交付费。

（2）类目佣金率是指在通用计划下，需要为商品所在类目设置佣金的比率，用来支付由推广展示商品带动店铺其他商品形成间接成交的佣金。

（3）团长服务费是商家通过报名招商团长的活动，获得团长提供的推广服务，并与团长达成招商合作所需支付给团长的服务费用。

二、选择题

1．单选题

（1）C　（2）C　（3）C　（4）D

2．多选题

（1）ABC　（2）ABC　（3）ABCD

三、填空题

（1）佣金率、服务费率、商品成交率

（2）官方淘宝客、活动淘宝客、达人淘宝客、媒体淘宝客

（3）导购平台、返利平台、社群推广、内容推广平台（抖音、快手、小红书、微博、知乎等）

四、问答题

（1）淘宝联盟是阿里妈妈旗下一种按成交计费的推广工具。整个推广流程是商家在淘宝联盟后台建立推广计划，设定商品推广的佣金，淘宝客获取个性化推广链接，并分发到其专有渠道帮助商家进行商品推广。此时买家通过该推广链接进入并完成交易后，商家按照之前设置的佣金支付给淘宝客相应的费用。

（2）佣金=商品实际成交金额（不含运费）×商家设置的佣金比例。其中只有确认收货的订单才会扣费，退货退款等维权订单不会被扣费。

第 6 章

一、选择题

1. 单选题

（1）B　（2）C　（3）D

2. 多选题

（1）CD　（2）ACE

二、填空题

（1）视频流、图片流、文字流

（2）通投广告、搜索广告

（3）小镇青年、小镇中老年、Z 世代、精致妈妈、新锐白领、资深中产、都市蓝领、都市银发

三、问答题

（1）抖音的推广应该更注重打造优质的内容作为推广载体，比如，可以制作一个内容有趣且吸引人的短视频，在其中植入“软广”，通过推广和自然流带来的目标群体被内容吸引愿意完整地接收“软广”内容；还可以制作一个“硬核”、给人感觉专业且权威的“种草”短视频，这样的视频通过推广带来的流量往往拥有极高的转化，更容易做到可以盈利的 ROI。

（2）PC 端可以通过千川极速版或者专业版，手机端可以使用小店随心推。推广的渠道可以选择直播间画面、视频素材进入直播间、抖音关键词搜索进入直播间。

（3）首先可以找到体量较大的同行达人账号，由于商家账号的粉丝群体在抖音的流量池中只占很小一部分。因此更应该去拓展更多和厨房用品有关的兴趣群体，比如，对厨房用品有较大兴趣的群体有宝妈、注重居家生活等人群，则可以选择一些母婴、装修、旧房改造、美食教程等与兴趣相匹配的达人群体。

第7章

一、名词解释

1．Cost Per Mille（按千次展现付费）

2．Cost Per Click（按单次点击付费）

3．Data Management Platform（数据管理平台）

二、填空题

1．商品推广、腰带店铺推广、活动推广

2．点击、加购、下单、成交、自定义

3．京选店铺计划

三、选择题

1. 单选题

（1）A　（2）C　（3）B　（4）D

2. 多选题

（1）ABCD　（2）ABC　（3）AD

四、问答题

1．参考答案

（1）京准通推广产品：京东快车、购物触点、京速推广、京东展位、京东直投、京搜客、京挑客。（只要回答对以上几项均为满分）

（2）京东短视频，京东直播

京东快车、京速推、购物触点可以优先使用，属于站内精准流量，而且推广就能快获取到流量。

2．参考答案

搜索、浏览、关注、预约、加购、购买